Speak

네이티브는 쉬운 영어로 말한다

Simple

네이티브는 쉬운 영어로 말한다
Speak Simple

초판 1쇄 발행 · 2025년 2월 28일
초판 2쇄 발행 · 2025년 6월 20일

지은이 · Sean Pablo(션 파블로)
발행인 · 이종원
발행처 · (주)도서출판 길벗
브랜드 · 길벗이지톡
출판사 등록일 · 1990년 12월 24일
주소 · 서울시 마포구 월드컵로 10길 56(서교동)
대표 전화 · 02)332-0931 | **팩스** · 02)323-0586
홈페이지 · www.gilbut.co.kr | **이메일** · eztok@gilbut.co.kr

기획 및 책임 편집 · 임명진(jinny4u@gilbut.co.kr), 김대훈 | **디자인** · 강은경 | **제작** · 이준호, 손일순, 이진혁
마케팅 · 차명환, 장봉석, 최소영 | **유통혁신** · 한준희 | **영업관리** · 김명자, 심선숙 | **독자지원** · 윤정아

편집진행 및 교정교열 · 강윤혜 | **전산편집** · 이현해 | **일러스트** · 최정은
녹음 및 편집 · 와이알미디어 | **CTP 출력 및 인쇄** · 예림인쇄 | **제본** · 예림바인딩

- 길벗이지톡은 (주)도서출판 길벗의 성인어학서 출판 브랜드입니다.
- 이 책은 저작권법의 보호를 받는 저작물로 이 책에 실린 모든 내용, 디자인, 이미지, 편집 구성은
  허락 없이 복제하거나 다른 매체에 옮겨 실을 수 없습니다.
- 인공지능(AI) 기술 또는 시스템을 훈련하기 위해 이 책의 전체 내용은 물론 일부 문장도 사용하는 것을 금지합니다.
- 잘못 만든 책은 구입한 서점에서 바꿔 드립니다.
- 책 내용에 대한 문의는 길벗 홈페이지(www.gilbut.co.kr) 고객센터에 올려 주세요.

ⓒ Sean Pablo, 2025

ISBN 979-11-407-1236-6 03740 (길벗 도서번호 301201)
정가 27,000원

독자의 1초를 아껴주는 정성 길벗출판사

(주)도서출판 길벗 | IT단행본, 성인어학, 교과서, 수험서, 경제경영, 교양, 자녀교육, 취미실용 www.gilbut.co.kr
길벗스쿨 | 국어학습, 수학학습, 주니어어학, 어린이단행본, 학습단행본 www.gilbutschool.co.kr

유튜브 · @GILBUTEZTOK | **인스타그램** · gilbut_eztok | **네이버포스트** · gilbuteztok

Speak Simple

네이티브는 쉬운 영어로 말한다

Sean Pablo

To the Readers

Hello, everyone!

First off, thank you for picking up this book—I knew you had great taste! This book is designed to help you learn English as naturally and effortlessly as a native speaker, while having fun along the way. It's like chatting with a friend—casual, engaging, and packed with real expressions that native speakers actually use!

You know those cool phrases you hear in American TV shows or movies? But then, when you actually visit the U.S., you might find yourself thinking, "Wait, why doesn't anyone say that here?" Or maybe you confidently say something in English, only to be met with a puzzled look or a reaction that's not quite what you expected. And let's not forget those awkward moments after saying "Hi" or "Hello," when you're scrambling to figure out what to say next while the silence stretches. How do I know? Because I've been there too—but in reverse, while learning Korean!

Hi there! I'm Sean Pablo, born and raised in Philadelphia. I've been living in Korea for 13 years, teaching English and running my own educational YouTube channel. Like you, I've made my fair share of language mistakes—often making my friends laugh with awkward or funny expressions. That's why I totally get the struggles you face while learning English. Over the years, my love for Korea, its people, and its culture has grown, and through teaching, I've learned so much in return. At some point, I thought, "Hey, I want to give back in some way!"—and that's how this book came to be. I hope it feels like a trusty sidekick, always there to help you through tricky English moments.

안녕하세요, 여러분!

우선, 이 책을 선택해 주셔서 감사합니다. 안목이 정말 뛰어나시네요! 이 책은 여러분이 원어민처럼 자연스럽고 쉽게 영어를 배우도록 돕기 위해 만들어졌습니다. 그리고 그 과정에서 재미까지 놓치지 않을 거예요. 친구와 수다 떠는 것처럼 편안하고 재미있으며, 실제 원어민들이 사용하는 표현들로 가득하니까요!

평소 미국 드라마나 영화에서 듣는 멋진 표현들 있죠? 그런데 실제로 미국에 가보면 "어? 아무도 이런 말 안 쓰는데?"라는 생각이 들 수 있어요. 또는 자신 있게 영어로 말했는데, 상대방이 어리둥절한 표정을 짓거나 기대와는 다른 반응을 보일 때도 있죠. "Hi"나 "Hello"를 말한 후, 그 뒤에 뭐라고 해야 할지 몰라 어색한 침묵이 흐르는 순간도 빼놓을 수 없죠. 제가 어떻게 아냐고요? 저도 똑같이 겪었거든요. 거꾸로, 한국어를 배우면서 말이죠!

안녕하세요! 저는 필라델피아에서 나고 자란 션 파블로입니다. 한국에 13년째 살고 있으며, 영어를 가르치고 제 교육 유튜브 채널도 운영하고 있어요. 여러분처럼 저도 언어를 배우면서 수많은 실수를 했습니다. 종종 어색하거나 웃긴 표현으로 친구들을 웃기곤 했죠. 그래서 영어를 배우면서 여러분이 겪는 어려움이 얼마나 큰지 잘 알고 있어요. 그동안 한국과 한국인들, 그리고 한국 문화에 대한 애정이 점점 커졌고, 가르치는 과정에서 저도 정말 많은 것을 배웠습니다. 어느 순간, "아, 나도 뭔가 보답하고 싶어!"라는 생각이 들었고, 그렇게 이 책이 탄생하게 되었습니다. 이 책이 영어의 어려운 순간들을 함께 헤쳐나가는 든든한 조력자가 되길 바랍니다.

Learning native expressions isn't just about memorizing sentences—it's about understanding how native speakers think and how they communicate. In this book, you'll find 500 real, everyday expressions that native speakers use—the kind of phrases that often confuse Korean learners or sound unnatural when translated directly. From work and travel to friendships and family conversations, these practical expressions will fit right into your daily life. But this isn't just about "correct phrases"—I've included explanations and sample dialogues to help you use them naturally and confidently in the right situations. And to make sure your new knowledge doesn't drift away into the "river of forgetfulness," I've added fun, game-like exercises to lock in what you learn. By the time you finish this book, you'll be ready to navigate any conversation with ease, no matter where you are in the U.S.

Learning English is more than just acquiring a new language—it's about opening yourself up to a whole new culture. I hope this book gives you the confidence to enjoy learning English, experience the world in new ways, and create meaningful connections with people from different backgrounds.

Now, shall we dive into the expressions native speakers use every day? A new world of English awaits—Let's dive in!

원어민 표현을 배우는 것은 단순히 문장을 외우는 게 아니라, 원어민들이 어떻게 생각하고 소통하는지 이해하는 과정입니다. 이 책에는 원어민들이 실제로 사용하는 찐 일상 회화 표현 500개가 담겨 있습니다. 한국 학습자들이 자주 헷갈리거나 직역하면 어색해지는 그런 표현들이죠. 직장, 여행, 친구와의 대화, 가족 간의 대화까지, 여러분의 일상에서 바로 사용할 수 있는 실용적인 표현들 말입니다. 하지만 단순히 '정확한 표현구절'만 알려주는 것은 아니에요. 자연스럽고 자신 있게 사용할 수 있도록 상황별 설명과 예시 대화를 함께 담았습니다. 그리고 배운 내용을 까먹을 틈 없이 확실한 내 것으로 탑재할 수 있도록 재미있는 게임 형식의 연습문제도 넣었어요. 이 책을 다 끝낼 즈음엔 미국 어디서든 어떤 대화도 편하게 할 수 있을 거예요.

영어를 배우는 것은 단순히 새로운 언어를 익히는 것 이상입니다. 새로운 문화를 경험하고 세상을 보는 시야를 넓히는 과정이죠. 이 책이 영어를 즐겁게 배우고 세상을 새롭게 경험하며 다양한 사람들과 의미 있는 교류를 만들어나가는 데 자신감을 심어주길 바랍니다.

그럼, 원어민들이 매일같이 쓰는 표현들 속으로 뛰어들어 볼까요? 새로운 영어의 세계가 여러분을 기다리고 있어요. 자, 시작해 봅시다!

Dive Into This Book

This is your friendly guide to making the most of this book and your journey into the world of English. It's not just about reading—it's about speaking, practicing, and truly making English your own.

문장 훈련

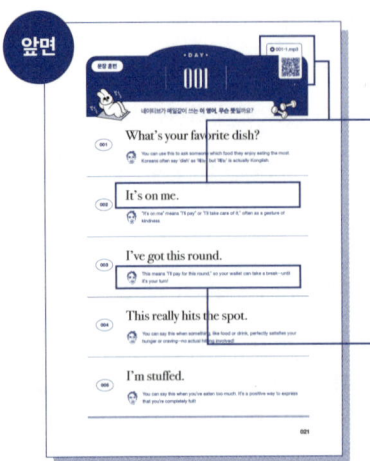

네이티브가 매일같이 쓰는 이 영어, 무슨 뜻일까요?

네이티브 영어 5문장: 네이티브가 항상 입에 달고 사는 500문장을 100일 동안 하루 5개씩 소개합니다. 어려운 단어는 없지만, 의외로 잘 모르거나 실수하는 표현들만 엄선했어요. mp3파일을 들으며 표현의 정확한 발음도 함께 익히세요. (mp3파일은 QR코드를 스캔하거나 길벗 홈페이지 www.gilbut.co.kr에서 다운로드 받으세요.)

션 파블로의 영어 설명: 영어는 영어로 이해하기! 쉬운 영어로 알기 쉽게 정리된 설명을 보면서 문장의 우리말 뜻을 유추하세요.

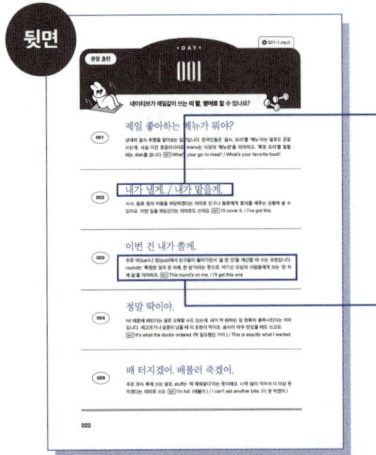

네이티브가 매일같이 쓰는 이 말, 영어로 할 수 있나요?

우리말 뜻: 영문 뒷면에 한국어 해석을 정리했어요. 정답 확인 기능과 우리말을 영어로 바꿔 말하는 영어회화 훈련 기능을 겸하고 있어요. mp3파일을 반복해서 들으며 표현의 소리를 귀와 입에 착 붙여보세요.

친절한 우리말 설명: 표현의 정확한 뉘앙스와 함께 언제 어떤 상황에서 쓰이는지, 유사한 표현에는 무엇이 있는지를 꼼꼼히 정리했어요.

새로운 영어의 세계로 떠나는 여러분의 여정을 더 재미있고 보람 있게 만들어줄 사용안내입니다. 단순히 책을 읽고 넘어가는 것이 아니라, 직접 말하고 활용하는 과정에서 진짜 내 것이 되는 영어를 경험할 수 있도록 구성했어요.

대화 연습

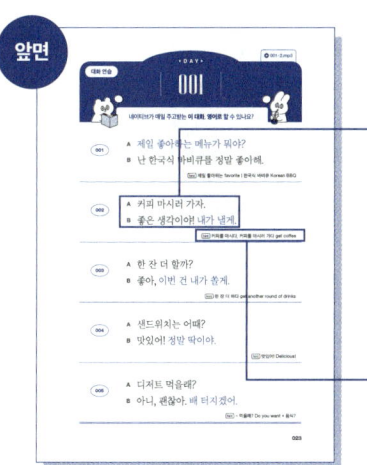

네이티브가 매일 주고받는
이 대화, 영어로 할 수 있나요?

우리말 대화문: 문장훈련에서 배운 표현들이 실제로 네이티브들의 대화 속에서 어떻게 활용되는지 확인하고 연습할 차례입니다. 주어진 우리말을 보면서 내가 할 말을 영어로 한번 정리해 보세요. mp3파일을 들으면서 문자보다 소리로 먼저 익숙해지는 것을 추천합니다.

Hint: 타이틀 표현 외 영작에 도움이 될 영어 표현들을 한-영 순서로 정리했습니다.

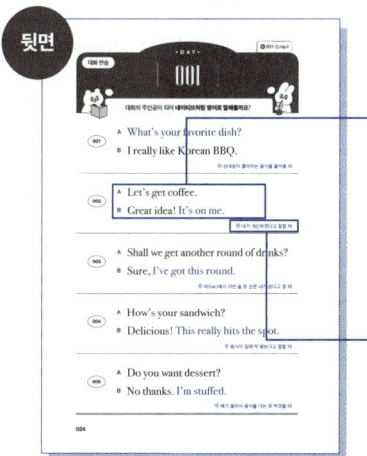

대화의 주인공이 되어
네이티브처럼 영어로 말해볼까요?

네이티브 영어 대화문: 자, 이제 앞면의 우리말 대화를 보며 내가 말한 문장과 네이티브 영어 대화를 비교해볼 차례입니다. mp3파일도 함께 들으며, 내가 만든 문장과 실제 네이티브의 대화의 차이를 통해 영어식 사고를 훈련하세요.

상황 설명: 어떤 대화 상황에서 쓰이는지 설명했습니다. 내가 대화 속 주인공이 되었다고 상상하면서 실전처럼 연습하세요.

Humans forget easily! But with a strong memory guard, no worries. Train every 10 days with 3 fun stages—Stage 1 (Multiple Choice), Stage 2 (Fill in the Blank), Stage 3 (Conversation). Lock in what you learn—no forgetting!

망각방지 장치

Fill the Gap!

찰떡 단어를 골라 문장 완성하기: 제한시간 동안 객관식 14문제를 풀어봅니다. 주어진 4개의 보기 중 빈칸에 알맞은 표현을 선택해서 문장을 완성하면 됩니다. 틀려도 괜찮습니다. 틀린 만큼 더 확실히 기억에 남으니까요!

복습: 헷갈리거나 틀린 문장은 오른쪽의 표현 번호를 참고해 그 표현이 나온 페이지로 돌아가서 다시 확인하고 넘어가세요.

Write to Win!

기억을 소환해 혼자 힘으로 말해보기: 제한시간 동안 주관식 20문제를 풀어봅니다. 빈칸이 제시되는 것은 1단계와 같은데, 2단계에서는 보기 없이 직접 채워야 합니다. 가능하면 손으로 써보고 소리 내 말해보세요. 영어는 스스로 쓰고 말해야 머릿속에 오래 남으니까요!

복습: 막히거나 틀린 문장은 체크해두고 해당 표현이 나온 페이지로 돌아가서 한 번 더 확실하게 연습한 후 넘어가세요.

인간은 망각의 동물! 하지만 철통수비 망각방지 장치가 있다면 걱정 없죠. 10일마다 Stage 1(객관식), Stage 2(주관식), Stage 3(대화 완성)의 3단계 훈련으로, 게임처럼 재미있게 내가 배운 표현을 까먹을 틈 없이 완벽하게 지켜드립니다.

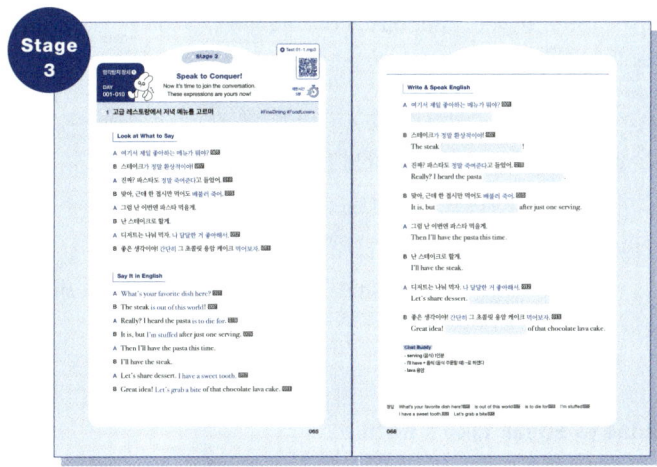

Speak to Conquer!

네이티브처럼 영어로 대화하기: 자신 있게 외웠다고 생각해도, 막힘 없이 말할 수 있을 것 같아도, 막상 실전에서 대화하면 표현이 떠오르지 않거나 버벅댈 수 있어요. 그래서 하나에 5분씩 총 대화문 5개를 연습하도록 구성했습니다. 10일간 학습한 네이티브 표현들이 랜덤하게 들어간 대화문은 이렇게 공부하세요.

❶ **Look at What to Say**: 우리말을 보며 할 말을 영어로 정리합니다.
❷ **Say It in English**: mp3파일을 들으면서 네이티브의 영어 대화를 따라 해보세요. 내가 생각한 것과 실제 대화를 비교하고 정확히 익히세요.
❸ **Write & Speak English**: 실제로 네이티브와 대화하고 있다고 상상하면서 색자로 표시된 우리말을 영어로 바꿔 말해보세요. mp3파일을 들으며 손으로 쓰고 입으로 따라 말하면서 확실한 내 것으로 만들어봅니다. [Chat Buddy]에 정리된 영어회화 핵심표현들도 놓치지 마세요!

What Native Speakers Say

The Key to Natural English is Here!
자연스러운 영어의 비밀이 여기에!

This book is a must-have. If you're looking to integrate natural phrases and vocabulary into your English conversations, look no further. Mastering the phrases in this book will definitely take your English to the next level—and even surprise native speakers. If you're serious about wanting to sound like a native speaker, this book will absolutely help you get there.

이 책은 영어 학습자라면 반드시 갖춰야 할 필수 자료입니다. 자연스러운 표현과 어휘를 대화에 활용하고 싶다면, 더 이상 다른 책을 찾을 필요가 없습니다. 이 책에 담긴 표현을 익히면 영어 실력이 한 단계 도약하고, 원어민도 놀랄 만큼 자연스럽게 말할 수 있습니다. 진심 원어민처럼 말하고 싶다면, 이 책이 확실한 길잡이가 되어줄 것입니다!

— Chad Stern (USA, 1:1 English Speech Consultant)

500 Expressions to Speak Like a Native
원어민처럼 말하는 500가지 표현

As an English teacher and a native speaker, I'm always on the lookout for resources that truly help learners improve—not just in theory but in real-life conversations. This book does exactly that. I was impressed by how practical the 500 expressions are; they're what I actually use in everyday life. And the layout makes it easy to absorb, even if you only have a few minutes to spend.

영어 교사이자 원어민으로서, 학습자들에게 단순히 이론이 아닌 실전에서 실제로 도움이 되는 자료를 늘 찾고 있습니다. 이 책이 바로 그런 기대에 딱 부합하네요. 책에 담긴 500개의 표현은 제가 매일 실제로 사용하는 표현들로, 활용도가 매우 높아 감탄을 금할 수 없었죠. 또한, 간결하고 이해하기 쉬운 구성 덕분에 단 몇 분 만에 부담 없이 익힐 수 있습니다.

— Leigh Holland (USA, English Teacher & YouTube Creator)

A Practical Communication Guide for Global Professionals!
글로벌 전문가를 위한 실용 회화 가이드!

Working in a global company, I know how crucial it is to sound natural in English. This book breaks down the kind of expressions I hear and use daily— the truly essential ones. It's simple, engaging, and perfect for busy professionals. I wish I had this resource when I started out! With this book, you'll gain the confidence to express yourself naturally in any situation.

글로벌 기업에서 근무하면서 자연스러운 영어 구사가 얼마나 중요한지 잘 알고 있습니다. 이 책은 제가 매일 듣고 사용하는 찐핵심 표현들이 정리되어 있습니다. 구성이 간결하고 흥미로워 바쁜 직장인들에게도 완벽한 자료이죠. 제가 영어 공부를 시작할 때 이런 자료가 있었다면 참 좋았을 텐데요! 이 책과 함께라면, 어떤 상황에서도 자연스럽고 자신 있게 영어를 구사할 수 있을 것입니다!

— Jerry Paul (Nigeria, 450K YouTube Global Creator)

From Intermediate to Fluent!
중급자도 유창한 스피커로!

These natural idioms will help intermediate speakers sound more natural and fluent. The detailed explanations will leave no doubt about how you're supposed to use the expressions. Once you master these phrases, you'll be able to express yourself with confidence and ease.

이 책에는 자연스러운 표현들이 담겨 있어 중급 학습자가 더욱 자연스럽고 유창하게 말할 수 있도록 도와줍니다. 자세한 설명 덕분에 표현의 사용법도 명확하게 익힐 수 있죠. 이 표현들을 마스터하고 나면 쉽고 자신 있게 영어로 '나'를 표현할 수 있을 것입니다.

— Paul Hudson (Canada, English Academy Instructor)

Your 100-Day English Journey

This book helps you learn 500 essential expressions used by native speakers. Study 5 phrases a day for 100 days. If daily study feels tough, take a break—just be sure to finish the journey!

DAY 001	DAY 002	DAY 003	DAY 004	DAY 005
001-005	006-010	011-015	016-020	021-025
☐ 문장 훈련	☐ 문장 훈련	☐ 문장 훈련	☐ 문장 훈련	☐ 문장 훈련
☐ 대화 연습	☐ 대화 연습	☐ 대화 연습	☐ 대화 연습	☐ 대화 연습
p.021-024	p.025-028	p.029-032	p.033-036	p.037-040
DAY 006	**DAY 007**	**DAY 008**	**DAY 009**	**DAY 010**
026-030	031-035	036-040	041-045	046-050
☐ 문장 훈련	☐ 문장 훈련	☐ 문장 훈련	☐ 문장 훈련	☐ 문장 훈련
☐ 대화 연습	☐ 대화 연습	☐ 대화 연습	☐ 대화 연습	☐ 대화 연습
p.041-044	p.045-048	p.049-052	p.053-056	p.057-060

DAY 001-010 망각방지 장치 ❶   ☐ Stage 1 ☐ Stage 2 ☐ Stage 3   p.061-074

DAY 011	DAY 012	DAY 013	DAY 014	DAY 015
051-055	056-060	061-065	066-070	071-075
☐ 문장 훈련	☐ 문장 훈련	☐ 문장 훈련	☐ 문장 훈련	☐ 문장 훈련
☐ 대화 연습	☐ 대화 연습	☐ 대화 연습	☐ 대화 연습	☐ 대화 연습
p.075-078	p.079-082	p.083-086	p.087-090	p.091-094
DAY 016	**DAY 017**	**DAY 018**	**DAY 019**	**DAY 020**
076-080	081-085	086-090	091-095	096-100
☐ 문장 훈련	☐ 문장 훈련	☐ 문장 훈련	☐ 문장 훈련	☐ 문장 훈련
☐ 대화 연습	☐ 대화 연습	☐ 대화 연습	☐ 대화 연습	☐ 대화 연습
p.095-098	p.099-102	p.103-106	p.107-110	p.111-114

DAY 011-020 망각방지 장치 ❷   ☐ Stage 1 ☐ Stage 2 ☐ Stage 3   p.115-128

이 책은 네이티브가 매일 쓰는 500개 표현을 하루 5문장씩 100일 동안 배울 수 있도록 구성되었습니다. 매일 공부가 부담된다면 잠시 쉬어도 괜찮습니다. 하지만 끝까지 완주하세요!

DAY 021	DAY 022	DAY 023	DAY 024	DAY 025
101-105	106-110	111-115	116-120	121-125
☐ 문장 훈련 ☐ 대화 연습	☐ 문장 훈련 ☐ 대화 연습	☐ 문장 훈련 ☐ 대화 연습	☐ 문장 훈련 ☐ 대화 연습	☐ 문장 훈련 ☐ 대화 연습
p.129-132	p.133-136	p.137-140	p.141-144	p.145-148
DAY 026	**DAY 027**	**DAY 028**	**DAY 029**	**DAY 030**
126-130	131-135	136-140	141-145	146-150
☐ 문장 훈련 ☐ 대화 연습	☐ 문장 훈련 ☐ 대화 연습	☐ 문장 훈련 ☐ 대화 연습	☐ 문장 훈련 ☐ 대화 연습	☐ 문장 훈련 ☐ 대화 연습
p.149-152	p.153-156	p.157-160	p.161-164	p.165-168

DAY 021-030 망각방지 장치 ❸　☐ Stage 1　☐ Stage 2　☐ Stage 3　p.169-182

DAY 031	DAY 032	DAY 033	DAY 034	DAY 035
151-155	156-160	161-165	166-170	171-175
☐ 문장 훈련 ☐ 대화 연습	☐ 문장 훈련 ☐ 대화 연습	☐ 문장 훈련 ☐ 대화 연습	☐ 문장 훈련 ☐ 대화 연습	☐ 문장 훈련 ☐ 대화 연습
p.183-186	p.187-190	p.191-194	p.195-198	p.199-202
DAY 036	**DAY 037**	**DAY 038**	**DAY 039**	**DAY 040**
176-180	181-185	186-190	191-195	196-200
☐ 문장 훈련 ☐ 대화 연습	☐ 문장 훈련 ☐ 대화 연습	☐ 문장 훈련 ☐ 대화 연습	☐ 문장 훈련 ☐ 대화 연습	☐ 문장 훈련 ☐ 대화 연습
p.203-206	p.207-210	p.211-214	p.215-218	p.219-222

DAY 031-040 망각방지 장치 ❹　☐ Stage 1　☐ Stage 2　☐ Stage 3　p.223-236

DAY 041	DAY 042	DAY 043	DAY 044	DAY 045
201-205	206-210	211-215	216-220	221-225
☐ 문장 훈련	☐ 문장 훈련	☐ 문장 훈련	☐ 문장 훈련	☐ 문장 훈련
☐ 대화 연습	☐ 대화 연습	☐ 대화 연습	☐ 대화 연습	☐ 대화 연습
p.237-240	p.241-244	p.245-248	p.249-252	p.253-256
DAY 046	DAY 047	DAY 048	DAY 049	DAY 050
226-230	231-235	236-240	241-245	246-250
☐ 문장 훈련	☐ 문장 훈련	☐ 문장 훈련	☐ 문장 훈련	☐ 문장 훈련
☐ 대화 연습	☐ 대화 연습	☐ 대화 연습	☐ 대화 연습	☐ 대화 연습
p.257-260	p.261-264	p.265-268	p.269-272	p.273-276

DAY 041-050 망각방지 장치 ❺ ☐ Stage 1 ☐ Stage 2 ☐ Stage 3   p.277-290

DAY 051	DAY 052	DAY 053	DAY 054	DAY 055
251-255	256-260	261-265	266-270	271-275
☐ 문장 훈련	☐ 문장 훈련	☐ 문장 훈련	☐ 문장 훈련	☐ 문장 훈련
☐ 대화 연습	☐ 대화 연습	☐ 대화 연습	☐ 대화 연습	☐ 대화 연습
p.291-294	p.295-298	p.299-302	p.303-306	p.307-310
DAY 056	DAY 057	DAY 058	DAY 059	DAY 060
276-280	281-285	286-290	291-295	296-300
☐ 문장 훈련	☐ 문장 훈련	☐ 문장 훈련	☐ 문장 훈련	☐ 문장 훈련
☐ 대화 연습	☐ 대화 연습	☐ 대화 연습	☐ 대화 연습	☐ 대화 연습
p.311-314	p.315-318	p.319-322	p.323-326	p.327-330

DAY 051-060 망각방지 장치 ❻ ☐ Stage 1 ☐ Stage 2 ☐ Stage 3   p.331-344

DAY 061	DAY 062	DAY 063	DAY 064	DAY 065
301-305	306-310	311-315	316-320	321-325
☐ 문장 훈련 ☐ 대화 연습	☐ 문장 훈련 ☐ 대화 연습	☐ 문장 훈련 ☐ 대화 연습	☐ 문장 훈련 ☐ 대화 연습	☐ 문장 훈련 ☐ 대화 연습
p.345-348	p.349-352	p.353-356	p.357-360	p.361-364
DAY 066	**DAY 067**	**DAY 068**	**DAY 069**	**DAY 070**
326-330	331-335	336-340	341-345	346-350
☐ 문장 훈련 ☐ 대화 연습	☐ 문장 훈련 ☐ 대화 연습	☐ 문장 훈련 ☐ 대화 연습	☐ 문장 훈련 ☐ 대화 연습	☐ 문장 훈련 ☐ 대화 연습
p.365-368	p.369-372	p.373-376	p.377-380	p.381-384

DAY 061-070 망각방지 장치 ❼   ☐ Stage 1 ☐ Stage 2 ☐ Stage 3   p.385-398

DAY 071	DAY 072	DAY 073	DAY 074	DAY 075
351-355	356-360	361-365	366-370	371-375
☐ 문장 훈련 ☐ 대화 연습	☐ 문장 훈련 ☐ 대화 연습	☐ 문장 훈련 ☐ 대화 연습	☐ 문장 훈련 ☐ 대화 연습	☐ 문장 훈련 ☐ 대화 연습
p.399-402	p.403-406	p.407-410	p.411-414	p.415-418
DAY 076	**DAY 077**	**DAY 078**	**DAY 079**	**DAY 080**
376-380	381-385	386-390	391-395	396-400
☐ 문장 훈련 ☐ 대화 연습	☐ 문장 훈련 ☐ 대화 연습	☐ 문장 훈련 ☐ 대화 연습	☐ 문장 훈련 ☐ 대화 연습	☐ 문장 훈련 ☐ 대화 연습
p.419-422	p.423-426	p.427-430	p.431-434	p.435-438

DAY 071-080 망각방지 장치 ❽   ☐ Stage 1 ☐ Stage 2 ☐ Stage 3   p.439-452

DAY 081	DAY 082	DAY 083	DAY 084	DAY 085
401-405 ☐ 문장 훈련 ☐ 대화 연습 p.453-456	406-410 ☐ 문장 훈련 ☐ 대화 연습 p.457-460	411-415 ☐ 문장 훈련 ☐ 대화 연습 p.461-464	416-420 ☐ 문장 훈련 ☐ 대화 연습 p.465-468	421-425 ☐ 문장 훈련 ☐ 대화 연습 p.469-472
DAY 086	**DAY 087**	**DAY 088**	**DAY 089**	**DAY 090**
426-430 ☐ 문장 훈련 ☐ 대화 연습 p.473-476	431-435 ☐ 문장 훈련 ☐ 대화 연습 p.477-480	436-440 ☐ 문장 훈련 ☐ 대화 연습 p.481-484	441-445 ☐ 문장 훈련 ☐ 대화 연습 p.485-488	446-450 ☐ 문장 훈련 ☐ 대화 연습 p.489-492

DAY 081-090 망각방지 장치 ❾   ☐ Stage 1 ☐ Stage 2 ☐ Stage 3   p.493-506

DAY 091	DAY 092	DAY 093	DAY 094	DAY 095
451-455 ☐ 문장 훈련 ☐ 대화 연습 p.507-510	456-460 ☐ 문장 훈련 ☐ 대화 연습 p.511-514	461-465 ☐ 문장 훈련 ☐ 대화 연습 p.515-518	466-470 ☐ 문장 훈련 ☐ 대화 연습 p.519-522	471-475 ☐ 문장 훈련 ☐ 대화 연습 p.523-526
DAY 096	**DAY 097**	**DAY 098**	**DAY 099**	**DAY 100**
476-480 ☐ 문장 훈련 ☐ 대화 연습 p.527-530	481-485 ☐ 문장 훈련 ☐ 대화 연습 p.531-534	486-490 ☐ 문장 훈련 ☐ 대화 연습 p.535-538	491-495 ☐ 문장 훈련 ☐ 대화 연습 p.539-542	496-500 ☐ 문장 훈련 ☐ 대화 연습 p.543-546

DAY 091-100 망각방지 장치 ❿   ☐ Stage 1 ☐ Stage 2 ☐ Stage 3   p.547-560

네이티브는 쉬운 영어로 말한다

Want to Speak Simple?

Ready, Set, Go!

Let's Go for it!

Attention!

This book helps you learn 500 everyday expressions that native speakers actually use—just 5 a day! Use them at work, while traveling, or in conversations with friends and family. Study daily if possible, but 5 days a week is fine too. The key is consistency! Don't stop until you reach the finish line!

주의

이 책은 네이티브들이 자주 사용하는 일상회화 표현 500개를 하루 5개씩 배울 수 있도록 도와줍니다! 직장, 여행, 친구, 가족과의 대화에서 바로 쓸 수 있어요. 가능하면 매일 공부하고, 바쁠 때는 주 5일만 해도 괜찮습니다. 중요한 건 꾸준함입니다! 끝까지 멈추지 마세요!

• DAY •
001

문장 훈련

네이티브가 매일같이 쓰는 **이 영어, 무슨 뜻**일까요?

What's your favorite dish?

001

You can use this to ask someone which food they enjoy eating the most. Koreans often say 'dish' as '메뉴,' but '메뉴' is actually Konglish.

It's on me.

002

"It's on me" means "I'll pay" or "I'll take care of it," often as a gesture of kindness.

I've got this round.

003

This means "I'll pay for this round," so your wallet can take a break—until it's your turn!

This really hits the spot.

004

You can say this when something, like food or drink, perfectly satisfies your hunger or craving—no actual hitting involved!

I'm stuffed.

005

You can say this when you've eaten too much. It's a positive way to express that you're completely full!

문장 훈련

• DAY •
001

네이티브가 매일같이 쓰는 **이 말**, **영어로** 할 수 있나요?

제일 좋아하는 메뉴가 뭐야?

001

상대의 음식 취향을 알아보는 질문입니다. 한국인들은 '음식, 요리'를 '메뉴'라는 말로도 곧잘 쓰는데, 사실 이건 콩글리시이죠. menu는 식당의 '메뉴판'을 의미하고, '특정 요리'를 말할 때는 dish를 씁니다. (syn) What's your go-to meal? / What's your favorite food?

내가 낼게. / 내가 맡을게.

002

식사, 음료 등의 비용을 부담하겠다는 의미로 친구나 동료에게 호의를 베푸는 상황에 쓸 수 있어요. 어떤 일을 책임진다는 의미로도 쓰여요. (syn) I'll cover it. / I've got this.

이번 건 내가 쏠게.

003

주로 바(bar)나 펍(pub)에서 친구들이 돌아가면서 '술 한 잔'을 계산할 때 쓰는 표현입니다. round는 '특정한 일의 한 차례, 한 판'이라는 뜻으로, 여기선 모임의 사람들에게 쓰는 '한 차례 술'을 의미하죠. (syn) This round's on me. / I'll get this one.

정말 딱이야.

004

hit 때문에 때린다는 말로 오해할 수도 있는데, 내가 딱 원하던 걸 정확히 충족시킨다는 의미입니다. 배고프거나 갈증이 났을 때 이 표현이 딱이죠. 음식이 아주 맛있을 때도 쓰고요. (syn) It's what the doctor ordered. (딱 필요했던 거야.) / This is exactly what I wanted.

배 터지겠어. 배불러 죽겠어.

005

주로 과식 후에 쓰는 말로, stuff는 '꽉 채워넣다'라는 뜻이에요. 너무 많이 먹어서 더 이상 못 먹겠다는 의미로 쓰죠. (syn) I'm full. (배불러.) / I can't eat another bite. (더 못 먹겠어.)

대화 연습

DAY 001

네이티브가 매일 주고받는 **이 대화**, **영어로** 할 수 있나요?

001
A 제일 좋아하는 메뉴가 뭐야?
B 난 한국식 바비큐를 정말 좋아해.
> [hint] 제일 좋아하는 favorite | 한국식 바비큐 Korean BBQ

002
A 커피 마시러 가자.
B 좋은 생각이야! 내가 낼게.
> [hint] 커피를 마시다, 커피를 마시러 가다 get coffee

003
A 한 잔 더 할까?
B 좋아, 이번 건 내가 쏠게.
> [hint] 한 잔 더 하다 get another round of drinks

004
A 샌드위치는 어때?
B 맛있어! 정말 딱이야.
> [hint] 맛있어! Delicious!

005
A 디저트 먹을래?
B 아니, 괜찮아. 배 터지겠어.
> [hint] ~ 먹을래? Do you want + 음식?

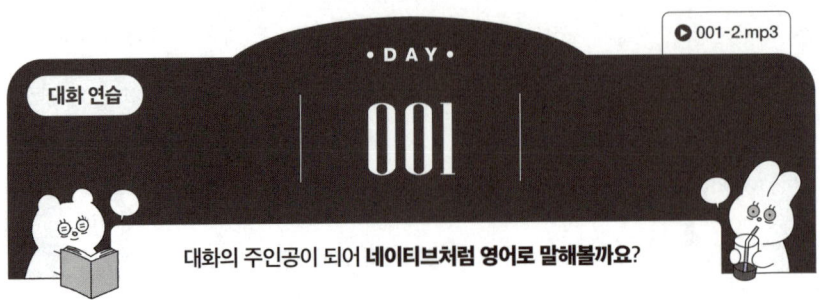

DAY 001

대화 연습

🔊 001-2.mp3

대화의 주인공이 되어 **네이티브처럼 영어로 말해볼까요?**

001

A What's your favorite dish?
B I really like Korean BBQ.

💬 상대방이 좋아하는 음식을 물어볼 때

002

A Let's get coffee.
B Great idea! It's on me.

💬 내가 계산하겠다고 말할 때

003

A Shall we get another round of drinks?
B Sure, I've got this round.

💬 바(bar)에서 이번 술 한 잔은 내가 쏜다고 할 때

004

A How's your sandwich?
B Delicious! This really hits the spot.

💬 음식이 입에 딱 맞는다고 말할 때

005

A Do you want dessert?
B No thanks. I'm stuffed.

💬 배가 불러서 음식을 더는 못 먹겠을 때

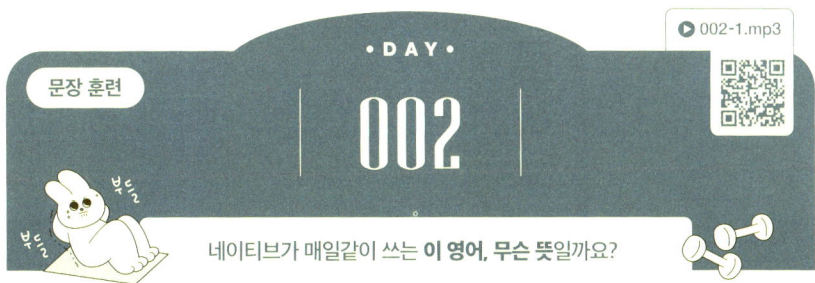

 문장 훈련

• DAY •

002

네이티브가 매일같이 쓰는 **이 영어, 무슨 뜻**일까요?

002-1.mp3

This place is a hidden gem.

006

 Koreans might think 'hidden gem' means '숨겨진 보석,' but it really describes a great place that not many people know about.

It's out of this world.

007

 This means something truly amazing, whether it's food, an experience, or anything that exceeds expectations.

Everything is spot on.

008

 This means everything is perfect, just right—like saying "완벽해" after a great event or performance.

Hold the onions.

009

 This is perfect for saying, "No onions, thanks!"—ideal for special diets or picky eaters like me.

I'm cooking up a storm.

010

 This means you're excited to cook a lot of food. It's usually for a special event or a big group of people.

025

문장 훈련

• DAY •
002

 002-1.mp3

네이티브가 매일같이 쓰는 **이 말, 영어로** 할 수 있나요?

006

숨은 맛집이야. / 숨겨진 명소야.

hidden gem은 숨겨진 맛집이나 명소를 의미해요. 잘 알려지지 않아서 발견하면 마치 보석(gem)을 찾은 것처럼 기분 좋은 놀라움을 준다는 뜻이죠! [syn] This place is a best-kept secret. / This place is a secret spot.

007

정말 환상적이야.

out of this world는 이 세상 것이 아닌 듯 아주 훌륭할 때 쓰는 표현이에요. 음식이 기대를 훌쩍 뛰어넘을 정도로 맛있을 때도 사용할 수 있습니다. [syn] It's mind-blowing.

008

모든 것이 완벽해.

spot on은 '딱 맞는, 정확한'이라는 의미의 형용사로, 일이 계획대로 잘 진행되었을 때 사용해요. 발표나 이벤트가 기대한 대로 잘 이루어졌을 때도 쓰죠. [syn] Everything is perfect.

009

양파 빼고 주세요.

양파를 붙잡으란 말이 아닙니다. <Hold the 음식재료 (please).>의 hold는 '잡다'가 아니라 '빼달라(don't include)'는 의미거든요. 개인 취향이나 식이제한으로 음식 주문 시 특정 재료를 제외해달라고 요청할 때 쓰죠. [syn] No onions, please.

010

폭풍 요리 중이야. (음식을 산더미처럼 만들고 있어.)

up a storm은 '아주 열정적으로', '엄청나게 많이, 잔뜩'이란 의미의 숙어 표현이에요. 따라서 be cooking up a storm은 '아주 가열차게 음식을 잔뜩 만들고 있다'는 의미이죠. 주로 특별한 행사나 큰 모임이 있을 때 cooking up a storm을 하죠.

DAY 002

대화 연습

네이티브가 매일 주고받는 **이 대화**, **영어로** 할 수 있나요?

▶ 002-2.mp3

006
- A 여기 음식 정말 맛있어!
- B 그지? 숨은 맛집이야.

[hint] 끝내주게 맛있는, 정말 맛있는 fantastic

007
- A 새로 생긴 레스토랑에서 저녁 어땠어?
- B 음식이 정말 환상적이었어!

[hint] 새로 생긴 레스토랑에서 at the new restaurant

008
- A 새로운 클라이언트와 미팅은 어땠어?
- B 정말 좋았어! 모든 것이 완벽했어.

009
- A 버거 하나 주세요.
- B 넵, 어떻게 해드릴까요?
- A 네, 미디엄 레어로 하고, 양파는 빼주세요.

[hint] 어떻게 요리해 드릴까요? How would you like ~ cooked?

010
- A 야, 뭐하고 있었어?
- B 오늘밤 파티를 위해 음식을 잔뜩 준비 중이야.

[hint] (이전부터 계속) ~하는 중이야/중이었어 I have been -ing

DAY 002

대화 연습

🔊 002-2.mp3

대화의 주인공이 되어 **네이티브처럼 영어로 말해볼까요?**

006
- A The food here is fantastic!
- B I know, right? This place is a hidden gem.

💬 방문한 식당이 숨은 맛집이라고 할 때

007
- A How was the dinner at the new restaurant?
- B The food was out of this world!

💬 음식이 이 세상 맛이 아닌 듯 정말 맛있었다고 할 때

008
- A How was your meeting with the new client?
- B It was great! Everything was spot on.

💬 흠잡을 데 없이 아주 흡족했을 때

009
- A Can I get a burger, please?
- B Sure, how would you like that cooked?
- A Yes, medium rare, and hold the onions.

💬 음식 주문 시 양파를 빼달라고 할 때

010
- A Hey, what have you been doing?
- B I've been cooking up a storm for the party tonight.

💬 아까부터 계속 음식을 잔뜩 준비 중이라고 할 때

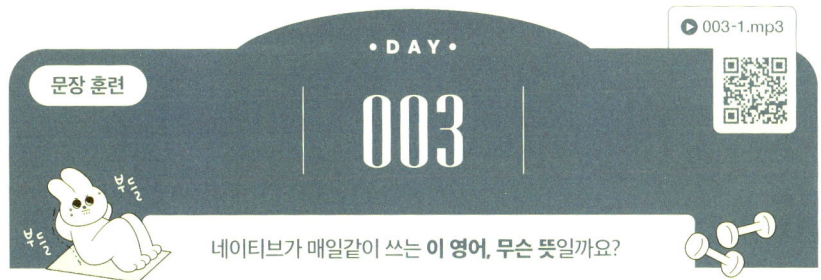

문장 훈련

· DAY ·

003

003-1.mp3

네이티브가 매일같이 쓰는 **이 영어, 무슨 뜻일까요?**

011

Let's grab a bite.

This means having a small meal or snack. It's great when you're a little hungry and need something simple.

012

I have a sweet tooth.

This is not about your teeth. It means you love sweet foods, especially desserts and sugary treats.

013

I could eat a horse.

This is a funny way to say you could eat a lot right now. Just imagine having to eat a horse!

014

We only offer a la carte.

This means you can only order food '따로따로.' You pick each dish by itself, not as a combo. 'Set menu' is Konglish.

015

I wolfed it down.

This means you ate something quickly and eagerly, usually because you were very hungry.

문장 훈련

• DAY •
003

 003-1.mp3

네이티브가 매일같이 쓰는 **이 말, 영어로** 할 수 있나요?

011

간단히 뭐 좀 먹자. 간단히 요기하자.

뭐 좀 간단히 먹고 허기를 때우자고 할 때 쓰기 좋은 표현입니다. grab은 뭔가를 잡다[쥐다], bite는 한입, 그래서 grab a bite는 '한입 먹다', 즉 '간단히 먹다, 요기하다'라는 뜻이죠.

012

달달한 걸 좋아해요.

sweet tooth는 달콤한 치아? 이 표현은 치아랑 관련 없어요. 달콤한 음식을 좋아하는 취향, 특히 디저트와 달달한 간식을 좋아하고 즐기는 사람을 말할 때 씁니다.
(syn) I'm a sugar addict.

013

말 한 마리도 먹을 수 있어. (배고파 죽겠어.)

너무 배가 고파서 말 한 마리도 먹을 수 있겠다고 배고픈 상황을 유머러스하게 강조할 때 쓰는 표현입니다. (syn) I'm starving. (배고파 죽겠어.) / I'm so hungry I could eat a cow. (너무 배고파서 소 한 마리도 먹겠어.)

014

저희는 단품만 제공합니다.

a la carte는 프랑스어로 '단품으로'라는 뜻이에요. 풀코스 요리(full course meal)나 세트가 아니라 자신이 원하는 요리를 하나씩 선택하는 거죠. '세트 메뉴'는 콩글리시로, combo 또는 combo meal이 정확한 표현입니다. (syn) Dishes are available for separate order.

015

(배고파서) 순삭했어요.

wolf it down은 배가 고파서 '음식을 순식간에 먹어치웠다'는 표현. 늑대가 먹이를 허겁지겁 먹는 모습에서 유래했죠. scarf down(허겁지겁 먹다)과 devour(하나도 남김없이 허겁지겁 많이 먹다)도 비슷한 표현입니다. (syn) I scarfed it down. / I devoured it.

대화 연습

• D A Y •
003

▶ 003-2.mp3

네이티브가 매일 주고받는 **이 대화, 영어로** 할 수 있나요?

011
A 회의 끝나고 간단히 뭐 좀 먹자.
B 좋은 생각이야.

[hint] 회의가 끝난 후 after the meeting

012
A 초콜릿 먹을래?
B 응, 부탁해! 달달한 게 너무 좋아.

[hint] 단 것을 (너무) 좋아하다 have (such) a sweet tooth

013
A 저녁식사가 곧 준비될 거야.
B 잘됐다, 나 지금 말 한 마리도 먹을 수 있을 거 같거든.

[hint] 곧 준비되다 be ready soon

014
A 세트 메뉴가 있나요?
B 아니요, 저희는 단품만 제공합니다.

015
A 그 버거 정말 빨리 먹었네!
B 너무 배가 고파서 정신없이 먹어치웠어.

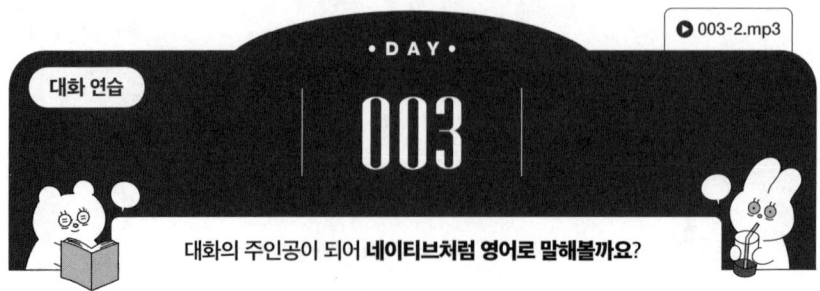

DAY 003

대화의 주인공이 되어 **네이티브처럼 영어로 말해볼까요?**

011
A Let's grab a bite after the meeting.
B Sounds good to me.
💬 간단히 허기 좀 때우자고 할 때

012
A Do you want some chocolate?
B Yes, please! I have such a sweet tooth.
💬 달달한 걸 너무 좋아한다고 할 때

013
A Dinner will be ready soon.
B Good, because I could eat a horse.
💬 배가 너무 고프다고 말할 때

014
A Do you have combo meals?
B No, we only offer a la carte.
💬 세트 메뉴는 없고 음식을 단품으로만 판다고 할 때

015
A You ate that burger fast!
B I was so hungry, I wolfed it down.
💬 음식을 게눈 감추듯 정신없이 먹어치웠다고 할 때

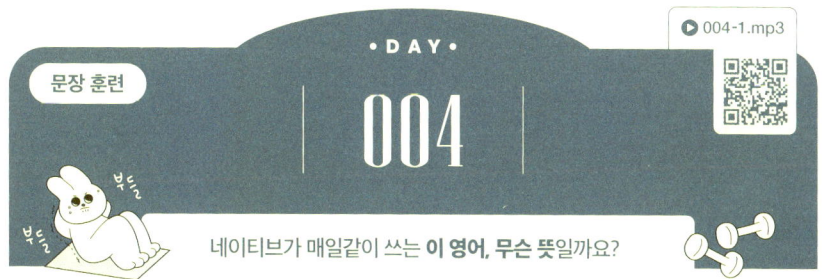

• DAY •

004

네이티브가 매일같이 쓰는 **이 영어, 무슨 뜻**일까요?

016

Chef's kiss.

This means something is perfect or excellent. You might see it with a gesture of kissing your fingers.

017

I made it from scratch.

'From scratch' means making something from the very beginning, using only basic ingredients or materials.

018

It's to die for!

This means something is extremely good or desirable, often used for food, fashion, or experiences.

019

That's some food for thought.

This phrase means something is worth thinking about seriously, like how your brain 'eats up' information.

020

No hard feelings.

This phrase means there is no anger or resentment after a disagreement or rejection.

DAY 004

문장 훈련

네이티브가 매일같이 쓰는 **이 말, 영어로** 할 수 있나요?

004-1.mp3

016

아주 완벽해! 퍼펙트!

뭔가가 훌륭하고 완벽하다는 말로, 종종 손가락을 입에 대는 제스처와 함께 사용됩니다. 음식이 "바로 이거야!" 싶게 완벽하게 준비되었을 때 셰프가 하는 동작에서 유래했다고 해요.
[syn] Spot on! / Nailed it!

017

이거 내가 처음부터 다 한 거야.

이 문장의 포인트는 from scratch입니다. from scratch는 '아무것도 없이 맨 처음부터 새로' 시작하는 것을 의미하죠. 육상경기에서 출발선을 scratch라고 부른 것에서 유래했어요.
[syn] from the beginning / from the ground up

018

정말 죽여줘! 정말 최고야!

'죽을 만큼 가치 있다'는 비유적인 의미로, 주로 맛있는 음식, 매력적인 옷, 멋진 장소 등에 크게 만족을 표하거나 상대에게 추천할 때 쓰는 표현입니다. die가 포함된 과장된 표현인 만큼 공식적인 자리나 민감한 주제에서는 주의하세요. [syn] It's amazing. / It's incredible!

019

생각해볼 만한 이야기네.

생각할 거리를 제공한다는 의미로, 새로운 정보나 의견을 진지하게 고려할 때 자주 쓰입니다. food for thought는 '생각에 필요한 양식', 즉 '생각해볼 만한 거리'라는 의미의 비유적 표현이죠. [syn] Something to think about. / Worth considering. (고려해볼 만하네.)

020

(악)감정 없어. 괜찮아, 신경 쓰지 마.

의견 충돌이나 갈등 후, 또는 거절을 당한 후에도 기분이 상하지 않았음을 나타낼 때 씁니다. hard feelings는 '단단한 감정'이 아니라 '악감정'을 의미하죠. ⚠ 기분이 상할 수도 있을 만한 상대의 말이나 행동에 '괜찮다, 오해 안 한다'고 할 때는 No offense taken.

대화 연습

•DAY•
004

004-2.mp3

네이티브가 매일 주고받는 **이 대화, 영어로** 할 수 있나요?

016
A 파스타 어때요?
B 정말 훌륭해요. 퍼펙트!

[hint] 정말 훌륭한, 정말 대단한 amazing

017
A 케이크 믹스를 사용했어?
B 아니, 신선한 재료로 처음부터 다 만들었어.

[hint] 신선한 재료로 with fresh ingredients

018
A 여기 커피 마셔봤어?
B 응, 정말 죽여줘!

[hint] ~ 마셔봤어? Have you tried + 음료?

019
A 창업 생각해본 적 있어?
B 생각해볼 만한 이야기네. 고려해볼게.

[hint] 창업하다 start one's own business

020
A 저희는 다른 지원자를 선택하기로 결정했습니다.
B 괜찮습니다. 기회를 주셔서 감사합니다.

[hint] ~로 선택하다 go with | 지원자 candidate

• DAY •
004

대화 연습

🔊 004-2.mp3

대화의 주인공이 되어 **네이티브처럼 영어로 말해볼까요?**

016
A How's the pasta?
B It's amazing, chef's kiss!
💬 음식 맛이 최고라고 할 때

017
A Did you use a mix for the cake?
B No, I made it from scratch with fresh ingredients.
💬 음식을 내 손으로 처음부터 다 만들었다고 할 때

018
A Have you tried the coffee here?
B Yes, it's to die for!
💬 음식이 죽여주게 맛있다고 할 때

019
A Ever thought about starting your own business?
B That's some food for thought. I'll consider it.
💬 생각해볼 만한 거리라고 응답할 때

020
A We decided to go with another candidate.
B No hard feelings, I appreciate the opportunity.
💬 기분이 상하지 않았음을 나타낼 때

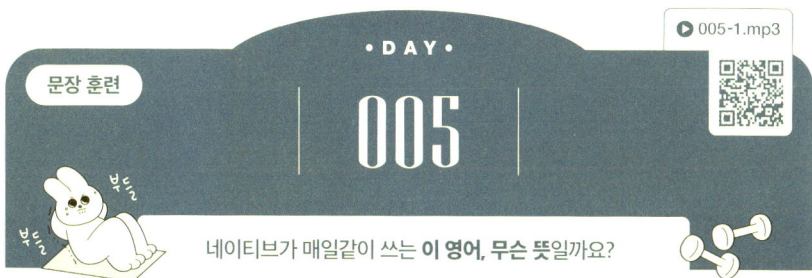

• DAY •
005

▶ 005-1.mp3

문장 훈련

네이티브가 매일같이 쓰는 **이 영어, 무슨 뜻일까요?**

Likewise.
021

 It is used to show that you agree with someone. It's said when you like or agree with what they said.

Call me crazy, but yes.
022

 Use this phrase to get people's attention. It helps prepare them when you're about to say something surprising.

What's your take?
023

 This means "What's your opinion?" It's an easy way to ask someone for their thoughts.

I couldn't agree more.
024

 This means you completely agree with someone. It's a strong way to say "Yes" or "Absolutely."

It's a safe bet.
025

 This means something is very likely to succeed or be correct. It's a strong, confident prediction.

037

· DAY ·
005

005-1.mp3

문장 훈련

네이티브가 매일같이 쓰는 **이 말**, **영어로** 할 수 있나요?

021

저도요. 나도 그래요.

나도 마찬가지라며 상대방의 말에 동의하거나 상대의 감정에 공감할 때 쓰는 말이에요. 간단하면서도 정중하게 동의나 공감을 나타낼 수 있죠. 뒤에 다른 말을 덧붙여 사용해도 자연스럽습니다. [syn] Same here.

022

미쳤다고 생각하겠지만, 그래.

한국에서도 일반적이지 않거나 놀랄 만한 계획이나 생각, 의견 등을 꺼내기에 앞서 상대를 의식하며 "미친 소리로 들리겠지만"이란 단서를 달며 말할 때가 있듯 영어도 마찬가지입니다. 그럴 때 바로 Call me crazy, but ~이란 표현을 쓰죠.

023

어떻게 생각해?

상대방의 의견을 물을 때 간편하게 쓸 수 있는 표현입니다. 특정 주제나 상황에 대한 생각이나 입장을 알고 싶을 때 유용하죠. take가 '의견, 생각'이란 의미의 명사로 쓰였다는 점에 주목하세요. [syn] What do you think? / What's your opinion?

024

전적으로 동의해.

'이보다 더 동의할 수 없다'는 말은 상대의 의견에 전적으로 동감한다는 얘기이죠. [syn] Absolutely agree. / Exactly! (정말 그래!)

025

확실한 선택이야. 안심하고 선택해도 돼.

이런저런 정보나 정황에 비춰볼 때 '틀림없는 선택, 안심하고 해도 되는 선택(safe bet)'이라고 확신을 갖고 예측할 때 쓰는 표현입니다. 장담한다는 뉘앙스가 깔려 있죠. [syn] It's a sure thing. / It's a good bet. (괜찮은 선택이긴 하지만 장담은 못한다는 뉘앙스)

대화 연습

• DAY •
005

▶ 005-2.mp3

네이티브가 매일 주고받는 **이 대화**, **영어로** 할 수 있나요?

021
A 만나서 반가웠습니다.
B 저도요, 대화 즐거웠습니다.

[hint] ~해서 반가웠다 It was great -ing

022
A 너 여행 가려고 일 그만두는 거야?
B 미쳤다고 생각하겠지만, 맞아. 세계를 여행하고 싶어.

[hint] 일[직장]을 그만두다 quit one's job

023
A 그 영화 어땠어? 어떻게 생각해?
B 내 생각엔 정말 환상적이었어.

[hint] 환상적인 fantastic

024
A 고객 서비스를 개선해야 해요.
B 전적으로 동의해요. 성공의 핵심이죠.

[hint] 성공의 핵심 someone's key to success

025
A 우리, 이 회사에 투자하는 게 좋을까?
B 안심하고 선택해도 될 것 같아.

[hint] 우리 ~하는 게 좋을까? Should we ~?

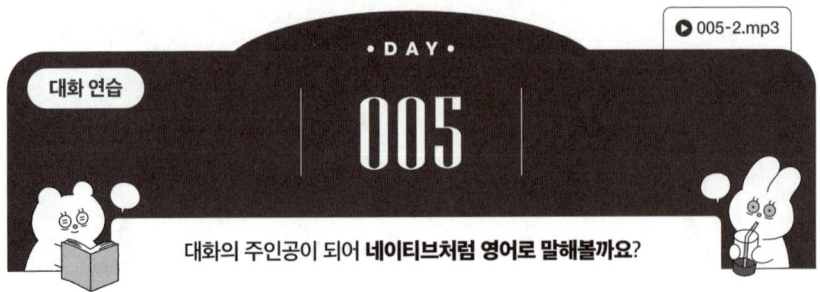

DAY 005
대화 연습

대화의 주인공이 되어 **네이티브처럼 영어로 말해볼까요?**

- A It was great meeting you.
- B Likewise, I enjoyed our conversation.

　　　　　　　　　🔵 나도 그렇다고 상대의 말에 동감할 때

- A You're quitting your job to travel?
- B Call me crazy, but yes. I want to travel the world.

　　　　　🔵 상대 입장에서는 이해하기 힘들 수 있지만 그렇다고 대답할 때

- A How was the movie? What's your take?
- B I thought it was fantastic!

　　　　　　　　　🔵 상대의 생각이나 소감이 궁금할 때

- A We need to improve our customer service.
- B I couldn't agree more. It's our key to success.

　　　　　　　　　🔵 상대의 의견에 강하게 동의할 때

- A Should we invest in this company?
- B I think it's a safe bet.

　　　　　　　🔵 안심하고 선택해도 될 것 같다고 장담할 때

문장 훈련

• DAY •

006

006-1.mp3

네이티브가 매일같이 쓰는 **이 영어, 무슨 뜻**일까요?

026

You bet!

It means 'definitely' or 'absolutely.' You say this when you strongly agree with someone.

027

Right on.

This means "I agree completely" or "That's exactly right." It's a strong way to show approval.

028

I told you so!

This means "I was right," often used when someone didn't believe you before, but now they see you were correct.

029

That's money.

It means something is super impressive or awesome, like a winning moment in sports or entertainment.

030

I hear you.

This means "I understand" or "I get it." You say this when you agree or feel the same way as someone else.

041

• DAY •
006

 006-1.mp3

문장 훈련

네이티브가 매일같이 쓰는 **이 말, 영어로** 할 수 있나요?

026

물론이지! 당연하지!

'내기하자'는 의미로 오해할 수 있지만, 실제로는 강한 긍정이나 동의의 표현입니다. bet은 원래 도박에서 사용되는 단어로, 무언가에 베팅한다는 것은 그 일에 확신을 가지고 전념한다는 의미를 가집니다. [syn] Absolutely! / For sure! (확실해! 틀림없어!)

027

옳소. 맞아. 그렇지. 잘한다.

오른쪽 방향을 알려주는 말이 아니라, 강한 동의나 찬성을 나타낼 때 사용하는 표현입니다. 1960년대 주류에 대항하는 counterculture(반문화) 운동에서 열렬한 동의를 표시하는 표현으로 인기를 얻었죠. [syn] Absolutely! (당연하지!) / Exactly! (딱 그래! 정확해!)

028

내가 뭐랬어!

내가 옳았다는 것을 강조할 때 쓰는 표현이에요. 특히 상대방이 처음에 믿지 않았을 때 많이 쓰이죠. 너무 자주 쓰면 상대방에게 불쾌감을 줄 수 있으니 주의하세요. 캐주얼하게 Told ya! 라고도 합니다. [syn] See? I was right! (거봐, 내 말이 맞잖아!)

029

정말 최고야! 대~박!

특히 무언가가 아주 훌륭하거나 성공적일 때 칭찬하는 표현이에요. 여기서 money는 단순히 돈이 아니라 가치 있고 완벽하다는 의미이죠. 스포츠, 사업, 예술 등 어떤 분야에서든 뛰어난 성과나 완벽한 순간에 대해 감탄할 때 자주 쓰죠.

030

그러게. 이해해.

상대방의 말을 이해하거나 공감할 때 사용하는 표현이에요. 상대방의 말을 잘 듣고 있으며, 동의한다는 의미를 전달합니다.

• DAY •
006

대화 연습

◐ 006-2.mp3

네이티브가 매일 주고받는 **이 대화**, **영어로** 할 수 있나요?

026
A 오늘밤 파티에 올 거야?
B 물론이지!

[hint] ~에 올 거야? Are you coming to + 행사/장소?

027
A 잠시 쉬어야 할 것 같아.
B 맞아. 우리 쉬지 않고 계속 일했어.

[hint] 잠시 쉬다 take a break | 쉬지 않고 일하다 work non-stop

028
A 네가 말한 대로 교통 혼잡이 심했어.
B 내가 뭐랬어!

[hint] ~에 대해 네 말이 맞았어 (네가 말한 대로 ~했어) You were right about ~

029
A 우리, 첫 줄 티켓을 구했어!
B 말도 안 돼, 대~박!

[hint] 첫 줄의 front-row

030
A 집세가 이렇게 비싸다니 믿을 수가 없네.
B 그러게. 정말 감당하기 힘들어.

[hint] 집세 rent | 감당하기 힘들다 get out of hand

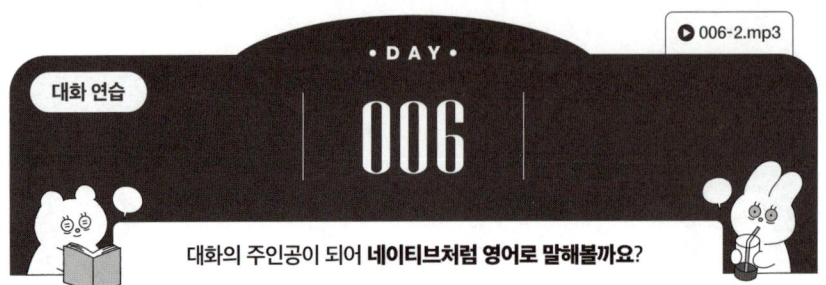

대화 연습

대화의 주인공이 되어 **네이티브처럼 영어로 말해볼까요?**

- A Are you coming to the party tonight?
- B You bet!

🔵 상대의 질문에 강하게 긍정할 때

- A I think we should take a break.
- B Right on. We've been working non-stop.

🔵 상대의 제안에 강하게 긍정할 때

- A You were right about the traffic.
- B I told you so!

🔵 애초에 내 말이 옳았다는 것을 강조할 때

- A We got front-row tickets!
- B No way, that's money!

🔵 뛰어난 성과를 냈거나 완벽한 순간이 연출됐을 때

- A I can't believe how expensive rent is.
- B I hear you. It's getting out of hand.

🔵 상대의 말을 이해하거나 공감할 때

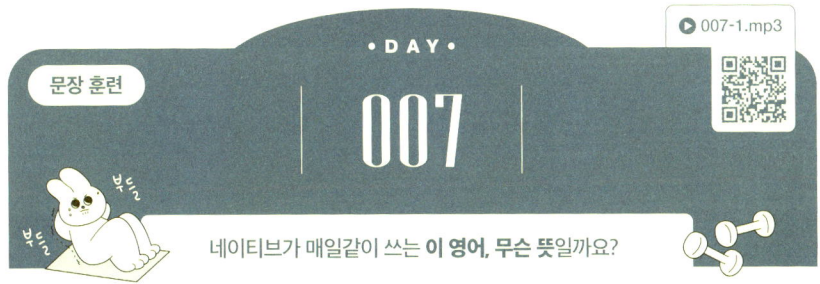

• DAY •

007

문장 훈련

네이티브가 매일같이 쓰는 **이 영어, 무슨 뜻**일까요?

007-1.mp3

031

Heard that.

It means "I agree" or "I understand." You say this to show you feel the same way as someone else.

032

Good to know.

It means "That's useful information" or "Good to hear." You say this when someone shares helpful info.

033

Those are a dime a dozen.

'Dime a dozen' means 'very common' or 'not special.' You say this when something is easy to find and not valuable.

034

Go on.

This phrase means you want someone to keep talking or explaining. It's a way to show you're interested.

035

You think? (*sarcasm*)

It means "Obviously" or "You don't say." You say this when something is really obvious or expected.

DAY 007

문장 훈련

네이티브가 매일같이 쓰는 **이 말**, 영어로 할 수 있나요?

031

정말 그래.

다른 사람의 말에 동의하거나 이해한다고 할 때 쓰는 표현입니다. 상대방의 발언을 인정하고, 그와 같은 감정을 느끼고 있음을 전달하는 말이죠. [syn] You got it. (맞아.) / Totally agree. (완전 동의해.)

032

좋은 정보네. 알아두면 좋겠어.

누군가의 정보가 유용하거나 중요하다고 생각했을 때 쓰는 표현이에요. 단, 너무 무심하게 말하면 상대방이 충분히 공감하지 않는다고 느낄 수 있으니까 말투와 표정도 신경 써주세요. [syn] Good to hear. (들어두면 좋겠어.) / That's helpful. (유용하네.)

033

그런 것들은 흔해 빠졌어.

dime은 10센트, a dozen은 12개, 그래서 a dime a dozen은 12개를 10센트에 살 수 있을 만큼 흔하다는 뜻입니다. 1800년대 미국에서 유래한 표현으로, 당시 많은 물건들이 10센트에 대량으로 팔렸던 것에서 유래했어요.

034

계속 말해봐. 더 이야기해줘.

상대방에게 계속해서 말을 이어가도록 유도할 때 쓸 수 있는 표현이에요. go on은 '간다'는 의미가 아닌, 상대방에게 계속 말하라고 요청하는 거예요. [syn] Keep going. (계속해.) / Tell me more. (더 이야기해줘.)

035

그럴/그런 줄 몰랐어? 당연하지 않아?

상대의 너무 뻔한 말이나 행동을 비꼬는 어조로 받아칠 때 쓰는 말이에요. 친근한 상황에서 쓰면 유머로 받아들여질 수 있지만 공식적이거나 예민한 상황에서는 오해를 살 수 있으니 상황과 분위기를 봐가며 사용하세요.

대화 연습

• DAY •
007

🔊 007-2.mp3

네이티브가 매일 주고받는 **이 대화**, **영어로** 할 수 있나요?

031
- A 우리 휴가가 필요한 것 같아.
- B 정말 그래. 한참 늦었지.

[hint] 진작 그랬어야 했는데 한참 늦었다. It's long overdue.

032
- A 공원을 지나는 지름길이 있어.
- B 알아두면 좋겠네. 팁 고마워.

[hint] ~을 지나서 가는 지름길 shortcut through ~

033
- A 무료 와이파이가 되는 곳을 찾고 있어요.
- B 쉬워요, 그런 곳들은 흔해요.

[hint] 무료 와이파이가 되는 곳 a place with free Wi-Fi

034
- A 프로젝트에 대한 아이디어가 있어.
- B 계속 말해봐, 듣고 있어.

[hint] ~에 대한 아이디어가 있다 have an idea for ~

035
- A 우리 길을 잃은 것 같아.
- B 그런 줄 몰랐어? 한 시간 동안 같은 길을 뱅글뱅글 돌고 있잖아.

[hint] (운전 시) 같은 길을 뱅글뱅글 돌다 drive in circles

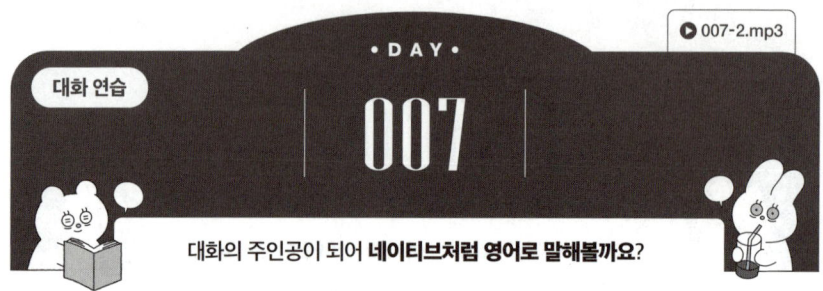

· DAY ·
007

대화 연습

대화의 주인공이 되어 **네이티브처럼 영어로 말해볼까요?**

031
- A I think we need a vacation.
- B Heard that. It's long overdue.

🔹 상대의 말에 같은 감정/생각일 때

032
- A There's a shortcut through the park.
- B Good to know. Thanks for the tip.

🔹 누군가가 알려준 정보에 대해 유용하겠다고 공감할 때

033
- A I'm looking for a place with free Wi-Fi.
- B Easy, those are a dime a dozen.

🔹 그런 거/그런 데는 흔하디 흔하다고 할 때

034
- A I have an idea for our project.
- B Go on, I'm listening.

🔹 계속 말을 이어가도록 유도할 때

035
- A I think we're lost.
- B You think? We've been driving in circles for an hour.

🔹 상대의 너무 뻔한 말이나 행동을 비꼴 때

문장 훈련

• DAY •
008

네이티브가 매일같이 쓰는 **이 영어**, 무슨 뜻일까요?

036

I feel you.

 It means "I understand you" or "I get how you feel." You say this when you share someone's feelings.

037

By soon, do you mean today?

 "By ~, do you mean …?" is used to ask for clarification. It's similar to saying "Do you mean ~?" when something is unclear.

038

In that case, let's take the bus.

 'In that case' is used when deciding what to do next based on new information.

039

You kidding me?

 This phrase is used when you're surprised by what someone said or did, like saying "No way!" or "Really?"

040

You gotta be kidding me.

 This phrase shows surprise or disbelief, like saying "No way!" or "Really?" It's used when really shocked or upset.

문장 훈련

•DAY• 008

 008-1.mp3

네이티브가 매일같이 쓰는 **이 말, 영어로** 할 수 있나요?

036

네 마음 이해해. 공감해.

영화 *Avatar*의 나비족들은 I see you.로 상대의 감정을 들여다보며 깊이 공감한다고 표현하는데요. 우리 미국인들은 I feel you.로 상대의 감정을 느끼며 깊이 공감한다고 표현해요.

037

'곧'이라면 오늘 말인가요?

By ~, do you mean …?(~라면 …를 말하는 거야?)은 의미를 명확하게 하기 위해 확인 질문할 때 사용하는 표현이죠. [syn] Do you mean now? (지금이란 뜻이야?) / Are you saying today? (오늘을 말하는 거야?)

038

그렇다면, 버스를 타자.

In that case는 앞서 언급된 정보나 상황에 따라 논리적인 결론을 내릴 때 사용됩니다. Then보다 조금 더 구체적이며, 상황에 맞춰 결정을 할 때 주로 쓰이죠. [syn] Then (일반적인 상황에서 '그러면') / If that's the case (그런 경우라면, 그렇다면)

039

장난해? 진짜야?

상대방의 말이나 행동이 충격적이거나 믿기 어려울 때 쓰는 표현이에요. 갑작스러운 상황에서 놀라움을 표현하는 거죠. 단순한 실수나 일상적인 일에 쓸 경우 과장되게 들릴 수 있으니 주의하세요. [syn] Are you serious? (진심이야?) / No way! (말도 안 돼!)

040

말도 안 돼. 장난하는 거지?

You kidding me?보다 더 놀라거나 억울할 때 강조해서 쓰는 표현이에요. 가벼운 놀라움이 아닌, 정말 예상 못한 상황에서 주로 사용됩니다. [syn] No way! / You must be joking. (농담하는 거지?)

DAY 008

대화 연습

▶ 008-2.mp3

네이티브가 매일 주고받는 **이 대화**, **영어로** 할 수 있나요?

036
- A 시험 때문에 스트레스 받아.
- B 네 마음 이해해. 정말 어렵지.

[hint] 능력을 시험하는, 어려운 challenging

037
- A 우리 곧 만나요.
- B '곧'이라면 오늘 말인가요?

038
- A 나, 택시 탈 돈이 충분하지 않아.
- B 그렇다면, 버스를 타자.

[hint] 택시 탈 돈이 충분하다 have enough money for a taxi

039
- A 나 실수로 보고서를 다 삭제했어.
- B 진짜야? 어떻게 그런 일이 생겼어?

[hint] 실수로, 우연찮게 accidentally

040
- A 우리 이번 주말에 일해야 해.
- B 말도 안 돼. 나 선약 있었다고!

[hint] 선약이 있다 have plans

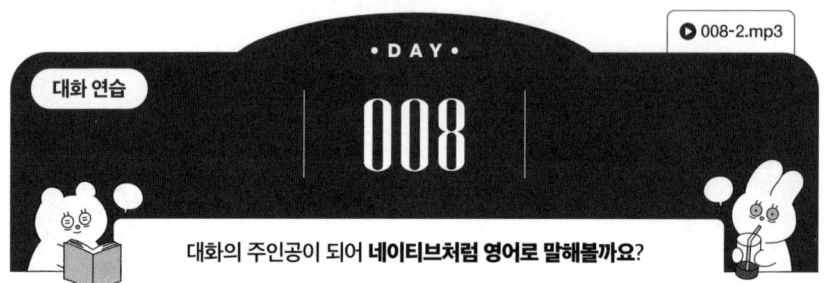

대화 연습

• DAY •
008

008-2.mp3

대화의 주인공이 되어 **네이티브처럼 영어로 말해볼까요?**

036
- A I'm stressed about the exams.
- B I feel you. They're really challenging.

🗨 상대방의 감정이나 상황에 깊이 공감할 때

037
- A We should meet soon.
- B By soon, do you mean today?

🗨 의미를 명확하게 하기 위해 확인 질문할 때

038
- A I don't have enough money for a taxi.
- B In that case, let's take the bus.

🗨 상황에 맞춰 결정할 때

039
- A I accidentally deleted the entire report.
- B You kidding me? How did that happen?

🗨 충격적이거나 믿기 어려운 얘기를 들었을 때

040
- A We have to work this weekend.
- B You gotta be kidding me. I had plans!

🗨 정말 예상 못한 상황에서 놀라거나 억울할 때

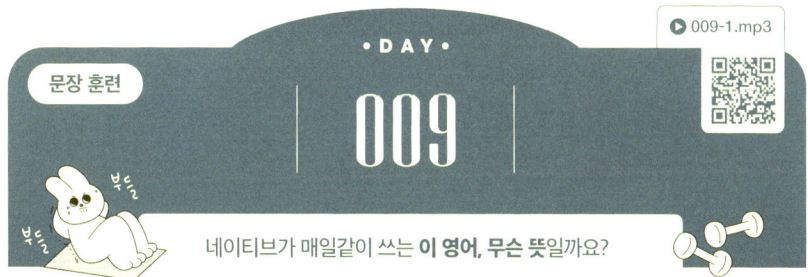

• DAY •
009

문장 훈련

009-1.mp3

네이티브가 매일같이 쓰는 **이 영어, 무슨 뜻일까요?**

041
You're killing me!

 This phrase humorously shows someone is very funny, frustrating, or overwhelming, often used in a joking, lighthearted way.

042
You missed the point.

 This means you didn't get the main idea and are focusing on the wrong thing. It's similar to saying "You're not getting it."

043
Long story short, we broke up.

 'Long story short' is used to skip details and give only the main point. It's like saying 'In short' or 'To sum up.'

044
Don't make a fool of yourself.

 This means "Don't do anything foolish" or "Don't embarrass yourself." It's a way to warn against careless behavior.

045
It's crazy to me how fast time flies.

 It's used to express surprise or amazement at how quickly time passes, often when reflecting on how much has passed.

DAY 009

문장 훈련

009-1.mp3

네이티브가 매일같이 쓰는 **이 말, 영어로** 할 수 있나요?

041

정말 웃겨! / 정말 답답해! / 너 진짜 짜증나!

가벼운 불만이나 짜증을 유머러스하게 전달할 때 사용하는 말이에요. 심각한 상황이 아니라, 주로 농담이나 장난스러운 대화 속에서 사용됩니다. 상대방의 행동이나 말이 웃기거나 약간 짜증나지만, 이를 과장해서 표현하는 어감이에요.

042

너 핵심을 놓쳤어. 요점을 잘못 짚었어.

상대가 대화나 상황의 본질을 제대로 이해하지 못했을 때 사용하는 표현이에요. 주로 논의 중에 서로 다른 관점을 조율하거나 오해를 바로잡을 때 쓰면 좋아요. [syn] You're not getting it. (너 핵심 파악이 안 되는구나. 잘못 알아들었구나.)

043

한 마디로, 우리 헤어졌어.

Long story short(한 마디로, 간단히 말하면)는 긴 설명을 생략하고 핵심만 빠르게 전달할 때 쓰는 표현이에요. 이야기를 구구절절 다 하기 곤란할 때 써보세요. [syn] In short (간단히 말하면)

044

바보같이 굴지 마. / 망신당하지 않게 조심해.

상대에게 망신당하거나 어리석게 행동하지 말라는 경고의 표현이에요. 중요한 상황에서 신중히 행동하라는 충고로 쓰이지만, 가벼운 상황에선 지나치게 엄격하게 들릴 수 있으니 주의하세요. [syn] Don't embarrass yourself. (쪽팔리게 굴지 마.)

045

시간이 얼마나 빨리 가는지 믿기지가 않아.

시간이 지난 후에 돌아보며 종종 쓰는 말이죠. <It's crazy to me how 형용사 + S + V>(얼마나 ~한지 믿기지가 않아)는 어떤 상황이 놀랍거나 믿기 어렵다는 것을 표현할 때 써요. 그 상황이 얼마나 인상적인지 강조하는 표현이죠.

• DAY •

009

대화 연습

▶ 009-2.mp3

네이티브가 매일 주고받는 **이 대화**, **영어로** 할 수 있나요?

041
A 뭘 입을지 못 정하겠어.
B 너 진짜 짱나! 우리 늦었어!

[hint] 뭘 입을지 what to wear

042
A 너 완전히 핵심을 놓쳤어.
B 아, 정말? 그러면 핵심이 뭔데?

[hint] 완전히, 전적으로 entirely

043
A 한마디로, 우리 헤어졌어.
B 정말 유감이야.

[hint] (안 좋은 소식을 듣고) 정말 유감이야. I'm so sorry to hear that.

044
A 면접에 이거 입을까?
B 망신당하지 않게 조심해. 좀 더 프로페셔널하게 입어.

[hint] 좀 더 프로페셔널하게 입다 wear something professional

045
A 시간이 정말 빨리 갔네. 벌써 연말이야!
B 그러게, 시간이 얼마나 빨리 가는지 믿기지가 않아.

[hint] 시간이 정말 빨리 가. Time goes by so fast. (= Time flies.)

055

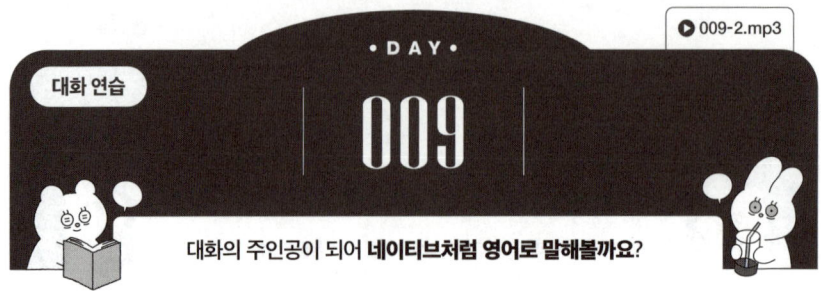

대화 연습

• DAY •
009

009-2.mp3

대화의 주인공이 되어 **네이티브처럼 영어로 말해볼까요?**

041
- A I can't decide what to wear.
- B You're killing me! We're late!

　💬 상대의 말이나 행동이 웃기거나 약간 짜증날 때 유머러스하게

042
- A You missed the point entirely.
- B Oh, really? And what's the point?

　💬 상대가 대화나 상황의 본질을 제대로 이해하지 못했을 때

043
- A Long story short, we broke up.
- B I'm so sorry to hear that.

　💬 긴 이야기지만 간단히 요점만 말할 때

044
- A Should I wear this to the interview?
- B Don't make a fool of yourself. Wear something professional.

　💬 망신당하거나 어리석게 행동하지 말라고 경고할 때

045
- A Time went by so fast. It's already the end of the year!
- B Yeah, it's crazy to me how fast time flies.

　💬 시간의 흐름에 놀라움을 표현할 때

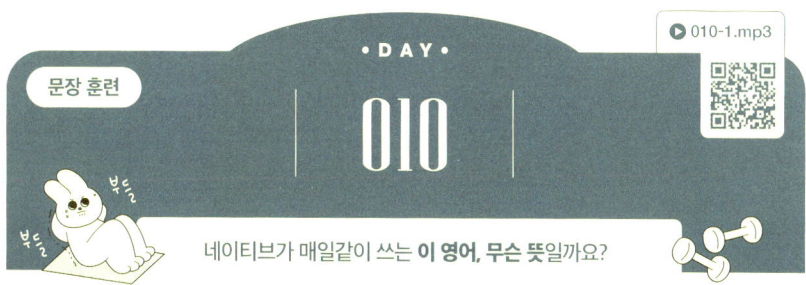

• DAY •
010

문장 훈련

네이티브가 매일같이 쓰는 **이 영어, 무슨 뜻**일까요?

046

Pull yourself together.

 You say this when you want someone to calm down and get back on track. It's like saying, "Stay calm."

047

It's the best of both worlds.

 'The best of both worlds' means enjoying the benefits of two opposing things at once without any downside.

048

Are you all caught up?

 You ask this to check if someone has finished their work or is fully updated, like saying, "Are you up to date?"

049

It's okay, you're only human.

 This means making mistakes is okay because no one is perfect. It's a kind way to comfort someone.

050

You hit the nail on the head.

 This means you got it exactly right, like doing something perfectly. It's similar to saying "Spot on."

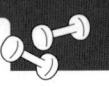

• DAY • 010

문장 훈련

네이티브가 매일같이 쓰는 **이 말, 영어로** 할 수 있나요?

046

정신 차려. 침착해. 마음을 다잡아.

상대방이 감정적으로 동요하거나 흥분해서 상황을 잘 처리하지 못할 때, 평정을 되찾으라는 의미로 쓰는 표현이에요. 주로 긴장, 불안, 또는 좌절을 극복하라는 맥락에서 사용됩니다. [syn] Get a grip! (정신 차려!) / Stay calm! (침착해!)

047

두 가지 장점을 다 가지고 있어. (일거양득이야.)

서로 다른 두 가지 장점이나 혜택을 동시에 누릴 때 쓰는 표현이에요. the best of both worlds는 '두 가지 상황이나 조건의 장점을 모두 누릴 수 있는 상황'을 의미하죠. 한국어로 직역해서 '두 세계의 최고'라고 잘못 이해하지 않도록 주의하세요.

048

다 따라잡았어? 밀린 거 다 했어?

어떤 일이나 작업, 이야기에 뒤처진 상태에서 모든 것을 따라잡았는지 물을 때 쓰는 표현이에요. 주로 업무, 공부, 혹은 드라마 같은 이야기를 다 따라갔는지 확인할 때 유용합니다. [syn] Are you up to date? (최신 정보 다 파악했어? 최신 상황에 다 따라잡았어?)

049

괜찮아, 너도 인간이잖아.

인간은 신이 아니죠. 인간일 뿐이기 때문에 늘 완벽할 수 없고, 실수를 하기도 합니다. 자신의 실수나 부족함에 대해 자책하거나 지나치게 걱정하는 사람을 위로할 때 쓰세요. [syn] Don't worry, everyone makes mistakes. (걱정 마, 다들 실수해.)

050

정곡을 찔렀어. 딱 맞는 말이야.

상대가 상황의 핵심을 정확히 짚었을 때 쓰는 표현이에요. 못의 머리(the nail on the head)를 정확히 때리는 데서 유래한 말로, 비유적으로 어떤 문제의 본질을 정확히 파악하거나 적절한 의견을 제시했을 때 쓰이죠.

DAY 010

대화 연습

010-2.mp3

네이티브가 매일 주고받는 **이 대화**, **영어로** 할 수 있나요?

046
- A 발표가 너무 긴장돼.
- B 정신 차려. 잘할 거야.

hint ~가/때문에 너무 긴장되다 be so nervous about ~

047
- A 새 하이브리드 차 어때?
- B 두 가지 장점을 다 가지고 있어. 친환경적이고 효율적이야.

hint 친환경적인 eco-friendly

048
- A 그 드라마 다 따라잡았어?
- B 응, 막 최신 에피소드 봤어.

hint ~을 다 따라잡았어? Are you all caught up with ~?

049
- A 보고서에 실수를 했어.
- B 괜찮아, 너도 인간이잖아.

hint 실수를 하다 make a mistake

050
- A 문제는 우리가 자원이 충분치 않다는 거야.
- B 정곡을 찔렀어. 그게 바로 문제야.

hint 문제는 ~하다는 거야 The problem is that S + V

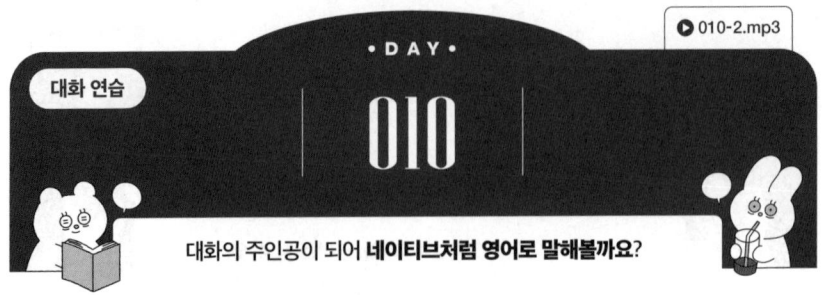

• DAY • 010

대화의 주인공이 되어 **네이티브처럼 영어로 말해볼까요?**

A I'm so nervous about the presentation.

B Pull yourself together. You'll do great.

🔵 감정적으로 동요하는 상대에게 평정을 되찾으라고 할 때

047

A How's your new hybrid car?

B It's the best of both worlds. Eco-friendly and efficient.

🔵 불리한 조건 없이 두 가지 장점을 모두 누릴 수 있을 때

A Are you all caught up with the show?

B Yes, I just watched the latest episode.

🔵 밀린 내용을 다 따라잡았는지 물을 때

A I made a mistake on the report.

B It's okay, you're only human.

🔵 인간이기 때문에 실수도 하는 거라며 괜찮다고 위로할 때

050

A The problem is that we don't have enough resources.

B You hit the nail on the head. That's exactly the issue.

🔵 상대가 문제의 본질을 정확히 짚었을 때

Stage 1

망각방지 장치 ❶
DAY 001-010

Fill the Gap!
Choose the right word from the options.
Mistakes help you remember better!

제한시간 2분

---

01 내가 낼게.

It's _____ me.

(a) in (b) on (c) to (d) with

002

---

02 달달한 걸 좋아해요.

I have a _____ tooth.

(a) salty (b) crunchy (c) sweet (d) spicy

012

---

03 숨겨진 명소야.

This place is a hidden _____.

(a) gem (b) rock (c) cave (d) treasure map

006

---

04 말도 안 돼. 장난하는 거지?

You gotta be _____ me!

(a) teasing (b) loving (c) joking (d) kidding

040

---

05 간단히 뭐 좀 먹자.

Let's _____ a bite.

(a) catch (b) grab (c) steal (d) bake

011

---

06 양파 빼고 주세요.

_____ the onions.

(a) Remove (b) Skip (c) Grab (d) Hold

009

---

07 '곧'이라면 오늘 말인가요?

By soon, do you _____ today?

(a) suggest (b) mean (c) imply (d) say

037

정답 01 (b) on   02 (c) sweet   03 (a) gem   04 (d) kidding   05 (b) grab   06 (d) Hold   07 (b) mean

08 생각해볼 만한 이야기네.

That's some _____ for thought.

(a) things (b) snacks (c) food (d) memory

09 (배고파서) 순삭했어요.

I wolfed it _____.

(a) up (b) down (c) off (d) through

10 정말 죽여줘! 정말 최고야!

It's to _____ for!

(a) cry (b) buy (c) die (d) live

11 정말 웃겨! / 정말 답답해! / 너 진짜 짜증나!

You're _____ me!

(a) kidding (b) fooling (c) killing (d) helping

12 제일 좋아하는 메뉴가 뭐야?

What's your favorite _____?

(a) dish (b) spoon (c) plate (d) glass

13 정곡을 찔렀어. 딱 맞는 말이야.

You hit the nail on the _____.

(a) wall (b) point (c) ground (d) head

14 다 따라잡았어? 밀린 거 다 했어?

Are you all caught _____?

(a) up (b) down (c) off (d) around

정답 08 (c) food 09 (b) down 10 (c) die 11 (c) killing 12 (a) dish 13 (d) head 14 (a) up

Stage 2

Write to Win!
Fill in the blanks without any hints this time.
Saying it out loud will help it stick!

망각방지 장치 ❶
DAY 001-010

제한시간 3분

		O	X	복습
01	정말 딱이야. This really ___ the ___ .	☐	☐	004
02	저희는 단품만 제공합니다. We only offer ___ .	☐	☐	014
03	정말 환상적이야. It's out of this ___ .	☐	☐	007
04	말 한 마리도 먹을 수 있어. I could eat a ___ .	☐	☐	013
05	어떻게 생각해? What's your ___ ?	☐	☐	023
06	바보같이 굴지 마. Don't make a ___ of ___ .	☐	☐	044
07	정신 차려. Pull yourself ___ .	☐	☐	046
08	정말 최고야! 대~박! That's ___ .	☐	☐	029
09	요점을 잘못 짚었어. You ___ the ___ .	☐	☐	042
10	마찬가지로 나도, 전적으로 동의해. ___ , I couldn't agree ___ .	☐	☐	021 / 024

정답 01 hits, spot   02 a la carte   03 world   04 horse   05 take   06 fool, yourself   07 together
      08 money   09 missed, point   10 Likewise, more

#	한국어	영어	번호
11	폭풍 요리 중이야.	I'm cooking up a **storm**.	010
12	그럴/그런 줄 몰랐어?	**You think**? (*sarcasm*)	035
13	그런 것들은 흔해 빠졌어.	Those are **a dime** a dozen.	033
14	좋은 정보네. 알아두면 좋겠어.	Good to **know**.	032
15	그렇다면, 버스를 타자.	**In that case**, let's take the bus.	038
16	이거 내가 처음부터 다 한 거야.	I **made** it from **scratch**.	017
17	그러게. 이해해.	I hear **you**.	030
18	이번 건 내가 쏠게.	I've **got** this **round**.	003
19	계속 말해봐. 잘 듣고 있어.	Go **on**. I'm all ears.	034
20	안심하고 선택해도 돼. 장담해.	It's a **safe bet**. I guarantee it.	025

정답 11 storm 12 You think 13 a dime 14 know 15 In that case 16 made, scratch 17 you 18 got, round 19 on 20 safe bet

Stage 3

Speak to Conquer!
Now it's time to join the conversation.
These expressions are yours now!

▶ Test 01-1.mp3

제한시간
5분

1 고급 레스토랑에서 저녁 메뉴를 고르며 #FineDining #FoodLovers

Look at What to Say

A 여기서 제일 좋아하는 메뉴가 뭐야? 001

B 스테이크가 정말 환상적이야! 007

A 진짜? 파스타도 정말 죽여준다고 들었어. 018

B 맞아, 근데 한 접시만 먹어도 배불러 죽어. 005

A 그럼 난 이번엔 파스타 먹을게.

B 난 스테이크로 할게.

A 디저트는 나눠 먹자. 나 달달한 거 좋아해서. 012

B 좋은 생각이야! 간단히 그 초콜릿 용암 케이크 먹어보자. 011

Say It in English

A What's your favorite dish here? 001

B The steak is out of this world! 007

A Really? I heard the pasta is to die for. 018

B It is, but I'm stuffed after just one serving. 005

A Then I'll have the pasta this time.

B I'll have the steak.

A Let's share dessert. I have a sweet tooth. 012

B Great idea! Let's grab a bite of that chocolate lava cake. 011

Write & Speak English

A 여기서 제일 좋아하는 메뉴가 뭐야? 001
　　What's your favorite dish here?

B 스테이크가 정말 환상적이야! 007
　　The steak is out of this world!

A 진짜? 파스타도 정말 죽여준다고 들었어. 018
　　Really? I heard the pasta is to die for.

B 맞아, 근데 한 접시만 먹어도 배불러 죽어. 005
　　It is, but I'm stuffed after just one serving.

A 그럼 난 이번엔 파스타 먹을게.
　　Then I'll have the pasta this time.

B 난 스테이크로 할게.
　　I'll have the steak.

A 디저트는 나눠 먹자. 나 달달한 거 좋아해서. 012
　　Let's share dessert. I have a sweet tooth.

B 좋은 생각이야! 간단히 그 초콜릿 용암 케이크 먹어보자. 011
　　Great idea! Let's grab a bite of that chocolate lava cake.

Chat Buddy
- serving (음식) 1인분
- I'll have + 음식 (음식 주문할 때) ~로 하겠다
- lava 용암

정답   What's your favorite dish here? 001   is out of this world 007   is to die for 018   I'm stuffed 005   I have a sweet tooth. 012   Let's grab a bite 011

2 숨은 커피 맛집에서

#CoffeeBreak #HiddenGem

Look at What to Say

A 이곳 진짜 숨은 맛집이네. 006 어떻게 알게 됐어?

B 친구가 알려줬어. 여기 모든 게 완벽해. 008

A 동감이야. 이 라떼 정말 최고다! 018

B 물론이지. 026 그리고 쿠키도? 퍼펙트! 016

A 내 건 순식간에 정신없이 먹어치웠어. 015

B 미친 소리로 들리겠지만, 나 이 쿠키 하루 종일 먹을 수 있을 거 같아. 022

A 하하. 이해해! 030

Say It in English

A This place is a hidden gem. 006 How did you find it?

B My friend told me about it. Everything here is spot on. 008

A I agree. This latte is to die for! 018

B You bet. 026 And the cookies? Chef's kiss! 016

A I wolfed mine down in seconds. 015

B Call me crazy, but I could eat these cookies all day. 022

A Haha. I hear you! 030

Write & Speak English

A 이곳 진짜 숨은 맛집이네. 006 어떻게 알게 됐어?
　　This place is a hidden gem. How did you find it?

B 친구가 알려줬어. 여기 모든 게 완벽해. 008
　　My friend told me about it. Everything here is spot on.

A 동감이야. 이 라떼 정말 최고다! 018
　　I agree. This latte is to die for!

B 물론이지. 026 그리고 쿠키도? 퍼펙트! 016
　　You bet. And the cookies? Chef's kiss!

A 내 건 순식간에 정신없이 먹어치웠어. 015
　　I wolfed mine down in seconds.

B 미친 소리로 들리겠지만, 나 이 쿠키 하루 종일 먹을 수 있을 거 같아. 022
　　Call me crazy, but I could eat these cookies all day.

A 하하. 이해해! 030
　　Haha. I hear you!

Chat Buddy
- in seconds 순식간에
- all day 하루 종일

정답　This place is a hidden gem. 006　Everything here is spot on. 008　is to die for 018　You bet. 026
　　Chef's kiss! 016　I wolfed mine down 015　Call me crazy, but 022　I hear you! 030

3 계약 실패에 좌절하지 말자고 서로 북돋으며   #StayFocused #PositiveEnergy

Look at What to Say

A 한 마디로, 우리가 계약을 따내지 못했어. `043`

B 괜찮아. 처음부터 다시 시작해. 다시 도전해보자.

A 맞아. 그래도 이번 일에 대해 나쁜 감정은 없어. `020`

B 당연하지. 시간이 얼마나 빨리 가는지 믿기지가 않아. `045`

A 이번 일을 생각해볼 만한 거리로 삼아 계획을 더 잘 짜자. `019`

B 동의해. 그거지, 정말 정확히 짚었어. `050`

Say It in English

A Long story short, we didn't get the deal. `043`

B That's okay. Back to the drawing board. Let's try again.

A You're right. No hard feelings about what happened, though. `020`

B Of course not. It's crazy to me how fast time flies. `045`

A Let's use this as food for thought and plan better. `019`

B Agreed. You hit the nail on the head there. `050`

Write & Speak English

A 한 마디로, 우리가 계약을 따내지 못했어. 043
  _____ we didn't get the deal.

B 괜찮아. 처음부터 다시 시작해. 다시 도전해보자.
  That's okay. Back to the drawing board. Let's try again.

A 맞아. 그래도 이번 일에 대해 나쁜 감정은 없어. 020
  You're right. _____ about what happened, though.

B 당연하지. 시간이 얼마나 빨리 가는지 믿기지가 않아. 045
  Of course not. _____

A 이번 일을 생각해볼 만한 거리로 삼아 계획을 더 잘 짜자. 019
  Let's use this as _____ and plan better.

B 동의해. 그거지, 정말 정확히 짚었어. 050
  Agreed. _____ there.

Chat Buddy
- **get the deal** 계약을 따다
- **Back to the drawing board.** (일이 계획대로 잘 안 되었을 때 계획 짜는 것부터) 처음부터 다시 시작하다. 278
- **though** (문장 끝에 써서) 그래도

정답 Long story short, 043 No hard feelings 020 It's crazy to me how fast time flies. 045
  food for thought 019 You hit the nail on the head 050

4 한창 일하다가 좀 쉬자고 할 때

#WorkBalance #SelfCare

Look at What to Say

A 우리 진짜 좀 쉬어야 할 것 같아. 너무 열심히 일했어.

B 정말 그래. 031 솔직히 말하면, 한참 늦었지. (진작 쉬었어야 했어.)

A 근데 일을 끝내지 않고 쉬는 게 좀 걱정돼.

B 너무 무리하지 마. 모든 게 완벽할 필요는 없어.

A 네 말이 맞아. 괜찮아. 나도 결국 인간이잖아. 049   [hint] 결국 after all

B 그렇지. 이제 뭐 좀 먹으러 가서 재충전하자.

Say It in English

A I think we really need a break. We've been working too hard.

B Heard that. 031 It's been long overdue, honestly.

A But I'm nervous about leaving work unfinished before taking a break.

B Don't bend over backwards. Everything doesn't have to be perfect.

A You're right. It's okay. I'm only human after all. 049

B Exactly. Let's go grab some food and recharge.

Write & Speak English

A 우리 진짜 좀 쉬어야 할 것 같아. 너무 열심히 일했어.
I think we really need a break. We've been working too hard.

B 정말 그래. 031 솔직히 말하면, 한참 늦었지. (진작 쉬었어야 했어.)
It's been long overdue, honestly.

A 근데 일을 끝내지 않고 쉬는 게 좀 걱정돼.
But I'm nervous about leaving work unfinished before taking a break.

B 너무 무리하지 마. 모든 게 완벽할 필요는 없어.
Don't bend over backwards. Everything doesn't have to be perfect.

A 네 말이 맞아. 괜찮아. 나도 결국 인간이잖아. 049
You're right.

B 그렇지. 이제 뭐 좀 먹으러 가서 재충전하자.
Exactly. Let's go grab some food and recharge.

Chat Buddy
- **long overdue** (진작 그랬어야 했는데) 한참 늦은
- **Don't bend over backwards.** 무리하지 마. 413

정답 Heard that. 031 It's okay. I'm only human after all. 049

5 식사 초대에서 집밥을 먹을 때

#CookingAtHome #FriendshipGoals

Look at What to Say

A 초대해줘서 고마워. 우리 뭐 먹어?

B 스파게티랑 마늘빵! 내가 처음부터 다 만들었어. 017

A 와, 진짜 맛있겠는데. 나 너무 배고파서 말 한 마리도 먹을 수 있어. 013

B 먹어보면 더 놀랄 걸. 맛있지, 칼로리도 낮지, 일거양득이야. 047

A 정말 그래! 031 집밥을 따라갈 수 있는 건 없지.

B 맞아. 그리고 이 마늘빵 진짜 맛있을 거야.

A 와! 이거 진짜 환상적이다. 007 너무 맛있어!

B 그렇지. 027 집밥이 그냥 최고지, 그치?

Say It in English

A Thanks for inviting me over. What are we having?

B Spaghetti and garlic bread! I made it from scratch. 017

A That sounds amazing. I'm so hungry I could eat a horse. 013

B Wait until you taste it. It's the best of both worlds—delicious and low calorie. 047

A I heard that! 031 Nothing beats homemade meals.

B True. And you'll love this garlic bread.

A Wow! This is out of this world. 007 It's so good!

B Right on. 027 Home cooking is just the best, right?

| **Write & Speak English**

A 초대해줘서 고마워. 우리 뭐 먹어?
Thanks for inviting me over. What are we having?

B 스파게티랑 마늘빵! 내가 처음부터 다 만들었어. 017
Spaghetti and garlic bread! _____

A 와, 진짜 맛있겠는데. 나 너무 배고파서 말 한 마리도 먹을 수 있어. 013
That sounds amazing. I'm so hungry _____ .

B 먹어보면 더 놀랄 걸. 맛있지, 칼로리도 낮지, 일거양득이야. 047
Wait until you taste it. _____ —delicious and low calorie.

A 정말 그래! 031 집밥을 따라갈 수 있는 건 없지.
_____ Nothing beats homemade meals.

B 맞아. 그리고 이 마늘빵 진짜 맛있을 거야.
True. And you'll love this garlic bread.

A 와! 이거 진짜 환상적이다. 007 너무 맛있어!
Wow! _____ It's so good!

B 그렇지. 027 집밥이 그냥 최고지, 그치?
_____ Home cooking is just the best, right?

Chat Buddy
- **Wait until you taste it.** 맛있겠다고 기대하고 있는 상대에게 실제로 맛보면 더 놀랄 거라는 뜻으로 하는 말
- **Nothing beats ~** ~를 이길 수 있는 건 아무것도 없다, ~가 최고다

정답   I made it from scratch. 017   I could eat a horse 013   It's the best of both worlds 047   Heard that! 031
This is out of this world. 007   Right on. 027

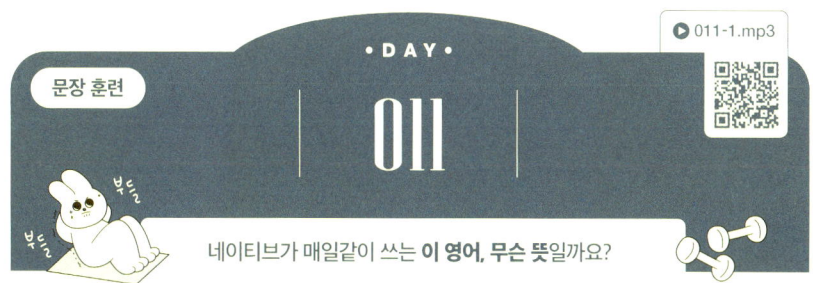

• DAY •
011

문장 훈련

011-1.mp3

네이티브가 매일같이 쓰는 **이 영어, 무슨 뜻일까요?**

051

You got ripped off.

 This means you paid too much or got scammed. It's like saying, "You were cheated," or "That's too expensive."

052

Keep at it!

 Use this to encourage someone to continue working on something without giving up, despite challenges.

053

We cracked the case!

 'Crack the case' means solving a difficult problem or mystery, often by finding key information in detective or investigative contexts.

054

Do you believe this?

 This phrase expresses surprise or disbelief about something unexpected or shocking.

055

Don't put up with this.

 This means you shouldn't accept bad treatment. It's like saying, "Don't let this happen," or "Stand up for yourself."

문장 훈련

• D A Y •
011

 011-1.mp3

네이티브가 매일같이 쓰는 **이 말, 영어로** 할 수 있나요?

051

너 바가지 썼어. 사기당했어.

상대가 물건이나 서비스의 실제 가치보다 훨씬 더 많은 돈을 지불했을 때 쓰는 표현이에요. rip off는 '바가지를 씌우다' 또는 '사기를 치다'라는 뜻이죠. [cf] 상점이나 거래에서 '내가' 정당한 가격보다 더 많은 돈을 지불했을 땐 I got ripped off.(나 바가지 썼어.)

052

계속해봐! 계속 열심히 해봐!

힘들겠지만 포기하지 말고 계속 노력하라는 뜻이에요. 어려운 일이나 시간이 걸리는 과제로 힘들어하는 상대방을 격려할 때 써보세요. [syn] Stick with it! (포기하지 말고 계속해!) / Hang in there! (조금만 버텨봐!)

053

우리가 사건을/문제를 해결했어!

사건이나 문제를 해결하거나 답을 찾았을 때 뿌듯하게 쓰는 말이에요. 주로 수사나 문제 해결에서 성공적인 결론을 내렸을 때 사용하죠. [syn] We solved the case!

054

믿어져? 이게 말이 돼?

뜻밖의 소식이나 충격적인 이야기를 들었을 때 말도 안 되는 일이라는 뉘앙스로 기막히다는 듯 툭 내뱉는 말이죠. [syn] Can you believe this? / Is this for real? (이거 실화냐?)

055

참지 마. 그냥 넘어가지 마.

참지 말고 맞서라는 의미로, 주로 직장이나 인간관계에서 부당한 대우를 받을 때 사용됩니다. 여기서 put up with는 '참다, 견디다'라는 뜻이죠. [syn] Stand up for yourself. (스스로를 지켜.) / Speak up. (목소리를 내.)

대화 연습

DAY 011

네이티브가 매일 주고받는 **이 대화, 영어로** 할 수 있나요?

051
- A 콘서트 티켓이 가짜였어.
- B 아이고, 어쩌냐. 사기당했네.

  [hint] 아이고, 어쩌냐. That's terrible.

052
- A 나 영어 배우느라 완전 허덕대고 있어.
- B 계속해봐! 시간이 지나면 나아질 거야.

  [hint] ~하느라 완전 허덕대다 be struggling with -ing

053
- A 우리가 사건을 해결했어!
- B 정말 오래 걸렸지만, 결국 해냈네!

054
- A 이게 말이 돼? 우리더러 주말에도 일하라는데.
- B 정말 말도 안 돼!

  [hint] 회사에서 우리더러 ~하라는데 They want us to do ~

055
- A 상사가 자꾸 일을 더 시켜.
- B 참지 마. 상사와 이야기해봐.

  [hint] ~에게 일을 더 시키다, 추가 업무를 주다 give someone extra work

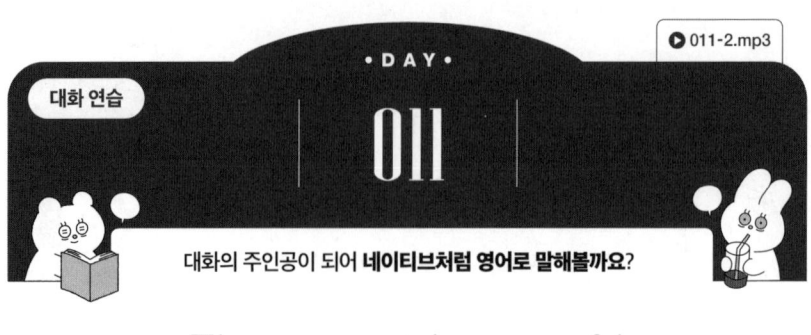

051
A The concert tickets were fake.
B That's terrible. You got ripped off.

🟢 상대가 바가지를 쓰거나 사기를 당했을 때

052
A I'm struggling with learning English.
B Keep at it! You'll get better over time.

🟢 포기하지 말고 계속하라고 격려할 때

053
A We cracked the case!
B It took us long enough, finally!

🟢 사건/문제를 해결하거나 답을 찾았을 때

054
A Do you believe this? They want us to work on the weekend.
B That's crazy!

🟢 뜻밖의 요구에 기가 막힐 때

055
A My boss keeps giving me extra work.
B Don't put up with this. You should talk to him.

🟢 부당한 대우에 참지 말라고 할 때

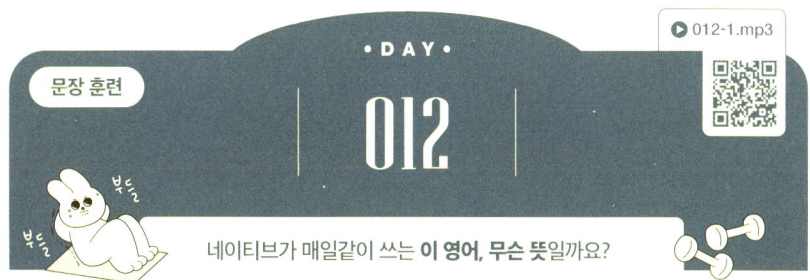

• DAY •
012

문장 훈련

네이티브가 매일같이 쓰는 **이 영어, 무슨 뜻일까요?**

056

Let's try to get through it together.

 This means to face a challenging situation collaboratively, emphasizing teamwork in overcoming obstacles.

057

How did you wind up in this job?

 You can ask this to inquire about someone's journey to their current position. 'Wind up' means to end up or conclude.

058

In my eyes, you did great!

 "In my eyes" is a natural way to say "In my opinion." It's similar to "In my point of view," or "The way I see it."

059

Go for it.

 This encourages someone to take a chance or seize an opportunity, suggesting they take bold action and try something new.

060

You('ve) got this!

 This means you have the skills and strength to succeed. Believe in yourself; you're more capable than you think!

DAY 012

문장 훈련

네이티브가 매일같이 쓰는 **이 말, 영어로** 할 수 있나요?

056

함께 잘 헤쳐나가보자.

혼자가 아닌 '함께 이 상황을 잘 극복해나가보자'고 북돋울 때 사용되는 표현입니다. 이때 get through는 '어려운 일이나 상황을 힘들지만 잘 헤쳐나간다'는 의미이죠. [syn] Let's tackle this together. (같이 해결해보자.)

057

어쩌다 이 일을 하게 됐어?

지금의 일을 하게 된, 지금의 직장을 갖게 된 사연을 물어보는 표현입니다. wind up은 이런저런 우여곡절 끝에 '돌고 돌아 지금의 결과에 도달하게 되다'는 의미이죠. [cf] How did you wind up in this mess? (어쩌다 이렇게 엉망이 됐어?)

058

내가 보기에는 되게 잘했던데!

In my eyes는 '내 눈에는, 내가 보기에는' 어떻다며 개인적인 의견이나 시각을 나타낼 때 쓰는 캐주얼한 표현이에요. 주로 내 생각을 강조하거나 남들과는 다른 시각을 표현할 때 유용합니다. [syn] In my opinion (내 의견으로는) / In my point of view (내 관점에서는)

059

해봐! 한번 시도해봐!

마음은 있어 보이는데 할까말까 망설이는 친구가 있다면 이 표현을 던져 용기를 북돋아 주세요. 힘내서 '해봐!' '한번 시도해봐!'라는 의미의 아주 긍정적인 에너지를 담은 표현입니다. [syn] Give it a shot! / Get it!

060

넌 할 수 있어! 잘할 거야!

'넌 할 수 있어'라고 상대방을 격려할 때 맨날 You can do it!만 쓰지 말고 You got this!도 자주 써보세요. 네이티브들이 걸핏 하면 쓰는 표현입니다. ⚠ 이때 got은 have의 구어체 표현 have got에서 have를 생략하고 말한 거죠.

DAY 012

대화 연습

▶ 012-2.mp3

네이티브가 매일 주고받는 **이 대화, 영어로** 할 수 있나요?

056
A 우리, 오늘 해야 할 일이 많아.
B 함께 잘 헤쳐나가보자.

[hint] 할 일이 많다 have a lot of work to do

057
A 어쩌다 이 일을 하게 됐어?
B 이야기가 길어, 하지만 여기서 일하게 되어 행복해.

[hint] 이야기가 길어, 하지만 ~ It's a long story, but ~

058
A 그 사람들 내 프레젠테이션이 맘에 안 들었나 봐.
B 내가 보기에는 되게 잘했던데!

[hint] 안 ~했나 봐 I don't think S + 과거동사

059
A 그 여자애에게 데이트 신청해볼까?
B 당연하지! 해봐!

[hint] ~에게 데이트 신청하다 ask someone out

060
A 발표 때문에 긴장돼.
B 걱정 마, 넌 잘할 거야!

[hint] ~ 때문에 긴장되다 be nervous about

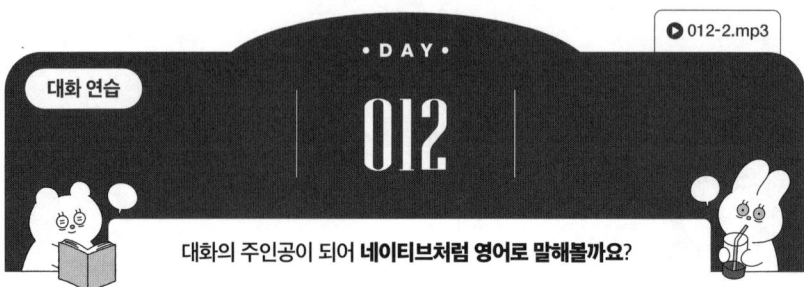

- A We have a lot of work to do today.
- B Let's try to get through it together.

　🗨 쉽지 않지만 함께 잘해나가보자고 할 때

- A How did you wind up in this job?
- B It's a long story, but I'm happy here.

　🗨 지금의 일을 하게 된 사연을 물어볼 때

- A I don't think they liked my presentation.
- B In my eyes, you did great!

　🗨 남들과는 다른 내 의견을 말할 때

- A Should I ask her out?
- B Definitely! Go for it!

　🗨 행동을 망설이는 친구에게 용기를 북돋을 때

- A I'm nervous about my presentation.
- B Don't worry, you got this!

　🗨 할 수 있다고 상대방을 격려할 때

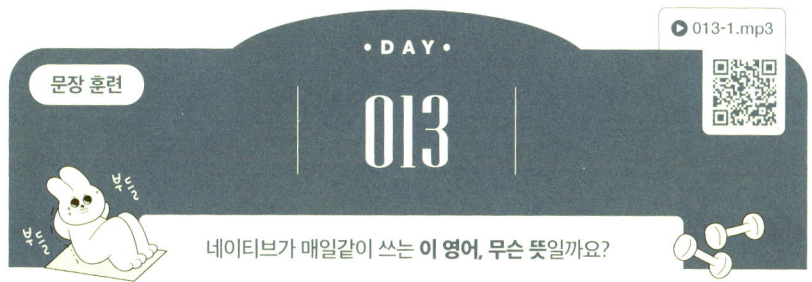

• DAY •
013

문장 훈련

네이티브가 매일같이 쓰는 **이 영어, 무슨 뜻일까요?**

061

I owe you big time.

This is said when expressing deep gratitude for someone's significant help or favor. It's an informal thank-you.

062

Spoiler warning.

This phrase is a way to alert someone about upcoming content that reveals important plot details.

063

I binge-watched it.

This means to watch multiple episodes or an entire season of a show in one sitting or over a short period.

064

I don't buy that.

This means that someone is skeptical or does not believe what is being said or presented.

065

I get where you're coming from.

This means understanding someone's perspective or feelings. It's like saying, "I get it."

DAY 013

네이티브가 매일같이 쓰는 **이 말**, **영어로** 할 수 있나요?

061

크게 신세진다. 신세 크게 졌어.

도움을 받을 때나 받았을 때 I owe you.(신세진다. 신세졌어.)라는 식으로 감사의 뜻을 표하기도 하죠. 보다 깊~이 감사를 전하고 싶다면 뒤에 big time을 덧붙이면 됩니다. [cf] 상대를 도와주고 살짝 생색을 내고 싶을 땐 You owe me one.(나한테 하나 빚진 거다.)

062

스포 주의.

영화, 드라마, 소설책 등을 한창 보고 있는 사람에게 중요한 줄거리나 반전, 결말과 같은 정보를 공개하는 것을 spoiler라고 해요. 그래서 '스포 주의'라고 할 땐 Spoiler warning.이라는 표현을 쓰죠. [syn] Spoiler alert. / Spoilers ahead.

063

몰아봤어. 몰아보기로 다 봤어.

여러 편으로 제작된 드라마나 예능 등의 여러 에피소드, 혹은 전 시즌을 한 번에, 혹은 짧은 기간에 몰아서 다 봤다고 할 때 쓰는 말. binge-watch(몰아보다)는 OTT 서비스가 일상화되면서 급부상한 표현이죠. [syn] I watched it back-to-back. (연속해서 봤어.)

064

난 그거 안 믿어. 믿기 어려워.

어떤 말이나 정보를 사실로 받아들이기가 힘들고 믿음이 안 갈 때 유용하게 쓸 수 있는 표현입니다. 이때 buy는 어떤 정보를 '사실로 받아들이다/믿다'는 의미이죠.

065

네가 무슨 말을 하는지 알겠어.
네 말/입장/기분 이해해.

여기서 where you're coming from은 상대의 출신을 묻는 게 아니라 상대의 생각이나 행동 속에 담긴 상대의 '관점, 논리, 입장, 감정'을 뜻합니다. get은 '이해하다', '알다'는 뜻이고요. [syn] I get it. (이해해.) / I see your point. (무슨 말인지 알겠어.)

DAY 013

대화 연습

> 013-2.mp3

네이티브가 매일 주고받는 **이 대화**, **영어로** 할 수 있나요?

061
- A 이번 주말에 이사하는 거 도와줄 수 있어.
- B 고마워! 크게 신세진다.

hint ~가 이사하는 걸 돕다 help someone move

062
- A 그 드라마 최근 에피소드 봤어?
- B 스포 주의, 주인공이 마지막에 죽어.

hint 주인공 main character

063
- A 그 새 시리즈 봤어?
- B 응! 주말 동안 몰아보기로 다 봤어.

hint 주말 동안, 주말에 걸쳐 over the weekend

064
- A 그 사람, 교통체증 때문에 늦었대.
- B 난 그 말 안 믿어. 걸핏하면 변명이잖아.

hint 걸핏하면 always

065
- A 회사에 변동사항 때문에 속상해.
- B 네 기분 이해해. 변화는 힘들지.

hint ~ 때문에 속상하다 I'm upset about ~ | 변동사항 the changes

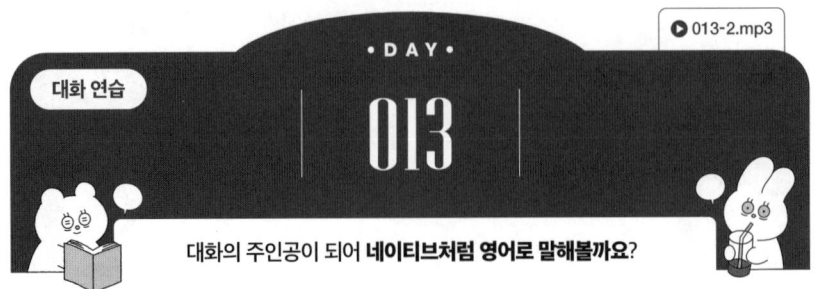

•DAY• 013

🔊 013-2.mp3

대화 연습

대화의 주인공이 되어 **네이티브처럼 영어로 말해볼까요?**

061
- A I can help you move this weekend.
- B Thanks! I owe you big time.

💬 도움에 대해 감사한 마음을 전할 때

062
- A Have you seen the latest episode of that show?
- B Spoiler warning, the main character dies at the end.

💬 스포를 말할 거라고 미리 경고하면서

063
- A Have you seen that new series?
- B Yes! I binge-watched it over the weekend.

💬 시리즈물을 짧은 기간에 몰아서 다 봤다고 할 때

064
- A He said he was late because of traffic.
- B I don't buy that. He always has an excuse.

💬 들은 말이나 정보를 신뢰하지 않을 때

065
- A I'm upset about the changes at work.
- B I get where you're coming from. Change is tough.

💬 상대의 입장이나 생각, 감정에 공감할 때

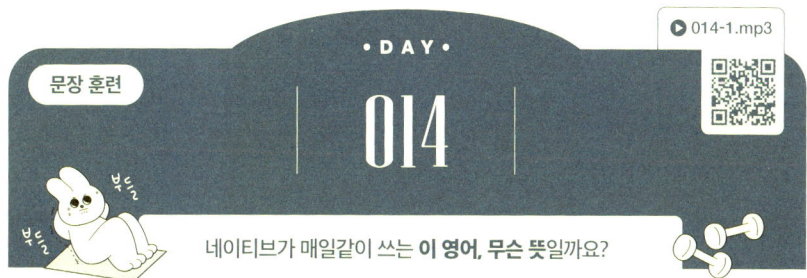

• DAY •
014

문장 훈련

네이티브가 매일같이 쓰는 **이 영어, 무슨 뜻일까요?**

066

I'll believe it when I see it.

This is often said when someone has heard promises or claims but doesn't fully trust them until they are actually proven true.

067

What's new?

We usually say this when asking someone if anything recent or interesting has happened in their life.

068

So be it.

This is used to accept a situation that cannot be changed, often with resignation or indifference.

069

I'm pumped!

This is said when someone feels excited, enthusiastic, or highly energized about something, like an upcoming event or activity.

070

I'm stoked for you!

This expresses excitement or happiness on behalf of someone else, often used to congratulate or encourage them.

문장 훈련

네이티브가 매일같이 쓰는 **이 말, 영어**로 할 수 있나요?

066

봐야 믿지. 보기 전까진 안 믿어.

이렇게 하겠다 저렇게 하겠다, 이렇게 될 거다, 저렇게 될 거라고 다짐하거나 주장해봐야 믿음이 안 갈 때가 있죠. 그럴 때 '진짜 그렇게 하는지/되는지 봐야 믿겠다'는 의미로 하는 말입니다. [syn] I'll believe it when it happens. (그런 일이 생기면 믿을게.)

067

뭐 새로운 일 있어?

아는 사람을 만났을 때 자주 쓰는 인사말 중 하나입니다. 최근에 뭐 새로운 일이나 흥미로운 일 있는지 캐주얼하게 근황을 묻는 거죠. [syn] What's up? / Anything new?

068

어쩔 수 없지.

이런저런 이유로 상황이 뜻하는 대로 돌아가지 않을 때 '어쩔 수 없지.'라며 받아들이는 말입니다. 무심하게, 혹은 체념조로 말하는 경우가 많죠. [syn] What are you gonna do? (어쩌겠어?)

069

완전 신나/흥분돼/기대돼!

다가올 이벤트나 활동을 생각하니 너무 좋아서 가슴이 막 설레고 에너지가 솟구쳐서 완전 신나고 흥분되는 감정을 나타내는 표현입니다. I'm excited.를 아주 들떠서 말할 때의 톤과 비슷하죠. [syn] I'm excited. / I'm hyped.

070

완전 잘됐다! 기대된다!

I'm pumped.만큼 에너지 뿜뿜한 어감은 없지만, 내게 다가올 일로 너무 신나고 행복할 때 I'm stoked.라고도 표현합니다. 그런데 상대에게 좋은 일이 생겨 너무 기쁘고 신나고 잘됐다는 감정이 들 때는 여기에 for you를 덧붙여 말하죠.

• DAY • 014

대화 연습

🔊 014-2.mp3

네이티브가 매일 주고받는 **이 대화**, **영어로** 할 수 있나요?

066
A 걔가 자신의 행동을 바꾸겠다고 약속했어.
B 봐야 믿지.

[hint] 자신의 행동방식을 바꾸다 change one's ways

067
A 야, 오랜만이야! 뭐 새로운 일 있어?
B 별거 없어, 그냥 일 때문에 바빠.

[hint] 별거 없어. 별일 없어. Not much.

068
A 우천으로 인해 행사를 취소해야 할 것 같아요.
B 어쩔 수 없죠. 다음주에 다시 시도해봐요.

[hint] 우천으로 인해 due to the rain

069
A 오늘밤 콘서트 준비됐어?
B 응, 완전 신나!

[hint] ~ 준비가 되다 be ready for

070
A 다음주에 새 직장에 첫 출근이야.
B 완전 잘됐다! 정말 좋은 소식이네.

[hint] 새 직장에 첫 출근하다 start a new job

089

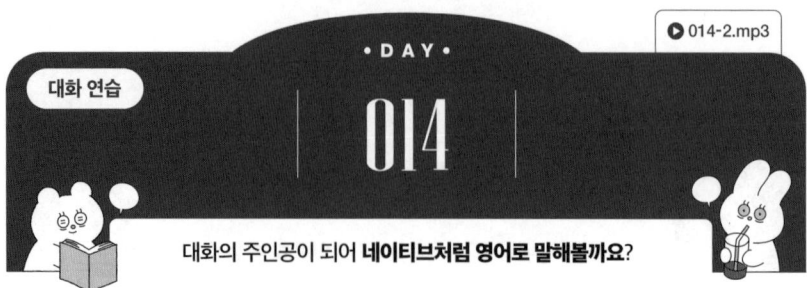

• DAY •
014

대화 연습

🔊 014-2.mp3

대화의 주인공이 되어 **네이티브처럼 영어로 말해볼까요?**

066

A He promised to change his ways.
B I'll believe it when I see it.

🔵 실제로 봐야 믿지 말만 듣곤 못 믿겠다고 할 때

067

A Hey, long time no see! What's new?
B Not much, just busy with work.

🔵 지인을 만나 근황을 물으며 인사할 때

068

A Looks like we have to cancel the event due to the rain.
B So be it. We'll try again next week.

🔵 뜻하지 않은 상황을 어쩔 수 없이 받아들일 때

069

A Are you ready for the concert tonight?
B Yes, I'm pumped!

🔵 다가올 이벤트로 너무 신나고 흥분될 때

070

A I'm starting a new job next week.
B I'm stoked for you! That's great news.

🔵 상대에게 다가올 일에 대해 기쁨과 설렘을 표현할 때

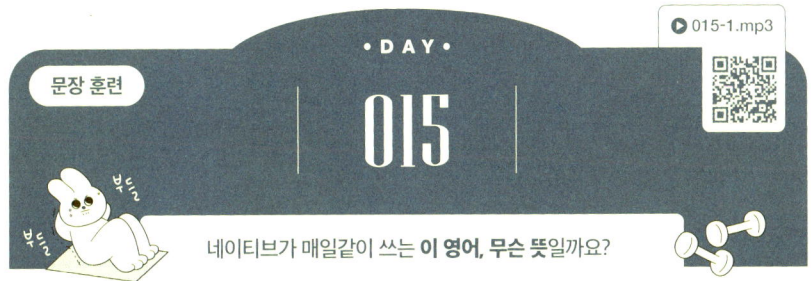

• DAY •
015

015-1.mp3

네이티브가 매일같이 쓰는 **이 영어, 무슨 뜻일까요?**

071

Come again?

This phrase asks someone to repeat what they said, usually because it wasn't heard or understood clearly.

072

What are you getting at?

This is used to ask someone to clarify their point or intent in a conversation.

073

We really hit it off.

This phrase means two people quickly formed a strong connection or got along well from the start.

074

We're in the same boat.

This phrase means sharing the same difficult situation or facing similar challenges together.

075

I'm trying to go green.

'Go green' means to adopt eco-friendly habits, like recycling, reducing waste, or saving energy.

문장 훈련

DAY 015

015-1.mp3

네이티브가 매일같이 쓰는 **이 말, 영어로** 할 수 있나요?

071

뭐라고요? 다시 말씀해 주시겠어요?

상대의 말이 잘 안 들렸거나 잘 못 알아들었을 때 '뭐라고 하셨죠? 다시 한번 말해주실래요?'라고 청하는 표현입니다. 아주 간편하게 쓸 수 있는 표현이죠. [syn] Pardon? / Sorry?

072

무슨 말을 하려는 거야?

상대방이 무슨 뜻으로 그런 말을 하는지, 말하고자 하는 핵심이나 의도를 명확히 하고 싶을 때 사용하는 표현입니다. 이때 get at은 '~을 의미하다' 또는 '암시하다'의 의미로 쓰였죠. [syn] What do you mean? (무슨 의미야?) / What are you trying to say?

073

우리 진짜 잘 맞아/맞았어.

처음부터 죽이 잘 맞고, 결이 같으며, 코드가 맞는 상대를 만났을 때 쓰는 표현입니다. 동료나 친구관계에서는 "우린 진짜 죽이 잘 맞아." 이성관계에서는 "우리 완전 통했어."라는 의미로 사용할 수 있어요. [syn] We clicked.

074

같은 처지네.

같은 처지라는 말입니다. 단순히 같은 상황에 처해 있다(We're in the same situation.)는 사실을 말하는 것이 아니라 '어려운 상황, 도전적인 상황'에 처해 있다는 의미를 내포한 표현이죠.

075

환경을 생각해서(친환경적으로 살려고) 애쓰고 있어.

평소 환경을 생각하는 활동이나 생활습관을 가지려 애쓰고 있다고 할 때 쓰는 표현입니다. 환경문제가 나날이 심각해지고 있는 지금, 재활용, 쓰레기 줄이기, 에너지 절약 등과 같은 친환경적인 생활습관을 들이는(go green) 이들이 늘어나고 있죠.

DAY 015

대화 연습

네이티브가 매일 주고받는 **이 대화, 영어로** 할 수 있나요?

071
A 내일 오전 7시에 회의가 있어요.
B 뭐라고요? 7시라고 하신 거죠?

072
A 우리 전략을 다시 생각해봐야 해.
B 무슨 말을 하려는 거야? 구체적인 아이디어가 있어?

[hint] 구체적인 specific

073
A 어젯밤 데이트 어땠어?
B 정말 좋았어! 진짜 잘 맞았어.

074
A 일과 가정의 균형을 맞추기가 힘들어.
B 나도 그래. 같은 처지네.

[hint] 일과 가정의 균형을 맞추다 balance work and family

075
A 환경을 생각해서 플라스틱 사용을 줄이려 애쓰고 있어.
B 정말 멋진 목표야. 작은 실천 하나하나가 도움이 되지.

[hint] 작은 실천 하나하나 every little bit

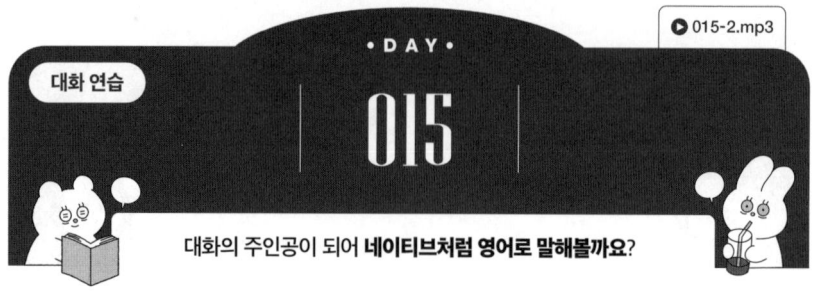

· DAY ·
015

대화 연습

대화의 주인공이 되어 **네이티브처럼 영어로** 말해볼까요?

🎧 015-2.mp3

071
A The meeting is at 7 a.m. tomorrow.
B Come again? Did you say 7 a.m.?
💬 잘 못 들어서 다시 말해달라고 할 때

072
A We need to rethink our strategy.
B What are you getting at? Do you have a specific idea?
💬 상대가 말하고자 하는 핵심이나 의도가 뭔지 물어볼 때

073
A How was your date last night?
B Great! We really hit it off.
💬 어떤 사람과 처음부터 잘 맞(았)다고 할 때

074
A I'm struggling to balance work and family.
B Me too. We're in the same boat.
💬 힘든 상황을 듣고 처한 상황이 같다고 할 때

075
A I'm trying to go green by reducing plastic use.
B That's a wonderful goal. Every little bit helps.
💬 친환경적인 활동·생활습관을 가지려 애쓰고 있다고 할 때

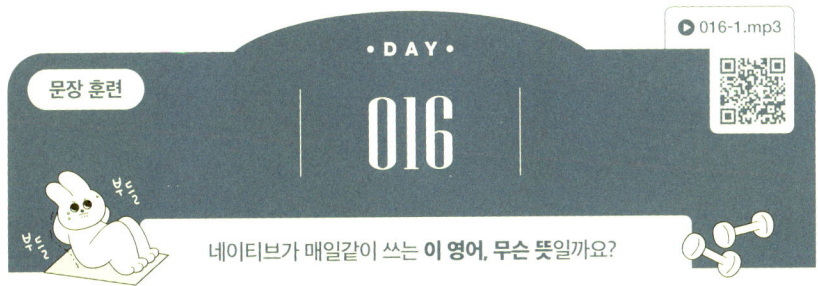

• DAY •
016

문장 훈련

네이티브가 매일같이 쓰는 **이 영어, 무슨 뜻일까요?**

076

I lost track of time.

 This means becoming so absorbed in an activity that you forget to check the time or lose awareness of its passage.

077

The movie really hit home.

 'Hit home' means something strongly resonated emotionally or felt personally relevant. You can say it when deeply affected by something.

078

It runs in the family.

 This means a trait, characteristic, or behavior is common among family members. You can say it when discussing hereditary traits.

079

Come on, spill the beans!

 This invites someone to reveal a secret or share information they may be hesitant to disclose.

080

I'm starting to find my groove.

 This expression means you're gaining momentum or improving at something. It refers to getting comfortable or confident in a task.

DAY 016

문장 훈련

네이티브가 매일같이 쓰는 **이 말, 영어로** 할 수 있나요?

---

076 시간 가는 줄 몰랐어.

어떤 일에 푹 빠져 있다 보면 시간 가는 줄 모를 때가 종종 있죠. 그러다 약속에 늦기도 하고요. '시간 가는 줄 몰랐다'는 말을 해야 할 때 영어로는 I lost track of time.이라고 합니다. [cf] Time flies. (시간이 쏜살같아.)

---

077 영화가 정말 마음에 와 닿았어.

영화를 보고 마음에 깊이 와 닿았을 때 쓰는 표현입니다. hit home은 '폐부를 찌르다', '가슴을 찌르다', '마음에 깊이 와 닿다'는 뜻으로, 영화나 다큐멘터리를 보고, 또는 연설을 듣고 마음 깊이 공감할 때 두루두루 쓸 수 있죠.

---

078 가족 내력이야.

남다른 특성이나 재능이 여러 세대를 거쳐 가족 내에서 나타날 때 '가족 내력'이라는 말, 흔히 하죠? 이럴 때 쓰는 표현이 바로 run in the family입니다. [syn] It's in our genes. (유전이야. 유전자가 그래.)

---

079 (왜 이래) 어서, 털어놔봐!

비밀을 말하고 싶어 입이 근질근질해 보이는 사람에게 털어놔보라고 종용할 때 쓰기 좋은 표현. spill the beans는 '비밀을 누설하다'는 뜻의 관용표현으로, 고대 그리스의 투표 시스템에서 콩을 사용해 투표 결과를 계산한 것에서 유래했어요. [syn] Go on, let it out!

---

080 이제 좀 감을 잡고 있어.

어떤 일이든 처음엔 대부분 어렵고 거북하기 마련입니다. 리듬을 타고 감을 잡는 데 시간이 좀 필요하죠. 이런 상황에서 '이제 슬슬 감이 잡힌다'고 할 때 쓰는 표현이에요. find one's groove는 '감을 잡아서 편안해지고 자신감이 생기다'의 의미이죠.

DAY 016

대화 연습

네이티브가 매일 주고받는 **이 대화, 영어로** 할 수 있나요?

076
A 늦어서 미안. 시간 가는 줄 몰랐어.
B 괜찮아. 뭐 하고 있었는데?

077
A 영화가 정말 마음에 와 닿았어, 안 그래?
B 응, 그래. 내 자신의 삶에 대해 많은 걸 다시 생각해보게 됐어.

[hint] ~에 대해 되돌아보다, 다시 생각하다 reflect on

078
A 그 사람은 유머 감각이 정말 뛰어나.
B 가족 내력이야. 그 사람 아버지도 정말 웃기거든.

[hint] 유머 감각이 있다 have a sense of humor

079
A 어제 일어난 일은 말하면 안 되는데.
B 왜 이래 어서, 털어놔봐!

[hint] ~하지 않기로 되어 있다, ~하면 안 된다 be not supposed to do

080
A 새 직장은 어때?
B 처음엔 힘들었지만, 이제 좀 감을 잡고 있어.

[hint] 힘든, 만만치 않은 challenging

DAY 016

대화 연습

🔊 016-2.mp3

대화의 주인공이 되어 **네이티브처럼 영어로 말해볼까요?**

076
- A: I'm sorry I'm late. I lost track of time.
- B: It's okay. What were you doing?

 시간 가는 줄 몰랐다고 할 때

077
- A: The movie really hit home, didn't it?
- B: Yeah, it did. It made me reflect a lot on my own life.

💬 영화를 보고 깊이 공감했을 때

078
- A: He has a great sense of humor.
- B: It runs in the family. His dad is hilarious too.

💬 어떤 특성이나 재능이 가족 내력이라고 할 때

079
- A: I'm not supposed to tell you what happened yesterday.
- B: Come on, spill the beans!

 비밀을 말하기 망설이는 사람을 종용할 때

080
- A: How's the new job?
- B: It was challenging at first, but I'm starting to find my groove.

💬 처음엔 힘들었지만 이제 슬슬 감이 잡힌다고 할 때

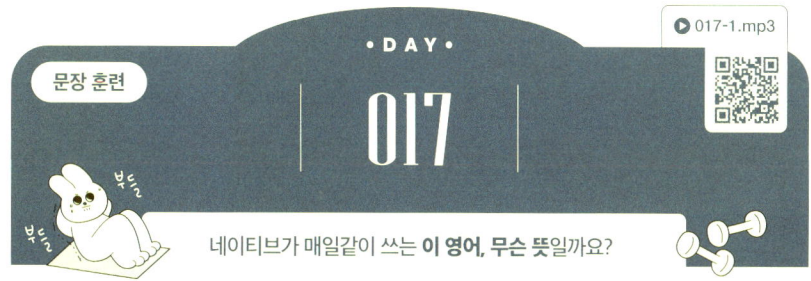

DAY 017

네이티브가 매일같이 쓰는 **이 영어, 무슨 뜻일까요?**

081

The silver lining is we saved money.

'The silver lining' refers to a positive aspect in a negative situation. It's used when finding hope amid adversity.

082

She's the life of the party.

'The life of the party' describes someone lively and entertaining, who makes a social event more fun and enjoyable.

083

You nailed it!

This means you did something perfectly or successfully. It's said when achieving a goal exactly as intended.

084

He's a real chip off the old block.

'A real chip off the old block' describes someone who resembles their parent in behavior or traits, often used with pride.

085

I'll fix you up with a place to stay.

'Fix someone up with something' means to provide or arrange something for someone that they need or want.

DAY 017

네이티브가 매일같이 쓰는 이 말, 영어로 할 수 있나요?

081

그래도 다행히 돈을 아끼게 됐어.

The silver lining is ~는 힘들거나 부정적인 상황에도 보이는 일말의 '희망'과 '긍정적인 면'을 강조할 때 쓰는 표현이죠. silver lining은 원래 구름 가장자리에 보이는 은빛 테두리를 뜻해요. [cf] Every cloud has a silver lining. (하늘이 무너져도 솟아날 구멍은 있다.)

082

그 여자애는 분위기 메이커야.

어떤 모임이든 어색할 수 있는 분위기를 띄우고 더 즐겁게 만드는 '분위기 메이커'는 있기 마련이죠. 이런 분위기 메이커를 the life of the party라고 합니다. [syn] social butterfly (사교적인 사람, 인싸)

083

정말 잘했어! 완벽했어!

어떤 일을 완벽하게 아주 잘해낸 상대를 칭찬할 때 쓰는 표현. Nailed it!이라고도 자주 말하죠. 목표한 곳에 정확하게 못을 박는다(nail)는 의미에서 유래했어요. [syn] You killed it! (끝내줬어! 죽여줬어!) / You crushed it! (끝내줬어! 완전 뽀갰어!)

084

걘 아버지를 쏙 빼닮았어.

a real chip off the old block은 오래된 블록에서 떼낸 조각처럼 '어머니/아버지를 쏙 빼닮은 사람'을 가리킬 때 쓰는 표현이에요. 성격, 기질, 행동 등에서 좋은 쪽으로 어머니/아버지(old block)를 쏙 빼닮았다는 의미이죠.

085

머물 곳을 마련해줄게.

<fix you up with 무엇>은 '무엇을 마련해주다, 잡아주다'라는 의미입니다. 상대에게 필요한 것이나 원하는 것이 있을 때 그걸 제공하거나 준비해줄 때 잘 쓰이죠. [cf] fix you up with someone (~를 소개시켜주다)

DAY 017

대화 연습

▶ 017-2.mp3

네이티브가 매일 주고받는 **이 대화, 영어로** 할 수 있나요?

081
A 여행이 취소됐어.
B 그래도 다행히 돈은 아끼게 됐잖아.

[hint] 취소되다 get canceled

082
A 그 여자애는 모두를 계속 웃게 하는 방법을 알아.
B 정말 그래. 분위기 메이커지.

[hint] 모두를 계속 웃게 하다 keep everyone laughing

083
A 드디어 발표가 끝나서 기뻐!
B 완벽했어! 모두가 네 아이디어를 좋아했어!

[hint] 끝나다 be over

084
A 걘 물건을 정말 잘 고쳐, 자기 아버지처럼.
B 아버지를 쏙 빼닮았지.

[hint] ~를 정말 잘하다 be so good at -ing

085
A 주말 동안 머물 곳이 필요해.
B 문제없어. 머물 곳을 마련해줄게.

[hint] 머물 곳 a place to stay

DAY 017

대화 연습 | 017-2.mp3

대화의 주인공이 되어 **네이티브처럼 영어로 말해볼까요?**

081
- A The trip got canceled.
- B The silver lining is we saved money.

 나쁜 상황에서도 긍정적인 면을 강조할 때

082
- A She knows how to keep everyone laughing.
- B Definitely. She's the life of the party.

 어떤 사람을 분위기 메이커라고 할 때

083
- A I'm glad my presentation is finally over!
- B You nailed it! Everyone loved your ideas!

 아주 잘해냈다고 칭찬할 때

084
- A He's so good at fixing things, just like his dad.
- B He's a real chip off the old block.

 성격, 기질, 행동 등이 부모를 쏙 빼닮았다고 할 때

085
- A I need a place to stay for the weekend.
- B No problem. I'll fix you up with a place to stay.

필요한 것을 마련해주겠다고 할 때

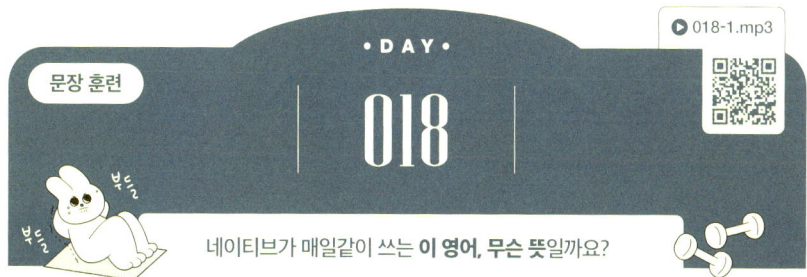

•DAY• 018

네이티브가 매일같이 쓰는 **이 영어, 무슨 뜻일까요?**

086

Mother of God!

It is an exclamation used to express shock, surprise, or disbelief, often in reaction to something extreme.

087

It was insane!

This is used to describe something extremely impressive or ridiculous, often with a sense of disbelief or amazement.

088

That's insane!

This phrase is used to describe something as nonsensical or irrational. It can also be said about something impressive.

089

Take a chill pill!

This phrase means to calm down or relax, often said to someone who is overly excited or stressed. It became popular in the 1980s.

090

Can you hook me up?

'Hook someone up' means to help someone get something, often through personal connections or favors.

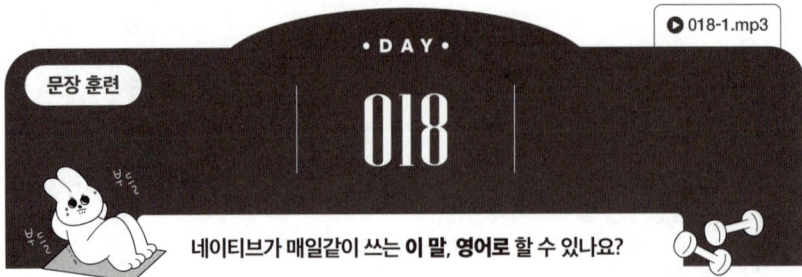

문장 훈련

네이티브가 매일같이 쓰는 이 말, 영어로 할 수 있나요?

086

세상에!

충격, 놀람, 또는 믿기 힘든 상황에서 쓰는 감탄사! 주로 극단적인 상황에서 툭 튀어나오는 표현이죠. ⚠ 종교적 의미가 담겨 있어 기독교인들 앞에서는 신성 모독으로 여겨질 수 있으니 주의하세요. 반면 Oh my God!은 더 가볍고 일상적으로 쓰입니다.

087

미쳤어! 정말 대박이었어!

어떤 경험이 놀라울 정도로 멋지고 인상적이었을 때 쓸 수 있죠. 공연이 너무 멋졌을 때, 피자가 완전 맛있었을 때 한국인들도 "미쳤다"라는 말 한마디로 소감을 표현하는 것처럼 말이죠. ⚠ 물론 터무니없는 일을 접했을 때도 써요.

088

미쳤구나! 말도 안 돼!

너무 멋지고 좋아도 "미쳤다"라고 하지만, 불합리하고 터무니없는 일을 겪을 때도 "미쳤구나!"라고 하죠. 물론, 상황에 따라 톤은 달라지겠지만요. insane은 '미친'이란 뜻입니다.
[syn] That's crazy! / That's ridiculous! (웃기지 마! 말도 안 돼!)

089

(약 먹고) 진정해!

지나치게 흥분하거나 스트레스를 받는 사람에게 유머러스하게 쓰는 표현. '진정하라'는 의미로 Calm down!이나 Relax!를 주로 쓰지만, 한국인도 이따금 "약 먹어!" "약 먹을 시간이야!"와 같이 유머러스하게 말하듯 영어도 마찬가지이죠.

090

힘 좀 써줄 수 있어? (구해줄/연결해줄 수 있어?)

hook someone up은 뭔가를 '구해주다', 남녀관계는 물론 도움이 되는 누군가를 '연결해주다', 모임을 '주선하다' 등과 같이 쓰이는 표현입니다. 주로 개인적인 부탁이나 연줄 좀 써달라는 상황에서 쓰이죠. [cf] hook me up with something (~을 구해주다)

대화 연습

DAY 018

네이티브가 매일 주고받는 **이 대화**, **영어로** 할 수 있나요?

086
- A 저 햄버거 크기 좀 봐.
- B 세상에! 엄청 크다!

087
- A 그 사람 공연 봤어? 정말 대박이었어!
- B 맞아, 그 사람 재능이 놀라워.

[hint] 재능이 놀랍다 be incredibly talented

088
- A 1등석 표 값이 대략 5천 달러 정도 들어.
- B 미쳤구나!

[hint] 값/비용이 ~ 든다 cost

089
- A 야, 내 돈 달라고!
- B 진정해. 내일 갚을게.

[hint] 돈을 갚다 pay back

090
- A 너 그 공연 추가 티켓 있다며? 힘 좀 써서 나한테도 줄 수 있어?
- B 그럼, 문제없어.

[hint] ~라며? I heard ~

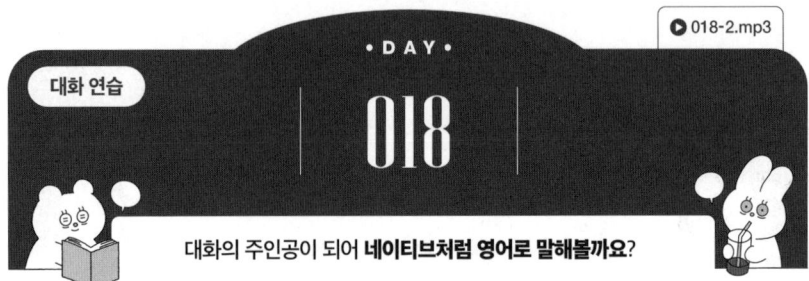

대화의 주인공이 되어 **네이티브처럼 영어로 말해볼까요?**

086
- A Look at the size of that burger.
- B Mother of God! That's huge!

🗨 충격적이거나 믿기 힘들 때

087
- A Did you see his performance? It was insane!
- B I know, he's incredibly talented.

🗨 어떤 것이 믿기지 않을 정도로 훌륭했을 때

088
- A Tickets for the first class cost around 5,000 dollars.
- B That's insane!

🗨 불합리하고 터무니없다고 생각될 때

089
- A Dude, give me my money!
- B Take a chill pill. I'll pay you back tomorrow.

🗨 흥분한 사람에게 진정하라고 할 때

090
- A I heard you have an extra ticket to the show. Can you hook me up?
- B Sure, no problem.

🗨 힘 좀 써서 뭔가를 구해주거나 누구를 연결해달라고 할 때

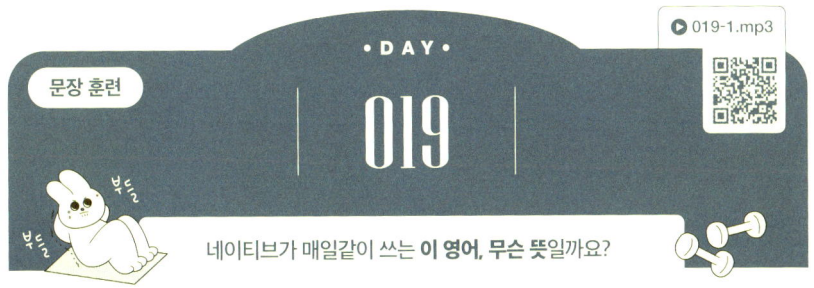

DAY 019

네이티브가 매일같이 쓰는 **이 영어, 무슨 뜻**일까요?

091

What brings you here?

 It's a polite way of asking why someone is here. Often used when meeting someone unexpectedly.

092

We're tight.

 This means we're close friends or have a strong bond. Often said when talking about close friendships.

093

You gotta hand it to him.

 This means you must acknowledge or give credit for someone's achievement. Often used to praise.

094

She did it all single-handedly.

 'Single-handedly' means doing something alone without help. Used when someone achieves something on their own.

095

You're putting me on the spot here!

 This means someone is pressuring you to answer or act immediately, often catching you off guard or unprepared.

문장 훈련

• DAY •
019

 019-1.mp3

네이티브가 매일같이 쓰는 **이 말, 영어로** 할 수 있나요?

091

여긴 어쩐 일이세요?

예기치 않게 누군가를 만났을 때 '여긴 어쩐 일로 왔냐?'며 공손하게 묻는 표현입니다. 구체적인 장소를 언급하고 싶다면 here 대신 <to + 장소/행사>를 쓰면 되죠. [cf] What brings you to + 행사/장소? (~에는 어쩐 일이세요?)

092

우린 진짜 친해.

친구나 동료 간의 우정이나 끈끈한 유대감을 강조할 때 사용하는 표현이죠. tight에는 누군가와의 관계가 '아주 친밀한'이란 의미가 있어요. [syn] We're close. (우린 가까워. 친해.)

093

그 사람 그건 인정해줘야 해. 알아줘야 해.

gotta hand it to someone은 누군가가 특히 잘한 일이 있을 때 다른 건 몰라도 '그 점은 인정해야 한다, 인정할 수밖에 없다'는 의미입니다. 주로 칭찬할 때 쓰이죠. [cf] 상대의 특히 잘한 일을 내가 인정하고 칭찬할 때는 I gotta hand it to you.(그건 인정해.)

094

그 애 혼자서 이걸 다 했어.

single-handedly는 '혼자서, 혼자 힘으로'라는 뜻이에요. 다른 사람의 도움 없이 전적으로 혼자 힘으로 큰일을 해낸 경우 칭찬할 때 자주 사용되죠. 개인의 노력과 능력을 강조하는 표현입니다.

095

거 사람 곤란하게 하네!

무방비 상태에서 갑자기 곤란한 질문을 받거나, 즉석에서 갑자기 곤란한 요청을 받으면 상당히 난처하죠. 이런 난처함을 유머러스하게 표현하는 말입니다.

대화 연습

· DAY ·
019

▶ 019-2.mp3

네이티브가 매일 주고받는 **이 대화, 영어로** 할 수 있나요?

091
A 여긴 어쩐 일이세요?
B 회의하러 왔어요.

[hint] ~하러 왔어 I'm here for + (동)명사

092
A 너랑 마크 아직도 친구야?
B 응, 우리 진짜 친해. 맨날 같이 다녀.

[hint] 같이 어울려 다니며 놀다 hang out | 맨날 all the time

093
A 걘 완전 혼자서 차를 수리해냈어.
B 그건 인정해줘야 해. 그 앤 엔진을 정말 잘 다뤄.

[hint] 완전 혼자서[혼자 힘으로] all by oneself | ~를 잘 다루다 be good with

094
A 그 애 혼자서 이걸 다 했어.
B 우와, 걔 완전 녹초됐겠다.

[hint] 완전 녹초된 exhausted

095
A 모두 앞에서 노래 좀 불러줄래?
B 거 참 사람 곤란하게 하네!

[hint] 참 really

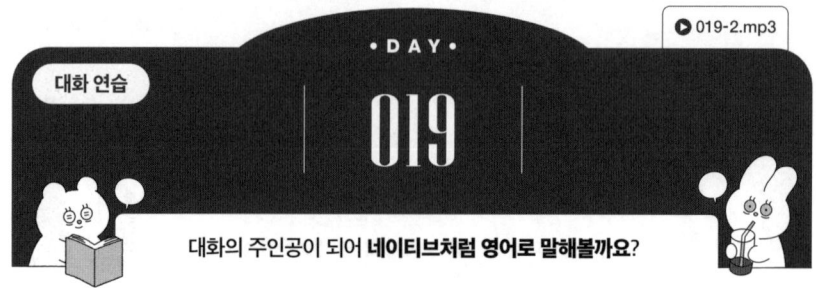

대화의 주인공이 되어 **네이티브처럼 영어로 말해볼까요?**

091
A What brings you here?
B I'm here for a meeting.
● 우연히 한 공간에서 마주쳤을 때

092
A Are you and Mark still friends?
B Yeah, we're tight. We hang out all the time.
● 정말 친한 사이라고 말할 때

093
A He managed to fix the car all by himself.
B You gotta hand it to him. He's really good with engines.
● 특히 잘한 일에 대해 인정해줘야 한다고 할 때

094
A She did it all single-handedly.
B Wow, she must be exhausted.
● 혼자 힘으로 어떤 일을 해냈다고 할 때

095
A Can you sing a song in front of everyone?
B You're really putting me on the spot here!
● 즉석에서 갑자기 난처한 요청을 받았을 때

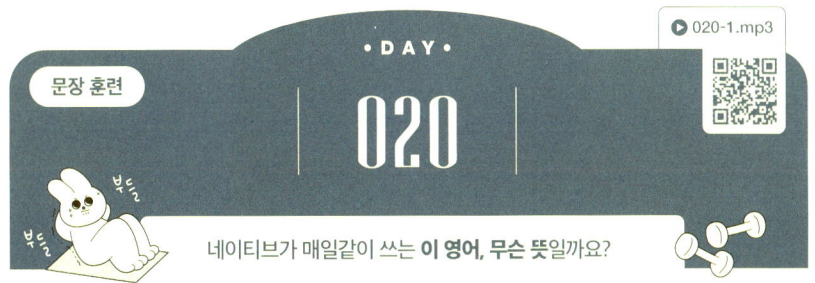

· DAY ·

020

문장 훈련

네이티브가 매일같이 쓰는 **이 영어, 무슨 뜻일까요?**

096

What do you know!

 This phrase expresses surprise or amazement at something unexpected or newly revealed, acknowledging newly learned information.

097

Sorry, it's a no-go.

 This means something won't happen or isn't possible. Often used for declined plans or requests.

098

Good call.

 This means you made a good decision or suggestion. Often said when someone's choice turns out well.

099

There you have it.

 This is used to indicate that something has been explained or demonstrated clearly, often concluding a statement.

100

That doesn't ring true.

 This means something seems false or unconvincing. Use it when questioning the credibility of a statement or claim.

문장 훈련

• DAY •
020

 020-1.mp3

네이티브가 매일같이 쓰는 **이 말, 영어로** 할 수 있나요?

096

어머, 그건 몰랐네!

뜻밖의 사실이나 새로운 소식을 듣고 '어머, 그건 몰랐네, 그렇구나'라며 놀랍다는 어감으로 맞장구를 칠 때 쓰기 좋은 표현입니다. [syn] Would you look at that! (우와, 몰랐네!)

097

미안, 안 될 것 같아.

제안, 또는 해도 되냐는 요청을 받았을 때 단도직입적으로 안 될 거 같다고 거절하는 표현입니다. 또, 어떤 일이 계획대로 잘 진행되고 있냐는 확인 질문에도 일정대로 안 될 거 같다고 부정적인 상황을 한마디로 전달할 때 쓸 수 있죠.

098

잘 생각했어.

누군가의 결정이나 제안, 판단에 대해 칭찬하는 투로 적극 동조할 때 쓰는 표현입니다. 한국어로는 '잘 생각했어, 좋은 생각이야', '잘 결정[선택]했어, 잘한 결정[선택]이야' 등으로 옮길 수 있겠네요. [syn] Good idea. / Smart move. (현명한 선택이야.)

099

아, 그렇게 되는구나. / 그렇게 되는 거지.

상대가 설명해준 내용에 대해 '아, 그렇게 되는 거구나, 그런 거구나.'라고 수긍할 때 쓸 수 있는 표현이죠. 또, 내가 어떤 내용을 죽 설명하고 나서 이야기를 마무리하며 '그래서 이렇게 되는 거죠. 이렇게 결론이 나는 거죠.'라는 의미로도 자주 씁니다.

100

믿기 어려운데. 신빙성이 없는데.

어떤 이야기나 주장에 신빙성이 없어 보일 때, 영 의심스러울 때 유용하게 쓸 수 있는 표현이에요. ring true는 '진짜처럼 들린다, 믿을 만하다, 신빙성이 있다'는 의미이죠.
[syn] That doesn't seem right. (그건 아닌 거 같은데.)

대화 연습

· DAY ·
020

네이티브가 매일 주고받는 **이 대화**, **영어로** 할 수 있나요?

096
A 그 남자, 사실 세계적인 셰프야.
B 어머, 그건 몰랐네! 전혀 몰랐어.

hint 세계적인 world-class

097
A 저희가 이 방을 회의에 사용할 수 있을까요?
B 미안하지만, 그건 안 될 것 같아요. 이미 예약됐어요.

hint 예약된 booked

098
A 모두가 참석할 수 있을 때까지 회의를 미루자.
B 잘 생각했어. 그게 맞지.

hint 그게 (이치에) 맞지. That makes sense.

099
A 그래서 이렇게 방정식을 푸는 거야.
B 아, 그렇게 되는 거구나. 도와줘서 고마워.

hint 그래서 이렇게 ~하는 거야 So that's how S + V

100
A 그 여자, 지난주에 복권에 당첨됐어.
B 믿기 어려운데. 어제도 회사 나왔던데.

hint 회사에 나오다 be at work

DAY 020

대화 연습

대화의 주인공이 되어 **네이티브처럼 영어로 말해볼까요?**

096

A He's actually a world-class chef.

B What do you know! I had no idea.

🔵 생각지도 못했던 소식이나 정보를 들었을 때

097

A Can we use this room for the meeting?

B Sorry, it's a no-go. It's already booked.

🔵 요청에 안 될 것 같다고 거절할 때

098

A Let's postpone the meeting until everyone can attend.

B Good call. That makes sense.

🔵 좋은 생각이라며 적극 동조할 때

099

A So that's how you solve the equation.

B There you have it. Thanks for the help.

🔵 상대가 설명해준 내용에 대해 수긍할 때

100

A She won the lottery last week.

B That doesn't ring true. She was at work yesterday.

🔵 상대의 말에 신빙성이 없어 보일 때

Stage 1

망각방지 장치 ❷
DAY 011-020

Fill the Gap!
Choose the right word from the options.
Mistakes help you remember better!

제한시간 2분

○ ✕ 복습

01 너 바가지 썼어. `051`
You got _____ .
(a) ripped off (b) turned up (c) blown away (d) fixed up

02 우리가 사건을/문제를 해결했어! `053`
We _____ the case!
(a) broke (b) closed (c) cracked (d) solved

03 난 그 말 안 믿어. `064`
I don't _____ that.
(a) sell (b) buy (c) hold (d) find

04 참지 마. 그냥 넘어가지 마. `055`
Don't _____ with this.
(a) back off (b) give in (c) take out (d) put up

05 완전 신나/흥분돼! `069`
I'm _____ !
(a) tired (b) pumped (c) bored (d) confused

06 함께 잘 헤쳐나가보자. `056`
Let's try to _____ through it together.
(a) get (b) work (c) break (d) push

07 넌 할 수 있어! 잘할 거야! `060`
You _____ this!
(a) made (b) got (c) are (d) have

정답   01 (a) ripped off   02 (c) cracked   03 (b) buy   04 (d) put up   05 (b) pumped   06 (a) get   07 (b) got

08 크게 신세진다.

I _____ you _____ time.

(a) owe, big   (b) give, some   (c) thank, next   (d) help, full

09 아, 그렇게 되는구나.

There you _____ it.

(a) are   (b) go   (c) see   (d) have

10 믿어져? 이게 말이 돼?

Do you _____ this?

(a) believe   (b) know   (c) want   (d) see

11 네가 무슨 말을 하는지 알겠어.

I get where you're _____ from.

(a) going   (b) coming   (c) hiding   (d) starting

12 가족 내력이야.

It _____ in the family.

(a) flows   (b) grows   (c) runs   (d) stays

13 스포 주의.

_____ warning.

(a) Cautionary   (b) Alert   (c) Safety   (d) Spoiler

14 해봐! 한번 시도해봐!

Go _____ it.

(a) into   (b) through   (c) for   (d) against

정답 08 (a) owe, big   09 (d) have   10 (a) believe   11 (b) coming   12 (c) runs   13 (d) Spoiler   14 (c) for

Stage 2

Write to Win!

Fill in the blanks without any hints this time.
Saying it out loud will help it stick!

망각방지 장치 ②
DAY 011-020

제한시간 3분

		O	X	복습
01	미쳤구나! 말도 안 돼! That's _____ !			088
02	무슨 말을 하려는 거야? What are you _____ ?			072
03	힘 좀 써줄 수 있어? Can you _____ me _____ ?			090
04	같은 처지네. We're _____ the _____ .			074
05	완전 잘됐다! 기대된다! I'm _____ for you!			070
06	어쩔 수 없지. So _____ it.			068
07	그 여자애는 분위기 메이커야. She's the _____ of the _____ .			082
08	시간 가는 줄 몰랐어. I lost _____ of _____ .			076
09	어머, 그건 몰랐네! _____ do you _____ !			096
10	믿기 어려운데. 신빙성이 없는데. That doesn't _____ true.			100

정답 01 insane 02 getting at 03 hook, up 04 in, same boat 05 stoked 06 be 07 life, party
08 track, time 09 What, know 10 ring

11	세상에! Mother of _____!	☐ ☐	086
12	미안, 안 될 것 같아. Sorry, it's a _____.	☐ ☐	097
13	(약 먹고) 진정해. Take a chill _____!	☐ ☐	089
14	여긴 어쩐 일이세요? _____ _____ you here?	☐ ☐	091
15	우린 진짜 친해. We're _____.	☐ ☐	092
16	정말 잘했어! 완벽했어! You _____ it!	☐ ☐	083
17	우리 진짜 잘 맞아/맞았어. We really _____ it _____.	☐ ☐	073
18	그 애 혼자서 이걸 다 했어. She did it all _____.	☐ ☐	094
19	머물 곳을 마련해줄게. I'll _____ you _____ with a place to stay.	☐ ☐	085
20	거 사람 곤란하게 하네! You're _____ me on the _____ here!	☐ ☐	095

정답 11 God 12 no-go 13 pill 14 What brings 15 tight 16 nailed 17 hit, off 18 single-handedly
19 fix, up 20 putting, spot

Stage 3

Speak to Conquer!

Now it's time to join the conversation.
These expressions are yours now!

Test 02-1.mp3

망각방지 장치 ❷
DAY
011-020

제한시간
5분

1 환경을 생각하며   #EcoFriendly #SustainableLiving

Look at What to Say

A 재활용 병으로 바꿨어?

B 응, 요즘 친환경적으로 살려고 노력 중이야. 075   hint 요즘 these days

A 잘 생각했어. 098 작은 것 하나하나가 다 중요하니까!

B 고마워! 근데 익숙한 습관을 고치기가 어렵네.

A 네 말 이해해, 하지만 그럴 가치가 있잖아. 065

B 맞아. 그래도 다행히 장기적으로는 돈도 아끼게 되더라. 081

A 바로 그거야. 그리고 지구에 도움이 되니까 기분도 좋잖아.

Say It in English

A Did you switch to reusable bottles?

B Yeah, I'm trying to go green these days. 075

A Good call. 098 Every little bit counts!

B Thanks! But it's hard to break old habits.

A I get where you're coming from, but it's worth it. 065

B True. The silver lining is we save money in the long run. 081

A Exactly. And it feels great to help the planet.

Write & Speak English

A 재활용 병으로 바꿨어?
　　Did you switch to reusable bottles?

B 응, 요즘 친환경적으로 살려고 노력 중이야. 075
　　Yeah, _____.

A 잘 생각했어. 098 작은 것 하나하나가 다 중요하니까!
　　_____ Every little bit counts!

B 고마워! 근데 익숙한 습관을 고치기가 어렵네.
　　Thanks! But it's hard to break old habits.

A 네 말 이해해, 하지만 그럴 가치가 있잖아. 065
　　_____ but it's worth it.

B 맞아. 그래도 다행히 장기적으로는 돈도 아끼게 되더라. 081
　　True. _____ in the long run.

A 바로 그거야. 그리고 지구에 도움이 되니까 기분도 좋잖아.
　　Exactly. And it feels great to help the planet.

Chat Buddy
- reusable 재활용 가능한
- Every little bit counts! 작은 것 하나하나가 다 중요해! (count 중요하다)
  cf Every little bit helps! 조금씩이라도 다 도움이 돼! 414
- break old habits 익숙한[묵은] 습관을 고치다
- in the long run 장기적으로 보면 219

정답　I'm trying to go green these days. 075　Good call. 098　I get where you're coming from, 065
　　　The silver lining is we save money 081

Test 02-2.mp3

제한시간 5분

2 붕어빵 부자에 대해

#LikeFatherLikeSon #RunsInTheFamily

Look at What to Say

A 걔 아빠 만났어?

B 응, 와, 걘 아버지를 쏙 빼닮았더라! 084

A 그러니까. 둘이 어찌나 닮았는지 정말 대박이야. 087

B 외모만이 아니라 말투랑 웃음소리까지, 가족 내력이야. 078

A 유전이란 게 진짜 신기해.

B 정말 그래. 어찌나 매력이 넘치는지 두 부자 그건 인정해줘야 해. 093

A 맞아, 둘 다 모임에서 분위기 메이커야. 082

Say It in English

A Did you meet his dad?

B Yes, and wow, he's a real chip off the old block! 084

A I know, right? It's insane how much they look alike. 087

B Not just looks, but the way they talk and laugh—it runs in the family. 078

A Genetics is wild.

B It really is. You gotta hand it to them for being so charming. 093

A Yeah, they're both the life of the party at gatherings. 082

Write & Speak English

A 걔 아빠 만났어?

Did you meet his dad?

B 응, 와, 걘 아버지를 쏙 빼닮았더라! 084

Yes, and wow, _____ !

A 그러니까. 둘이 어찌나 닮았는지 정말 대박이야. 087

I know, right? _____ how much they look alike.

B 외모만이 아니라 말투랑 웃음소리까지, 가족 내력이야. 078

Not just looks, but the way they talk and laugh— _____ .

A 유전이란 게 진짜 신기해.

Genetics is wild.

B 정말 그래. 어찌나 매력이 넘치는지 두 부자 그건 인정해줘야 해. 093

It really is. _____ for being so charming.

A 맞아, 둘 다 모임에서 분위기 메이커야. 082

Yeah, they're both _____ at gatherings.

Chat Buddy
- look alike 쏙 빼닮다
- genetics 유전적 특징, 유전적 현상
- ~ is wild ~는 정말 신기해/놀라워/인상적이야
- charming 매력적인
- gathering 모임

정답   he's a real chip off the old block 084   It's insane 087   it runs in the family 078
You gotta hand it to them 093   the life of the party 082

▶ Test 02-3.mp3

제한시간 5분

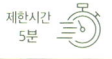

3 잘해낼 수 있을지 믿음이 안 가는 사람에 대해   #OopsMoment #AwkwardChats

> **Look at What to Say**

A 그 사람 그건 인정해줘야 해. 093 이번 발표 준비를 정말 제대로 한 것 같아.

B 뭐라고? 071 같은 사람 얘기하는 거 맞아?

A 맞아. 이번에 그 사람 정말 잘해낼 거야. 083

B 난 안 믿어. 064 이제껏 수도 없이 망쳤잖아.

A 그건 맞지만, 누구나 두 번째 기회를 가질 자격이 있어.

B 네 말이 맞는 거 같다. 아마 그 사람 이제야 슬슬 감을 좀 잡고 있나 보네. 080

A 그렇지! 일단 믿어주자.

> **Say It in English**

A You gotta hand it to him. 093 He seems really prepared for this presentation.

B Come again? 071 Are we talking about the same person?

A Yes. He's going to nail it this time. 083

B I don't buy that. 064 He's messed up so many times before.

A Fair point, but everyone deserves a second chance.

B I guess you're right. Maybe he's finally starting to find his groove. 080

A Exactly! Let's give him the benefit of the doubt.

Write & Speak English

A 그 사람 그건 인정해줘야 해. 093 이번 발표 준비를 정말 제대로 한 것 같아.
   _____ He seems really prepared for this presentation.

B 뭐라고? 071 같은 사람 얘기하는 거 맞아?
   _____ Are we talking about the same person?

A 맞아. 이번에 그 사람 정말 잘해낼 거야. 083
   Yes. He's going to _____ this time.

B 난 안 믿어. 064 이제껏 수도 없이 망쳤잖아.
   _____ He's messed up so many times before.

A 그건 맞지만, 누구나 두 번째 기회를 가질 자격이 있어.
   Fair point, but everyone deserves a second chance.

B 네 말이 맞는 거 같다. 아마 그 사람 이제야 슬슬 감을 좀 잡고 있나 보네. 080
   I guess you're right. Maybe he's finally _____.

A 그렇지! 일단 믿어주자.
   Exactly! Let's give him the benefit of the doubt.

Chat Buddy
- **this time** 이번에
- **mess up** 망치다, 엉망진창으로 만들다
- **give someone the benefit of the doubt** ~를 일단 믿어주다, 좋게 생각해주다

정답 You gotta hand it to him. 093   Come again? 071   nail it 083   I don't buy that. 064   starting to find his groove 080

4 요즘 핫한 드라마에 대해   #LazySunday #SpoilerAlert

Look at What to Say

A 요즘 모두가 말하는 새 드라마 봤어?

B 당연하지! 지난 주말에 몰아봤어. 063   (hint) 지난 주말에 last weekend

A 안 돼! 스포하지 마.

B 진정해, 스포 안 할게. 근데 진짜, 정말 대박이야! 087

A 그렇게 좋다고?

B 응! 감동적인 결말 덕에 정말 마음에 와 닿았어. 077

A 볼 생각하니까 완전 기대되는데. 069 오늘밤에 봐야겠다!

B 좋아. 다 보고 나면 알려줘. 결말에 대해 얘기나눠보자!

Say It in English

A Did you see the new show everyone's talking about?

B Of course! I binge-watched it last weekend. 063

A No way! Don't give me spoilers.

B Relax, I won't ruin it for you. But seriously, it's insane! 087

A Is it really that good?

B Yes! It really hit home with its emotional ending. 077

A I'm pumped to see it. 069 I'm going to watch it tonight!

B Fair enough. Let me know when you're done and we'll discuss the ending!

Write & Speak English

A 요즘 모두가 말하는 새 드라마 봤어?
Did you see the new show everyone's talking about?

B 당연하지! 지난 주말에 몰아봤어. 063
Of course! _____

A 안 돼! 스포하지 마.
No way! Don't give me spoilers.

B 진정해, 스포 안 할게. 근데 진짜, 정말 대박이야! 087
Relax, I won't ruin it for you. But seriously, _____!

A 그렇게 좋다고?
Is it really that good?

B 응! 감동적인 결말 덕에 정말 마음에 와 닿았어. 077
Yes! _____ with its emotional ending.

A 볼 생각하니까 완전 기대되는데. 069 오늘밤에 봐야겠다!
_____ to see it. I'm going to watch it tonight!

B 좋아. 다 보고 나면 알려줘. 결말에 대해 얘기나눠보자!
Fair enough. Let me know when you're done and we'll discuss the ending!

Chat Buddy
- **I won't ruin it for you.** 괜히 스포해서 상대가 드라마 보는 걸 잡치지 않겠다는 의미 (ruin 망치다)
- **emotional** 감성을 흔드는, 감동적인
- **Fair enough.** (상대의 생각에 동의할 때) 좋아. 알겠어. 인정.

정답   I binge-watched it last weekend. 063   it's insane 087   It really hit home 077   I'm pumped 069

5 새로운 직업의 세계에 뛰어들었을 때

#CareerGoals #FirstDayBlues

Look at What to Say

A 있잖아, 어쩌다 이 일을 하게 됐어? 057

B 웃긴 이야기야! 다른 걸 찾고 있었는데, 이게 그냥 나한테 굴러들어왔어.

A 음, 이 일을 잡은 게 내가 보기에는 되게 잘했어! 058

B 고마워! 여기서 감을 좀 잡아보려고 노력 중인데, 쉽지는 않아. 080

A 계속해봐! 052 넌 잘할 거야. 060

B 그러면 좋겠다. 배울 게 많은 것 같아.

A 믿기 어려워! 064 너 정말 편해 보인단 말야.

B 진짜야! 고객을 대하는 게 좀 벅차.

Say It in English

A Hey, how did you wind up in this job? 057

B Funny story! I was looking for something else, but this just fell into my lap.

A Well, in my eyes, you did great by landing it! 058

B Thanks! I'm trying to find my groove here, but it's not easy. 080

A Keep at it! 052 You've got this. 060

B I hope so. It feels like a steep learning curve.

A I don't buy that! 064 You seem really comfortable.

B I'm serious! Dealing with clients is a bit overwhelming.

Write & Speak English

A 있잖아, 어쩌다 이 일을 하게 됐어? 057
Hey, _____

B 웃긴 이야기야! 다른 걸 찾고 있었는데, 이게 그냥 나한테 굴러들어왔어.
Funny story! I was looking for something else, but this just fell into my lap.

A 음, 이 일을 잡은 게 내가 보기에는 되게 잘했어! 058
Well, _____ by landing it!

B 고마워! 여기서 감을 좀 잡아보려고 노력 중인데, 쉽지는 않아. 080
Thanks! I'm trying _____ here, but it's not easy.

A 계속해봐! 052 넌 잘할 거야. 060
_____ _____

B 그러면 좋겠다. 배울 게 많은 것 같아.
I hope so. It feels like a steep learning curve.

A 믿기 어려워! 064 너 정말 편해 보인단 말야.
_____ You seem really comfortable.

B 진짜야! 고객을 대하는 게 좀 벅차.
I'm serious! Dealing with clients is a bit overwhelming.

Chat Buddy
- **fall into someone's lap** ~의 수중에 굴러들어오다 (별다른 노력 없이 운 좋게 기회를 얻게 되었다는 의미)
- **steep learning curve** 가파른 학습 곡선, 즉 '배울 게 많은 상황'을 의미
- **overwhelming** 벅찬, 견디기 힘든

정답 how did you wind up in this job? 057   in my eyes, you did great 058   to find my groove 080
Keep at it! 052   You've got this. 060   I don't buy that! 064

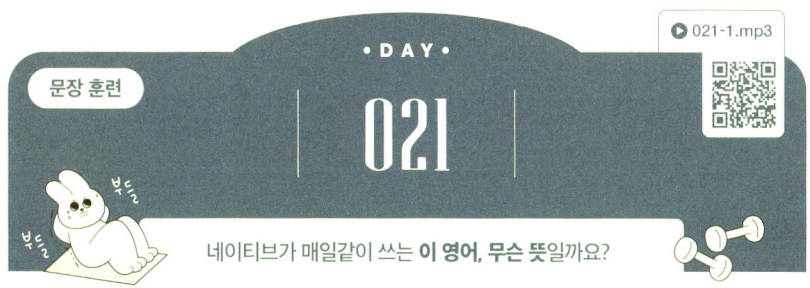

네이티브가 매일같이 쓰는 **이 영어, 무슨 뜻일까요?**

101
It rings a bell.

 'Ring a bell' means something sounds familiar or reminds you of something.

102
I'm drawing a blank.

 You can say this when you can't remember something or are unable to think of a response.

103
Stick with it.

 This phrase means to persist or continue with something despite difficulties. It encourages perseverance and dedication.

104
We've only scratched the surface.

 This means you've only begun to explore or understand a topic or situation.

105
You act like you know everything.

 This implies someone is behaving as if they have all the answers or knowledge of something.

DAY 021

네이티브가 매일같이 쓰는 **이 말**, **영어**로 할 수 있나요?

101

들어본 것 같은데. 익숙한데.

'얼핏 기억이 난다, 귀에 익다, 익숙하다, 들어본 것 같다'는 의미로 쓰는 표현입니다. 반대로, 얘기를 들어봐도 '생각[기억]이 잘 안 난다'고 할 때는 It doesn't ring a bell.이라고 하죠.
[cf] His name rings a bell. (그 사람 이름 들으니까 익숙한데.)

102

머릿속이 하얘/백지 상태야. (아무 생각/기억도 안 나.)

상대의 질문에 순간적으로 기억이 나지 않거나 아무 생각이 떠오르지 않을 때 쓰는 표현이에요. [syn] It's on the tip of my tongue. (입안에서 맴도는데. 생각날 듯 말 듯한데.)

103

포기하지 말고 계속해.

어려운 상황에서도 포기하지 말고 계속하라는 의미입니다. 예를 들어, 힘든 과제를 하고 있는 친구에게 '계속해봐'라고 응원할 때 사용하죠. 너무 강압적으로 들리지는 않도록 분위기 봐가면서 쓰세요. [syn] Keep at it. (계속해봐!)

104

이제 겨우 시작일 뿐이야. (겉만 살짝 건드린 셈이야.)

어떤 일의 표면만 다룬 상태라는 이야기입니다. 즉 '이제 겨우 시작 단계에 불과해' 아직 할 일이 많이 남아 있다는 뉘앙스를 풍기는 표현이죠. [syn] We're just getting started. / We've only just begun.

105

너, 뭐든 다 아는 것처럼 군다.

모든 것을 다 아는 것처럼 구는 상대에게 그러지 말라고 지적하는 표현입니다. 잘못하면 상당히 기분 나쁠 수 있는 표현이므로 눈치껏 쓰세요. You act like ~는 실제로 그렇지 않은데도 그런 것처럼 행동하거나 생각하는 것처럼 보일 때 사용되는 구문이죠.

대화 연습

DAY 021

🔊 021-2.mp3

네이티브가 매일 주고받는 **이 대화**, **영어로** 할 수 있나요?

101
- A 예전에 시내에 있던 오락실 기억나?
- B 들어본 것 같아. 작년에 문닫지 않았어?

hint 예전에 시내에 있던 오락실 old arcade downtown

102
- A 우리가 갔던 그 식당 이름 뭐였지?
- B 머릿속이 하얘. 기억이 안 나.

103
- A 새로운 언어를 배우는 게 힘들어.
- B 포기하지 말고 계속해. 시간이 지나면 더 나아질 거야.

hint 힘든 tough | 시간이 지나면서 over time

104
- A 새 프로젝트는 어떻게 진행되고 있어?
- B 이제 겨우 시작일 뿐이야. 아직 할 일이 많아.

hint ~는 어떻게 진행되고 있어? How's ~ going?

105
- A 너, 이런 방법으론 절대 성공 못 해.
- B 너, 뭐든 다 아는 것처럼 군다. 그냥 기다려봐.

hint 방법, 방식 method

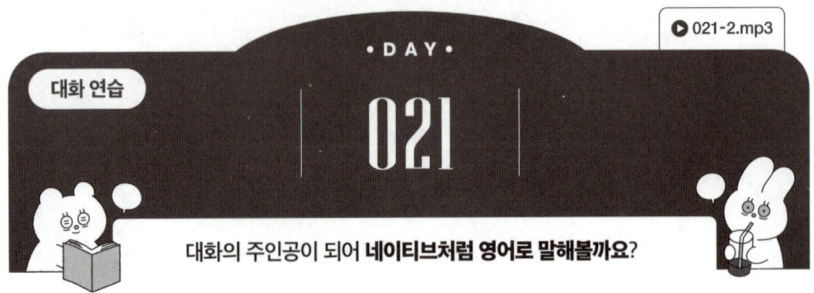

DAY 021

대화의 주인공이 되어 **네이티브처럼 영어로 말해볼까요?**

A Remember the old arcade downtown?

B It rings a bell. Didn't it close last year?

● 들어본 거는 같은데 기억이 희미할 때

102

A What's the name of that restaurant we went to?

B I'm drawing a blank. I can't remember.

● 상대의 질문에 순간적으로 아무 대답도 떠오르지 않을 때

103

A Learning a new language is tough.

B Stick with it. You'll get better over time.

● 힘든 거 알지만 포기하지 말고 계속하라고 독려할 때

104

A How's the new project going?

B We've only scratched the surface. There's still a lot to do.

● 어떤 일이 이제 겨우 시작 단계라고 할 때

105

A You're never going to succeed with this method.

B You act like you know everything. Just wait.

● 전부 다 아는 것처럼 굴지 말라고 지적할 때

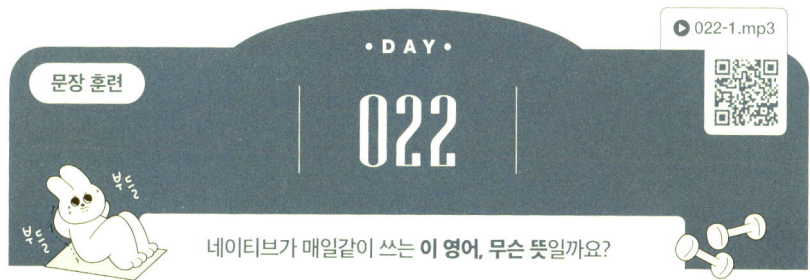

문장 훈련

· DAY ·
022

네이티브가 매일같이 쓰는 **이 영어, 무슨 뜻일까요?**

 106

Consistency is king.

 This phrase highlights that consistent actions and efforts are crucial for success.

 107

Hang in there.

 This encourages someone to stay strong or to persevere through a tough situation.

 108

He's always preaching about meditation.

 'Preach about' means to speak passionately or insistently on a topic, often aiming to persuade or inform others.

 109

Don't shy away from taking risks.

 'Shy away from' means to avoid doing something or being reluctant to engage in it. It implies hesitation or fear.

 110

You're really in a pickle.

 'In a pickle' means being in a difficult or tricky situation. Use it when discussing problems or dilemmas.

• DAY •
022

문장 훈련

네이티브가 매일같이 쓰는 **이 말, 영어로** 할 수 있나요?

106

꾸준히 하는 게 최고야/중요해.

꾸준함이 중요하다는 의미입니다. 목표를 달성하기 위해서는 지속적으로 노력해야 한다고 강조할 때 간결하면서도 임팩트 있게 쓸 수 있어요. [cf] Practice makes perfect. (연습이 완벽을 만든다.)

107

조금만 더 버텨.

버티기만 하면 좋은 결과로 보답받을 수 있다는 희망이 있지만, 그 버티는 일 자체가 너무 버겁고 힘든 친구가 있습니다. 그런 친구에게 '조금만 더 버텨.'라고 격려할 때 써보세요. 결국 힘든 시기는 지나갈 것이라는 의미를 내포한 표현입니다.

108

걘 항상 명상에 대해(명상하라고) 설교해.

preach about은 '~에 대해 설교하다'는 뜻입니다. 이렇게 하면 뭐가 좋고 뭐가 나쁘고 하면서 어떤 주제에 대해 걸핏하면 열변을 토하며 사람을 설득하려 드는 사람을 두고 He's/She's always preaching about ~이란 표현을 써보세요.

109

위험을 감수하는 걸 피하지 마.

위험을 감수하는 일에 겁먹지 말고 피하지 말라며 격려하는 말입니다. shy away from은 뭔가 하는 걸 겁먹고 피하거나 주저한다는 의미이죠. [syn] Don't be afraid to take risks. (위험을 감수하는 걸 두려워 마.)

110

정말 난처한 상황에 빠졌네.

얘기를 들어보니 '상대가 정말 난처한 상황이구나, 큰일났구나' 싶을 때 하는 말입니다. in a pickle은 '곤란하고 어려운 상황에 처한' 상태를 나타내는 표현이죠. [syn] You're really in a jam. / You're really in a bind.

DAY 022

대화 연습

네이티브가 매일 주고받는 **이 대화**, **영어로** 할 수 있나요?

022-2.mp3

106
A 어떻게 그렇게 건강을 유지해?
B 꾸준함이 중요해. 매일 운동해.

[hint] 몸을 튼튼하게/건강하게 유지하다 stay fit

107
A 업무량 때문에 정말 힘들어.
B 조금만 더 버텨. 더 수월해질 거야.

[hint] 업무량 workload

108
A 걘 항상 명상하라고 설교해.
B 응, 도움이 된다는 건 알지만, 실제로 하기가 진짜 힘들어서 그렇지 뭐.

[hint] 실제로 하기가 진짜 힘들어서 그렇지 뭐 it's just so hard to do

109
A 위험을 감수하는 걸 피하지 마.
B 응, 더 대담해지도록 노력할게.

[hint] 대담해지다 be bold

110
A 프로젝트 마감일이 앞당겨졌는데 아직 시작도 안 했어.
B 이런! 정말 난처한 상황이네.

[hint] 앞당겨지다 be moved up

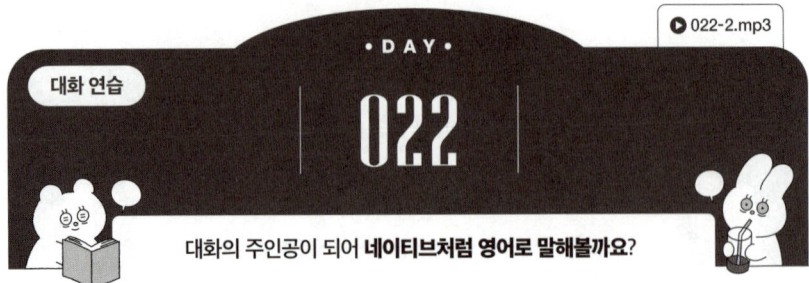

> 022-2.mp3

DAY 022

대화 연습

대화의 주인공이 되어 **네이티브처럼 영어로 말해볼까요?**

106
- A How do you stay so fit?
- B Consistency is king. I work out every day.

💬 무슨 일이든 꾸준함이 중요하다고 할 때

107
- A I'm really struggling with my workload.
- B Hang in there. It will get easier.

💬 조금만 더 버티면 괜찮아질 거라고 격려할 때

108
- A He's always preaching about meditation.
- B Yeah, I know it's helpful but it's just so hard to do.

💬 무엇을 하라고 늘 설교하는 사람에 대해 말할 때

109
- A Don't shy away from taking risks.
- B Okay, I'll try to be more bold.

💬 위험을 감수하는 걸 주저하지 말라고 할 때

110
- A The project deadline was moved up and I haven't started yet.
- B Oh no! You're really in a pickle.

💬 상대의 난처한 상황을 알았을 때

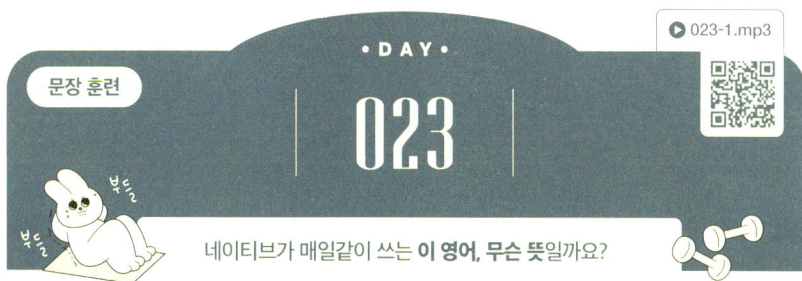

•DAY•
023

문장 훈련

네이티브가 매일같이 쓰는 **이 영어, 무슨 뜻**일까요?

The sky's the limit.
111

This means there are no limits to what can be achieved. It's often said when encouraging someone's potential.

She's a breath of fresh air!
112

The expression 'a breath of fresh air' refers to someone or something new, refreshing, or pleasantly different in a situation.

Let's spice things up!
113

This means to make a situation more interesting, exciting, or lively by adding new elements, energy, or fun.

That's a recipe for disaster!
114

This means a situation is likely to lead to problems or failure. Use it to warn against poor decisions.

Stop beating around the bush.
115

'Beat around the bush' means avoiding the main point in a conversation. You say it when someone is being indirect or evasive.

문장 훈련

• D A Y •

023

 023-1.mp3

네이티브가 매일같이 쓰는 **이 말, 영어로** 할 수 있나요?

111

가능성은 무한해.

하늘에는 끝이 없죠. 그런 하늘이 한계라는 말은 가능성이 하늘만큼 무궁무진하다는 의미입니다. 어떤 일을 성취할 수 있는 무한한 잠재력이 있다고 격려할 때 활용해 보세요.
[syn] The world is your oyster. (네 앞의 세상엔 무한한 기회가 펼쳐져 있어.)

112

그 사람은 정말 신선한 바람이야!

a breath of fresh air는 글자 그대로의 뜻(신선한 공기 한 모금) 외에도 비유적으로 '새로운 활력이나 상쾌한 변화를 가져오는 것 또는 그런 사람'을 뜻하는 말로 쓰여요. [cf] Let's go outside for a breath of fresh air. (우리 밖에 나가서 바람 좀 쐬자.)

113

분위기 좀 띄우자!

분위기를 좀 더 활기 있고 생기 있게 바꿔보자는 말입니다. 파티가 지루할 때, 회의 분위기가 축 처져 있을 때, 데이트가 맨날 그게 그거고 더 이상 재미가 없을 때, 방의 디자인이 심심할 때 등, 다양한 상황에서 쓸 수 있죠.

114

그러다 큰일나! 큰일날 소리하네!

That이 a recipe for disaster 재앙을 부르는 레서피란 말은 '그렇게 하면 재앙을 초래한다', 즉 '큰일난다'는 의미입니다. 앞으로 곤란한 상황이 벌어질 게 뻔한 결정을 한 상대에게 그러면 안 된다는 경고의 의미로 내뱉는 말이죠.

115

말 빙빙 돌리지 마. (돌려 말하지 말고 요점을 말해.)

beat around the bush는 말을 빙빙 돌리는 것을 뜻하는 표현입니다. 사냥꾼이 사냥을 할 때 덤불 속의 새를 튀어나오게 하려고 덤불 주변을 빙빙 돌며 툭툭 친 데에서 유래했죠.
[syn] Cut to the chase. (본론을 말해.) / Get to the point. (핵심을 말해.)

DAY 023

대화 연습

> 023-2.mp3

네이티브가 매일 주고받는 **이 대화, 영어로** 할 수 있나요?

111
A 네 재능이라면 가능성은 무한해.
B 고마워! 계속 열심히 할게.
[hint] 네 재능이라면 with your talent | 계속 ~하다 keep -ing

112
A 나 새러랑 일하는 게 너무 좋아.
B 맞아, 그 사람은 정말 신선한 바람이야!

113
A 이 파티 좀 지루한 것 같아.
B 동감이야. 분위기 좀 띄우자! 댄스 배틀 어때?
[hint] 지루한 dull | 댄스 배틀 dance-off

114
A 안전 조치를 생략하고 이 프로젝트를 서두르는 게 좋다고 생각해.
B 그러다 큰일나!
[hint] 안전 조치를 생략하다 skip the safety measures

115
A 어, 이게 좀 복잡한데…
B 말 빙빙 돌리지 말고 그냥 말해!
[hint] 좀 ~한 kind of + 형용사

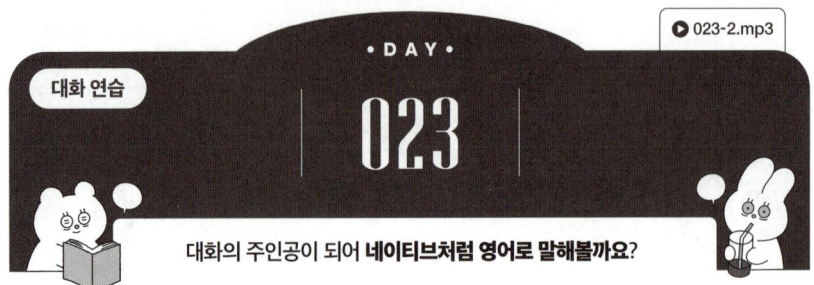

대화 연습

대화의 주인공이 되어 **네이티브처럼 영어로 말해볼까요?**

111
- A With your talent, the sky's the limit.
- B Thanks! I'll keep working hard.

💬 잠재력이 무한하다며 격려할 때

112
- A I love working with Sarah.
- B Yeah, she's a breath of fresh air!

💬 누구에 대해 새로운 활력을 불어넣는 사람이라고 할 때

113
- A This party feels a bit dull.
- B I agree. Let's spice things up! How about a dance-off?

💬 분위기를 좀 더 활기 있고 생기 있게 바꿔보자고 할 때

114
- A I think we should skip the safety measures and rush this project.
- B That's a recipe for disaster!

💬 큰일날 소리하는 상대에게 주의를 줄 때

115
- A Well, it's kind of complicated…
- B Stop beating around the bush and just say it!

💬 빙빙 돌려 말하지 말고 할 말 바로 하라고 할 때

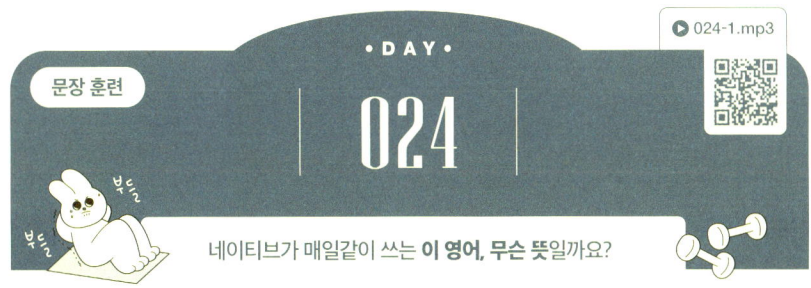

네이티브가 매일같이 쓰는 **이 영어, 무슨 뜻**일까요?

116

Easier said than done.

This means something is simple to talk about but hard to achieve, highlighting the difference between words and actions.

117

She called me out of the blue.

'Out of the blue' means something unexpected occurs suddenly, without any warning or prior indication, often catching people off guard.

118

I'd take that with a grain of salt.

This means to not take something too seriously. It suggests that this is only one opinion, and that other opinions might differ.

119

This is the last straw!

This phrase refers to the final problem or annoyance that makes a situation unbearable.

120

Let's keep it under the radar.

'Under the radar' means unnoticed or undetected, often referring to actions done quietly to avoid attention or scrutiny.

DAY 024

 024-1.mp3

문장 훈련

네이티브가 매일같이 쓰는 **이 말, 영어로** 할 수 있나요?

116

말이 쉽지. (실행하기는 어려워.)

말하기는 쉽지만 실행에 옮기기는 쉽지가 않다는 것을 의미하는 표현이죠. 사정도 잘 모르면서 어떻게 하라고 조언을 너무 쉽게 막 던지는 친구에게 써보세요. [syn] Talk is cheap.

117

그 여자애가 갑자기 전화했어.

out of the blue는 '예기치 않게 갑자기' 발생한 일을 말할 때 쓰는 관용표현이에요. 생전 연락 없던 친구에게서 갑자기 연락이 온다든가, 전혀 생각도 않던 제안이 뜬금없이 들어온다든가 할 때 쓸 수 있죠. [syn] out of nowhere (난데없이 갑자기)

118

적당히 걸러서 들었어. 곧이곧대로 듣진 않아.

일방적으로 누군가의 말만 듣고, 혹은 떠도는 소문만 듣고 그대로 믿는 건 위험할 때가 있죠. 그런 경우 '적당히 걸러서 들었다', '너무 진지하게/곧이곧대로 받아들이진 않았다'는 의미로 쓸 수 있는 표현이에요. ⚠ 여기서 I'd는 I would(나라면 ~하겠다)의 축약형입니다.

119

더는 못 참아! 이제 정말 한계야!

the last straw 마지막 지푸라기는 '더 이상 견딜 수 없는 한계, 인내심을 무너뜨리는 최후의 결정타'를 의미하는 비유적 표현. 속담 It's the last straw that breaks the camel's back. (낙타의 등을 부러뜨리는 것은 마지막 지푸라기 하나이다.)에서 유래했죠.

120

조용히/눈에 안 띄게 진행하자.

under the radar를 직역하면 '레이더망 아래에서'이죠. 즉 레이더망에 안 걸리게 '조용히, 눈에 안 띄게'라는 의미로 쓰이는 표현입니다. [cf] 누군가의 '관심 안에' 있거나 '주목을 받고 있는' 상황에서는 on someone's radar를 쓰죠.

대화 연습

• DAY •
024

▶ 024-2.mp3

네이티브가 매일 주고받는 **이 대화**, **영어로** 할 수 있나요?

116
- A 그냥 급여 인상을 요구해봐.
- B 말이 쉽지. 우리 사장은 정말 까다로워.

[hint] 급여 인상을 요구하다 ask for a raise

117
- A 몇 년 동안 연락이 없던 그 여자애가 갑자기 전화했어.
- B 정말 놀랐겠네.

[hint] 분명/정말 ~했겠네 That must have been ~

118
- A 제이크가 일 관둘 거라는 얘기 들었어?
- B 듣긴 했는데, 곧이곧대로 듣진 않아. 걔 그 일 되게 좋아하잖아.

[hint] 일을 그만두다 quit one's job

119
- A 또 내 핸드폰 망가뜨렸어?
- B 실수였어!
- A 더는 못 참아!

[hint] (고의가 아니라) 실수로 벌어진 일 accident

120
- A 변경 사항을 지금 발표하는 게 좋을까?
- B 아니, 당분간 조용히 진행하자.

[hint] 당분간, 지금 당장은 for now

DAY 024

🔊 024-2.mp3

대화 연습

대화의 주인공이 되어 **네이티브처럼 영어로 말해볼까요?**

116
- A You should just ask for a raise.
- B Easier said than done. My boss is really tough.

💬 말하긴 쉽지만 행동으로 옮기긴 쉽지 않은 상황일 때

117
- A She called me out of the blue after years of no contact.
- B That must have been a surprise.

💬 예기치 않던 일이 갑자기 생겼을 때

118
- A Did you hear that Jake is quitting his job?
- B I did, but I'd take that with a grain of salt. He loves that job.

💬 전해들은 이야기를 전적으로 믿지는 않을 때

119
- A You broke my phone again?
- B It was an accident!
- A This is the last straw!

💬 참다 참다 폭발할 때

120
- A Should we announce the changes now?
- B No, let's keep it under the radar for now.

💬 눈에 안 띄게 계속해나가자고 할 때

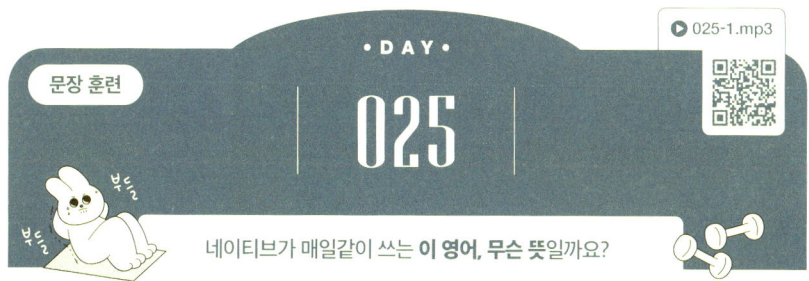

문장 훈련

• DAY •
025

네이티브가 매일같이 쓰는 **이 영어**, 무슨 뜻일까요?

121

I'm all ears!

This means you're ready to listen attentively. It's similar to saying, "I'm listening closely."

122

He's in hot water now.

'In hot water' means someone is in serious trouble. It's similar to saying, 'in big trouble.'

123

This is just the tip of the iceberg.

This means what you see is just a small part of a bigger problem. It's like saying, "There's more to this."

124

Get your act together.

This means to stop being disorganized and improve your behavior. It's like saying, "Pull yourself together" or "Get it together."

125

Keep an eye out for my email.

'Keep an eye out for something' means to stay alert and check for something.

문장 훈련

DAY 025

네이티브가 매일같이 쓰는 **이 말, 영어로** 할 수 있나요?

121

잘 듣고 있어!

귀를 모두 열어두고 있다, 즉 귀를 쫑긋 세우고 상대의 말을 들으려고 집중하고 있다는 의미예요. 그러니 어서 얘기해 보라는 어감이죠. [syn] I'm listening. (잘 듣고 있어.) / You have my attention. (집중하고 있어.)

122

걔 이제 큰일났다.

in hot water는 문제가 생겨서 곤란한 상황에 처했을 때 쓰는 표현이에요. 특히 잘못된 행동 때문에 어려움에 빠졌을 때 자주 사용하죠. [syn] He's in big trouble now.

123

이건 빙산의 일각일 뿐이야.

겉으로 보이는 문제는 사실 빙산의 일각이라는 식의 말, 종종 하죠. 이때 '빙산의 일각'에 해당되는 영어표현이 the tip of the iceberg입니다. [syn] This is only the surface of the issue. (겉으로 보이는 문제만 해도 이 정도야.)

124

정신 차리고 똑바로 해.

더 효율적으로 행동하고 성과를 내야 할 때 쓰는 표현이에요. 성적이나 성과가 떨어질 때 경고의 의미로 사용할 수 있죠. 상대방을 너무 몰아세우지 않도록 분위기를 잘 봐가며 사용하세요. [syn] Pull yourself together. (정신 차려.) / Get it together. (잘해라.)

125

내 이메일을 잘 봐줘.

keep an eye out for는 무언가를 놓치지 않도록 계속 주의 깊게 살펴본다는 의미예요. 중요한 이메일이나 택배가 오기로 되어 있을 때, 공항 컨베이어벨트에서 내 짐이 나오는 걸 기다릴 때처럼 중요한 것을 놓치지 않으려면 눈 똑바로 뜨고 예의주시해야죠.

DAY 025

대화 연습

025-2.mp3

네이티브가 매일 주고받는 **이 대화**, **영어로** 할 수 있나요?

121
A 공유할 신나는 소식이 있어.
B 잘 듣고 있어!

[hint] 공유할 소식이 있다 have some news to share

122
A 제이크가 컨닝하다 걸렸어.
B 걔 이제 큰일났다.

[hint] 컨닝하다 걸리다 get caught cheating

123
A 이번 새 정책 때문에 벌써 문제가 생기고 있어.
B 이건 빙산의 일각일 뿐이야.

[hint] ~ 때문에 문제가 생기다 ~ cause problems

124
A 성적이 떨어졌어.
B 너 진짜 정신 차려야겠다.

[hint] 너 진짜 ~해야겠다 You really need to do ~

125
A 내 이메일을 잘 봐줘. 거기 모든 세부사항이 들어 있어.
B 그렇게. 메일함 자주 확인할게.

[hint] 주기적으로 자주 regularly

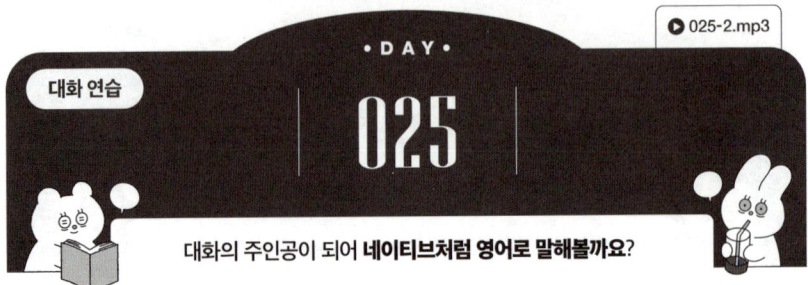

A I have some exciting news to share.

B I'm all ears!

● 잘 듣고 있으니 얘기해 보라고 할 때

A Jake got caught cheating.

B He's in hot water now.

● 잘못된 짓을 하다가 곤란한 상황에 처했을 때

A This new policy is already causing problems.

B This is just the tip of the iceberg.

● 실질적인 문제나 드러나지 않은 문제가 더 심각할 때

A My grades have dropped.

B You really need to get your act together.

● 성적이나 성과가 떨어진 사람에게 정신 차리라고 할 때

A Keep an eye out for my email. It has all the details.

B Will do. I'll check my inbox regularly.

● 중요한 무언가가 도착할 테니 잘 보라고 할 때

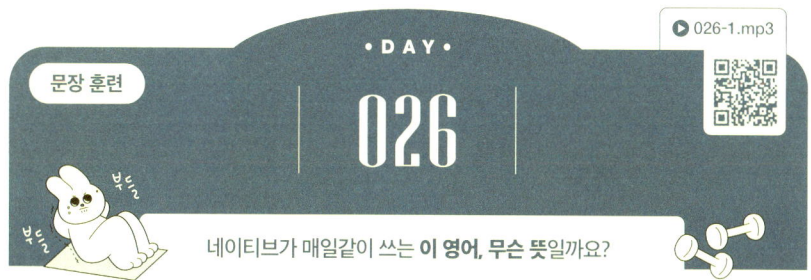

• DAY •
026

네이티브가 매일같이 쓰는 **이 영어, 무슨 뜻일까요?**

126

You're always on the go.

This means to always be busy and moving around. It's similar to saying, "You're always on the move."

127

I turned the tables.

This means the situation has changed in someone's favor. It's like saying, "Things have flipped."

128

I'm ready to throw in the towel.

This means you're prepared to give up or admit defeat in a challenging situation.

129

I'll jump on the bandwagon.

'Jump on the bandwagon' means to follow a trend. It's like saying, 'follow the crowd.'

130

I want to live off the grid.

'Off the grid' means living without public utilities or modern technology, in favor of privacy or a simpler lifestyle.

• DAY •
026

네이티브가 매일같이 쓰는 이 말, 영어로 할 수 있나요?

126

넌 늘 분주하네. 넌 항상 바쁘네.

on the go는 항상 바쁘고 다양한 활동에 참여한다는 의미예요. 에너지가 넘치고 활동적인 사람을 묘사할 때 자주 쓰죠. (syn) You're always on the move. (넌 좀처럼 가만있지 않는구나.)

127

내가 상황을 뒤집었지.

불리했던 상황을 자신에게 유리한 상황으로 바꾸는 것을 turn the tables라고 합니다. 게임이나 경쟁에서 전세를 역전해 승리하거나 이득을 얻을 때 자주 쓰이죠.

128

이제 그만 포기할까 봐.

권투 경기에서 시합을 끝까지 해보지도 않고 중도에 경기를 포기할 때 타월을 던지잖아요 (throw in the towel). 바로 여기서 유래된 표현입니다. '내가 졌어, 더는 못 하겠어, 이제 그만 포기할까 봐'라는 뉘앙스로 쓰는 말입니다.

129

유행을/시류를 따라야겠어.

남들이 다 하는 일을 따라하는 것을 '시류에 편승한다', 또는 '대세를 따르다', '유행을 따르다'라고 하죠. 여기에 해당하는 영어표현이 jump on the bandwagon입니다.
(syn) follow the crowd (다수를 따르다)

130

(현대 문명에서 벗어나) 자연인처럼 자급자족하며 살고 싶어.

전기도 안 들어오고 전화나 인터넷도 안 되는 곳에서 마치 자연인처럼 자급자족하며 살고 싶다는 로망을 표현한 말이죠. off the grid는 '현대 문명에서 벗어나 자급자족하며 생활하는' 것을 의미해요.

DAY 026

대화 연습

026-2.mp3

네이티브가 매일 주고받는 **이 대화, 영어로** 할 수 있나요?

126
A 넌 항상 바쁘네!
B 응, 요즘 진짜 바빠.

hint 아주 많이 바쁜, 진짜 바쁜 super busy

127
A 우리가 지고 있었는데, 내가 상황을 역전시켰어.
B 멋지다!

hint 멋진, 끝내주는 awesome

128
A 이제 그만 포기할까 봐.
B 여기까지 왔잖아. 지금 포기하지 마!

hint (힘들게, 애써) 여기까지 왔잖아. You've come this far.

129
A 다들 그 새 드라마 얘기만 해.
B 알았어, 나도 유행을 따라야겠어. 나도 볼게.

130
A 언젠가는 자연인처럼 자급자족하며 살고 싶어.
B 평화로울 것 같네.

hint 언젠가는 someday

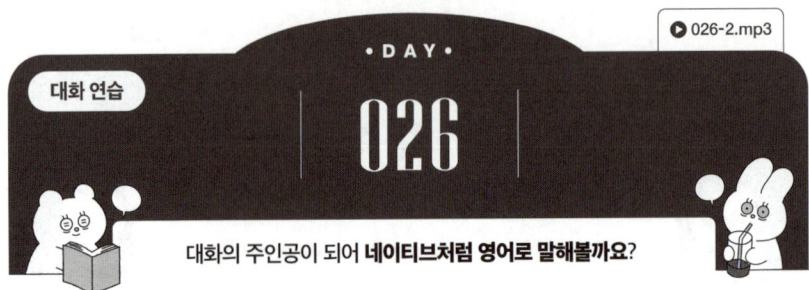

대화 연습

대화의 주인공이 되어 **네이티브처럼 영어로 말해볼까요?**

A You're always on the go!

B Yeah, I've been super busy lately.

🔹 늘 분주하고 바빠 보이는 사람에게

A We were losing, but I turned the tables.

B That's awesome!

🔹 자기가 전세를 역전시켰을 때

A I'm ready to throw in the towel.

B You've come this far. Don't quit now!

🔹 안 된다는 걸 인정하고 이제 그만할 때가 됐다 싶을 때

A Everyone's talking about that new show.

B Fine, I'll jump on the bandwagon. I'll watch it too.

🔹 시류에 편승하겠다고 할 때

A I want to live off the grid someday.

B That sounds peaceful.

🔹 현대 문명에서 벗어나 살고 싶을 때

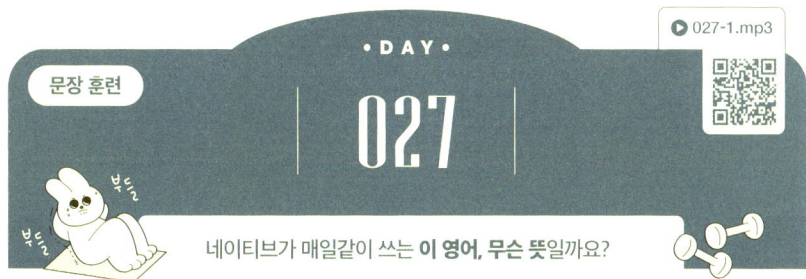

Let's find a way to bridge the gap.

131

This means finding a solution to connect differences or resolve misunderstandings between people, groups, or ideas for better understanding.

His Achilles' heel is his temper.

132

'Achilles' heel' means someone's weak point. It's like saying, 'his/her main weakness.'

She gave me the cold shoulder.

133

'Give someone the cold shoulder' means to intentionally ignore someone. It's like saying, "They ignored you on purpose."

I'm starting to get cold feet.

134

This means to get nervous and back out of a decision. It's like saying, "You chickened out."

Total coincidence!

135

This means something happened by chance. It's like saying, "It just happened."

DAY 027

문장 훈련

네이티브가 매일같이 쓰는 **이 말, 영어로** 할 수 있나요?

131

갭을 줄일 방법을 찾아보자.

의견·생각의 차이(gap), 세대간의 간극(gap), 빈부의 격차(gap) 등을 메우고 줄이면 이해와 소통이 원활한 사회로 나아갈 수 있죠. 이럴 때 '갭을 메우다, 갭을 줄이다'는 의미로 bridge the gap을 써요. [syn] find a middle ground (타협점을 찾다)

132

그의 아킬레스건은 성격이야.

약점이라곤 없어 보이는 사람이나 조직, 시스템에도 '치명적인 약점'은 존재하죠. 이런 약점을 비유적으로 Achilles' heel(아킬레스건)이라고 합니다. [syn] weak point (일반적인 의미의 약점)

133

그 애가 날 무시했어. 내게 냉담하게 굴었어.

give someone the cold shoulder는 안 좋은 감정이 있어서 의도적으로 '누구를 무시하다, 냉대하다'는 의미예요. 달갑지 않은 사람에게 식은 양 어깨 고기를 내주던 관습에서 유래됐죠. [syn] ignore (폭넓은 의미의 무시하다)

134

점점 겁이 나. 겁이 나기 시작했어.

get cold feet은 '긴장하다, 겁먹다'는 뜻이죠. 결혼이나 중요한 면접, 발표, 계약 같은 큰일을 앞두고 '겁이 나서 발을 빼고 싶은 마음'을 비유적으로 표현한 것이 바로 cold feet이에요. [syn] get scared (일반적인 의미의 겁먹다) / chicken out (쫄다, 겁먹다)

135

완전 우연이네! 이런 우연이!

뭐 이런 우연이 다 있나 싶을 때 튀어나오는 말입니다. 마치 짜기라도 한 것처럼 같은 옷을 입거나 같은 행동이 불쑥 나왔을 때, 예기치 않게 길에서 친구를 만났을 때 써보세요. [syn] What a coincidence! / Such a coincidence! / How coincidental!

DAY 027

대화 연습 — 네이티브가 매일 주고받는 **이 대화, 영어로** 할 수 있나요?

🔊 027-2.mp3

131
- A 우리 의견이 잘 안 맞는 것 같아.
- B 의견차를 줄일 방법을 찾아보자.

  [hint] 의견이 잘 맞다, 의견이 일치하다 be on the same page

132
- A 그는 훌륭한 선수지만, 성격이 아킬레스건이야.
- B 맞아. 그것 때문에 곤란에 빠지지.

  [hint] 그것 때문에 ~가 곤란에 빠지다 It gets ~ into trouble

133
- A 눈치 보니까 파티에서 엠마가 조용하던데.
- B 응, 내가 걔 생일을 깜빡해서 내게 냉담하게 군 거야.

  [hint] 눈치 보니까 ~하던데 I noticed S + 과거동사

134
- A 이번 주말에 프로포즈하는 거 변함없어?
- B 그럴 생각이었는데, 이제 좀 겁이 나기 시작했어.

  [hint] ~하는 거 변함없어? Are you still going to do ~?

135
- A 방금 커피숍에서 새러를 봤어!
- B 완전 우연이네! 나도 어제 걔 봤잖아!

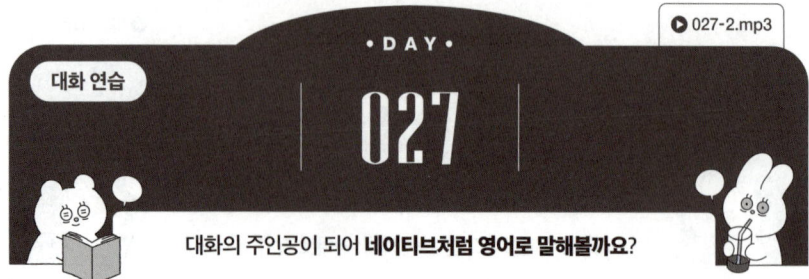

● 027-2.mp3

· D A Y ·

027

대화의 주인공이 되어 **네이티브처럼 영어로 말해볼까요?**

131
- A We don't seem to be on the same page.
- B Let's find a way to bridge the gap.

💬 의견이나 생각의 차이를 줄여보자고 할 때

132
- A He's a great player, but his Achilles' heel is his temper.
- B That's true. It gets him into trouble.

💬 다 좋은데 딱 하나가 치명적인 약점이라고 할 때

133
- A I noticed Emma was quiet at the party.
- B Yeah, she gave me the cold shoulder because I missed her birthday.

💬 누가 자기한테 의도적으로 냉담하게 굴 때

134
- A Are you still going to propose this weekend?
- B I thought so, but now I'm starting to get cold feet.

💬 중요한 일을 앞두고 겁이 슬슬 날 때

135
- A I just saw Sarah at the coffee shop!
- B Total coincidence! I saw her too yesterday!

💬 뭐 이런 우연이 다 있나 싶을 때

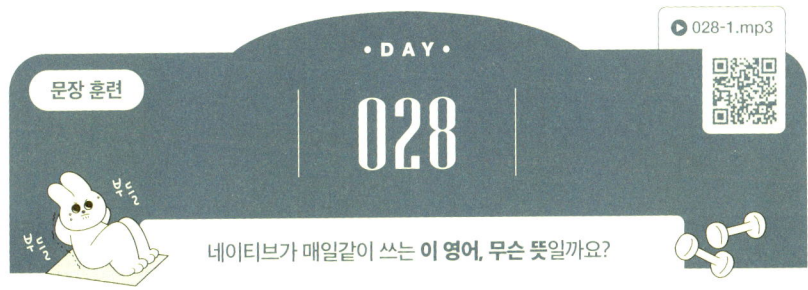

네이티브가 매일같이 쓰는 **이 영어, 무슨 뜻**일까요?

In some cases, that's not true.

136

 This means that something can happen sometimes, but not always. It's like saying, "It depends on the situation."

Just throw it out the window.

137

 This means to get rid of something entirely. It's like saying, "Just abandon it."

You have to take the good with the bad.

138

 'Take the good with the bad' means to accept both the positives and negatives of something.

When it comes to…, ~

139

 This means 'when talking about' or 'when discussing' a specific topic. It's like saying, "Regarding this topic."

We mopped the floor with them!

140

 This means we defeated them easily. It's like saying, "We crushed them" or "We beat them badly."

DAY 028

 028-1.mp3

문장 훈련

네이티브가 매일같이 쓰는 이 말, 영어로 할 수 있나요?

136

경우에 따라 꼭 그렇지도 않아.

항상 그런 건 아니고 '경우에 따라' 다르다는 뜻을 전하려면 In some cases(경우에 따라)라는 표현으로 말을 시작하세요. 특정 상황에 따라 결과가 달라질 때 자주 사용되죠.
(syn) It's case by case. (경우에 따라 달라. 케바케야.)

137

그냥 버리자. 그냥 없었던 일로 하자.

아이디어나 계획을 열심히 세우다가 '이건 아니다' 싶을 때가 있죠. 또, 계획대로 진행하다가 '이건 아닌 것 같아' 할 때도 있어요. 이럴 때 '과감하게 포기하고 완전히 버리는 것'을 throw it out the window라고 표현해요. (syn) Scrap it. (폐기해. 폐기하자.)

138

좋은 면과 나쁜 면 모두 받아들여야 해.

사람이건 물건이건 상황이건 백프로 좋기만 할 순 없죠. 때로는 나쁜 면도 함께 받아들여야 할 때가 있습니다. take the good with the bad는 '나쁜 면과 함께 좋은 면을 받아들이다', 즉 '좋은 면과 나쁜 면을 모두 받아들이다'는 의미입니다.

139

…에 관해서라면, ~

When it comes to는 특정 주제나 상황에 대해 이야기할 때 사용하는 표현이에요. 어떤 것의 중요성을 강조하거나 그 주제에 대한 의견을 제시할 때 유용하죠.

140

완전 압도적으로 이겼어!

논쟁에서 누군가의 코를 납작하게 해줬을 때, 경기에서 누군가를 압도적으로 이겼을 때 쓸 수 있는 표현입니다. (syn) We crushed them! (우리가 박살냈지!) / We beat them badly! (우리가 완전 발라버렸지!)

대화 연습

· DAY ·
028

 028-2.mp3

네이티브가 매일 주고받는 **이 대화, 영어로** 할 수 있나요?

136
A 환불받는 거 정말 쉬워.
B 경우에 따라 꼭 그렇지도 않아.

[hint] 환불받다 get a refund

137
A 전략을 수정해야 할까?
B 아니, 그냥 버리고 새로 시작하자.

[hint] 전략을 수정[조정]하다 make adjustments to the strategy

138
A 연애가 가끔 힘들 때도 있지.
B 맞아. 좋은 면과 나쁜 면 모두 받아들여야 해.

[hint] 연애(를 하는 것) being in a relationship | 가끔 at times

139
A 소프트웨어에 대해 누구한테 물어봐야 해?
B 컴퓨터라면, 존이 전문가지.

[hint] 전문가 expert

140
A 너희 팀 경기에서 어땠어?
B 완전 압도적으로 이겼어! 점수 차가 컸어!

[hint] 점수 차가 크다, 큰 점수 차로 이기다 win by a lot

• DAY •
028

◉ 028-2.mp3

대화 연습

대화의 주인공이 되어 **네이티브처럼 영어로 말해볼까요?**

136
- A It's really easy to get a refund.
- B In some cases, that's not true.

  🔵 경우에 따라 다르다고 할 때

137
- A Should we make adjustments to the strategy?
- B No, just throw it out the window and start fresh.

  🔵 아이디어나 계획을 과감히 포기하자고 할 때

138
- A Being in a relationship can be hard at times.
- B Right. You have to take the good with the bad.

  🔵 좋은 면뿐 아니라 나쁜 면도 받아들여야 한다고 할 때

139
- A Who should we ask about the software?
- B When it comes to computers, John is the expert.

  🔵 특정 주제나 상황에 대한 이야기를 꺼낼 때

140
- A How did your team do in the game?
- B We mopped the floor with them! We won by a lot!

  🔵 경쟁에서 압도적으로 이겼을 때

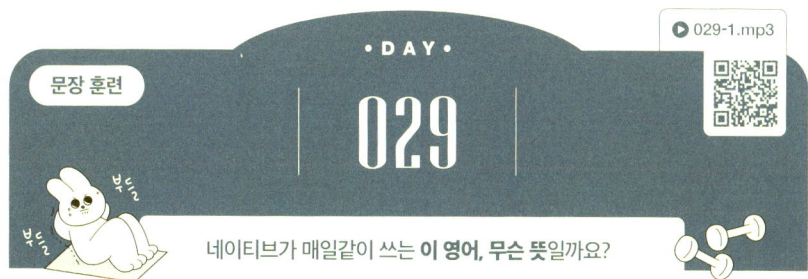

DAY 029

문장 훈련

네이티브가 매일같이 쓰는 **이 영어, 무슨 뜻**일까요?

141

We need to fast track the plan.

'Fast track' means to speed up a process or goal. People use it when they want to achieve something quickly.

142

Any pointers?

This is used when asking for advice or help. It's like saying, "Do you have any tips?"

143

Beggars can't be choosers.

This proverb means that people in need can't be picky. It's like saying, "Take what you get."

144

Let's call it quits.

'Call it quits' means to stop doing something, often because it's too hard or tiring. It's like saying, "Let's stop here."

145

Just try to get your foot in the door first.

'Get one's foot in the door' means taking the first step toward a new opportunity or gaining an initial chance to start.

161

문장 훈련

DAY 029

네이티브가 매일같이 쓰는 **이 말**, **영어로** 할 수 있나요?

141

계획을 신속히 추진해야(속도를 확 올려야) 해.

fast track은 평소 속도보다 훨씬 빠른 속도로 일을 진행한다는 의미입니다. 빨리 목표를 달성해 성과를 내고 싶을 때 자주 쓰이는 표현이죠. (syn) speed up (속도를 내다)

142

뭐 조언 없어?

조언을 구할 때 간편하게 쓸 수 있는 표현이죠. 면접이나 발표, 또는 새로 시작한 일이나 취미 등을 잘해내고 싶을 때 친구에게 이렇게 조언을 구해보세요. (syn) Any advice? / Any help? (뭐 도움될 만한 이야기라도?) / Any ideas? (뭐 아이디어 없어?)

143

찬밥 더운밥 가릴 처지가 아니지.

직역하면 '거지는 선택자가 될 수 없다', 즉 빌어먹는 처지에는 뭐든 주기만 하면 감지덕지인데요, 그런 처지를 의미하는 영어속담입니다. 한국의 "없는 놈이 찬밥 더운밥을 가리랴"에 딱 맞아떨어지는 표현이죠. (syn) Take what you get. (주는 대로 받아.)

144

여기까지만 하자. 그만하자.

일이나 공부를 몰두해서 하다 보면 지쳐서 효율이 오르지 않는 순간이 있죠. 바로 쉼이 필요한 순간입니다. 이럴 때 쓸 수 있는 표현이에요. 또, 연인관계나 결혼생활 등 사람과의 관계에 지쳤을 때도 쓸 수 있죠. (syn) Let's stop here.

145

우선 발을 들여놔봐. 첫발을 내디뎌봐.

어떤 일이나 조직에 발을 들여놓는 것부터 시작하라는 뜻이에요. 작은 기회라도 먼저 잡아 경험과 인맥을 쌓아야 앞으로 나아갈 가능성이 커진다는 의미죠. 취업 준비나 새롭게 시작하는 일에 도전할 때 유용하게 쓸 수 있어요.

대화 연습

• DAY •
029

▶ 029-2.mp3

네이티브가 매일 주고받는 **이 대화**, **영어로** 할 수 있나요?

141
A 계획을 신속히 추진해야 해.
B 구체적으로 어떻게?

hint 구체적으로 specifically

142
A 면접 때문에 긴장돼. 뭐 조언 없어?
B 자신감 있게 네 강점에 대해 말해!

hint 강점 strengths

143
A 이건 내가 원하던 일이 아냐.
B 찬밥 더운밥 가릴 처지가 아니지. 그저 지금 가진 것에 감사해!

hint 일, 일자리 job | ~에/을 감사하다 appreciate

144
A 공부하다가 너무 피곤해지고 있어.
B 여기까지만 하고 나머지는 내일 끝내자.

hint 피곤해지다 get tired | 나머지 the rest

145
A 너희 회사에서 일할 수 있으면 좋겠다.
B 인턴십으로 첫발을 내디뎌봐.

hint 일자리를 얻다, 취업하다 get a job

DAY 029

대화 연습

대화의 주인공이 되어 **네이티브처럼 영어로 말해볼까요?**

141
A We need to fast track the plan.
B Specifically how?
🔵 평소보다 훨씬 빠르게 일을 진행해야 할 때

142
A I'm nervous about the job interview. Any pointers?
B Be confident and talk about your strengths!
🔵 조언을 구할 때

143
A This isn't the job I wanted.
B Beggars can't be choosers. Just appreciate what you have!
🔵 이것저것 가리고 따질 처지가 아니라고 할 때

144
A I'm getting really tired from studying.
B Let's call it quits and finish the rest tomorrow.
🔵 오늘 일이나 공부는 여기까지만 하자고 할 때

145
A I wish I could get a job at your company.
B Just try to get your foot in the door first with an internship.
🔵 일단 작은 기회라도 발부터 들여놓으라고 할 때

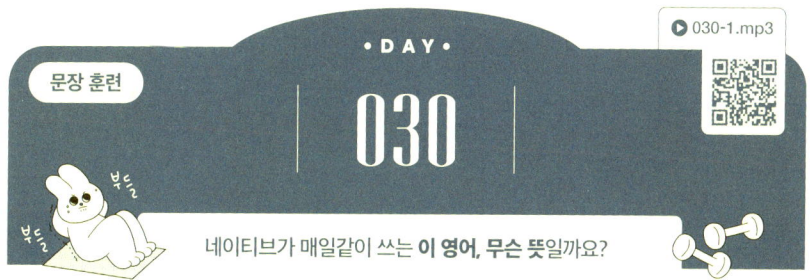

문장 훈련

• DAY •

030

030-1.mp3

네이티브가 매일같이 쓰는 **이 영어**, 무슨 뜻일까요?

146

I'll give it a whirl!

This means to try something new. It's like saying, "I'll give it a shot."

147

It'll grow on you!

This means you'll gradually start liking something. We usually say it when someone dislikes something at first.

148

Keep your eyes peeled.

This means stay alert and watch closely. We usually say it when searching for something specific.

149

Maybe she's lost her touch.

'Lost one's touch' means someone has gotten worse at something they used to be good at.

150

It's a no-brainer.

It refers to an obvious or very easy decision that requires no thinking.

문장 훈련

• DAY •
030

 030-1.mp3

네이티브가 매일같이 쓰는 **이 말, 영어로 할 수 있나요?**

146

한번 해볼게! 한번 해보지 뭐!

give it a whirl은 생전 해보지 않은 것을 시도해본다는 의미입니다. 모험심이나 실험, 탐구 정신이 담긴 표현이죠. 결과는 어떻게 되든 크게 상관하지 않는다는 뉘앙스입니다.
[syn] I'll give it a shot! (좋은 결과를 희망하는 뉘앙스가 깔린 '한번 해볼게!')

147

점점 좋아질 거야! (시간이 지나면 마음에 들 거야!)

처음에는 별로라고 생각했을지 몰라도 시간을 두고 보면 점점 좋아지고 마음에 들 거라는 의미로 하는 말이에요. grow on someone은 누구의 마음에서 자라나다, 즉 시간이 지나면서 '점점 누구의 마음에 들다'는 의미죠.

148

잘 지켜봐. 잘 찾아봐.

눈꺼풀을 벗기고 있으라는 것은 두 눈을 부릅뜨고 주의 깊게 잘 보라는 의미입니다. 택배나 버스처럼 뭔가 중요한 것을 기다리며 놓치지 않도록 '잘 지켜보라'고 할 때, 또는 물건을 찾으며 주의 깊게 '잘 찾아보라'고 할 때 써보세요.

149

걔 아마 감을 잃었나 봐. 감이 떨어졌나 봐.

감을 잃었는지 실력이 예전만 못할 때 쓰는 말이에요. lost one's touch는 잘하던 일에 대해 '감을 잃다'는 의미거든요. [syn] She's not as good as she used to be. (걔 실력이 예전 같지 않아.)

150

고민할 필요 없어. 생각할 필요도 없어.

결정이나 선택을 해야 하는 상황에서 쓰이는 표현이에요. 고민할 필요도 없이 당연히 선택해야 한다는 의미이죠. [syn] It's an obvious choice. (뭘 선택할지 명확하잖아.) / Easy decision. (쉬운 결정이야.) / Clear cut. (뭘 선택할지 분명해.)

DAY 030

대화 연습

▶ 030-2.mp3

네이티브가 매일 주고받는 **이 대화, 영어로** 할 수 있나요?

146
A 너도 같이 춤 수업 들으면 좋을 것 같은데.
B 그래, 한번 해볼게!

[hint] 너 ~하면 좋을 것 같은데 I think you should ~

147
A 이 노래 별로 마음에 안 들어.
B 좀 더 들어봐. 점점 좋아질 거야!

[hint] '좀 더 들어봐.'는 '시간을 좀 가져보라.'는 의미로 해석하세요.

148
A 이 가까이에 주차했지, 그지?
B 응, 내 차 잘 찾아봐.

[hint] 이 가까이에, 여기 가까이에 close to here

149
A 왜 걔가 고전하고 있지? 전에는 잘했잖아.
B 아마 감을 잃었나 봐.

[hint] 고군분투하다, 고전하다 struggle

150
A 이 핸드폰 사야 할까? 세일 중이야!
B 고민할 필요 없어. 꼭 사!

[hint] 세일 중인 on sale

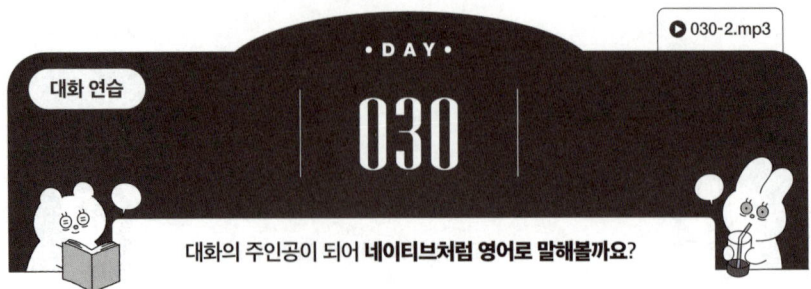

대화 연습

· DAY ·
030

030-2.mp3

대화의 주인공이 되어 **네이티브처럼 영어로 말해볼까요?**

146

A I think you should join the dance class.

B Sure, I'll give it a whirl!

💬 새로운 일에 한번 도전해보겠다고 할 때

147

A I don't really like this song.

B Give it some time. It'll grow on you!

💬 지금은 별로여도 시간이 지나면 좋아질 거라고 할 때

148

A You parked close to here, right?

B Yeah, keep your eyes peeled for my car.

💬 눈 부릅뜨고 주의 깊게 잘 살펴보라고 할 때

149

A Why is she struggling? She was great before.

B Maybe she's lost her touch.

💬 누군가의 실력이 예전만 못할 때

150

A Should I buy this phone? It's on sale!

B It's a no-brainer. Definitely get it!

💬 고민할 필요도 없이 당연히 선택해야 한다고 할 때

Stage 1

DAY 021-030

Fill the Gap!

Choose the right word from the options.
Mistakes help you remember better!

제한시간 2분

01 그 애가 날 무시했어.

She gave me the _____ shoulder.

(a) warm (b) cold (c) frozen (d) hot

02 조금만 더 버텨.

_____ there.

(a) Hang in (b) Stick on (c) Hold up (d) Take off

03 완전 압도적으로 이겼어!

We _____ the floor with them!

(a) wiped (b) swept (c) mopped (d) cleaned

04 정말 난처한 상황에 빠졌네.

You're really in a _____.

(a) pickle (b) sandwich (c) mess (d) tangle

05 분위기 좀 띄우자!

Let's _____ things up!

(a) spice (b) mix (c) stir (d) boil

06 너, 뭐든 다 아는 것처럼 군다.

You act like you _____ everything.

(a) see (b) want (c) have (d) know

07 그 여자애가 갑자기 전화했어.

She called me _____ of the _____.

(a) down, blue (b) down, red (c) out, blue (d) out, red

정답 01 (b) cold   02 (a) Hang in   03 (c) mopped   04 (a) pickle   05 (a) spice   06 (d) know
07 (c) out, blue

08	더는 못 참아! 이제 정말 한계야!

This is the _____ _____ !

(a) last chance (b) last straw (c) first step (d) final straw

09	잘 듣고 있어!

I'm _____ ears!

(a) all (b) some (c) one (d) a few

10	걘 항상 명상하라고 설교해.

He's always _____ about meditation.

(a) talking (b) singing (c) shouting (d) preaching

11	걔 이제 큰일났다.

He's in _____ water now.

(a) hot (b) cold (c) warm (d) deep

12	그 사람은 정말 신선한 바람이야!

She's a _____ of fresh air!

(a) breath (b) gust (c) puff (d) wave

13	우선 발을 들여놔봐. 첫발을 내디뎌봐.

Just try to get your _____ _____ the door first.

(a) feet in (b) feet on (c) foot in (d) foot on

14	넌 늘 분주하네. 넌 항상 바쁘네.

You're always _____ the go.

(a) in (b) on (c) at (d) by

정답 08 (b) last straw 09 (a) all 10 (d) preaching 11 (a) hot 12 (a) breath 13 (c) foot in 14 (b) on

Stage 2

Write to Win!
Fill in the blanks without any hints this time.
Saying it out loud will help it stick!

망각방지 장치 ③
DAY 021-030

제한시간 3분

		O	X	복습
01	유행을/시류를 따라야겠어. I'll jump on the _____.	□	□	129
02	자연인처럼 자급자족하며 살고 싶어. I want to live _____ the _____.	□	□	130
03	찬밥 더운밥 가릴 처지가 아니지. Beggars can't be _____.	□	□	143
04	고민할 필요 없어. 생각할 필요도 없어. It's a _____.	□	□	150
05	내가 상황을 뒤집었지. I _____ the tables.	□	□	127
06	그의 아킬레스건은 성격이야. His _____ is his temper.	□	□	132
07	잘 지켜봐. 잘 찾아봐. Keep your eyes _____.	□	□	148
08	경우에 따라 꼭 그렇지도 않아. In _____, that's not true.	□	□	136
09	내 이메일을 잘 봐줘. _____ an eye _____ for my email.	□	□	125
10	그냥 버리자. 그냥 없었던 일로 하자. Just _____ it _____ the window.	□	□	137

정답 01 bandwagon   02 off, grid   03 choosers   04 no-brainer   05 turned   06 Achilles' heel
07 peeled   08 some cases   09 Keep, out   10 throw, out

11 이제 그만 포기할까 봐.
I'm ready to _____ _____ the _____ . 128

12 걔 아마 감을 잃었나 봐.
Maybe she's _____ her _____ . 149

13 한번 해볼게! I'll give it a _____ ! 146

14 좋은 면과 나쁜 면 모두 받아들여야 해.
You have to take the good with _____ _____ . 138

15 뭐 조언 없어? Any _____ ? 142

16 완전 우연이네! _____ coincidence! 135

17 말 빙빙 돌리지 마.
Stop _____ _____ the _____ . 115

18 여기까지만 하자. Let's call it _____ . 144

19 점점 좋아질 거야! It'll _____ _____ you! 147

20 정신 차리고 똑바로 해. Get your _____ together. 124

정답   11 throw in, towel   12 lost, touch   13 whirl   14 the bad   15 pointers   16 Total
17 beating around, bush   18 quits   19 grow on   20 act

172

Stage 3

Speak to Conquer!

Now it's time to join the conversation.
These expressions are yours now!

1 면접을 앞둔 친구와 대화할 때
#MotivationalChat #YouCanDoIt

Look at What to Say

A 나 내일 면접 너무 떨려.

B 그러지 마! 너한텐 무한한 가능성이 있어. `111`

A 모르겠어. 점점 겁이 나. `134`

B 포기하지 말고 그냥 계속해봐. `103` 넌 정말 잘할 거야.

A 정말 그렇게 생각해?

B 당연하지. 그 사람들 네 에너지를 좋아할 거야.

A 그렇게 말해줘서 고마워. 한번 해볼게. `146`

B 바로 그거야! 가서 네 능력을 보여줘!

Say It in English

A I'm so nervous about the interview tomorrow.

B Don't be! The sky's the limit for you. `111`

A I don't know. I'm starting to get cold feet. `134`

B Just stick with it. `103` You'll do great.

A You really think so?

B Absolutely. They'll love your energy.

A Thanks for saying that. I'll give it a whirl. `146`

B That's the spirit! Go out there and show them what you've got.

Write & Speak English

A 나 내일 면접 너무 떨려.

I'm so nervous about the interview tomorrow.

B 그러지 마! 너한텐 무한한 가능성이 있어. 111

Don't be! _____ for you.

A 모르겠어. 점점 겁이 나. 134

I don't know. _____

B 포기하지 말고 그냥 계속해봐. 103 넌 정말 잘할 거야.

_____ You'll do great.

A 정말 그렇게 생각해?

You really think so?

B 당연하지. 그 사람들 네 에너지를 좋아할 거야.

Absolutely. They'll love your energy.

A 그렇게 말해줘서 고마워. 한번 해볼게. 146

Thanks for saying that. _____

B 바로 그거야! 가서 네 능력을 보여줘!

That's the spirit! Go out there and show them what you've got.

Chat Buddy
- **That's the spirit!** 옳지! 바로 그거야! 바로 그런 자세/정신이야!
- **what you've got** 네가 갖고 있는 것 즉 '네 실력/능력'을 의미

정답   The sky's the limit 111   I'm starting to get cold feet. 134   Just stick with it. 103   I'll give it a whirl. 146

2 프로젝트에 위기가 닥쳤을 때   #OfficeDrama #Teamwork

Look at What to Say

A 우리 이 프로젝트 진짜 큰일났다. `110`

B 맞아. 이건 빙산의 일각일 뿐이야. `123`

A 마감 전에 계획 속도를 확 올려야 해. `141`

B 동의하지만, 말이 쉽지. `116`

A 팀들 간의 갭을 메울 방법을 찾아보자. `131`

B 좋은 생각이야. 내일 간단한 회의 잡아볼까?

A 응, 근데 당분간은 조용히 진행하자. `120`   (hint) 당분간은 for now

B 알았어.

Say It in English

A We're really in a pickle with this project. `110`

B I know. This is just the tip of the iceberg. `123`

A We need to fast track the plan before the deadline. `141`

B Agreed, but it's easier said than done. `116`

A Let's find a way to bridge the gap between the teams. `131`

B Good idea. Maybe we can schedule a quick meeting tomorrow.

A Yes, but let's keep it under the radar for now. `120`

B Got it.

Write & Speak English

A 우리 이 프로젝트 진짜 큰일났다. 110

　　_____ with this project.

B 맞아. 이건 빙산의 일각일 뿐이야. 123

　　I know. _____

A 마감 전에 계획 속도를 확 올려야 해. 141

　　_____ before the deadline.

B 동의하지만, 말이 쉽지. 116

　　Agreed, but it's _____ .

A 팀들 간의 갭을 메울 방법을 찾아보자. 131

　　_____ between the teams.

B 좋은 생각이야. 내일 간단한 회의 잡아볼까?

　　Good idea. Maybe we can schedule a quick meeting tomorrow.

A 응, 근데 당분간은 조용히 진행하자. 120

　　Yes, but _____ .

B 알았어.

　　Got it.

Chat Buddy
- schedule ~ 일정을 잡다
- for now 당분간, 지금 당장은
- Got it. 알았어. 이해했어.

정답　We're really in a pickle 110　This is just the tip of the iceberg. 123
　　　We need to fast track the plan 141　easier said than done 116
　　　Let's find a way to bridge the gap 131　let's keep it under the radar for now 120

3 납득할 수 없는 영화의 결말에 대해

#MovieBuffs #PlotTwist

Look at What to Say

A 그 결말 말도 안 돼!

B 너무 곧이곧대로 받아들이지 마. 118 상징적인 의미가 있을지도 몰라.

A 무슨 의도라는 건지 도통 아무 생각도 안 떠올라. 102

B 내 해석 한번 들어볼래?

A 물론이지. 잘 듣고 있어! 121

B 내 생각엔 개인의 성장을 다룬 거 같아.

A 무슨 말인지 알겠어. 다시 한번 봐야겠다.

Say It in English

A That ending made no sense!

B Take it with a grain of salt. 118 Maybe it's symbolic.

A I'm really drawing a blank on what it's supposed to mean! 102

B Do you want to hear my interpretation?

A Sure. I'm all ears! 121

B I think it's about personal growth.

A I get where you're coming from. I need to watch it again.

Write & Speak English

A 그 결말 말도 안 돼!
That ending made no sense!

B 너무 곧이곧대로 받아들이지 마. 118 상징적인 의미가 있을지도 몰라.
                                Maybe it's symbolic

A 무슨 의도라는 건지 도통 아무 생각도 안 떠올라. 102
                                on what it's supposed to mean!

B 내 해석 한번 들어볼래?
Do you want to hear my interpretation?

A 물론이지. 잘 듣고 있어! 121
Sure.

B 내 생각엔 개인의 성장을 다룬 거 같아.
I think it's about personal growth.

A 무슨 말인지 알겠어. 다시 한번 봐야겠다.
I get where you're coming from. I need to watch it again.

Chat Buddy
- make no sense 이치에 안 맞다, 말이 안 되다   [cf] make sense 이치에 맞다, 말이 되다
- what it's supposed to mean 의도하고자 한 의미가 무엇인지, 무슨 의미로 그렇게 한 건지
- interpretation 해석

정답 Take it with a grain of salt. 118   I'm really drawing a blank 102   I'm all ears! 121

4 오랜만에 친구를 만나 추억을 나눌 때

#ReunionChat #OldFriends

Look at What to Say

A 야, 우리 같이 했던 과학 프로젝트 기억나?

B 음, 귀에 익은데. 101 어떤 내용이었더라?

A 화산 실험! 너 엄청 열정적이었잖아.

B 아, 이제 기억난다! 나 진짜 그랬지? 근데 솔직히, 어떻게 만들었는지 아무 기억도 안 나(머릿속이 하얘). 102 [hint] (그걸) 어떻게 만들었는지 how we made it

A 베이킹소다랑 식초 썼잖아. 완전 기본 조합!

B 그때 과학 수업의 좋은 추억이 엄청 많지.

A 완전! 그 수업에 대해 기억나는 거 또 뭐 있어?

Say It in English

A Hey, remember that science project we worked on?

B Hmm, it rings a bell. 101 What was it about again?

A The volcano experiment! You were so into it.

B Oh, now I remember! I was, wasn't I? But honestly, I'm drawing a blank on how we made it. 102

A We used baking soda and vinegar. Classic combo!

B We have so many good memories from that science class.

A I couldn't agree more. What else do you remember about that class?

Write & Speak English

A 야, 우리 같이 했던 과학 프로젝트 기억나?
Hey, remember that science project we worked on?

B 음, 귀에 익은데. 101 어떤 내용이었더라?
Hmm, _____. What was it about again?

A 화산 실험! 너 엄청 열정적이었잖아.
The volcano experiment! You were so into it.

B 아, 이제 기억난다! 나 진짜 그랬지? 근데 솔직히, 어떻게 만들었는지 아무 기억도 안 나(머릿속이 하얘). 102
Oh, now I remember! I was, wasn't I? But honestly, _____.

A 베이킹소다랑 식초 썼잖아. 완전 기본 조합!
We used baking soda and vinegar. Classic combo!

B 그때 과학 수업의 좋은 추억이 엄청 많지.
We have so many good memories from that science class.

A 완전! 그 수업에 대해 기억나는 거 또 뭐 있어?
I couldn't agree more. What else do you remember about that class?

Chat Buddy
- **volcano** [valkéinou] 화산
- **be into** ~에 푹 빠지다, 열정적이다

정답　it rings a bell 101　I'm drawing a blank on how we made it. 102

180

Test 03-5.mp3

제한시간 5분

5 새로운 취미를 시작할 때　　　#HobbyTalk #MotivationBoost

> **Look at What to Say**

A 너 요새 도자기에 빠져 있다며?

B 응! 근데 배우기가 쉽지 않아. 하지만 꾸준히 하는 게 중요하지. 106

A 맞아. 포기하지 말고 계속해, 그러다 보면 금방 늘 거야. 103

B 그랬으면 좋겠다. 물레를 못 다뤄서 자꾸 망치게 돼.

A 도자기에 관해서라면, 인내심을 가져야 해. 139

B 말이 쉽지. 116 난 그냥 빨리 잘하고 싶어!

A 그냥 인내심을 갖고 과정을 즐겨.

> **Say It in English**

A So, you're into pottery now?

B Yeah! It's not easy to learn, though. But consistency is king. 106

A True. Stick with it, and you'll get better in no time. 103

B I hope so. The wheel keeps messing me up.

A When it comes to pottery, you have to be patient. 139

B Easier said than done. 116 I just want to speed the process up!

A Just be patient and enjoy the process.

Write & Speak English

A 너 요새 도자기에 빠져 있다며?
So, you're into pottery now?

B 응! 근데 배우기가 쉽지 않아. 하지만 꾸준히 하는 게 중요하지. `106`
Yeah! It's not easy to learn, though.

A 맞아. 포기하지 말고 계속해, 그러다 보면 금방 늘 거야. `103`
True. , and you'll get better in no time.

B 그랬으면 좋겠다. 물레를 못 다뤄서 자꾸 망치게 돼.
I hope so. The wheel keeps messing me up.

A 도자기에 관해서라면, 인내심을 가져야 해. `139`
you have to be patient.

B 말이 쉽지. `116` 난 그냥 빨리 잘하고 싶어!
I just want to speed the process up!

A 그냥 인내심을 갖고 과정을 즐겨.
Just be patient and enjoy the process.

Chat Buddy
- pottery 도자기
- in no time 금방
- keep -ing 자꾸 ~하다
- speed the process up 그 과정을 빨리 마스터하다

정답 But consistency is king.`106` Stick with it`103` When it comes to pottery,`139`
Easier said than done.`116`

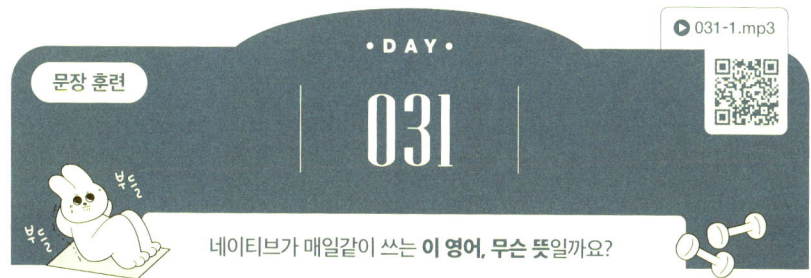

문장 훈련

• DAY •
031

031-1.mp3

네이티브가 매일같이 쓰는 **이 영어, 무슨 뜻일까요?**

151

I slept like a baby.

'Slept like a baby' means someone slept really well and deeply, like a peaceful baby.

152

I'm on a roll right now!

This means doing well repeatedly, like winning or succeeding many times in a row.

153

Let's not beat a dead horse.

'Beat a dead horse' means to waste time talking about something that's already settled or decided.

154

I hate to burst your bubble, but…

'Burst someone's bubble' means to ruin someone's hopes or expectations with disappointing news.

155

You really dropped the ball on that one.

'Drop the ball' refers to failing to do something important or making a big mistake.

문장 훈련

DAY 031

네이티브가 매일같이 쓰는 이 말, 영어로 할 수 있나요?

151

아주 푹 잤어.

세상 모르고 푹 잘 잤다고 할 때 쓰는 말입니다. sleep like a baby는 마치 곤히 자는 아이처럼 정말 푹 잘 자다는 의미이죠. [syn] I slept like a log. (통나무 log에 빗대 푹 잘자는 모습을 나타낸 표현)

152

요즘 잘나가! 요즘 일이 잘 풀려!

성공가도를 달리고 있거나, 행운이 계속 이어질 때 쓰는 표현이죠. 시험을 연달아 잘 보거나, 게임을 연달아 이기거나, 일을 연달아 술술 해내거나, 매년 승진을 하는 등, 하는 일이 술술 잘 풀릴 때 써보세요. [syn] I'm on fire today! (요새 물올랐어!)

153

이미 끝난 얘기는 하지 말자.

이미 해결이 됐거나 결정이 끝난 문제를 두고 자꾸 얘기하면서 시간낭비하지 말자고 할 때 쓸 수 있는 표현이에요. 죽은 말에게 채찍질(beat a dead horse) 해봤자 소용없으니까요. [syn] Let's move on. (이제 그만하고 다음으로 넘어가자.)

154

꿈/기대를 깨긴 싫지만, …

기대나 꿈에 부풀어 있는 사람에게 조심스럽게 현실을 일깨워줄 때 쓸 수 있는 표현이에요. 기대를 깨는 현실을 얘기해줄 때 이 표현으로 말을 시작하세요. [syn] I hate to break it to you, but… / Sorry to disappoint you, but… (실망시켜서 안됐지만…)

155

진짜 큰 실수했네.

drop the ball은 책임감을 가지고 잘 챙겼어야 할 일을 소홀히 해 실수로 망치거나 깜빡한 경우에 쓰는 표현이에요. [syn] mess up (망치다) / screw up (바보짓을 해서 완전 망치다)

DAY 031

대화 연습

031-2.mp3

네이티브가 매일 주고받는 **이 대화**, **영어로** 할 수 있나요?

151
A 어젯밤 어땠어?
B 아주 푹 잤어. 정말 개운해.

hint 개운한 refreshed

152
A 와, 너 정말 빠르게 다 해치우고 있네.
B 응, 요즘 일이 잘 풀려!

hint 전부 해치우다 get everything done

153
A 계획을 또 바꿀까?
B 아니, 이미 끝난 얘기는 하지 말자. 결정됐어.

hint 딱 결정되다 be settled

154
A 나 그 일자리 얻을 거 확신해.
B 꿈 깨긴 싫지만, 거기 다른 사람을 채용했어.

hint 기업체는 대명사 they로 받아요.

155
A 우리 여행, 호텔들 예약하는 걸 깜빡했어.
B 진짜 큰 실수했네.

hint 예약하다 book

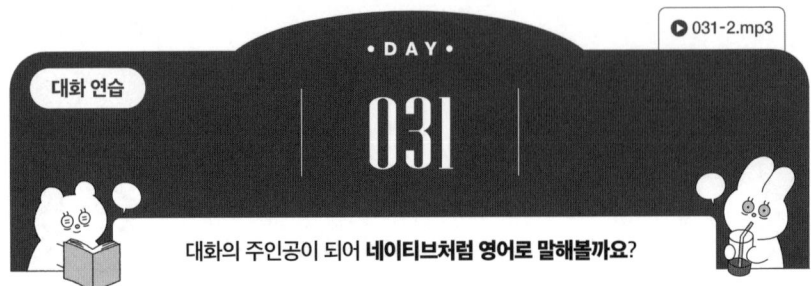

대화 연습

• DAY •
031

031-2.mp3

대화의 주인공이 되어 **네이티브처럼 영어로** 말해볼까요?

151
- A How was your night?
- B I slept like a baby. I feel so refreshed.

 세상 모르고 푹 잤다고 할 때

152
- A Wow, you're getting everything done fast.
- B Yeah, I'm on a roll right now!

 일일 술술 잘 풀리는 상황일 때

153
- A Should we change the plan again?
- B No, let's not beat a dead horse. It's settled.

🔵 이미 끝난 얘기라고 할 때

154
- A I'm sure I'll get the job.
- B I hate to burst your bubble, but they hired someone else.

🔵 상대의 기대에 어긋나는 얘기를 해야 할 때

155
- A I forgot to book the hotels for our trip.
- B You really dropped the ball on that one.

🔵 일을 잘 챙기지 못한 사람에게

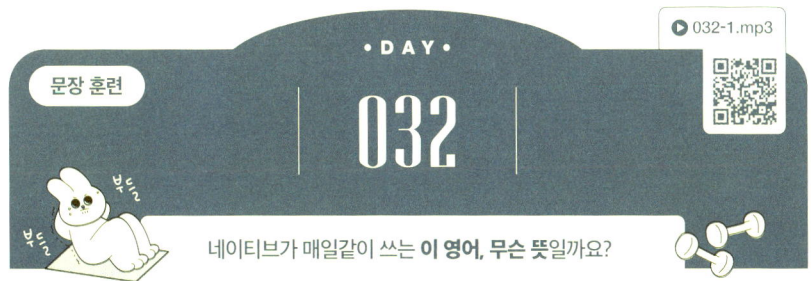

• DAY •

032

032-1.mp3

문장 훈련

네이티브가 매일같이 쓰는 **이 영어**, 무슨 뜻일까요?

156

I have a gut feeling it will.

This means having a strong feeling or instinct about something, without clear evidence. Like saying, "I just know."

157

We got off on the wrong foot.

This means to start something badly, like a new job or relationship. Like saying, "We had a bad start."

158

You really hit the jackpot!

This means to suddenly get very lucky or successful, like winning the lottery. Like saying, "You're so lucky!"

159

Lighten up.

This means, "Relax and don't take things too seriously." Similar to "Calm down" or "Take it easy."

160

Not a chance.

This means, "That's impossible." It's like saying, "No way" or "It won't happen."

DAY 032

문장 훈련

네이티브가 매일같이 쓰는 **이 말**, **영어로** 할 수 있나요?

156

직감적으로 그럴 것 같아. (그럴 것 같은 예감이 들어.)

구체적인 근거는 없지만 왠지 그럴 것 같은 예감이 들 때 쓰는 표현이에요. have a gut feeling은 '예감이 든다, 직감이 든다'는 뜻이죠. [syn] I have a hunch it will. / I have a strong feeling it will.

157

출발이 안 좋았어. 첫 단추를 잘못 꿨어.

일이나 사람과의 관계가 첫 출발부터 꼬였을 때 하는 말이죠. get off on the wrong foot 발을 잘못 내딛다, 즉 '출발이 안 좋다, 첫 단추를 잘못 꿰다'는 뜻이에요. [syn] We had a bad start.

158

진짜 대박을 터뜨렸네!

hit the jackpot은 '대박을 터뜨리다'라는 의미입니다. 도박에서 잭팟을 터뜨려 큰 보상을 얻은 데서 유래된 표현이죠. 큰 성공을 거두거나 뜻밖의 큰 보상을 받았을 때 쓸 수 있어요. [syn] You struck gold! (완전 금맥을 캤네! 대박이야!)

159

가볍게 생각해.

너무 심각하게 생각하지 말고 긴장 풀라는 말이죠. 일을 너무 잘하려고 잔뜩 신경을 곤두세우며 자신을 몰아붙이는 친구에게 이렇게 말해보세요. [syn] Chill out. (긴장 풀어.) / Relax. (긴장 풀고 편하게 있어.) / Take it easy. (편하게 해.)

160

가능성 없어. 절대 안 돼. 절대 아냐.

chance에는 '가능성'이란 의미가 있어요. 그래서 Not a chance.라고 하면 '일말의 가능성도 없다', 즉 '그럴 일은 절대 없다'는 뜻이죠. 상대의 부탁이나 제안을 딱 잘라 거절할 때도 쓰기 좋은 표현입니다. [syn] No way. / Absolutely not. / Out of the question.

DAY 032

대화 연습

032-2.mp3

네이티브가 매일 주고받는 **이 대화, 영어로** 할 수 있나요?

156
A 이 계획이 잘될 거라고 확신해?
B 직감적으로 그럴 것 같아.

hint 잘되다, 효과가 있다 work

157
A 첫날부터 새 상사랑 다퉜다고 들었어.
B 응, 첫 단추를 잘못 꿰었어.

hint ~와 다투다, 언쟁을 하다 argue with

158
A 나 늘 원하던 일자리를 얻었어!
B 진짜 대박을 터뜨렸네. 축하해!

hint 일자리[직장]를 얻다 get the job

159
A 이 일 때문에 너무 스트레스 받아.
B 가볍게 생각해. 별거 아니야.

hint ~ 때문에 너무 스트레스 받다 be so stressed about

160
A 오늘밤에 차 좀 빌릴 수 있어?
B 절대 안 돼. 출근할 때 필요해.

hint 출근할 때, 출근하려면 for work

DAY 032

대화 연습

대화의 주인공이 되어 **네이티브처럼 영어로 말해볼까요?**

A Are you sure this plan will work?

B I have a gut feeling it will.

🔹 구체적인 근거는 없지만 그런 예감이 든다고 할 때

A I heard you argued with your new boss on the first day.

B Yeah, we got off on the wrong foot.

🔹 일 또는 사람과의 관계가 첫 출발부터 꼬였을 때

158

A I got the job I always wanted!

B You really hit the jackpot. Congratulations!

🔹 큰 성공을 거두거나 큰 보상을 받은 친구에게

A I'm so stressed about it.

B Lighten up. It's not a big deal.

🔹 긴장 풀고 가볍게 생각하라고 할 때

A Can I borrow your car tonight?

B Not a chance. I need it for work.

🔹 일말의 가능성도 없다며 딱 잘라 거절할 때

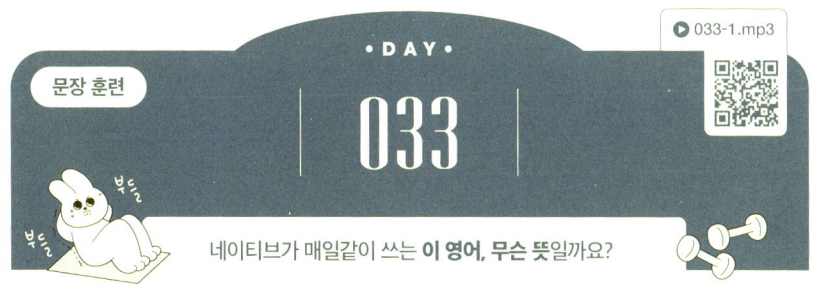

네이티브가 매일같이 쓰는 **이 영어, 무슨 뜻일까요?**

I'll take it upon myself to do it.

161

This means to take responsibility for something without being asked or instructed to do so.

You should put your foot down.

162

'Put one's foot down' means to firmly refuse or take control of a situation. It's like saying, "Be firm."

It's been smooth sailing so far.

163

This means that things are going well without any difficulties.

Our sales are starting to fall off.

164

'Fall off' means to decline in something like sales or interest. Like, "Sales are going down" or "Interest is lowering."

Yes, rain or shine.

165

This means, "No matter what happens, we will still do it." Like, "Even if it rains, we'll go."

문장 훈련

• DAY •
033

 033-1.mp3

네이티브가 매일같이 쓰는 **이 말, 영어로** 할 수 있나요?

161

내가 자원해서 할게. 내가 맡아서 할게.

자발적으로 어떤 일을 자신이 하겠다고 나설 때 쓰기 좋은 표현이에요. take it upon oneself to do는 어떤 일을 '자원해서 하다'는 의미거든요. [syn] I'll handle it. (내가 맡을게.) / I'll take responsibility. (내가 책임질게.) / I'll take care of it. (내가 처리할게.)

162

단호하게 처신해.

타인의 문제적인 행동이 계속될 때 좋은 게 좋은 거다 하고 어물쩡 넘어가지 말고 '단호하게 처신하라'고 권할 때 쓰기 좋은 표현입니다. put one's foot down은 어떤 문제에 '단호한 입장을 취하고 처신하다'는 의미예요.

163

지금까지 순조롭게 진행되고 있어.

smooth sailing은 '순항 중이다', 즉 일이 '순조롭게 진행되고 있다'는 의미입니다. 한국인들도 일이 순조롭게 잘 풀리는 상황을 항해에 빗대 '순항 중이야'라는 식으로 말하죠? [syn] Everything's going smoothly. (다 순조로워.) / It's been a breeze. (순풍이야.)

164

매출이 슬슬 줄고 있어요.

매출이 줄고 있는 상황을 이야기할 때는 fall off(떨어지다, 줄어들다)가 아주 유용한 표현입니다. 또 어떤 일에 대한 관심이 '떨어지다, 줄어들다'고 할 때도 fall off를 쓸 수 있죠. [syn] drop off (떨어지다) / decline (감소하다) / decrease (감소하다)

165

응, 비가 오나 눈이 오나.

rain or shine은 비가 오든 화창하든 '날씨와 상관없이, 무슨 일이 있어도' 예정대로 한다고 할 때 주로 쓰는 표현이에요. 한국에서는 이럴 때 '비가 오나 눈이 오나'라는 식으로 이야기하죠. [syn] No matter what. (무슨 일이 있어도.)

DAY 033

> 033-2.mp3

대화 연습

네이티브가 매일 주고받는 **이 대화**, **영어로** 할 수 있나요?

161
A 발표는 누가 맡을 거야?
B 내가 맡아서 할게.

  [hint] 감당하다, 맡다 handle

162
A 상사가 자꾸 일을 더 시켜.
B 단호하게 (처신해서) 거절해야 해.

  [hint] ~에게 일을 더 시키다 give someone extra work

163
A 프로젝트는 어떻게 되어가고 있어?
B 지금까지 순조롭게 진행되고 있어. 큰 문제는 없어.

  [hint] 큰 문제는 없어. No major issues.

164
A 이번 달부터 매출이 슬슬 줄고 있어요.
B 이유를 파악해서 해결해야겠네요.

  [hint] 파악하다, 알아내다 figure out | 해결하다, 바로잡다 fix

165
A 우리 내일 만나는 거 맞아? 날씨가 안 좋은 거 같은데.
B 응, 비가 오나 눈이 오나, 우린 거기 갈 거야.

  [hint] 약속이 여전히 유효한 게 맞는지 확인할 때는 still을 활용해 보세요.

• DAY •

033

대화 연습

033-2.mp3

대화의 주인공이 되어 **네이티브처럼 영어로 말해볼까요?**

161

A Who will handle the presentation?

B I'll take it upon myself to do it.

💬 어떤 일을 자기가 하겠다고 자원할 때

162

A My boss keeps giving me extra work.

B You should put your foot down and say no.

💬 타인의 문제적 행동에 대해 단호하게 처신하라고 할 때

163

A How's the project going?

B It's been smooth sailing so far. No major issues.

💬 일이 순조롭게 진행 중이라고 할 때

164

A Our sales are starting to fall off this month.

B We need to figure out why and fix it.

💬 매출이 줄어들기 시작했을 때

165

A Are we still meeting tomorrow? The weather looks bad.

B Yes, rain or shine, we'll be there.

💬 날씨가 어떻든 예정대로 한다고 할 때

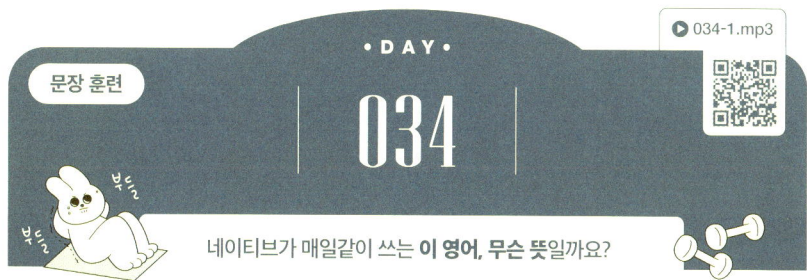

DAY 034

네이티브가 매일같이 쓰는 **이 영어, 무슨 뜻일까요?**

166

What does it take to succeed?

This means asking what is necessary to achieve something. Like, "What effort or skill is needed?"

167

What's the overarching goal?

This means asking about the main or overall goal. Like, "What's the most important thing we want to achieve?"

168

We have the luxury to choose.

This means to have the freedom or advantage to do something because of time, money, or other circumstances.

169

He's playing with fire.

'Play with fire' means taking dangerous risks that could lead to bad consequences.

170

What I found is that it's true.

'What I found is that…' is used when you're sharing something new you've learned or realized.

DAY 034

네이티브가 매일같이 쓰는 **이 말, 영어로** 할 수 있나요?

166

성공하려면 뭐가 필요해?

take에는 '~을 필요로 하다'는 의미가 있어서 What does it take to do ~? 하면 '~하려면 뭐가 필요해?'라는 패턴으로 곧잘 쓰이죠. 뭔가를 이루기 위해 필요한 요건이나 노력을 물을 때 사용해요. [syn] How do we succeed? (어떻게 성공해?)

167

제일 중요한 목표가 뭐죠?

전략이나 테마, 목표 등이 세부적으로 여러 가지가 있을 때 '그 모든 것을 아우르는 가장 중요한' 전략이나 테마, 목표 등을 말할 때 overarching을 쓰죠. [syn] What's the main goal? (주요 목표가 뭐죠?) / What's the primary objective? (제1 목표가 뭐죠?)

168

우리에겐 선택할 수 있는 여유가 있어.

시간적, 금전적, 또는 상황적 여유가 있어서 다양한 선택지 중 하나를 고를 수 있는 특별한 상황을 나타낼 때 사용해요. 여기서 luxury는 단순한 사치가 아니라 남들이 쉽게 가질 수 없는 특별한 여유를 뜻하죠.

169

그 사람 화를 자초하는구나.

play with fire는 불장난하다, 즉 심각한 결과를 초래할 수 있는 위험한 짓을 한다는 의미입니다. 한마디로 '화를 자초하다'는 뜻이죠. [syn] He's asking for trouble. / He's tempting fate. (그 사람 감히 운을 시험하는구만.)

170

내가 알아내기론/깨닫기론/느끼기엔 (사실이) 그래.

경험이나 조사 등을 통해 개인적으로 알아내거나 알게 된 사실에 대해 얘기를 하고 싶다면 What I found is that S + V 표현을 활용하세요. [syn] What I realized is that... (내가 깨닫기론 …해) / I discovered that... (내가 알아내기론 …해)

대화 연습

• DAY •
034

네이티브가 매일 주고받는 **이 대화, 영어로** 할 수 있나요?

166
A 성공하려면 뭐가 필요해?
B 좋은 계획과 많은 노력.

[hint] 많은 노력 lots of effort

167
A 우리, 아이디어가 많은데요. 제일 중요한 목표가 뭐죠?
B 고객 만족도를 높이는 거죠.

[hint] 고객 만족도 customer satisfaction

168
A 우린 휴가로 어느 나라든 갈 수 있어.
B 맞아, 우리에겐 선택할 수 있는 여유가 있어.

[hint] 휴가로 for vacation

169
A 그 사람, 늘상 상사를 놀리더라.
B 화를 사초하는구나.

[hint] 놀리다 tease

170
A 명상이 스트레스 줄이는 데 도움이 될까?
B 내가 느끼기엔 그래.

[hint] 명상 meditation | 스트레스를 줄이다 reduce stress

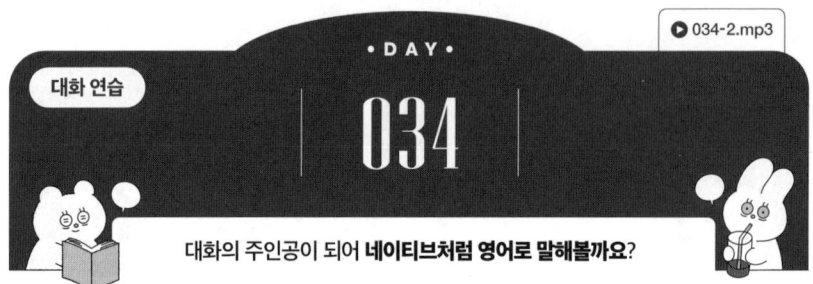

DAY 034

대화의 주인공이 되어 **네이티브처럼 영어로 말해볼까요?**

166
- A What does it take to succeed?
- B A good plan and lots of effort.

💬 뭔가를 이루기 위해 필요한 요건을 물어볼 때

167
- A We have many ideas. What's the overarching goal?
- B To increase customer satisfaction.

💬 모든 것을 아우르는 가장 중요한 목표를 물을 때

168
- A We can travel to any country for vacation.
- B Exactly, we have the luxury to choose.

💬 시간적, 금전적, 상황적 여유가 있어서 선택의 자유가 있을 때

169
- A He's always teasing the boss.
- B He's playing with fire.

💬 겁도 없이 누가 화를 자초할 때

170
- A Do you think meditation helps reduce stress?
- B What I found is that it's true.

💬 내 경험이나 조사에 의하면 사실이 그렇다고 할 때

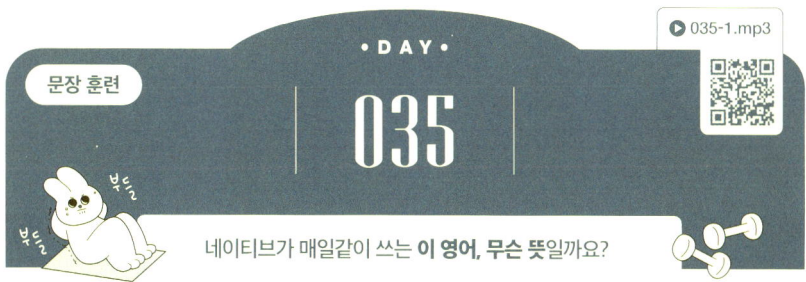

네이티브가 매일같이 쓰는 **이 영어, 무슨 뜻일까요?**

171

It's on par with restaurant chefs.

 'On par with' means having the same level or quality as something else.

172

I had a freak accident yesterday.

 'A freak accident' refers to a rare, unusual, and unexpected accident.

173

We'll live to fight another day.

 'Live to fight another day' means you survived a bad situation and can try again later. It's like saying, "You'll have another chance."

174

He wiped out pretty hard.

 This means to fall badly or completely fail, especially in sports.

175

How did you get into photography?

 'How did you get into ~?' means asking how someone started a hobby, job, or activity.

DAY 035

문장 훈련

네이티브가 매일같이 쓰는 **이 말, 영어로** 할 수 있나요?

171

식당 셰프 수준이야.

be on par with는 실력, 질, 가치, 성능 등이 '~과 막상막하다, 같은 수준이다'라는 의미예요.
[syn] It's just as good as other chefs' cooking. (다른 셰프들의 요리만큼 훌륭해.) / It can go toe to toe with other chefs' cooking. (다른 셰프들의 요리와 어깨를 나란히 해.)

172

어제 황당한 사고를 당했어.

a freak accident는 '예기치 않게 어쩌다 생긴 황당한 사고'를 의미해요. 평소 같으면 일어나지 않을 법한 사고인데 참 희한하다 싶게 어쩌다 생긴 사고라는 어감입니다. [syn] unusual mishap (이례적인 사고) / strange incident (이상한 사건, 기묘한 일)

173

다음에 다시 도전하면 돼.

경기, 시험, 프로젝트 등에서 지금은 원하는 결과를 얻지 못했지만 '다시 싸울 기회, 다시 만회할 기회, 다시 한번 해볼 기회가 있을 것'이라고 희망을 품고 다음을 기약할 때 써보세요.
[syn] We'll bounce back. (우린 다시 일어나 도전할 거야.)

174

그 애 완전 심하게 넘어졌어.

서핑을 하다가, 스케이트보드나 오토바이 등을 타다가 심하게 넘어져 나가 떨어지는 것을 wipe out이라고 해요. [cf] The storm wiped out several homes in the area.(폭풍이 이 지역의 여러 집을 쓸어버렸다.)와 같이 쓰이기도 하죠.

175

사진에 관심을 갖게 된 계기가 뭐야?

어떤 분야나 취미, 활동에 푹 빠져 있는 친구에게 거기에 관심을 갖게 된 계기가 뭐냐고 물을 때 How did you get into ~?를 활용해 보세요. get into는 '~에 푹 빠지다, 관심을 갖다'는 의미입니다. [syn] What got you started? (어떻게 시작하게 됐어?)

DAY 035

대화 연습

> 035-2.mp3

네이티브가 매일 주고받는 **이 대화, 영어로** 할 수 있나요?

171
- A 그 여자 요리 맛있어, 먹을 만해?
- B 식당 셰프 수준이야.

hint (음식) ~ 맛있어, 먹을 만해? Is 음식 any good?

172
- A 너 오늘 왜 절뚝거려?
- B 어제 황당한 사고를 당했어.

hint 다리를 절다, 절뚝거리다 limp

173
- A 우리 게임에서 졌어.
- B 걱정 마. 다음에 다시 도전하면 돼.

174
- A 그 애가 스케이트보드 타는 거 봤어?
- B 응, 완전 심하게 넘어지던데.

hint 스케이트보드를 탄 on the skateboard

175
- A 사진에 관심을 갖게 된 계기가 뭐야?
- B 대학에서 수업을 듣고 사랑에 빠졌어

hint ~와 사랑에 빠지다 fall in love with

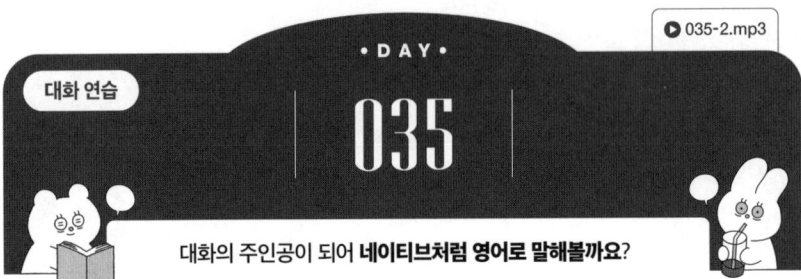

· DAY ·
035

대화 연습

대화의 주인공이 되어 **네이티브처럼 영어로 말해볼까요?**

  171

A Is her cooking any good?
B It's on par with restaurant chefs.

💬 실력/질/가치/성능 등이 무엇과 맞먹는다고 할 때

172

A Why are you limping today?
B I had a freak accident yesterday.

💬 어쩌다 황당한 사고를 당했을 때

  173

A We lost the game.
B Don't worry. We'll live to fight another day.

💬 다시 만회할 기회가 있을 거라고 다음을 기약할 때

174

A Did you see him on the skateboard?
B Yeah, he wiped out pretty hard.

💬 서핑, 스케이트보드, 오토바이 등을 타다가 심하게 넘어졌을 때

  175

A How did you get into photography?
B I took a class in college and fell in love with it.

💬 무언가에 푹 빠지게 된 계기를 물을 때

문장 훈련

• DAY •
036

네이티브가 매일같이 쓰는 **이 영어, 무슨 뜻일까요?**

It's man-made.

 'Man-made' means something was created by humans, not by nature. It's like saying, "It's artificial."

This fabric is akin to silk.

 'Akin to' means something is very similar or related to something else.

It was popular back in the day.

 'Back in the day' is used when talking about a time in the past, often with a sense of nostalgia.

That was a close call.

 This means nearly avoiding a bad situation or danger.

He won by a fraction of a second.

 'Win by a fraction of a second' means winning by an extremely small margin, usually in races or competitions involving time.

·DAY· 036

네이티브가 매일같이 쓰는 이 말, 영어로 할 수 있나요?

176
인공으로 만든 거야.

man-made는 자연적으로 발생한 것이 아니라 '인간에 의해 만들어지거나 건설된' 것을 의미해요. 한마디로 '인공적인'이란 의미죠.

177
이 옷감은 실크와 비슷해.

akin to는 '~과 비슷한, ~에 가까운'이란 뜻이에요. 무언가의 특성을 다른 것에 빗대어 설명하면 더 쉽게 와 닿을 때가 있죠. 그럴 때 활용해 보세요. [syn] similar to (~와 유사한) / comparable to (~에 견줄 만한) / like (~처럼)

178
한창 때/예전에 인기 많았어.

back in the day는 '예전에, 한창 때'를 의미하며 옛날을 회상할 때 쓰는 표현이에요. 오래전 유행했던 것들이나 추억을 떠올릴 때 자연스럽게 사용할 수 있죠. 상황에 따라 듣는 사람과 공감대를 형성할 때도 좋아요.

179
정말 아슬아슬했어.

아슬아슬한 상황을 간신히 모면했을 때 쓸 수 있는 표현입니다. close call은 '위기일발, 구사일생'이란 의미이죠. [syn] We barely avoided it. (간신히 모면했어.)

180
그 사람 간발의 차이로 이겼어.

win by a fraction of a second는 '근소한 차이로 이기다'는 뜻이에요. 주로 시간 제한이 있는 경기에서 간발의 차이로 이길 때 사용되는 표현이죠. [syn] win by a hair (간신히 이기다) / edge out (아슬아슬하게 이기다, 간발의 차이로 이기다)

대화 연습

• DAY •
036

네이티브가 매일 주고받는 **이 대화, 영어로** 할 수 있나요?

176
A 이 호수 자연산이야?
B 아니, 인공 호수야.

177
A 이 옷감은 질감이 실크와 비슷해.
B 정말 부드럽고 고급스러운 느낌이야.

[hint] 질감 texture

178
A 이 영화관 정말 오래돼 보인다.
B 한창 때 여기 인기 많았어.

[hint] 영화관 movie theater

179
A 그 차가 우리를 칠 뻔했어. 정말 아슬아슬했어.
B 그러게 말야. 정말 무서웠어.

[hint] ~할 뻔 했어 almost + 과거동사

180
A 경주 아슬아슬했어?
B 응, 그 사람 간발의 차로 이겼어.

[hint] 아슬아슬한 경주 close race

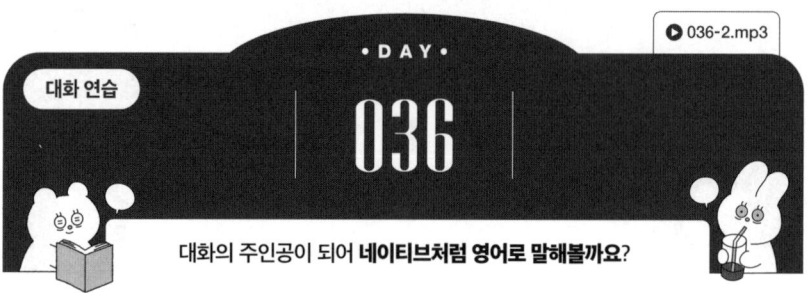

A Is this lake natural?
B No, it's man-made.

🔹 자연적인 게 아니라 사람이 만들어낸 거라고 할 때

A This fabric is akin to silk in its texture.
B It feels so smooth and luxurious.

🔹 특성을 다른 것에 빗대어 설명할 때

178

A This movie theater looks really old.
B It was popular back in the day.

🔹 오래 전의 추억을 떠올릴 때

179

A That car almost hit us. That was a close call.
B I know. That was really scary.

🔹 아슬아슬한 상황을 간신히 모면했을 때

180

A Was it a close race?
B Yeah, he won by a fraction of a second.

🔹 경기에서 간발의 차이로 이겼을 때

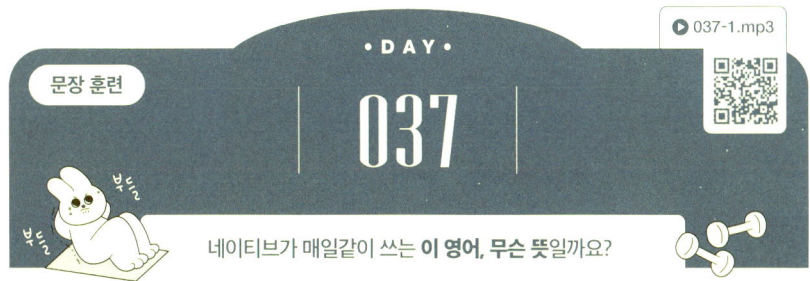

네이티브가 매일같이 쓰는 **이 영어, 무슨 뜻**일까요?

Yes, across the board.

 This means something applies to all people or things in a group.

This job is my bread and butter.

 This means this is how you earn money or make a living. It's like saying, "This job is my main income."

I'm rooting for you.

 'Root for' means to support or cheer for someone's success.

She's in our prayers.

 This means we are hoping for her well-being, often during difficult times or health issues.

Off the record, …

 This means something is not meant to be shared publicly. It's like saying, "This is a secret."

DAY 037

문장 훈련

네이티브가 매일같이 쓰는 **이 말**, 영어로 할 수 있나요?

181

응, 전반적으로 다.

across the board는 어떤 현상이나 시스템이 '전반적으로 모두에게', '전반적으로 모든 경우에, 전면적으로' 적용된다고 할 때 쓰는 표현이에요. [syn] Yes, in every case.

182

이 일이 내 밥줄이야.

밥이 주식인 한국인들이 주된 생계수단을 밥에 빗대어 '밥벌이, 밥줄'이라고 표현하듯, 빵이 주식인 영어권 사람들은 '주된 생계수단'을 '버터 바른 빵'에 빗대어 bread and butter라고 표현하죠. [syn] main source of income (주 수입원)

183

응원할게.

중요한 일이나 시합을 앞두고 있는 친구를 격려하고 응원할 때 쓸 수 있는 훈훈한 표현이죠. root for someone은 마음으로부터 '누군가를 지지하고 응원한다'는 의미입니다. [syn] I'm pulling for you.

184

그분을 위해 기도할게.

힘든 일을 겪고 있는 누군가를 생각하며 기도하겠다는 의미입니다. 힘든 일을 잘 이겨내고 안녕길 바란다는 염려와 응원의 메시지이죠. [syn] We're keeping her in our thoughts. (늘 그분을 생각할게.) / She's in our thoughts and prayers. (그분을 생각하며 기도할게.)

185

비공식적으로 말하자면, …

공식적으로 기록되거나 공개되지 않기를 원하는 이야기를 꺼낼 때 꼭 갖다붙이는 표현입니다. 한마디로, 비밀로 해달라는 얘기죠.

DAY 037

대화 연습

037-2.mp3

네이티브가 매일 주고받는 **이 대화**, **영어로** 할 수 있나요?

181
A 물가 오르는 거야?
B 응, 전반적으로 다 (오르고 있어).

hint (물가가) 오르다 go up

182
A 왜 그렇게 열심히 일해?
B 이 일이 내 밥줄이니까.

183
A 내일 중요한 면접이 있어.
B 행운을 빌어! 응원할게.

hint 중요한 면접이 있다 have a big interview

184
A 우리 할머니가 많이 편찮으셔.
B 아, 어떡해. 할머니를 위해 기도할게.

hint 아, 어떡해. 안타까워라. I'm sorry to hear that.

185
A 새로운 정책에 대해 어떻게 생각해?
B 비공식적으로 말하자면, 몇 가지 걱정되는 부분이 있어.

hint 몇 가지 걱정되는 부분 some concerns

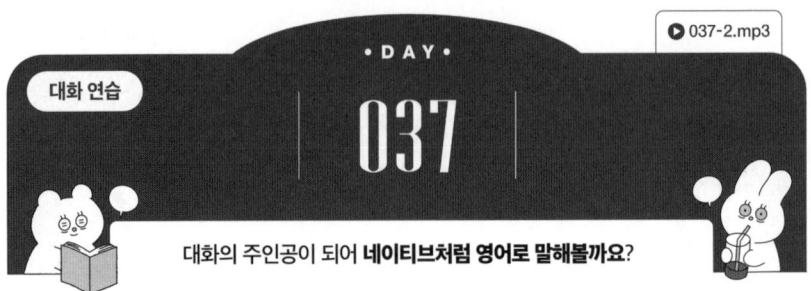

대화의 주인공이 되어 **네이티브처럼 영어로 말해볼까요?**

181
- A Are the prices going up?
- B Yes, across the board.

 전반적으로 다 그런 현상이 적용된다고 할 때

182
- A Why do you work so hard?
- B This job is my bread and butter.

 자신의 주된 생계수단에 대해 말할 때

183
- A I have a big interview tomorrow.
- B Good luck! I'm rooting for you.

 중요한 일을 앞두고 있는 친구를 응원할 때

184
- A My grandmother is very ill.
- B I'm sorry to hear that. She's in our prayers.

기도하겠다는 말로 누군가를 염려하고 응원할 때

185
- A What do you think about the new policy?
- B Off the record, I have some concerns.

 공개되길 원치 않는 얘기를 꺼낼 때

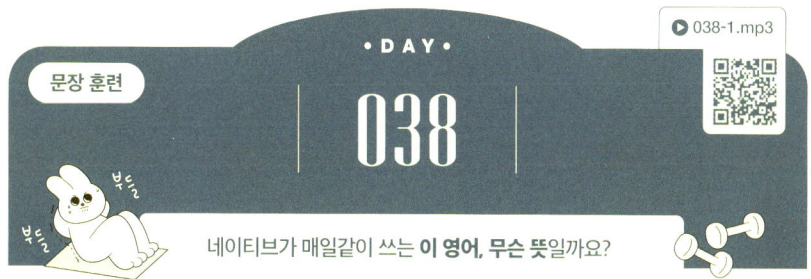

문장 훈련

• DAY •
038

038-1.mp3

네이티브가 매일같이 쓰는 **이 영어, 무슨 뜻일까요?**

186

We'll play it by ear.

This means to improvise or make decisions based on the situation in the moment, rather than planning everything in advance.

187

Isn't that jumping the gun?

'Jump the gun' means acting too soon or before you're supposed to, often by mistake or impatience.

188

That's a real catch-22 situation.

This describes a situation where you're trapped by conflicting conditions, making it impossible to solve the problem.

189

I'm going to hit the sack.

It is a casual way to say that you are going to bed for the night.

190

I get the gist.

It indicates that you understand the general meaning of something, even if you don't know all the details.

DAY 038

문장 훈련

네이티브가 매일같이 쓰는 **이 말, 영어로** 할 수 있나요?

186

상황 봐서 하자.

미리 정해놓지 말고 그때 가서 상황봐서 결정하자, 그때 상황 맞춰서 되는 대로 하자고 할 때 쓸 수 있는 표현이에요. (syn) Let's go with the flow. (흐름에 맡기자. 상황 봐서 하자.)

187

너무 성급한 거 아냐?

jump the gun은 '성급하게 행동하다'는 뜻이에요. 육상 경기에서 출발 신호 전에 뛰어나가는 모습에서 유래된 표현이죠.

188

진짜 딜레마네. 진짜 진퇴양난이네.

catch-22는 일자리를 얻으려면 경력이 필요한데 또 경력을 쌓으려면 일자리가 필요한 상황처럼 모순된 상황으로 인해 이러지도 저러지도 못하는 상태를 의미해요. 조셉 헬러(Joseph Heller)의 소설 *CATCH-22*에서 유래했죠.

189

자러 갈래.

자러 가겠다는 의미의 캐주얼한 표현이에요. hit the sack은 '잠자리에 들다, 자러 가다'란 뜻인데, 잠자리에 들어 이제 좀 쉰다는 어감이 내포되어 있죠. (syn) I'm going to bed. / I'm off to bed.

190

요점은 파악했어. 핵심은 이해했어.

세부사항은 다 몰라도 전체적인 핵심은 파악했다는 의미로 하는 말이에요. get은 '알다, 이해하다'는 의미이고, the gist는 '요점, 핵심'이란 의미입니다. (syn) I see the main idea. / I understand the point.

대화 연습

DAY 038

🔊 038-2.mp3

네이티브가 매일 주고받는 **이 대화, 영어로** 할 수 있나요?

186
A 하이킹 때 비 오면 어쩌지?
B 상황 봐서 결정하자.

[hint] 하이킹 때 on the hike

187
A 걔 사귄 지 한 달만에 청혼했대.
B 너무 성급한 거 아냐?

[hint] 사귄 지 한 달 만에 after only a month of dating

188
A 경력 없으면 일자리 못 구해. (일자리 구하려면 경력이 필요해.)
B 진짜 딜레마네.

[hint] 일자리를 구하려면 to get a job

189
A 아직 일해?
B 아니, 이제 자러 가야지.

190
A 원하면 다시 설명해줄 수 있어.
B 괜찮아. 요점은 파악했어.

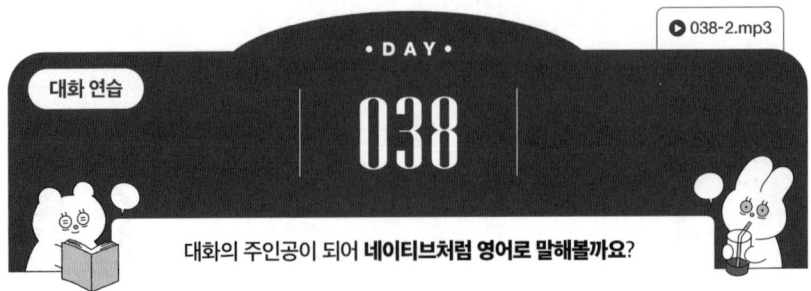

· DAY ·
038
대화 연습

038-2.mp3

대화의 주인공이 되어 **네이티브처럼 영어로 말해볼까요?**

- A What if it rains on the hike?
- B We'll play it by ear and decide then.

🗨 미리 정해놓지 말고 그때 상황 맞춰서 하자고 할 때

- A He proposed after only a month of dating.
- B Isn't that jumping the gun?

🗨 너무 성급하게 구는 거 아니냐며 의아해 할 때

- A I need experience to get a job.
- B That's a real catch-22 situation.

🗨 두 가지가 상충되는 모순 상황에 빠졌을 때

- A Are you still working?
- B No, I'm going to hit the sack.

🗨 이제 그만 자러 갈 거라고 할 때

- A I can explain again if you want.
- B That's alright. I get the gist.

🗨 전체적인 핵심은 파악했다고 할 때

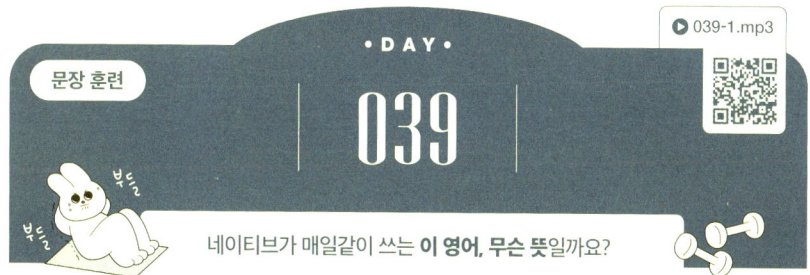

• DAY •
039

네이티브가 매일같이 쓰는 **이 영어, 무슨 뜻일까요?**

191

It's the elephant in the room.

This refers to a significant issue that people avoid discussing, even though it is obvious to everyone.

192

It really breaks the mold!

This means to do something completely different or new.

193

I pulled an all-nighter.

This describes staying awake all night to complete something, often for studying or finishing work.

194

That adds insult to injury.

This means to make a bad situation even worse. It's like saying, "It's not just bad; it got worse."

195

It went by in the blink of an eye!

'In the blink of an eye' describes a situation that occurs almost instantly or very quickly, often unexpectedly.

DAY 039

네이티브가 매일같이 쓰는 **이 말**, 영어로 할 수 있나요?

191

누구나 알지만 말 안 하는 주제지.

골칫거리이자 큰 문제인 게 분명한데 누구도 얘기하려 들지 않는 문제, 눈에 뻔히 보이는데도 안 보이는 척 외면하는 문제를 비유적으로 elephant in the room이라고 말해요.
[syn] It's the big issue we're avoiding. (우리가 피하고 있는 큰 문제지.)

192

완전 틀을 깼어!

break the mold는 '틀을 깨다'란 의미예요. 전형적이고 전통적인 방식에서 벗어나 새로운 방식으로 무언가를 한다는 얘기인데, 창의적이고 혁신적이며 독창적이라는 뉘앙스를 풍기죠. [syn] It's truly one of a kind! (진짜 독보적이야!)

193

밤샜어.

pull an all-nighter는 단순히 밤새는 게 아니라, 주로 공부나 일을 하느라 애써 밤을 새운다는 의미예요. [syn] I stayed up all night. (단순히 밤을 샜다는 사실에 초점을 맞춘 표현)

194

상처에 소금 뿌리네.

나쁜 상황에 나쁜 일이 더해졌을 때 던지는 표현으로, '엎친 데 덮쳤네.'라는 의미와도 맥을 같이 하죠. [syn] That's adding fuel to the fire. (불난 데 기름 붓네.) / From bad to worse. (엎친 데 덮쳤네.)

195

눈 깜짝할 사이에 지나갔어!

in the blink of an eye는 '눈 깜짝할 사이에'란 뜻이죠. 의식도 못 할 정도로 '순식간에' 어떤 일이 일어났다고 할 때 자주 찾게 되는 표현입니다. [syn] It flew by! (시간이 쏜살같이 지나갔어!) / It was over before I knew it! (어느새 끝났어!)

DAY 039

대화 연습

네이티브가 매일 주고받는 **이 대화**, **영어로** 할 수 있나요?

191
- A 아무도 정리해고 얘기 안 해.
- B 맞아, 누구나 알지만 말 안 하는 주제지.

  [hint] 정리해고 layoff

192
- A 그 여자 프로젝트가 왜 그렇게 특별해?
- B 전형적인 디자인의 틀을 완전 깼으니까.

193
- A 와, 진짜 피곤해 보인다.
- B 응, 프로젝트 때문에 밤샜어.

  [hint] 프로젝트 때문에, 프로젝트로 for one's project

194
- A 제리가 내가 지갑 잃어버린 거 놀렸어.
- B 상처에 소금 뿌리네.

  [hint] ~를 놀리다 make fun of

195
- A 벌써 휴가 마지막 날이야.
- B 눈 깜짝할 사이에 지나갔네!

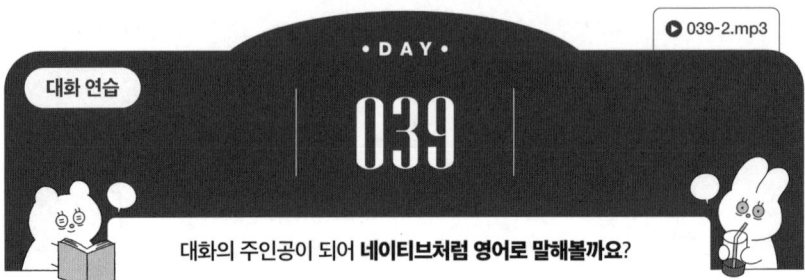

• DAY • 039

대화의 주인공이 되어 **네이티브처럼 영어로 말해볼까요?**

191
- A: No one is talking about the layoffs.
- B: Yeah, it's the elephant in the room.

🔵 누구나 알지만 얘기하기 꺼려하는 문제일 때

192
- A: Why is her project so special?
- B: Because it really breaks the mold of typical designs.

🔵 기존의 틀에서 벗어나 아주 혁신적이고 독창적이라고 할 때

193
- A: Wow, you look really tired.
- B: Yes, I pulled an all-nighter for my project.

🔵 일이나 공부를 하느라 밤을 샜다고 할 때

194
- A: Jerry made fun of me for losing my wallet.
- B: That adds insult to injury.

🔵 나쁜 상황에 나쁜 일이 더해졌을 때

195
- A: It's already the last day of our vacation.
- B: It went by in the blink of an eye!

🔵 의식도 못 할 정도로 시간이 빨리 지나갔을 때

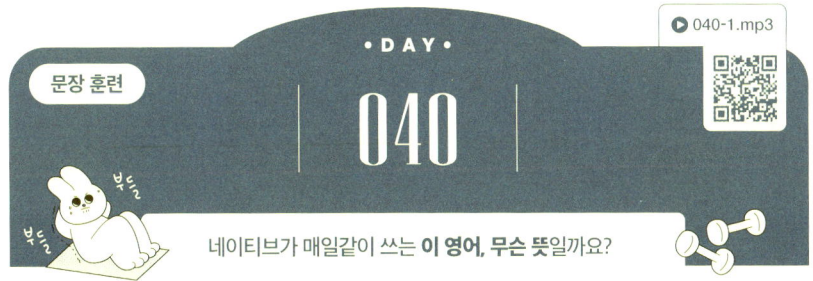

DAY 040

  문장 훈련

네이티브가 매일같이 쓰는 **이 영어, 무슨 뜻**일까요?

Once in a blue moon.

196

 This means something happens very rarely. It's like saying, "Almost never."

You can't have your cake and eat it too.

197

 This describes a situation where you cannot enjoy two conflicting benefits at the same time.

She's really pushy.

198

 This describes someone who is overly aggressive or insistent in getting what they want.

She really has the nerve!

199

 This is used when someone behaves too boldly or disrespectfully, often to express shock or annoyance.

It's not a big deal.

200

 This is used when something is minor or not worth worrying about.

• DAY •
040

문장 훈련

네이티브가 매일같이 쓰는 **이 말, 영어로** 할 수 있나요?

196

아주 가끔.

어떤 일을 자주 하는지, 또는 평소 특정 무언가를 하는지 묻는 말에 '거의 안 한다, 정말 가끔 한다'고 대답할 때 유용하게 쓸 수 있는 표현이에요. [syn] Once in a while. (가끔.) / Rarely. (드물어.) / Hardly ever. (좀처럼 안 해.)

197

두 마리 토끼를 다 잡을 순 없어.

하나를 얻으려면 하나를 포기할 수밖에 없는 상황들이 있죠. 그런 상황에서도 욕심부리며 둘 중 하나를 버리지 못해 고민하고 있는 친구에게 이 표현을 써보세요. [syn] You can't have it both ways.

198

그 사람은 진짜 너무 강압적이야.

pushy는 자신이 원하는 것을 얻기 위해 다른 사람을 '너무 밀어붙이고, 억지로 강요하며, 집요하게 행동하는' 성질을 나타내는 표현이에요. [syn] She's too demanding. (그 여자는 요구가 너무 많아. 까다로워.)

199

우와, 간도 크다! 참 뻔뻔하네!

have the/some nerve는 '간이 크다', '뻔뻔하다'는 의미예요. 보통은 돌아가는 상황이나 분위기 봐가며 말하고 행동하기 마련인데 아랑곳하지 않고 간 크게 굴거나, 예의 없이 구는 사람을 두고 쓰는 표현이죠. [syn] How dare she. (어떻게 감히.)

200

별일 아니야. 큰 문제 아니야.

'별일 아니니까 걱정하지 말라, 신경 쓰지 말라'는 의미로 하는 전형적인 표현이에요. 실수나 잘못을 저지르고 걱정하거나 사과하는 친구에게 써보세요. [syn] No worries. (걱정 마. 신경 안 써도 돼.)

DAY 040

대화 연습

▶ 040-2.mp3

네이티브가 매일 주고받는 **이 대화**, **영어로** 할 수 있나요?

196
A 연극 보러 가?
B 아주 가끔.

[hint] 연극 보러 가다 go to the theater

197
A 돈도 아끼고 싶은데 여행도 가고 싶어.
B 두 마리 토끼를 다 잡을 순 없어.

198
A 난 그 여자의 말투가 마음에 안 들어.
B 응, 진짜 너무 강압적이야.

[hint] 그 여자의 말투 how she talks

199
A 그 여자가 모두 앞에 새치기했어.
B 참 뻔뻔하네!

[hint] 새치기하다 cut in line

200
A 늦어서 미안해.
B 별일 아니야. 아직 시작하지도 않았어.

• DAY •
040

대화 연습   040-2.mp3

대화의 주인공이 되어 **네이티브처럼 영어로 말해볼까요?**

196
- A Do you go to the theater?
- B Once in a blue moon.

💬 어떤 일을 아주 가끔 한다고 할 때

197
- A I want to save money but also travel.
- B You can't have your cake and eat it too.

💬 두 가지를 모두 다 가질 순 없는 상황일 때

198
- A I don't like how she talks.
- B Yeah, she's really pushy.

💬 다른 사람의 강압적인 성질에 대해 말할 때

199
- A She cut in line in front of everyone.
- B She really has the nerve!

💬 간 크게 굴거나 예의 없이 구는 사람을 보고

200
- A I'm sorry I'm late.
- B It's not a big deal. We haven't started yet.

💬 별일 아니니까 신경 쓰지 말라고 할 때

Stage 1

Fill the Gap!

망각방지 장치 ❹
DAY 031-040

Choose the right word from the options.
Mistakes help you remember better!

제한시간 2분

| | O | X | 복습 |

01 이미 끝난 얘기는 하지 말자.
Let's not beat a _____ horse.
(a) dead   (b) loud   (c) tired   (d) wild
[153]

02 누구나 알지만 말 안 하는 주제지.
It's the _____ in the room.
(a) dog   (b) cat   (c) mouse   (d) elephant
[191]

03 내가 맡아서 할게.
I'll take it _____ myself to do it.
(a) over   (b) upon   (c) through   (d) in
[161]

04 우와, 간도 크다! 참 뻔뻔하네!
She really has the _____!
(a) charm   (b) energy   (c) nerve   (d) grace
[199]

05 진짜 큰 실수했네.
You really dropped the _____ on that one.
(a) ball   (b) rope   (c) hammer   (d) plate
[155]

06 두 마리 토끼를 다 잡을 순 없어.
You can't _____ your cake and _____ it too.
(a) bake, eat   (b) have, eat   (c) cut, share   (d) make, enjoy
[197]

07 가볍게 생각해.
_____ up.
(a) Cheer   (b) Brighten   (c) Lighten   (d) Lift
[159]

정답   01 (a) dead   02 (d) elephant   03 (b) upon   04 (c) nerve   05 (a) ball   06 (b) have, eat   07 (c) Lighten

223

08 상황 봐서 하자. ○ ✕ 복습 186
We'll play it by _____.

(a) eye　(b) nose　(c) lips　(d) ear

09 단호하게 처신해. 162
You should put your _____ down.

(a) hands　(b) feet　(c) nose　(d) foot

10 그 사람은 진짜 너무 강압적이야. 198
She's really _____.

(a) shy　(b) pushy　(c) kind　(d) lazy

11 아주 푹 잤어. 151
I slept like a _____.

(a) lion　(b) cat　(c) baby　(d) bird

12 너무 성급한 거 아냐? 187
Isn't that jumping the _____?

(a) gun　(b) rope　(c) boat　(d) fence

13 눈 깜짝할 사이에 지나갔어! 195
It went _____ in the _____ of an eye!

(a) fast, flash　(b) by, blink　(c) away, second
(d) past, moment

14 비공식적으로 말하자면, 몇 가지 걱정되는 부분이 있어. 185
_____ _____ _____, I have some concerns.

(a) On the table　(b) Off the table　(c) Off the record
(d) On the record

정답　08 (d) ear　09 (d) foot　10 (b) pushy　11 (c) baby　12 (a) gun　13 (b) by, blink　14 (c) Off the record

Stage 2

망각방지 장치 ④
DAY 031-040

Write to Win!
Fill in the blanks without any hints this time.
Saying it out loud will help it stick!

제한시간 3분

		O	X	복습
01	성공하려면 뭐가 필요해? _____ does it _____ to succeed?	☐	☐	166
02	요점은 파악했어. I get the _____.	☐	☐	190
03	요즘 잘나가! I'm on a _____ right now!	☐	☐	152
04	첫 단추를 잘못 꿰었어. We got _____ on the _____ foot.	☐	☐	157
05	지금까지 순조롭게 진행되고 있어. It's been _____ so far.	☐	☐	163
06	정말 아슬아슬했어. That was a _____.	☐	☐	179
07	상처에 소금 뿌리네. That adds _____ injury.	☐	☐	194
08	우리에겐 선택할 수 있는 여유가 있어. We have the _____ to choose.	☐	☐	168
09	진짜 대박을 터뜨렸네! You really hit the _____!	☐	☐	158
10	가능성 없어. 절대 안 돼. Not a _____.	☐	☐	160

정답   01 What, take   02 gist   03 roll   04 off, wrong   05 smooth sailing   06 close call   07 insult to
08 luxury   09 jackpot   10 chance

			O	X	복습
11	인공으로 만든 거야. It's _____.		☐	☐	176
12	완전 틀을 깼어! It really breaks the _____!		☐	☐	192
13	이 옷감은 실크와 비슷해. This fabric is _____ to silk.		☐	☐	177
14	그 사람 화를 자초하는구나. He's playing with _____.		☐	☐	169
15	한창 때 인기 많았어. It was popular _____ _____ the day.		☐	☐	178
16	그 사람 간발의 차이로 이겼어. He won by a fraction of a _____.		☐	☐	180
17	자러 갈래. I'm going to hit the _____.		☐	☐	189
18	그분을 위해 기도할게. She's in our _____.		☐	☐	184
19	별일 아니야. It's not a big _____.		☐	☐	200
20	진짜 딜레마네. That's a real _____ situation.		☐	☐	188

정답　11 man-made　12 mold　13 akin　14 fire　15 back in　16 second　17 sack　18 prayers
　　　19 deal　20 catch-22

Stage 3

망각방지 장치 ❹
DAY
031-040

Speak to Conquer!
Now it's time to join the conversation.
These expressions are yours now!

▶ Test 04-1.mp3

제한시간
5분

1 다음날 소풍을 앞두고
#NoExcuses #StayDetermined

Look at What to Say

A 그럼, 우리 내일 소풍은 여전히 가는 거지?

B 응, 비가 오나 눈이 오나. 165

A 바로 그거지! 근데 정말 비가 많이 오면?

B 큰 문제 아냐. 200 그냥 그때 상황 맞춰서 하자. 186

A 좋아. 어쨌든, 이번에 안 되면 다음에 다시 도전하면 돼. 173

B 맞아. 게다가 우리에겐 필요하면 다른 날로 선택할 여유도 있잖아. 168

Say It in English

A So, are we still on for the picnic tomorrow?

B Yes, rain or shine. 165

A That's the spirit! But what if it really pours?

B It's not a big deal. 200 Let's just play it by ear. 186

A Sounds good. After all, we'll live to fight another day if it doesn't work out. 173

B Exactly. Plus, we have the luxury to choose another day if needed. 168

Write & Speak English

A 그럼, 우리 내일 소풍은 여전히 가는 거지?

So, are we still on for the picnic tomorrow?

B 응, 비가 오나 눈이 오나. 165

Yes, rain or shine.

A 바로 그거지! 근데 정말 비가 많이 오면?

That's the spirit! But what if it really pours?

B 큰 문제 아냐. 200 그냥 그때 상황 맞춰서 하자. 186

It's not a big deal. Let's just play it by ear.

A 좋아. 어쨌든, 이번에 안 되면 다음에 다시 도전하면 돼. 173

Sounds good. After all, we'll live to fight another day if it doesn't work out.

B 맞아. 게다가 우리에겐 필요하면 다른 날로 선택할 여유도 있잖아. 168

Exactly. Plus, we have the luxury to choose another day if needed.

Chat Buddy
- What if ~? ~하면 어떡해?
- After all 어쨌든, 결국
- work out (일이) 잘 풀리다

정답 Yes, rain or shine. 165 It's not a big deal. 200 play it by ear 186 we'll live to fight another day 173
we have the luxury to choose 168

2 새 취미에 도전하다 다쳤을 때　#NewHobbies #LifeLessons

Look at What to Say

A 어제 황당한 사고를 당했어. 172

B 어머나! 괜찮아? 무슨 일이야?

A 롤러블레이드를 배우려고 하다가 완전 심하게 넘어졌어. 174

B 와, 힘들겠다. 천천히 해, 알았지? 서두르지 말고.

A 맞아, 근데 정말 아슬아슬했어. 179 도로에 머리를 부딪힐 뻔했거든.

B 헐! 조심해! 어쨌든 응원할게! 183　(hint) 어쨌든 anyway

Say It in English

A I had a freak accident yesterday. 172

B Oh no! Are you okay? What happened?

A I was trying to learn how to rollerblade and wiped out pretty hard. 174

B That sounds rough. Easy does it, okay? Take your time.

A True, but it was a close call. 179 I almost hit my head on the pavement.

B Yikes! Be careful! Anyway, I'm rooting for you! 183

Write & Speak English

A 어제 황당한 사고를 당했어. 172

B 어머나! 괜찮아? 무슨 일이야?
Oh no! Are you okay? What happened?

A 롤러블레이드를 배우려고 하다가 완전 심하게 넘어졌어. 174
I was trying to learn how to rollerblade and _____.

B 와, 힘들겠다. 천천히 해, 알았지? 서두르지 말고.
That sounds rough. Easy does it, okay? Take your time.

A 맞아, 근데 정말 아슬아슬했어. 179 도로에 머리를 부딪힐 뻔했거든.
True, but it was _____. I almost hit my head on the pavement.

B 헐! 조심해! 어쨌든 응원할게! 183
Yikes! Be careful! _____.

Chat Buddy
- **Easy does it.** (조심해서) 천천히 해. 살살 해.
- **Take your time.** (서두르지 말고) 충분히 시간을 가져.
- **pavement** 포장 도로

정답 I had a freak accident yesterday. 172   wiped out pretty hard 174   a close call 179
Anyway, I'm rooting for you! 183

3 밤새 시험공부를 하며

#StudyGrind #AllNighters

Look at What to Say

A 나 또 밤샜어. 193

B 이거 끝나자마자 바로 자러 갈 거지, 그지? 189

A 당연하지. 근데 정말이지, (시간이) 눈 깜짝할 사이에 지나갔어! 195

B 맞아, 그렇지? 거기에 대해 불만은 없어. 우린 잘하고 있어!

A 물론이지, 근데 꿈 깨긴 싫지만, 우리 아직 두 챕터 더 봐야 해. 154

B 아, 이런. 일단 커피부터 좀 마시자.

Say It in English

A I pulled an all-nighter again. 193

B You're going to hit the sack as soon as this is over, right? 189

A Absolutely. But I have to say, it went by in the blink of an eye! 195

B Yeah, right? I can't complain about that. We're doing well!

A For sure, but I hate to burst your bubble, but we still have two more chapters to review. 154

B Oh no. Let's get some coffee first!

Write & Speak English

A 나 또 밤샜어. 193

_____

B 이거 끝나자마자 바로 자러 갈 거지, 그지? 189

_____ as soon as this is over, right?

A 당연하지. 근데 정말이지, (시간이) 눈 깜짝할 사이에 지나갔어! 195

Absolutely. But I have to say, _____ !

B 맞아, 그렇지? 거기에 대해 불만은 없어. 우린 잘하고 있어!

Yeah, right? I can't complain about that. We're doing well!

A 물론이지, 근데 꿈 깨긴 싫지만, 우리 아직 두 챕터 더 봐야 해. 154

For sure, but _____ we still have two more chapters to review.

B 아, 이런. 일단 커피부터 좀 마시자.

Oh no. Let's get some coffee first!

Chat Buddy
- **as soon as** ~하자마자 바로
- **be over** 끝나다
- **But I have to say** (꼭 하고 싶은 말이나 짚고 넘어가고 싶은 얘기가 있을 때) 근데 이 말은 안 할 수가 없네, 이 말은 꼭 해야겠네
- **review** 복습하다, 재검토하다

정답 I pulled an all-nighter again. 193   You're going to hit the sack 189   it went by in the blink of an eye 195
I hate to burst your bubble, but 154

4 승진했을 때

#ChitChat #GoodVibes

Look at What to Say

A 말도 안 돼! 너 승진했다며!

B 실은, 그랬지!

A 멋지다. 그런데 이 분야에 관심을 갖게 된 계기가 뭐야? 175

B 예전에 취미로 시작했어. 178 이게 내 직업이 될 줄은 꿈에도 몰랐지.
[hint] 취미로 시작하나 start as a hobby

A 내 말 명심해, 넌 성공할 거야!

B 그렇게 말해줘서 고마워! 아직 배울 게 많아.

A 때가 되면 넌 CEO가 될 거야.

B 친절하기도 해라! 곧 축하 파티 하자, 알았지?

Say It in English

A Get out of town! I heard you got promoted!

B As a matter of fact, I did!

A That's amazing. How did you get into this field, though? 175

B It started as a hobby back in the day. 178 I never thought it'd become my career.

A Mark my words, you're going to go far!

B Thanks for saying that! I still have a lot to learn.

A Sooner or later, you'll become the CEO.

B You're too kind! Let's celebrate soon, okay?

Write & Speak English

A 말도 안 돼! 너 승진했다며!
Get out of town! I heard you got promoted!

B 실은, 그랬지!
As a matter of fact, I did!

A 멋지다. 그런데 이 분야에 관심을 갖게 된 계기가 뭐야? 175
That's amazing. _____, though?

B 예전에 취미로 시작했어. 178 이게 내 직업이 될 줄은 꿈에도 몰랐지.
_____ I never thought it'd become my career.

A 내 말 명심해, 넌 성공할 거야!
Mark my words, you're going to go far!

B 그렇게 말해줘서 고마워! 아직 배울 게 많아.
Thanks for saying that! I still have a lot to learn.

A 때가 되면 넌 CEO가 될 거야.
Sooner or later, you'll become the CEO.

B 친절하기도 해라! 곧 축하 파티 하자, 알았지?
You're too kind! Let's celebrate soon, okay?

Chat Buddy
- Get out of town! (감탄하며) 말도 안 돼! 251
- As a matter of fact 사실, 실은 215
- career (전문적으로 하는) 평생 직업
- Mark my words 내 말 명심해 386
- go far 성공하다, 출세하다
- Sooner or later 결국 언젠가는, 때가 되면 380

정답 How did you get into this field 175   It started as a hobby back in the day. 178

5 매출 하락에 대해 새로운 전략을 구상하며   #Teamwork #OfficeLife

Look at What to Say

A 매출이 슬슬 줄고 있어. 164 어떻게 해야 한다고 생각해?

B 우선 주요 문제에 집중하자. 우린 새 전략이 필요해.

A 동감해. 신선한 접근법을 시도하면 효과가 있을 것 같은 예감이 들어. 156
[hint] 효과가 있다 work

B 좋아, 그런데 이번 분기의 제일 중요한 목표가 뭐지? 167

A 전반적으로 고객 참여를 늘리는 거야. 181 틀에서 벗어나 좀 다르게 생각해볼 때야.

B 그렇다마다. 내가 맡아서 내일 브레인스토밍 세션을 주도할게. 161
[hint] 주도하다, 이끌다 lead

Say It in English

A Our sales are starting to fall off. 164 What do you think we should do?

B First let's zero in on the main issue. We need a new strategy.

A I agree. I have a gut feeling it will work if we try a fresh approach. 156

B Okay, but what's the overarching goal for this quarter? 167

A Increasing customer engagement across the board. 181 It's time we think outside the box.

B Absolutely. I'll take it upon myself to lead a brainstorming session tomorrow. 161

Write & Speak English

A 매출이 슬슬 줄고 있어. 164 어떻게 해야 한다고 생각해?
_____ What do you think we should do?

B 우선 주요 문제에 집중하자. 우린 새 전략이 필요해.
First let's zero in on the main issue. We need a new strategy.

A 동감해. 신선한 접근법을 시도하면 효과가 있을 것 같은 예감이 들어. 156
I agree, _____ if we try a fresh approach.

B 좋아, 그런데 이번 분기의 제일 중요한 목표가 뭐지? 167
Okay, but _____

A 전반적으로 고객 참여를 늘리는 거야. 181 틀에서 벗어나 좀 다르게 생각해볼 때야.
Increasing customer engagement _____.
It's time we think outside the box.

B 그렇다마다. 내가 맡아서 내일 브레인스토밍 세션을 주도할게. 161
Absolutely. _____ a brainstorming session tomorrow.

Chat Buddy
- Let's zero in on the main issue. 주요 문제에 집중하자. 450
- customer engagement 고객 참여
- think outside the box 틀에서 벗어나 좀 다르게(창의적이고 혁신적으로) 생각하다 274

정답 Our sales are starting to fall off. 164   I have a gut feeling it will work 156   what's the overarching goal for this quarter? 167   across the board 181   I'll take it upon myself to lead 161

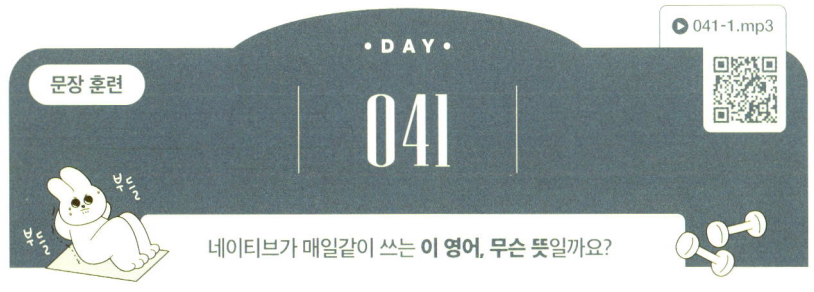

DAY 041

네이티브가 매일같이 쓰는 **이 영어, 무슨 뜻**일까요?

201

Let's do it by the book.

'By the book' is used when someone follows the rules exactly, without making any exceptions.

202

The magic trick blew my mind!

'Blow someone's mind' is used when something amazes or surprises someone deeply.

203

The noise drives me crazy!

'Drive me crazy' is used when something or someone makes you feel extremely annoyed or frustrated.

204

Don't make a scene here.

'Make a scene' is used when someone acts dramatically or loudly, especially in a public place.

205

I don't have a dog in the race.

This is used when someone doesn't care about or isn't affected by the outcome of a situation.

• DAY •

041

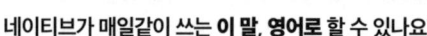

네이티브가 매일같이 쓰는 **이 말, 영어로** 할 수 있나요?

201

규정대로 하자. 원칙대로 하자.

by the book은 책에 적혀 있는 것처럼 '정해진 규정대로, 원칙대로' 뭔가를 한다고 할 때 쓰는 표현이에요. [syn] follow the rules (규칙을 따르다)

202

마술이 정말 놀라웠어!

blow someone's mind, 누군가의 머리/생각을 날려버린다는 것은 정신을 못 차릴 정도로 뭔가가 '정말 놀랍고 경이롭다'는 의미. 어떤 것의 경이로움에 깊이 공감되어 감탄할 때 써보세요. [syn] knock someone's socks off (너무 좋아서 깜짝 놀라게 하다, 흥분되게 하다)

203

소음 때문에 진짜 미치겠어!

무엇/누구 때문에 정말 참을 수 없을 정도로 신경에 거슬리고 짜증 나거나 화 나 미칠 것 같을 때 쓰는 표현이에요. <무엇/누구 drive me crazy!>의 형태로 활용하죠.

204

여기서 소란 피우지 마.

조금이라도 맘에 안 드는 일이 생기면 소리를 지르며 야단법석을 떠는 친구에게 주의를 줄 때 쓰세요. make a scene은 공공장소에서 소리를 고래고래 지르며 난리법석을 떠는 장면을 만들어내는 것, 즉 '소란을 피우다'는 뜻이에요.

205

아무래도 상관없어. / 난 중립이야.

이러나 저러나 결과는 아무래도 상관이 없다고 할 때 쓰는 말이죠. 또, 어떤 사안에 대한 의견이 이도저도 아닌 중립 상태라고 할 때도 쓸 수 있는 표현이에요. [syn] I don't care either way. (어느 쪽도 상관없어.) / I'm neutral. (난 중립이야.)

DAY 041

대화 연습

네이티브가 매일 주고받는 **이 대화**, **영어로** 할 수 있나요?

201
A 그 단계 생략해도 될까요?
B 아뇨, 규정대로 합시다.

[hint] 생략하다, 건너뛰다 skip

202
A 마술이 정말 놀라웠어!
B 응, 정말 엄청났어!

[hint] (믿을 수 없을 정도로) 엄청난 incredible

203
A 소음 때문에 진짜 미치겠어!
B 나도 그래. 너무 시끄러워.

[hint] 나도 그래. 마찬가지야. Same here.

204
A 우리한테 바가지를 씌우다니 말도 안 돼!
B 나도 알아, 하지만 여기서 소란 피우지는 마.

[hint] ~라니 말도 안 돼 I can't believe ~ | ~에게 바가지요금을 씌우다 overcharge

205
A 경기 누가 이기면 좋겠어?
B 아무래도 상관없어. 그냥 즐기려고 왔어.

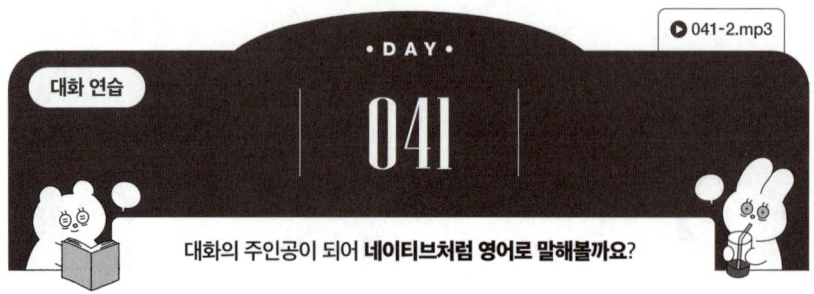

대화 연습

• DAY •
041

🎧 041-2.mp3

대화의 주인공이 되어 **네이티브처럼 영어로 말해볼까요?**

A Can we skip that step?
B No, let's do it by the book.

💬 정해진 규칙/원칙대로 하자고 할 때

A The magic trick blew my mind!
B Yeah, it was incredible!

💬 뭔가에 경이로움을 느낄 정도로 감탄할 때

A The noise drives me crazy!
B Same here. It's so loud.

💬 무엇/누구 때문에 짜증 나거나 화 나 미칠 것 같을 때

A I can't believe they overcharged us!
B I know, but don't make a scene here.

💬 공공장소에서 소란 피우지 말라고 할 때

A Who do you want to win the game?
B I don't have a dog in the race. I'm just here to enjoy it.

💬 이러나 저러나 아무래도 상관없다고 할 때

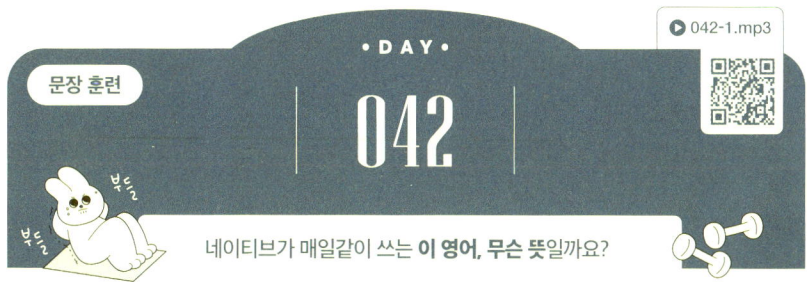

•DAY•
042

문장 훈련

네이티브가 매일같이 쓰는 **이 영어, 무슨 뜻**일까요?

206
The party got out of hand.

'Get out of hand' is used when a situation becomes uncontrollable or hard to manage.

207
Better late than never.

This is used to say it's better to finish something late than not do it at all.

208
They pulled the plug on the event.

'Pull the plug on something' means to abruptly stop or cancel something, often a project or event.

209
Maybe it's a blessing in disguise.

'A blessing in disguise' is something that seemed bad, but it turned out to be good. Like '전화위복' in Korean.

210
So far, so good.

This means things are going well at the moment. It's like saying, "지금까지는 괜찮아."

문장 훈련

· DAY ·
042

 042-1.mp3

네이티브가 매일같이 쓰는 **이 말, 영어로** 할 수 있나요?

206

파티가 통제 불능이었어.

out of hand는 '손 밖에 있는' 상태로 '통제가 안 되는' 상황을 비유적으로 표현한 것이죠. get 동사와 함께 써서 '통제 불능 상태가 되다'는 의미로 자주 써요. [syn] out of control (제어할 수 없는, 통제 불능의)

207

늦더라도 안 하는 것보다는 나아.

일처리가 늦어서 미안해하는 사람에게 그래도 최소한 하긴 했잖아라는 어감으로 쓸 수 있는 표현이죠. 또, 늦었다고 어떤 일을 아예 포기하려고 하는 친구에게 그래도 해보라고 북돋아 줄 때도 쓸 수 있어요. [syn] It's better than nothing. (아무것도 안 하는 것보다는 나아.)

208

행사가 갑자기 취소됐대. (그들은 행사를 갑자기 취소했어.)

pull the plug on something, 무언가에 꽂혀 있던 플러그를 뽑다, 이 말은 진행 중이던 프로젝트나 행사에서 갑자기 손을 떼고 '중단한다, 취소한다'는 의미입니다. 이때 They는 주최측을 의미! [syn] cancel (일반적인 의미의 '취소하다') / call off (cancel보다 informal함)

209

전화위복일지도 몰라.

a blessing in disguise를 직역하면 '변장한 축복'인데요, 처음에는 불운의 옷을 입은 것처럼 보였지만 알고 보니 오히려 축복이었다는 어감의 표현이에요. 한마디로 한국어의 '전화위복'에 딱 떨어지는 표현이죠.

210

지금까지는 순조로워.

앞으로 변할 수도 있겠지만, '지금까지는 괜찮다, 순조롭다'고 할 때 간편하게 쓸 수 있는 표현이에요. [syn] Everything's fine so far. (지금까지는 다 괜찮아.)

DAY 042

대화 연습

042-2.mp3

네이티브가 매일 주고받는 **이 대화**, **영어로** 할 수 있나요?

206
A 파티가 통제 불능이었어.
B 상상 간다. 완전 붐볐겠네!

hint (꽉 차서) 완전 붐비다 be packed

207
A 보고서가 늦어서 죄송해요.
B 늦더라도 안 하는 것보다는 나아.

hint 보고서가(보고서 작업이) 늦은 late with the report

208
A 행사가 갑자기 취소됐대.
B 그거 실망스럽네. (아쉽네.)

hint 실망스러운, 실망시키는 disappointing

209
A 직장을 잃었어.
B 전화위복일지도 몰라. 어쩌면 더 좋은 걸 찾을 수도 있잖아.

hint 어쩌면 너 ~일 수도 있어 You might ~

210
A 새 직장은 어때?
B 지금까지는 순조로워. 정말 즐기고 있어.

hint ~은 어때? 잘되고 있어? How's ~ going?

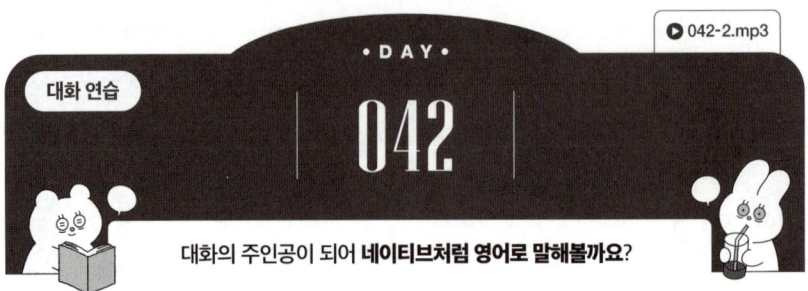

· DAY ·
042

대화 연습

대화의 주인공이 되어 **네이티브처럼 영어로 말해볼까요?**

A The party got out of hand.
B I can imagine. It was packed!

🔵 뭔가 통제 불능 상태가 되어버렸을 때

A Sorry I'm late with the report.
B Better late than never.

🔵 늦더라도 하는 게 잘한/잘하는 일이라고 할 때

A They pulled the plug on the event.
B That's disappointing.

🔵 계획된 일이 중단되었을 때

A I lost my job.
B Maybe it's a blessing in disguise. You might find something better.

🔵 전화위복일 거라고 희망을 갖고 격려할 때

A How's your new job going?
B So far, so good. I'm really enjoying it.

🔵 어떤 일이 지금까지는 순조롭다고 할 때

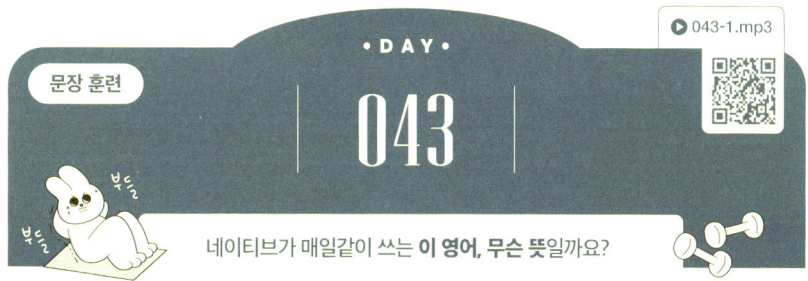

• DAY •
043

문장 훈련

네이티브가 매일같이 쓰는 **이 영어, 무슨 뜻일까요?**

211
By all means.

 This means you fully agree or allow someone to do something.

212
You should watch your back.

 This means to be cautious because someone might try to harm you.

213
We're on the same wavelength.

 This means two people think alike or easily understand each other's thoughts.

214
All things considered, …

 This means after thinking about all factors, this is the final opinion or decision.

215
As a matter of fact, …

 This means something is true or correct, often used to emphasize, add to, or contradict what was previously said.

DAY 043

문장 훈련

네이티브가 매일같이 쓰는 **이 말**, **영어로** 할 수 있나요?

211

물론이지, 그렇게 해.

상대방이 어떤 일을 해도 되냐고 허락을 구하거나 제안, 또는 부탁을 할 때 아주 흔쾌히 승낙하는 표현이에요. '물론이지, 당연하지, 아무렴, 좋다마다' 등의 한국어에 해당되죠.
[syn] Sure, go ahead. / Be my guest.

212

(사람) 조심해.

'사람을 조심하라'는 의미입니다. 누군가가 친구를 등쳐먹거나 해칠 가능성이 있을 때, 혹은 어두운 밤길을 걷는 친구에게 조심하라는 뜻으로 주로 사용하죠.

213

우리 생각이 통했네. 생각이 잘 맞네.

마치 내 속을 읽기라도 하는 것처럼 '생각이 참 잘맞아서 통했다' 싶을 때 쓸 수 있는 말이죠. 생각이 통한 상황을 같은 파장(wavelength) 위에 있는 모습으로 그려낸 표현입니다.
[syn] We're in sync. / We're on the same page.

214

모든 걸 감안하면, … 다 따져봤을 때, …

상황을 종합적으로 다 따져본 뒤에 이런 결론에 이르렀다는 식의 말을 하고 싶다면 All things considered를 기억하세요. '모든 것을 고려해보면, 다 따져봤을 때'라는 의미입니다.

215

사실, …

너는 그렇게 알고 있겠지만(혹은 너는 잘 모르겠지만) '사실은' 이렇다/그렇다고 할 때 As a matter of fact로 말문을 열어보세요. 사람들의 생각과는 다른 사실을 얘기하며 반전을 꾀할 때, 앞서 한 얘기를 강조하거나 부연할 때 사용하죠. [syn] In fact, … / The truth is …

대화 연습

DAY 043

043-2.mp3

네이티브가 매일 주고받는 **이 대화**, **영어로** 할 수 있나요?

211
- A 그 계획을 추진할까?
- B 물론이지, 그렇게 해. 좋은 생각이야.

hint ~을 추진하다 go ahead with

212
- A 그 여자가 왜 나한테 경고했지?
- B 그 여자가 보기에 너도 (사람) 조심해야 한다는 거지.

hint ~에게 경고하다 warn

213
- A 내 마음을 읽었네!
- B 우리 생각이 통한 것 같은데.

hint ~한 것 같다 (It) Looks like S + V

214
- A 여행 경비가 많이 들었어.
- B 하지만 모든 걸 감안하면, 그럴 만한 가치가 있었어.

hint 그럴 만한 가치가 있는 worth it

215
- A 너 오늘 바쁘지, 그지?
- B 사실, 오늘 한가해!

hint 한가한 free

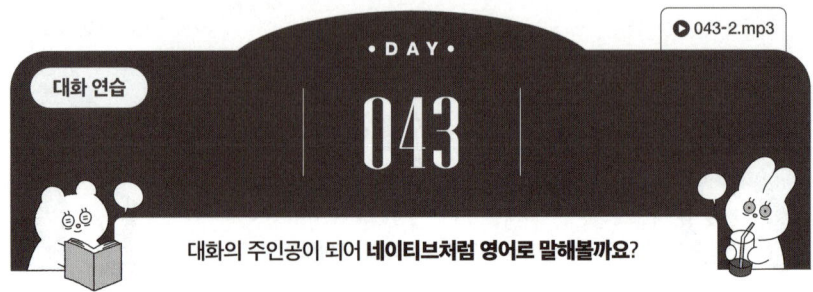

DAY 043

대화의 주인공이 되어 **네이티브처럼 영어로 말해볼까요?**

211
- A Should we go ahead with the plan?
- B By all means. It's a great idea.

🔵 상대방의 제안이나 부탁에 흔쾌히 승낙할 때

212
- A Why did she warn me?
- B She thinks you should watch your back.

🔵 사람을 조심하라고 할 때

213
- A You read my mind!
- B Looks like we're on the same wavelength.

🔵 상대가 마침 나와 같은 생각을 하고 있을 때

214
- A The trip was expensive.
- B But all things considered, it was worth it.

🔵 모든 걸 감안해 평가할 때

215
- A You're busy today, right?
- B As a matter of fact, I'm free today!

🔵 상대의 생각과는 다른 사실을 꺼낼 때

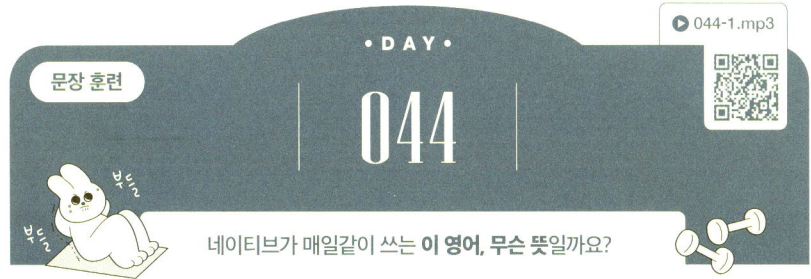

네이티브가 매일같이 쓰는 **이 영어, 무슨 뜻일까요?**

That's out of the question.

 This means something is not possible or allowed. Like saying, "No way" or "It won't happen."

Every now and then.

 This means something happens occasionally but not regularly.

For what it's worth, I would.

 'For what it's worth' means offering an opinion or advice, even if it may not be important or helpful.

It'll help in the long run.

 This means something will be true or important after a long period of time.

The more, the merrier.

 This means things are more fun or better with more people. Like saying, "Everyone's welcome."

DAY 044

 044-1.mp3

문장 훈련

네이티브가 매일같이 쓰는 **이 말, 영어로** 할 수 있나요?

216

말도 안 되는 소리야. 죽었다 깨어나도 안 돼.

out of the question은 '생각해볼 가치도 없는, 얘기해볼 가치도 없는', 즉 '말도 안 되는, 불가능한' 일이란 거죠. 제안이나 부탁을 단호하게 거절할 때 쓰는 표현이에요. [syn] No chance. (가능성 1도 없어. 절대 안 돼.) / Absolutely not. (절대 안 돼.)

217

가끔.

'이따끔, 가끔'이란 뜻의 부사 표현인데요. 어떤 일을 자주 하냐고 묻는 말에 그냥 이 말 한마디로 간단히 대답할 수 있죠. 물론 문장 안에서 써도 좋고요. [syn] From time to time. / Occasionally. / Once in a while.

218

내 말이 도움이 될지는 모르겠지만, 나라면 그럴 거야.

For what it's worth는 부드럽게 의견을 내거나 조언을 할 때 붙이면 예쁜 표현이에요. '내 말이 도움이 될지는 모르겠지만, 그다지 중요한 얘기는 아닐지 모르겠지만'이란 뜻이죠.

219

장기적으로 보면 도움이 될 거야.

in the long run은 '장기적으로 보면'이란 뜻이에요. 지금 당장은 눈에 띄는 결과가 없더라도 '장기적으로 보면 결국' 어떻게 될 거라는 식으로 말할 때 유용한 표현이죠. [syn] eventually (결국) / in the end (결국) / over time (시간이 지나면서)

220

사람이 많을수록 더 즐거워.

어떤 자리에 누구를 데려와도 되겠냐고 묻는 친구에게 흔쾌히 된다고 대답하면서 이 표현을 덧붙여 보세요. 함께하는 사람이 많을수록 그 자리가 더 즐거워진다는 의미죠. [syn] The more, the better. (많을수록 더 좋아.) / Everyone's welcome. (누구든 환영이야.)

DAY 044

대화 연습

네이티브가 매일 주고받는 **이 대화, 영어로** 할 수 있나요?

216
A 오늘밤에 차 좀 빌릴 수 있어?
B 미안하지만, 죽었다 깨어나도 안 돼.

217
A 고향에 자주 가?
B 가끔씩. 보통 크리스마스 연휴 때.

hint 고향에 가다 visit one's hometown | 크리스마스 연휴 the holidays

218
A 그 여자와 얘기를 해봐야 할까?
B 내 말이 도움이 될지는 모르겠지만, 나라면 그럴 거야.

219
A 운동 더 해야 할까?
B 응, 장기적으로 보면 도움이 될 거야.

hint 운동하다 exercise

220
A 파티에 친구를 데려와도 될까?
B 물론이지! 사람이 많을수록 더 즐거워.

hint ~를 …에 데려오다 bring ~ to …

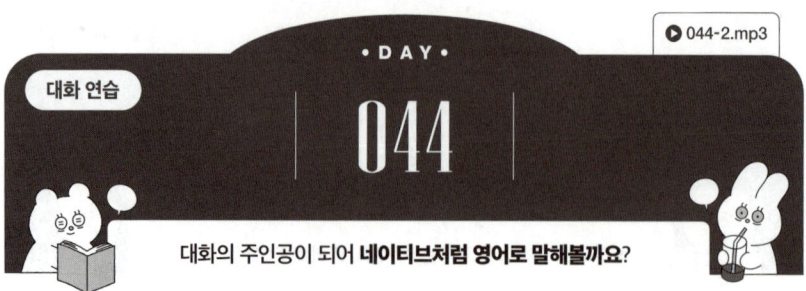

▶ 044-2.mp3

DAY 044

대화 연습

대화의 주인공이 되어 **네이티브처럼 영어로 말해볼까요?**

216

A Can I borrow your car tonight?
B Sorry, but that's out of the question.

💬 제안이나 부탁을 단호하게 거절할 때

217

A Do you visit your hometown often?
B Every now and then. Usually during the holidays.

💬 어떤 일을 '가끔' 한다고 할 때

218

A Should I talk to her?
B For what it's worth, I would.

💬 겸손하고 부드럽게 의견이나 조언을 건넬 때

219

A Should I exercise more?
B Yes, it'll help in the long run.

💬 당장은 몰라도 장기적으로 보면 결국 도움이 될 거라고 할 때

220

A Can I bring a friend to the party?
B Of course! The more, the merrier.

💬 사람이 많을수록 자리가 더 즐거워진다고 기분 좋게 말할 때

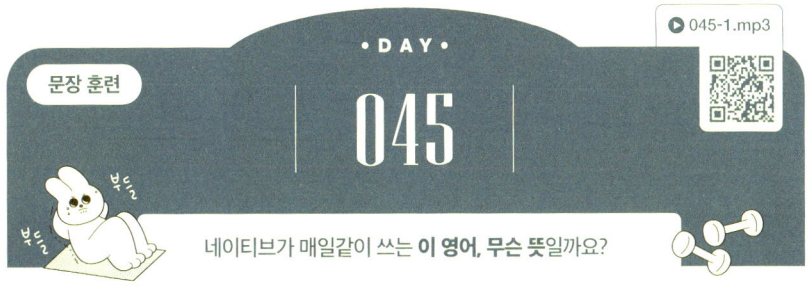

221

Time will tell.

This means the truth or outcome will become clear over time.

222

We'll decide when the time comes.

'When the time comes' means that something will happen in the right moment, which is not rushed or forced.

223

In the meantime, let's chat.

'In the meantime' means during the time before something else happens—like saying, 'for now' or 'until then.'

224

At the end of the day, it's your decision.

'At the end of the day' means after considering everything, this is the most important thing. Like saying, 'In the end.'

225

Come to think of it, I think I forgot!

'Come to think of it' means after rethinking something, you realize or remember something important.

문장 훈련

• DAY •

045

 045-1.mp3

네이티브가 매일같이 쓰는 **이 말, 영어로** 할 수 있나요?

221

시간이 지나면 알게 될 거야.

'시간이 말해줄 거'란 표현은 한국인들도 흔히 쓰는 표현이죠. 지금 당장은 막연하지만 시간이 지나면 결과나 진실이 또렷해질 거란 얘기죠. 그러니 시간을 두고 좀 지켜보자는 거죠.
[syn] We'll see. (보면 알겠지.) / Only time can tell.

222

때가 되면 결정할 거야.

모든 일에는 적절한 때가 있는 법이죠. 친구나 동료가 어떤 일을 하는 게 좋을지(Should I/we ~?) 언제 하는 게 좋을지(When should I/we ~?)를 묻는데 지금은 때가 아니다 싶을 때 있잖아요. 그럴 때 ~ when the time comes로 대답해 주세요.

223

그동안 수다나 떨자.

어떤 일을 기다리는 동안 그 사이 붕 뜨는 시간이 있죠. in the meantime은 그런 시간을 의미하는 표현이에요. '그동안', '그사이' 정도의 한국어로 옮기곤 하죠.

224

결국에는, 네가 결정하는 거야.

at the end of the day는 모든 것을 감안해 봤을 때 '결국에는' 뭐가 중요하다는 식의 이야기를 할 때 쓰기 좋은 표현입니다. [syn] Ultimately (궁극적으로, 결국에는) / When all is said and done (다 따지고 보면, 결국엔)

225

그러고 보니, 깜빡한 거 같아!

Come to think of it은 '생각해 보니까, 그러고 보니까'라는 의미입니다. 대화 중에 갑자기 뭔가 중요한 게 떠오르거나 기억이 났을 때 쓸 수 있죠. [syn] On second thought (다시 생각해보니) / Actually, now that you mention it (사실 네 말을 듣고 보니)

대화 연습

DAY 045

네이티브가 매일 주고받는 **이 대화, 영어로** 할 수 있나요?

221
A 이 새로운 정책이 매출을 향상시킬까?
B 시간이 지나면 알게 될 거야. 두고 보자.

hint 두고 보다 wait and see

222
A 이 중대한 결정을 언제 내려야 할까요?
B 때가 되면 결정할 겁니다.

hint 중대한 결정 big decision

223
A 음식 30분 걸릴 거래.
B 그동안 수다나 떨자.

hint (시간이) ~ 걸리다 take + 소요시간

224
A 일을 그만둬야 할까?
B 결국에는, 네가 결정하는 거야.

hint 일을 그만두다 quit one's job

225
A 우리 문 잠갔나?
B 그러고 보니, 내가 깜빡한 거 같아!

hint 문을 잠그다 lock the door

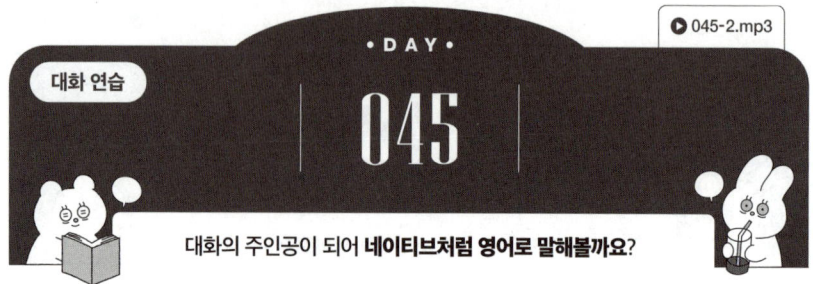

221
A Will this new policy improve our sales?
B Time will tell. Let's wait and see.
🔵 시간을 두고 상황을 좀 지켜보자고 할 때

222
A When should we make the big decision?
B We'll decide when the time comes.
🔵 너무 서두르지 않고 적절한 때에 결정하겠다고 할 때

223
A The food will take 30 minutes.
B In the meantime, let's chat.
🔵 뭔가를 기다리는 동안 얘기나 나누자고 할 때

224
A Should I quit my job?
B At the end of the day, it's your decision.
🔵 결국에는 상대의 결정이 중요한 거라고 할 때

225
A Did we lock the door?
B Come to think of it, I think I forgot!
🔵 생각해보니 깨닫거나 기억나는 일이 있을 때

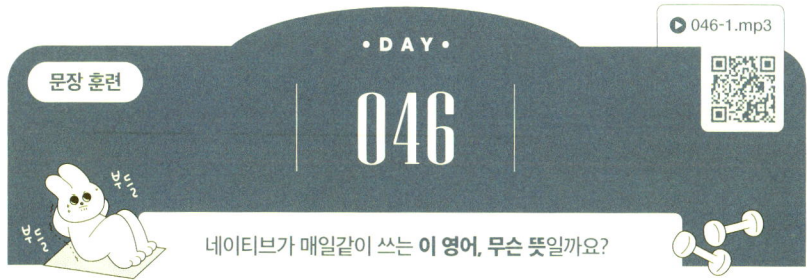

• DAY • 046

문장 훈련

네이티브가 매일같이 쓰는 **이 영어, 무슨 뜻**일까요?

226
It's set in stone.

 This means something is fixed and cannot be changed. Like saying, "It's decided and won't change."

227
I'll cut to the chase.

 'Cut to the chase' means to skip small talk or unimportant details and go straight to the important part.

228
It's a leap of faith.

 This means making a decision based on belief, without certainty of the result.

229
It gives me peace of mind.

 This means feeling secure, relaxed, or without worries, often after resolving something.

230
Will you decide right off the bat?

 'Right off the bat' means immediately or without delay. Like saying, 'Right away.' It comes from baseball, where a ball is hit directly off the bat.

DAY 046

문장 훈련

네이티브가 매일같이 쓰는 **이 말, 영어로** 할 수 있나요?

226

확정된 거예요.

돌에 새겨진 것처럼 딱 확정이 돼서 변동이 있을 수가 없는 상태를 set in stone이라고 해요. [syn] It's finalized. (최종 확정된 거예요.)

227

바로 본론으로 들어갈게.

불필요한 세부사항이나 쓸데없는 얘기는 건너뛰고 바로 본론으로 들어가겠다고 할 때 쓸 수 있는 표현입니다. Let me cut to the chase.라고도 하죠. [syn] I'll get straight to the point. / Let me get right to it.

228

모험이지. 큰 도전이지.

결과는 확신할 수 없지만 믿음이나 신념을 걸고 하는 도전이자 모험이라는 의미이죠. 불확실한 상황에서 믿음을 바탕으로 큰 결정을 내리거나 도전할 때 쓰는 표현이에요. [syn] It's a gamble. (도박이지. 한판 승부지.)

229

그래야 맘이 편해져. 그래야 마음이 놓여.

말 그대로 It은 내게 마음의 평화를 주는 일이죠. 어떤 일을 하면 걱정이 해소되고 마음이 편안해질 때 이 표현을 써보세요. [syn] It makes me feel at ease.

230

바로 결정할 거야?

right off the bat은 '시작부터 바로, 즉시'라는 뜻의 구어체 표현이에요. 야구에서 타자가 타석에 들어서자마자 망설이지 않고 바로 배트를 휘둘러 공을 치는 데서 유래했죠. ⚠ 공식적인 상황에서는 immediately를 쓰는 게 더 적절해요.

대화 연습

• DAY •
046

046-2.mp3

네이티브가 매일 주고받는 **이 대화**, **영어로** 할 수 있나요?

226
- A 우리 마감일 변경할 수 있을까요?
- B 미안하지만, 확정된 거예요.

hint 마감일을 변경하다 change the deadline

227
- A 무슨 일이 있었는지 말해줄래?
- B 물론, 바로 본론으로 들어갈게. 계약을 놓쳤어.

hint 계약을 놓치다 lose the contract

228
- A 우리 이 새 회사에 투자하는 게 좋을까?
- B 모험이긴 하지만 가치가 있을 거야.

hint 그럴 가치가 있다 worth it

229
- A 왜 문 잠갔어?
- B 그래야 마음이 놓여.

230
- A 바로 결정할 거야?
- B 응, 내가 뭘 원하는지 이미 알고 있어.

hint 내가 뭘 원하는지, 내가 원하는 것 what I want

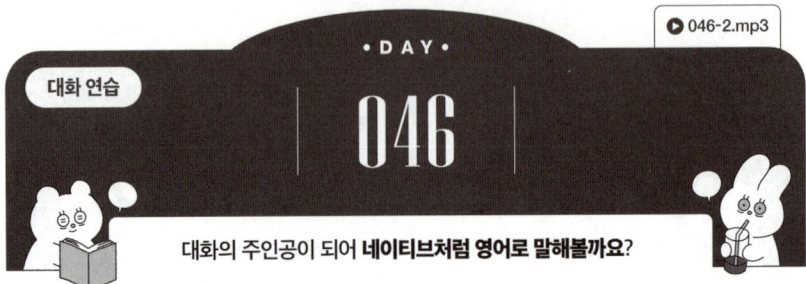

- A Can we change the deadline?
- B Sorry, it's set in stone.

　　　　　🔵 확정된 일이라 바꿀 수 없다고 할 때

- A Can you tell me what happened?
- B Sure, I'll cut to the chase. We lost the contract.

　　　　　🔵 세부사항은 생략하고 본론만 말하려고 할 때

- A Should we invest in this new company?
- B It's a leap of faith, but I think it's worth it.

　　　　　🔵 믿음을 바탕으로 큰 결정을 내리거나 도전할 때

- A Why did you lock the door?
- B It gives me peace of mind.

　　　　　🔵 어떤 일을 하면 마음이 편안해질 때

- A Will you decide right off the bat?
- B Yes, I already know what I want.

　　　　　🔵 미적거리지 않고 바로 무언가를 한다고 할 때

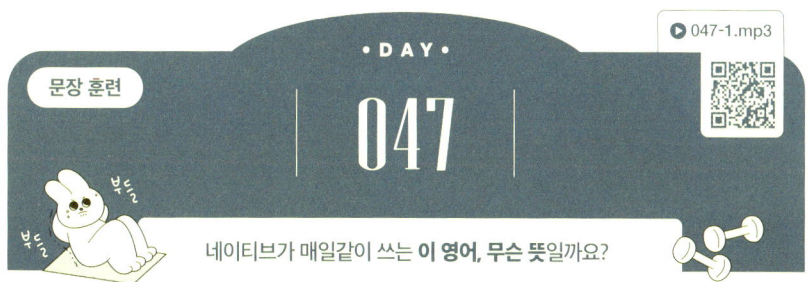

• DAY •
047

047-1.mp3

문장 훈련

네이티브가 매일같이 쓰는 **이 영어, 무슨 뜻**일까요?

231
Take your pick.

This means you can freely choose from the given options.

232
Fair enough.

This means you agree or accept something as reasonable or understandable.

233
For the record, I never said that.

'For the record' means you want to clarify something officially. Like saying, "Let me say this officially."

234
You need to get a grip.

This means you need to relax and control your emotions or behavior. It's like saying, "Calm down."

235
Here we go!

This is used when something is about to start, especially with excitement, or after preparation or waiting.

문장 훈련

• DAY •
047

047-1.mp3

네이티브가 매일같이 쓰는 이 말, 영어로 할 수 있나요?

231

네가 선택해/골라.

여러 개의 옵션 중 선택을 상대에게 맡길 때 아주 간편하게 쓸 수 있는 표현입니다. 이때 pick(선택)은 명사로 쓰였죠. [syn] It's up to you. / Pick whatever you like.

232

일리 있네.

상대의 제안이나 얘기에 대해 '일리 있는 말'이라며 인정하거나 동조할 때 아주 유용한 표현이에요. [syn] That makes sense. / That's understandable. (충분히 납득이 돼.) / I get it. (알겠어.)

233

참고로, 전 그런 말 한 적 없어요.

for the record는 '분명히/공식적으로 말해두겠는데'라는 의미. 이런 경우 한국인들은 '참고로'라는 말을 쓰기도 하는데, for the record의 '참고로'는 참고삼아 덤으로 알아두라는 것이 아니라, '참고로 말해두겠는데 잘 기억해두라'는 어감의 '참고로'이죠.

234

정신 차려. 진정해.

당황, 걱정, 불안, 화 등의 스트레스성 감정을 주체하지 못해 흔들리는 친구에게 감정 딱 붙들어매고 '정신차리라'고 할 때 유용한 표현이에요. [syn] Calm down. (진정해.) / Pull yourself together. (정신 차려.)

235

(자, 이제) 시작이다!

뭔가 신나는 일이 시작되기 전에 잔뜩 부푼 마음으로 Here we go!라고 해보세요. 만반의 준비가 다 돼서 이제 시작만 하면 되는 순간이나, 한참을 기다려온 일이 곧 시작되려 할 때 쓸 수 있죠. [syn] I can't wait! (빨리 시작했으면!)

DAY 047

대화 연습

047-2.mp3

네이티브가 매일 주고받는 **이 대화, 영어로** 할 수 있나요?

231
- A 커피 마실래, 차 마실래?
- B 네가 골라. 난 아무거나 괜찮아.

  hint 난 (둘 중) 아무거나/어느 것이나 괜찮아. I'm okay with either.

232
- A 비용을 똑같이 나누는 게 좋을 것 같아.
- B 일리 있네. 괜찮은 것 같아.

  hint 비용을 똑같이 나누다 split the cost equally

233
- A 참고로, 전 그런 말 한 적 없어요.
- B 알았어요, 분명하게 밝혀줘서 고마워요.

  hint 분명하게 밝히다 clarify

234
- A 나 이거 감당 못 하겠어!
- B 정신 차리고 진정해.

  hint 진정하다 relax

235
- A 영화 시작한다!
- B 시작이다!

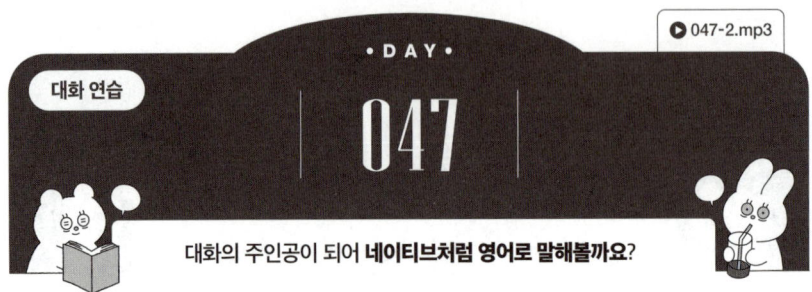

DAY 047

대화의 주인공이 되어 **네이티브처럼 영어로 말해볼까요?**

231
A Do you want coffee or tea?
B Take your pick. I'm okay with either.

💬 상대에게 선택을 맡길 때

232
A I think we should split the cost equally.
B Fair enough. That sounds good to me.

💬 일리 있는 말이라고 동조할 때

233
A For the record, I never said that.
B Okay, thanks for clarifying.

💬 참고로 말해두겠는데 잘 기억해두라고 할 때

234
A I can't handle this!
B You need to get a grip and relax.

💬 동요하는 친구에게 정신 차리고 진정하라고 할 때

235
A The movie is starting!
B Here we go!

💬 신나서 어떤 일이 시작된다고 할 때

• DAY •

048

문장 훈련

네이티브가 매일같이 쓰는 **이 영어, 무슨 뜻일까요?**

236

It's a long shot.

This means the chances of success are very low, but still possible.

237

Hold your horses.

This means to wait or slow down. It's a casual way of telling someone not to rush.

238

Keep it up!

This means encouraging someone to continue their good work or effort.

239

Let's put it on the back burner.

This means postponing something for now. We'll focus on it later when it's more important.

240

His reaction was over the top.

'Over the top' means something is too much, or too exaggerated and it does not match the situation.

문장 훈련

DAY 048

 048-1.mp3

네이티브가 매일같이 쓰는 **이 말, 영어로** 할 수 있나요?

236
가능성은 희박하지.

a long shot은 '가능성이 희박한 일'을 의미해요. 가능성이 희박하긴 하지만 그렇다고 가능성이 없는 건 아니라는 어감을 담고 있죠. 그래서 뒤에 but절로 희망적이고 진취적인 말을 잇는 경우가 많습니다. (syn) It's unlikely. / It's a slim chance.

237
잠깐 기다려봐.

무턱대고 서두르는 친구, 아직 제대로 준비도 안 됐는데 그냥 막 덤비는 친구에게 말을 멈추듯 '워워워' 하는 느낌으로 이 표현을 써보세요. '서두르지 말고 좀 기다려봐라, 천천히 해라'는 의미입니다. (syn) Wait a second. (잠시 기다려라.) / Slow down. (천천히 해.)

238
계속 그렇게 해!

어떤 일을 아주 잘하고 있는 사람에게 '그래, 그렇게 하면 되니까, 계속 그렇게 하라'며 독려하고 응원해주는 표현이에요. (syn) Keep going.

239
일단 보류하자.

다른 더 중요한 일이 있으니까 이 일(it, 복수일 때는 them)은 잠시 보류해뒀다 나중에 하자는 말입니다. put on the back burner는 '나중으로 미루다'는 의미이죠. (syn) Let's hold off on that. / Put it aside for now.

240
그 사람 반응이 과했어.

over the top은 누군가의 행동이나 반응이 지나치게 과하거나 극단적일 때 쓰는 표현이에요. 사람이나 물건에 대한 치장이 너무 과할 때도 쓰죠. (syn) He overreacted. (오바했어. 과잉반응했어.)

대화 연습

DAY 048

🔊 048-2.mp3

네이티브가 매일 주고받는 **이 대화, 영어로** 할 수 있나요?

236
A 우리 복권에 당첨될 거라고 생각해?
B 가능성은 희박하지만, 희망을 가져보자!
[hint] 희망을 가지다 hope

237
A 지금 이걸 사고 싶어.
B 잠깐 기다려봐. 먼저 가격을 비교해보자.
[hint] 가격을 비교해보다 compare prices

238
A 정말 잘하고 있어. 계속 그렇게 해!
B 고마워! 계속 열심히 할게.
[hint] 정말 잘하다 do a great job | 계속 ~하다 keep -ing

239
A 우리 여행 계획은 어떡하고?
B 당장은 일단 보류하자.
[hint] ~은 어떡하고? What about ~?

240
A 그 사람 반응이 과했어.
B 동감이야. 너무 지나쳤지.
[hint] 너무 지나친, 오바한 too much

DAY 048

대화의 주인공이 되어 **네이티브처럼 영어로 말해볼까요?**

236
- A Do you think we'll win the lottery?
- B It's a long shot, but let's hope!

● 가능성이 희박하긴 하지만 전혀 없는 건 아닐 때

237
- A I want to buy this now.
- B Hold your horses. Let's compare prices first.

● 행동에 옮기기 전에 잠시 기다려보라고 할 때

238
- A You're doing a great job. Keep it up!
- B Thanks! I'll keep working hard.

● 계속 그렇게 하면 된다고 격려하고 응원할 때

239
- A What about our travel plans?
- B Let's put them on the back burner for now.

● 어떤 일을 일단은 보류해야 할 때

240
- A His reaction was over the top.
- B I agree. It was too much.

● 누군가의 언행이 지나치게 과할 때

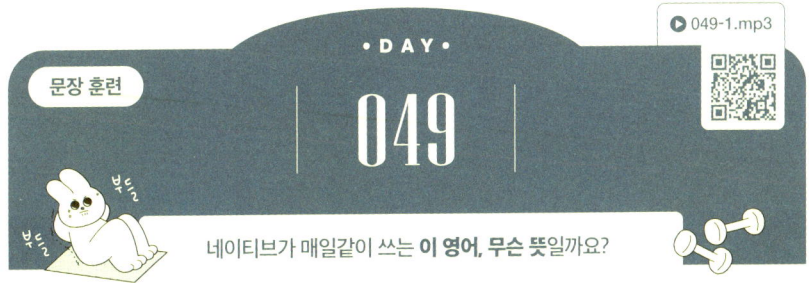

DAY 049

네이티브가 매일같이 쓰는 **이 영어, 무슨 뜻일까요?**

241

I pulled some strings.

'Pull some strings' means using connections to get something done. Like saying, 'Use your influence to help.'

242

What's the catch?

This means questioning if there's a hidden problem or downside in an offer or situation.

243

We have zero tolerance for it!

This means having strict rules and not allowing any kind of violation or disobedience.

244

Don't burn bridges.

This means avoid damaging important relationships, especially ones you might need in the future.

245

How do you blow off steam?

This means doing something to reduce anger, stress, or frustration after feeling tense.

DAY 049

문장 훈련

네이티브가 매일같이 쓰는 **이 말, 영어로** 할 수 있나요?

241

연줄을 좀 썼어. 빽을 좀 썼지.

어떤 일을 해내거나 뭔가를 얻는 데 인맥이 도움되는 경우들이 있죠. 이렇게 인맥을 활용하는 것을 한국어로 '연줄을 쓴다, 빽을 쓴다'라고 하는데요, 여기에 해당되는 영어표현이 pull some strings랍니다. [syn] call in a favor (일반적인 의미의 '부탁을 하다')

242

무슨 꿍꿍이야? 속셈이 뭐야?

상식적으로 그럴 수가 없는 건데 너무 좋은 제안이 들어오면 '이건 무슨 꿍꿍이인가?' 싶은 게 의심이 들 수밖에 없죠. 그때 대놓고 물어보는 표현입니다. [syn] What's the downside? (안 좋은/불리한 점이 뭐야?)

243

그 부분은 절대 용납하지 않습니다!

tolerance는 '관용', zero tolerance는 '무관용'을 뜻합니다. 따라서 have zero tolerance for ~는 어떤 부분에 대해서는 무용이다, 절대 용납하지 않는다는 의미이죠. [syn] We won't tolerate it!

244

좋게 끝내.

사람 일은 어떻게 될지 모르니 맘에 안 든다고 함부로 '관계를 끊어내지 말라'는 의미입니다. 나아가 끝내더라도 '좋게 끝내'라는 의미로 쓰이죠. burn bridges는 사람과의 '관계를 끊어낸다'는 뜻이에요. [syn] Don't ruin relationships. (관계를 망치지 마.)

245

스트레스는 어떻게 풀어?

blow off steam은 '스트레스를 풀다, 확 날려버리다'라는 의미예요. 머릿속에 꽉 차 있는 열기를 시원하게 날려버리는 이미지를 그려보면 쉽게 이해가 될 거예요. [syn] let off steam / unwind (긴장/스트레스를 풀다)

DAY 049

대화 연습

네이티브가 매일 주고받는 **이 대화, 영어로** 할 수 있나요?

241
A 그 일자리 어떻게 그렇게 빨리 구했어?
B 빽을 좀 썼지.

242
A 이걸 공짜로 준다고? 속셈이 뭐야?
B 아무 속셈 없어! 그냥 돕고 싶은 거야.

hint ~을 공짜로 주다[제공하다] offer ~ for free

243
A 우리 이번엔 그 사람을 봐줘도 될까요?
B 안 돼요, 우린 그 부분은 절대 용납하지 않아요!

hint (잘못한 사람을) 봐주다 let someone off

244
A 상사랑 싸웠어.
B 좋게 끝내. (나중에) 그런 사람들이 필요할 수도 있어.

hint ~와 싸우다 have a fight with

245
A 스트레스는 어떻게 풀어?
B 보통 달리기를 해.

hint 달리기하러 나가다 go for a run

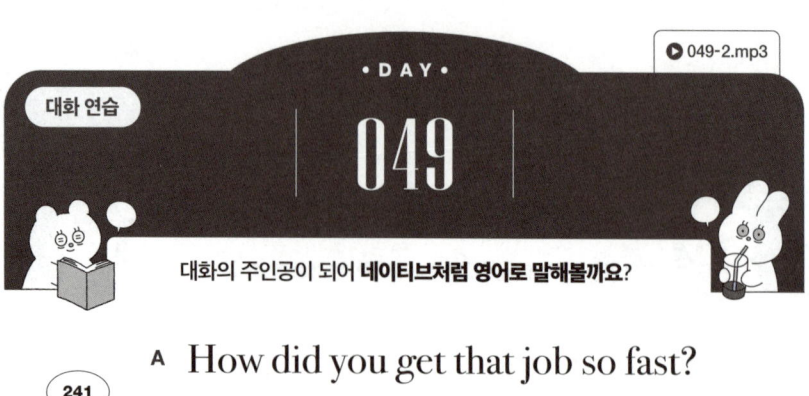

241
A How did you get that job so fast?
B I pulled some strings.

> 연줄을 썼다고 할 때

242
A You're offering this for free? What's the catch?
B No catch! I just want to help.

> 숨겨둔 속셈이 없는지 의심스러울 때

243
A Can we let him off this time?
B No, we have zero tolerance for it!

> 절대 봐주거나 용납할 수 없다고 할 때

244
A I had a fight with my boss.
B Don't burn bridges. You might need them.

> 인간 관계를 함부로 끊어내지 말라고 할 때

245
A How do you blow off steam?
B I usually go for a run.

> 스트레스 푸는 법을 물어볼 때

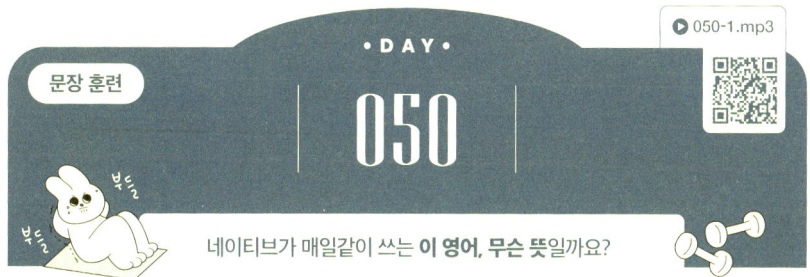

246

He's always on the grind.

This means constantly working hard, often hustling or being productive without much rest.

247

Can't complain.

This means things are fine, and there's nothing to complain about, even if not perfect.

248

Easy does it.

"Easy does it" is used to tell someone to move carefully or slowly to avoid mistakes or accidents.

249

Fingers crossed!

This means hoping for good luck. Like saying, "Let's hope it works" or "I hope for the best."

250

for good measure

This means doing something additional as a precaution or just to be sure.

• DAY •
050

050-1.mp3

문장 훈련

네이티브가 매일같이 쓰는 **이 말, 영어로** 할 수 있나요?

246

그 사람은 항상 정말 열심히 해.

grind는 '가는 행위'를 뜻하는 단어로, always on the grind라고 하면 '끊임없이 갈아 넣는' 상태, 즉 '쉬지 않고 늘 열심히 일하는' 모습을 나타내는 표현입니다. [syn] always hustling (항상 바쁘게 움직이는) / hard at work (일에 열심인)

247

그런 대로 괜찮아.

안부 인사에 대한 대표적인 대답 표현 중 하나입니다. 딱히 불평할 만한 거리가 없이 그런 대로 잘 지내고 있다, 괜찮다는 의미이죠. [syn] Everything's fine. (다 괜찮아.) / No complaints.

248

천천히 해. 살살 해.

급하게 하는 게 중요한 게 아니라 실수나 사고가 없는 게 중요할 때 '천천히 신중하게 하라'는 의미로 쓰는 전형적인 표현이에요. [syn] Take it slow. (천천히 해.) / Don't rush. (서두르지 마.)

249

행운을 빌어/빌어보자/빌어줘!

검지손가락과 중지손가락을 교차시켜(fingers crossed) 십자가 모양을 만드는 바디랭귀지가 있어요. 행운을 빌어주는 제스처이죠. 이 제스처가 그대로 말로 옮겨진 표현이에요. 상대나 우리 모두의 행운을 빌 때뿐 아니라, 상대에게 내/우리 행운을 빌어달라고 할 때도 쓰죠.

250

혹시 모르니까, 혹시 몰라서

'혹시 몰라서' 예비용으로 뭔가를 하나 더 준비해온다거나, 추가한다거나 하는 상황에서 쓰이는 표현이에요. [syn] just to be sure (그냥 확실히 하기 위해서) / as a precaution (예비용으로)

DAY 050

대화 연습

🔊 050-2.mp3

네이티브가 매일 주고받는 **이 대화**, **영어로** 할 수 있나요?

246
A 그 사람은 항상 정말 열심히 해.
B 그래서 그렇게 성공한 거지.

[hint] 그래서 ~한 거다 That's why S + V

247
A 새 직장은 어때?
B 그런 대로 괜찮아. 지금까지는 즐기고 있어.

[hint] 지금까지는 so far

248
A 우리 거의 다 끝나가, 서둘러!
B 천천히 해. 급하게 하지 말자.

[hint] ~하지 말자 Let's not ~

249
A 내일 면접이 있어.
B 행운을 빌어! 잘되길(그 일자리를 얻길) 바랄게.

250
A 이거 맛이 좀 싱거운데.
B 혹시 모르니까 소금을 조금 더 넣을게.

[hint] 싱거운 bland

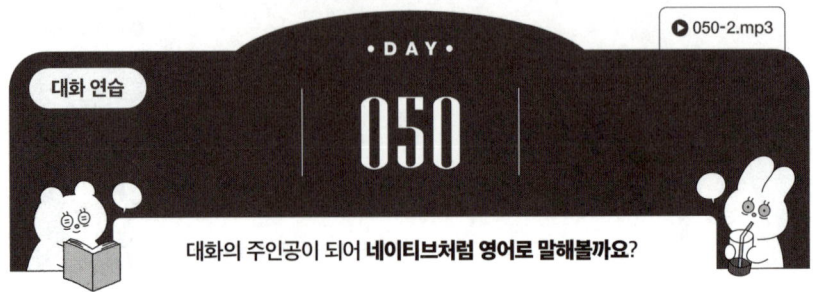

DAY 050

대화 연습

대화의 주인공이 되어 **네이티브처럼 영어로** 말해볼까요?

246
A He's always on the grind.
B That's why he's so successful.

💬 늘 쉼없이 열심히 일하는 사람을 보고

247
A How's the new job?
B Can't complain. I'm enjoying it so far.

💬 안부를 묻는 말에 그런 대로 괜찮다고 대답할 때

248
A We're almost done, hurry!
B Easy does it. Let's not rush.

💬 너무 급하게 하지 말고 천천히 신중하게 하자고 할 때

249
A I have a job interview tomorrow.
B Fingers crossed! I hope you get it.

💬 행운을 빌어줄 때

250
A This tastes a bit bland.
B I'll add some extra salt for good measure.

💬 혹시 모르니까 뭔가를 더 준비하거나 추가한다고 할 때

Stage 1

망각방지 장치 ⑤
DAY 041-050

Fill the Gap!

Choose the right word from the options.
Mistakes help you remember better!

제한시간 2분

01 규정대로 하자. 원칙대로 하자.
Let's do it by the _____.
(a) book   (b) clock   (c) rules   (d) map
201

02 그 부분은 절대 용납하지 않습니다.
We have zero _____ for it.
(a) patience   (b) understanding   (c) interest   (d) tolerance
243

03 때가 되면 결정할 거야.
We'll decide when the time _____.
(a) comes   (b) stops   (c) flies   (d) changes
222

04 행사가 갑자기 취소됐대. (그들은 행사를 갑자기 취소했어.)
They pulled the _____ on the event.
(a) ball   (b) plug   (c) corner   (d) shots
208

05 그 사람 반응이 과했어.
His reaction was over the _____.
(a) line   (b) edge   (c) top   (d) moon
240

06 (사람) 조심해.
You should watch your _____.
(a) steps   (b) words   (c) back   (d) balance
212

07 우리 생각이 통했네. 생각이 잘 맞네.
We're on the same _____.
(a) boat   (b) wavelength   (c) page   (d) route
213

정답 01 (a) book   02 (d) tolerance   03 (a) comes   04 (b) plug   05 (c) top   06 (c) back
07 (b) wavelength

08 아무도 상관없어. / 난 중립이야. 복습 205

I don't have a _____ in the race.

(a) horse   (b) cat   (c) dog   (d) bird

09 모든 걸 감안하면, 그럴 만한 가치가 있었어. 214

All things _____, it was worth it.

(a) going   (b) changed   (c) left   (d) considered

10 그러고 보니, 깜빡한 거 같아! 225

_____ _____ think of it, I think I forgot!

(a) Come to   (b) As you   (c) Once I   (d) When you

11 전화위복일지도 몰라. 209

Maybe it's a _____ in _____.

(a) gift, surprise   (b) blessing, disguise
(c) challenge, lesson   (d) curse, joke

12 참고로, 전 그런 말 한 적 없어요. 233

For the _____, I never said that.

(a) future   (b) record   (c) sake   (d) moment

13 사실, 오늘 한가해! 215

_____ a matter of fact, I'm free today!

(a) In   (b) For   (c) As   (d) By

14 사람이 많을수록 더 즐거워. 220

The more, the _____.

(a) harder   (b) better   (c) merrier   (d) faster

정답 08 (c) dog   09 (d) considered   10 (a) Come to   11 (b) blessing, disguise   12 (b) record
13 (c) As   14 (c) merrier

Stage 2

Write to Win!

망각방지 장치 ⑤
DAY 041-050

Fill in the blanks without any hints this time.
Saying it out loud will help it stick!

제한시간 3분

		O	X	복습

01 그동안 수다나 떨자. In the _____, let's chat.   ☐ ☐ 223

02 천천히 해. 살살 해. _____ does it.   ☐ ☐ 248

03 늦더라도 안 하는 것보다는 나아. _____ late than _____.   ☐ ☐ 207

04 네가 선택해/골라. Take your _____.   ☐ ☐ 231

05 바로 본론으로 들어갈게. I'll cut to the _____.   ☐ ☐ 227

06 그 사람은 항상 정말 열심히 해. He's always on the _____.   ☐ ☐ 246

07 여기서 소란 피우지 마. Don't make a _____ here.   ☐ ☐ 204

08 (자, 이제) 시작이다! Here we _____!   ☐ ☐ 235

09 잠깐 기다려봐. Hold your _____.   ☐ ☐ 237

10 시간이 지나면 알게 될 거야. Time will _____.   ☐ ☐ 221

정답 01 meantime 02 Easy 03 Better, never 04 pick 05 chase 06 grind 07 scene 08 go
09 horses 10 tell

			○	×	복습
11	일단 보류하자. Let's put it on the _____ _____.		☐	☐	239
12	연출을 좀 썼어. I pulled some _____.		☐	☐	241
13	속셈이 뭐야? What's the _____?		☐	☐	242
14	물론이지, 그렇게 해. By all _____.		☐	☐	211
15	좋게 끝내. Don't burn _____.		☐	☐	244
16	스트레스는 어떻게 풀어? How do you _____ off _____?		☐	☐	245
17	확정된 거예요. It's set in _____.		☐	☐	226
18	그런 대로 괜찮아. Can't _____.		☐	☐	247
19	혹시 모르니까 조금만 더 넣어. Add a little more, for good _____.		☐	☐	250
20	가끔. Every now and _____.		☐	☐	217

정답 11 back burner 12 strings 13 catch 14 means 15 bridges 16 blow, steam 17 stone
18 complain 19 measure 20 then

Stage 3

망각방지 장치 ❺
DAY 041-050

Speak to Conquer!
Now it's time to join the conversation.
These expressions are yours now!

제한시간 5분

1 프로포즈를 할지 말지 선택의 기로에서   #LifeChoices #BigSteps

Look at What to Say

A 그래서, 프로포즈할 거야? 어서 털어놔봐!

B 내가 준비가 됐는지 잘 모르겠어. 넌 어떻게 생각해?

A 모든 걸 감안했을 때, 하는 게 좋을 것 같아. `214`

B 정말 그렇게 생각해?

A 내 말이 도움이 될지는 모르겠지만, 나라면 그렇게 할 거야. `218` 장기적으로 보면 도움이 될 거야. `219`

B 알겠어. 한번 해볼게. 행운을 빌어줘! `249`

Say It in English

A So, are you going to propose? Spill the beans!

B I'm not sure I'm ready. What's your take?

A All things considered, you should do it. `214`

B You really think so?

A For what it's worth, I would. `218` It'll help in the long run. `219`

B All right. I'll give it a shot. Fingers crossed! `249`

Write & Speak English

A 그래서, 프로포즈할 거야? 어서 털어놔봐!
So, are you going to propose? Spill the beans!

B 내가 준비가 됐는지 잘 모르겠어. 넌 어떻게 생각해?
I'm not sure I'm ready. What's your take?

A 모든 걸 감안했을 때, 하는 게 좋을 것 같아. 214
_____ you should do it.

B 정말 그렇게 생각해?
You really think so?

A 내 말이 도움이 될지는 모르겠지만, 나라면 그렇게 할 거야. 218 장기적으로 보면 도움이 될 거야. 219
_____   _____

B 알겠어. 한번 해볼게. 행운을 빌어줘! 249
All right. I'll give it a shot. _____

Chat Buddy
- propose 청혼하다, 프로포즈하다
- give it a shot 한번 (시도)해보다

정답 All things considered, 214   For what it's worth, I would. 218   It'll help in the long run. 219
Fingers crossed! 249

● Test 05-2.mp3

제한시간 5분

2 층간소음으로 애먹을 때

#ApartmentLife #TooLoud

Look at What to Say

A 소음 때문에 진짜 미치겠어! 203 아무것도 집중할 수가 없어.

B 공사장에 있는 기분이야. 대체 뭘 하고 있는 거지?!

A 몰라. 하지만 잠잘 시간은 한참 지났지.

B 가서 말이라도 좀 해보자!

A 잠깐 기다려봐. 237 이 사람들한테 어떻게 접근하는 게 제일 좋을지 먼저 생각해보자.

B 일리 있는 말이야. 232 하지만 또 하룻밤을 이렇게 흘려보낼 순 없어.

A 공손하게 메모를 남기는 건 어떨까? 잘되길 빌어보자! 249

Say It in English

A The noise drives me crazy! 203 I can't focus on anything.

B It feels like a construction site in here. What are they doing?!

A Beats me, but it's way past sleeping hours.

B We should go over and say something!

A Hold your horses. 237 Let's think about the best way to approach them first.

B Fair enough. 232 But we can't let this slide for another night.

A Maybe we leave a polite note. Fingers crossed it works! 249

Write & Speak English

A 소음 때문에 진짜 미치겠어! 203 아무것도 집중할 수가 없어.
　　　　　　　　　　　　　　I can't focus on anything.

B 공사장에 있는 기분이야. 대체 뭘 하고 있는 거지?!
　　It feels like a construction site in here. What are they doing?!

A 몰라. 하지만 잠잘 시간은 한참 지났지.
　　Beats me, but it's way past sleeping hours.

B 가서 말이라도 좀 해보자!
　　We should go over and say something!

A 잠깐 기다려봐. 237 이 사람들한테 어떻게 접근하는 게 제일 좋을지 먼저 생각해보자.
　　　　　　　　　　　　　　Let's think about the best way to approach them first.

B 일리 있는 말이야. 232 하지만 또 하룻밤을 이렇게 흘려보낼 순 없어.
　　　　　　　　　　　　　　But we can't let this slide for another night.

A 공손하게 메모를 남기는 건 어떨까? 잘되길 빌어보자! 249
　　Maybe we leave a polite note.　　　　　　　　　　it works!

> **Chat Buddy**
> - focus on ~에 집중하다
> - construction site 공사장
> - Beats me. 몰라. 336
> - way past 한참 지난
> - work 잘되다, 효과가 있다

정답　The noise drives me crazy! 203　Hold your horses. 237　Fair enough. 232　Fingers crossed 249

3 광란의 파티가 끝난 뒤

#PartyFails #CleanUpTime

Look at What to Say

A 파티가 통제 불능이었어. 206 엉망진창인 거 봤어?

B 그러고 보니, 누가 TV를 부순 것 같아. 225

A 진짜야? 용납할 수 없는 일이야!

B 믿을 수가 없다. 그냥 넘어가지 마!

A 그래 진짜. 주최자랑 우리 이 얘기 좀 해야겠어.

B 혹시 모르니까 보험회사에도 연락하자. 250

Say It in English

A The party got out of hand. 206 Did you see the mess?

B Come to think of it, I think someone broke the TV. 225

A Are you for real? This is unacceptable!

B It's unbelievable. Don't put up with this!

A No kidding. We need to talk to the host about this.

B Let's call the insurance company for good measure too. 250

Write & Speak English

A 파티가 통제 불능이었어. 206 엉망진창인 거 봤어?
　　　　　　　　　　　　　　Did you see the mess?

B 그러고 보니, 누가 TV를 부순 것 같아. 225
　　　　　　　　　　　　　　someone broke the TV.

A 진짜야? 용납할 수 없는 일이야!
　　Are you for real? This is unacceptable!

B 믿을 수가 없다. 그냥 넘어가지 마!
　　It's unbelievable. Don't put up with this!

A 그래 진짜. 주최자랑 우리 이 얘기 좀 해야겠어.
　　No kidding. We need to talk to the host about this.

B 혹시 모르니까 보험회사에도 연락하자. 250
　　Let's call the insurance company 　　　　　　　　too.

Chat Buddy
- mess 엉망진창인 상태
- Are you for real? 진짜야? 258
- unacceptable 용납할 수 없는
- No kidding. (상대의 말에 동의하며) 맞아. 진짜 그래.
- insurance company 보험회사

정답   The party got out of hand. 206   Come to think of it, I think 225   for good measure 250

 Test 05-4.mp3

 제한시간 5분

4 가능성이 희박한 도전을 두고 #LifeChoices #KeepItSimple

Look at What to Say

A 야, 정말 해볼 거야? 가능성이 희박한데. 236

B 알아, 근데 재미있을 수도 있어. 그리고 찬밥 더운밥 가릴 처지가 아냐.

A 그렇긴 해. 그런데 만약 잘 안 되면 어쩌지?

B 결국에는, 네가 결정하는 거야. 224 뭐든지 난 네가 선택하는 대로 따를게.

A 맞아, 맞아. 네 조언대로 할게. 그냥 간단하게 해보자.

B 좋아. 천천히 해, 알았지? 248

Say It in English

A Hey, are you sure you want to try that? It's a long shot. 236

B I know, but it could be fun, and beggars can't be choosers.

A Well, I guess. But what if it doesn't work out?

B At the end of the day, it's your decision. 224 I'll go along with whatever you choose.

A True, true. I'll take your advice. Let's just keep it simple.

B Sounds good. Easy does it, right? 248

Write & Speak English

A 야, 정말 해볼 거야? 가능성이 희박한데. 236

Hey, are you sure you want to try that? It's a long shot.

B 알아, 근데 재미있을 수도 있어. 그리고 찬밥 더운밥 가릴 처지가 아냐.

I know, but it could be fun, and beggars can't be choosers.

A 그렇긴 해. 그런데 만약 잘 안 되면 어쩌지?

Well, I guess. But what if it doesn't work out?

B 결국에는, 네가 결정하는 거야. 224 뭐든지 난 네가 선택하는 대로 따를게.

At the end of the day, it's your decision. I'll go along with whatever you choose.

A 맞아, 맞아. 네 조언대로 할게. 그냥 간단하게 해보자.

True, true. I'll take your advice. Let's just keep it simple.

B 좋아. 천천히 해, 알았지? 248

Sounds good. Easy does it, right?

Chat Buddy
- **go along with** ~에 동조하다, 따르다
- **take someone's advice** ~의 조언[충고]을 받아들이다

정답 It's a long shot. 236   At the end of the day, it's your decision. 224   Easy does it 248

5 프로젝트 진행상황에 대해 이야기하며

#OfficeWins #TeamGoals

Look at What to Say

A 지금까지는 순조로워. **210** 모든 게 계획대로 잘 진행 중인 거 같아.

B 맞아, 우리 생각이 잘 맞네. **213** 이 프로젝트는 순조롭게 진행되고 있어.

A 필요한 추가 자원을 얻으려고 빽을 좀 썼지. **241**

B 멋진데. 정말 할 수 있는 것 이상으로 했네.

A 별거 아냐. 그저 도움이 돼서 다행이야.

B 물론이지. 계속 그렇게 해! **238** 우리 목표에 거의 다 왔어.

Say It in English

A So far, so good. **210** Everything seems to be on track.

B Yeah, we're on the same wavelength. **213** This project is going smoothly.

A I pulled some strings to get the additional resources we needed. **241**

B That's great. You really went above and beyond.

A It's not a big deal. I'm just glad to help.

B Definitely. Keep it up! **238** We're almost there.

Write & Speak English

A 지금까지는 순조로워. 210 모든 게 계획대로 잘 진행 중인 거 같아.
_____ Everything seems to be on track.

B 맞아, 우리 생각이 잘 맞네. 213 이 프로젝트는 순조롭게 진행되고 있어.
Yeah, _____. This project is going smoothly.

A 필요한 추가 자원을 얻으려고 빽을 좀 썼지. 241
_____ to get the additional resources we needed.

B 멋진데. 정말 할 수 있는 것 이상으로 했네.
That's great. You really went above and beyond.

A 별거 아냐. 그저 도움이 돼서 다행이야.
It's not a big deal. I'm just glad to help.

B 물론이지. 계속 그렇게 해! 238 우리 목표에 거의 다 왔어.
Definitely. _____ We're almost there.

Chat Buddy
- **be on track** 계획한 대로 잘 진행되고 있다 327
- **go above and beyond** 할 수 있는 것 이상의 노력이나 수고를 하다, 즉 '기대 이상으로 더 열심히 하다, 특별히 더 잘하려고 노력하다'는 의미
- **We're almost there.** (목적지, 목표, 마감일 등에) 거의 다 왔다.

정답 So far, so good. 210   we're on the same wavelength 213   I pulled some strings 241   Keep it up! 238

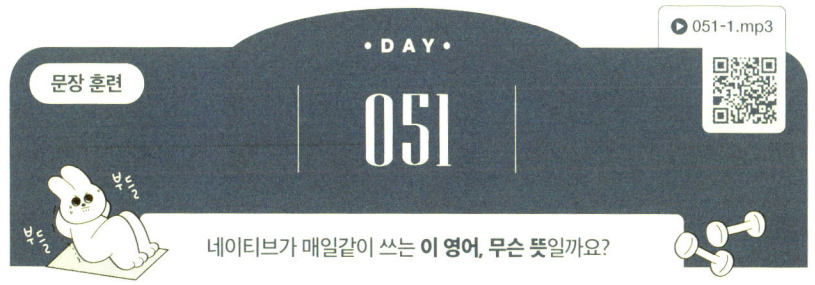

Get out of town!

251

 It's used to show disbelief or amazement when something surprising or shocking happens.

Just give it your best shot.

252

 This means to try with all your effort, even if you're unsure about the outcome.

I've got a lot on my plate.

253

 'Have (got) a lot on my plate' means having many things to do. Like saying, "You're very busy" or "Too much work."

It's hit or miss.

254

 This means something is sometimes good, sometimes bad. Like saying, "It's unpredictable" or "50/50."

It's not rocket science.

255

 This means something is easy to understand or do, and not very complicated.

• DAY • 051

문장 훈련

네이티브가 매일같이 쓰는 이 말, 영어로 할 수 있나요?

251

말도 안 돼!

생각치도 못했던 이야기를 들었을 때 너무 놀랍고 믿어지지가 않는다는 뉘앙스로 내뱉는 말. 거의 감탄사에 가깝죠. [syn] No way! / You're kidding! / Seriously? (진정? 진짜야?)

252

그냥 최선을 다해.

결과가 어찌 되든 있는 힘껏 해보라는 뜻이에요. 스포츠나 사냥에서 목표물을 향해 있는 힘껏 최고의 샷을 날리는 데서 유래된 표현이죠. [syn] Just do your best. / Just try your hardest. / Just give it all you've got. (네 전부를 쏟아부어봐.)

253

할 일이 태산이야/너무 많아.

할 일이 정말 많을 때 '할 일이 산더미야/태산이야'라는 식으로 말하잖아요. 이에 해당되는 영어표현이 have (got) a lot on one's plate예요. 접시에 잔뜩 쌓인 음식에 비유해 표현한 거죠. [syn] be swamped with work (일에 파묻혀 있다, 일이 너무 바쁘다)

254

들쭉날쭉해. 반반이야.

물건의 질이 들쭉날쭉할 때, 음식 맛이 들쭉날쭉할 때, 날씨가 들쭉날쭉할 때 모두 쓸 수 있는 표현이에요. [syn] Sometimes good, sometimes bad.

255

어렵지 않아.

로켓을 다루는 과학이 아니라는 말에 빗대 '쉽고 간단한 일'이라는 점을 강조한 표현이에요. 로켓 과학처럼 복잡하거나 어렵지 않다는 거죠. [syn] It's simple. (간단해.) / It's not hard.

대화 연습

DAY 051

네이티브가 매일 주고받는 **이 대화, 영어로** 할 수 있나요?

251
A 오늘 셀럽 만났잖아!
B 말도 안 돼! 진짜야?

[hint] 셀럽 celebrity

252
A 발표 때문에 긴장돼.
B 그냥 최선을 다해. 넌 분명 잘할 거야.

[hint] ~ 때문에 긴장되다 be nervous about

253
A 오늘 나 좀 도와줄 수 있어?
B 미안, 할 일이 태산이라서.

254
A 그 식당은 어때?
B 음식 맛이 들쭉날쭉해.

255
A 이거 도저히 모르겠어!
B 에이, 어렵지 않아.

[hint] ~를 도저히 모르겠다 can't figure out

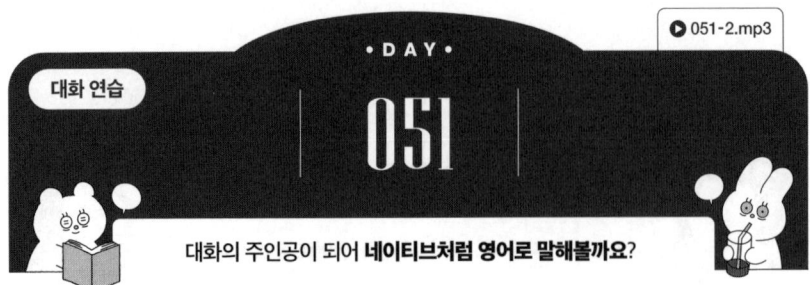

DAY 051

대화 연습

대화의 주인공이 되어 **네이티브처럼 영어로 말해볼까요?**

251
A I met a celebrity today!
B Get out of town! Really?

💬 생각치도 못한 이야기를 들었을 때 감탄하며

252
A I'm nervous about the presentation.
B Just give it your best shot. I'm sure you'll do great.

💬 결과 신경 쓰지 말고 그냥 최선만 다하라고 격려할 때

253
A Can you help me today?
B Sorry, I've got a lot on my plate.

💬 할 일이 너무 많을 때

254
A How's the restaurant?
B It's hit or miss.

💬 물건의 질, 음식 맛, 날씨 등이 들쭉날쭉할 때

255
A I can't figure this out!
B Come on, it's not rocket science.

💬 어렵지 않은 일이라고 할 때

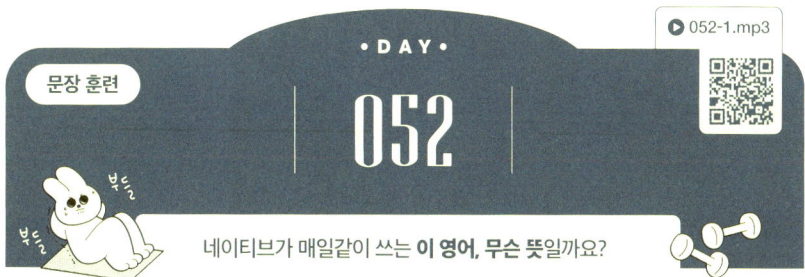

네이티브가 매일같이 쓰는 **이 영어, 무슨 뜻**일까요?

You're on thin ice with the teacher.

'On thin ice' means being in a dangerous situation where a mistake could cause trouble.

Take a wild guess.

This means making a guess without much information, relying on luck or chance.

Are you for real?

This means asking if someone is serious. Like saying, "Are you serious?" or "Is this true?"

To each their own.

This means everyone likes different things. It's like saying, "We all have different preferences."

Say less.

This means, "I understand, no need to explain more." It's like saying, "Got it."

DAY 052

네이티브가 매일같이 쓰는 **이 말, 영어로 할 수 있나요?**

256
너 선생님한테 완전 찍혔어/찍혔겠다.

'위태로운 상황'을 살얼음판에 빗대 on thin ice라고 해요. 뭔가 잘못해서 누군가의 심기를 건드려 위험한 상황일 땐 뒤에 with someone을 붙이죠. 즉 '너 ~한테 찍혔어. 큰일났어. 위험해.'라는 어감의 표현이에요.

257
대충 짐작해봐. 맞춰봐.

상대에게 '대충 짐작해보라'고 할 때 쓰는 표현이에요. take a wild guess는 기본 정보도 없이 그냥 대충 보고 적당히 짐작해본다는 의미거든요. [syn] Take a shot in the dark!

258
진짜야?

상대의 얘기가 진짜인지, 혹은 진담인지를 확인하는 표현이에요. 또, 좋은 일이건 나쁜 일이건 믿기지 않을 정도로 놀라운 소식을 들었을 때 감탄사처럼 습관적으로 입에서 툭 튀어나오는 말로도 쓰이죠. [syn] Are you serious? / Is this true?

259
각자 취향이 있는 법이지. (사람마다 취향이 다르니까.)

남들과는 다른 자기만의 취향이나 의견, 삶의 방식, 스타일 등을 존중한다는 뜻입니다.
[syn] Different strokes for different folks. (사람마다 취향이 다 다른 법이지.) / Everyone's different. (다들 다르니까.)

260
알겠어. 더 말할 필요 없어.

'더 말할 필요 없어, 다 알아들었어, 오케이!'라는 의미가 이 말 한마디에 다 들어 있습니다. 상대의 제안이나 부탁에 긴 말 필요 없이 흔쾌히 오케이할 때 사용해 보세요. [syn] Got it. (알겠어.) / Understood. (알겠어.) / Say no more.

대화 연습

DAY 052

네이티브가 매일 주고받는 **이 대화**, **영어로** 할 수 있나요?

256
- A 나 또 숙제 깜빡했어.
- B 너 선생님한테 완전 찍혔겠다.

257
- A 상자에 뭐가 들어있어?
- B 맞춰봐!

258
- A 나 막 매니저로 승진했어.
- B 진짜야? 우와, 멋지다!

  hint ~로 승진하다 get promoted to ~

259
- A 나 파인애플 피자 좋아해!
- B 난 별로지만, 사람마다 취향이 다르니까.

  hint 난 별로다, 내 취향은 아니다 Not my favorite

260
- A 이번 주말에 이사 좀 도와줄 수 있어?
- B 더 말할 필요 없어. 내가 다 커버해줄게.

  hint ~를 다 커버해주다 have got someone covered

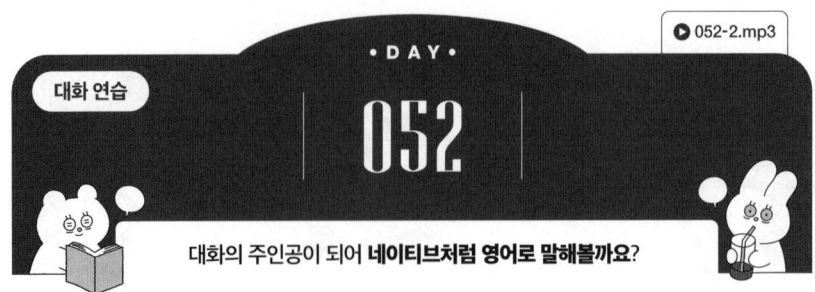

대화 연습

DAY 052

🔊 052-2.mp3

대화의 주인공이 되어 **네이티브처럼 영어로 말해볼까요?**

A I forgot my homework again.
B You're on thin ice with the teacher.

💬 누군가의 심기를 건드려 너 큰일났다고 경고할 때

A What's in the box?
B Take a wild guess!

💬 정보 없이 그냥 대충 보고 맞춰보라고 할 때

A I just got promoted to manager.
B Are you for real? That's fantastic!

💬 믿기지 않는 소식을 듣고 진짜냐고 물을 때

A I love pineapple pizza!
B Not my favorite, but to each their own.

💬 서로의 취향을 존중해 줄 때

A Can you help me move this weekend?
B Say less. I've got you covered.

💬 제안이나 부탁에 긴 말 필요 없이 바로 오케이할 때

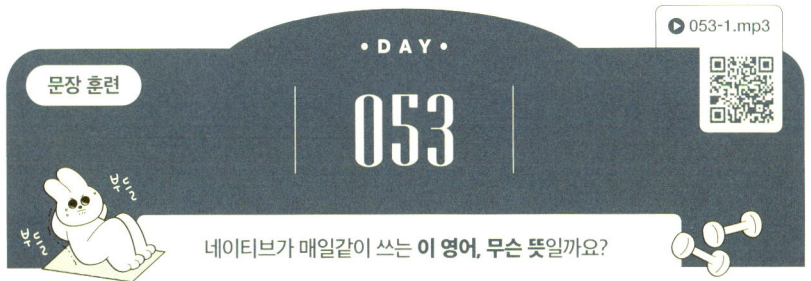

• DAY •
053

네이티브가 매일같이 쓰는 **이 영어, 무슨 뜻**일까요?

261

That's cap.

It's slang for lying or exaggerating. You can say this when you think someone isn't telling the truth.

262

No cap.

It's slang meaning you're being honest, not lying. Often used to emphasize you're telling the truth.

263

You should let loose.

This means to relax or have fun. It's like saying, "Enjoy yourself" or "Don't be so serious."

264

Safe travels!

It's used to wish someone a safe and smooth journey, whether by car, plane, or other means.

265

I'm flying solo.

This means to do something alone. It's like saying, "I'm going alone," or "I'm doing this by myself."

DAY 053

문장 훈련

네이티브가 매일같이 쓰는 **이 말, 영어로** 할 수 있나요?

261

거짓말. 거짓말이잖아.

cap은 슬랭으로 '거짓말'을 뜻해요. '솔직하지 못하게 허세나 허풍을 떠는 것'을 뜻하는 capping의 줄임말이라는 설도 있지만, 유명해진 건 힙합 가사에 쓰이면서죠. 상대의 말이 허황된 거짓말인 게 뻔히 보일 때 Cap. 또는 That's cap.이라고 말하세요.

262

거짓말 아냐. 진짜야.

Cap.의 반대말로, 거짓말이 아니라는 걸 강조하는 표현이에요. 2010년대 말에 급부상한 표현으로, SNS에서 자신의 말에 대해 '거짓말 아님. 진짜임.'이란 의미로 간단하게 덧붙이면서 인기를 끌게 됐죠. ⓢⓨⓝ No lie. (거짓말 아냐.) / For real. (진짜야.)

263

긴장 풀고 좀 편하게 즐겨/쉬어.

너무 진지하게도, 너무 심각하게도, 너무 스트레스 받지도 말고 그저 긴장을 풀고 편하게 쉬거나 즐기라는 의미입니다. 한마디로 좀 헐렁하게/느슨하게 있으라는 거죠. ⓢⓨⓝ Lighten up! / Take it easy! / Loosen up!

264

안전한 여행 되세요!

관광이든, 출장이든, 친척이나 친구집 방문이든 어쨌든 먼 길을 떠나는 이에게 '안전하게 조심히 잘 다녀오라'는 의미로 하는 기분 좋은 인사말입니다. ⓢⓨⓝ Have a safe trip.

265

혼자 갈 거야.

fly solo는 무엇을 혼자 한다거나, 어디를 혼자 간다고 할 때 쓰는 표현이에요. 특히 파티나 콘서트 같은 행사에 혼자 간다고 할 때 자주 쓰이죠. ⓢⓨⓝ I'm going solo. / I'm going alone.

대화 연습

· DAY ·
053

053-2.mp3

네이티브가 매일 주고받는 **이 대화**, **영어로** 할 수 있나요?

261
- A 오늘 아침에 5마일 달렸어.
- B 거짓말. 너 늦게까지 자고 있는 거 봤어.

[hint] 늦게까지 자다 sleep in

262
- A 이 영화는 역대급으로 최고야. 거짓말 아냐.
- B 봐야겠다!

[hint] 역대급으로 ever

263
- A 요즘 스트레스 너무 받아.
- B 이번 주말엔 긴장 풀고 좀 편하게 즐겨.

[hint] 요즘 계속되고 있는 상황은 <have + p.p.>로 표현해 보세요.

264
- A 내일 여행 떠나요.
- B 안전한 여행 되세요! 즐거운 시간 보내고요.

[hint] 여행을 떠나다 leave for one's trip

265
- A 파티에 누구 데려가?
- B 아니, 나 혼자 갈 거야.

[hint] ~에 누구 데려가? Are you bringing anyone to ~?

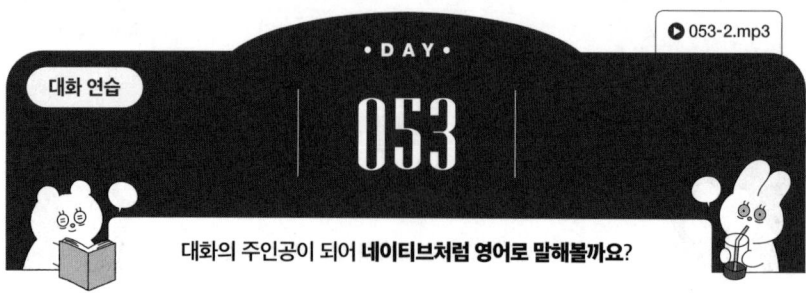

DAY 053

대화 연습

대화의 주인공이 되어 **네이티브처럼 영어로 말해볼까요?**

🔊 053-2.mp3

261
A I ran five miles this morning.
B That's cap. I saw you sleeping in.

💬 뻔히 보이는 거짓말을 바로 지적할 때

262
A This is the best movie ever. No cap.
B I have to watch it!

💬 자신의 말이 진짜라는 걸 강조할 때

263
A I've been so stressed.
B You should let loose this weekend.

💬 편하게 좀 쉬거나 즐기라고 할 때

264
A I'm leaving for my trip tomorrow.
B Safe travels! Have a great time.

💬 무사히 여행 잘 다녀오라고 인사할 때

265
A Are you bringing anyone to the party?
B No, I'm flying solo.

💬 어떤 행사에 혼자 간다고 할 때

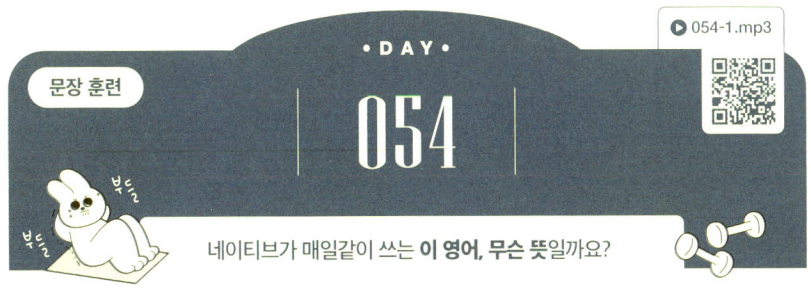

• DAY •

054

문장 훈련

네이티브가 매일같이 쓰는 **이 영어, 무슨 뜻**일까요?

054-1.mp3

266

It's a tourist trap.

 This means a place popular with tourists but often overpriced, crowded, or not worth visiting.

267

It's off the beaten path.

 This describes places that are less visited, unique, or not part of usual tourist spots.

268

I'm going bargain hunting.

 'Bargain hunting' means actively searching for discounts or cheaper prices when shopping, especially for clothes or gifts.

269

Impulse buy, huh?

 'Impulse buy' means you bought something without planning. It was a quick, emotional decision.

270

It's a toss-up.

 This means both options are equally possible. It's difficult to choose between them.

DAY 054

문장 훈련

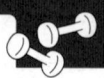

네이티브가 매일같이 쓰는 **이 말, 영어로 할 수 있나요?**

266

그냥 관광객만 많은 곳이야.

맛집이다, 유명한 관광명소다 해서 갔는데 사람만 많고 이름값도 못하고 비싸기만 한 곳, 여행 가면 꼭 있잖아요. tourist trap은 바로 그런 곳을 말하죠. [syn] It's overhyped. (과대평가됐어.) / It's a rip-off. (바가지야.)

267

잘 알려지지 않은 곳이야.

beaten path는 사람들이 많이 다녀서 다져진 길, 즉 '많이 알려진 곳'을 의미하죠. off the beaten path는 그 알려진 길에서 벗어난 곳이니까, '잘 알려지지 않은 곳'을 말할 때 써요. [syn] It's a hidden gem. (숨겨진 명소야.)

268

싸게 득템하러 다닐 거야.

소비자 입장에서 좋은 가격, 즉 '싸거나 할인된 물건을 사냥하듯 열심히 찾아다니는 것'을 bargain hunting이라고 해요. [syn] I'm looking for deals. (좋은 가격의 물건을 찾아다닐 거야.)

269

충동구매했구나?

소위 MBTI의 극 J가 아닌 이상, 누구나 한 번쯤 충동구매 하지 않나요? 영어로 '충동구매'는 글자 그대로 impulse buy(impulse 충동, buy 구매)입니다. [syn] buy it on a whim (일시적인 기분으로 사다) / spur-of-the-moment purchase (충동구매)

270

반반이야.

두 가지 옵션 중에 하나를 고르기가 힘들 때 쓰는 표현이에요. toss-up은 동전 던지기할 때처럼 '반반의 가능성'을 의미하죠.

대화 연습

• DAY •
054

🔊 054-2.mp3

네이티브가 매일 주고받는 **이 대화, 영어로** 할 수 있나요?

266
A 그 박물관 좋았어?
B 그다지. 그냥 관광객만 많은 곳이었어.

[hint] 그다지. 별로. Not really.

267
A 이곳은 아무 여행 가이드에도 안 나와 있네.
B 그래서 좋지. 잘 알려지지 않은 곳이야.

[hint] 그래서 좋지. That's why I like it.

268
A 이번 주말에 뭐 해?
B 쇼핑몰 가서 싸게 득템 좀 해볼까 해.

269
A 이거 필요 없었는데 아무튼 샀어.
B 충동구매했구나?

[hint] 아무튼 anyway

270
A 누가 이길 것 같아?
B 반반이야.

[hint] 누가 ~할 것 같아? Who do you think is going to do ~?

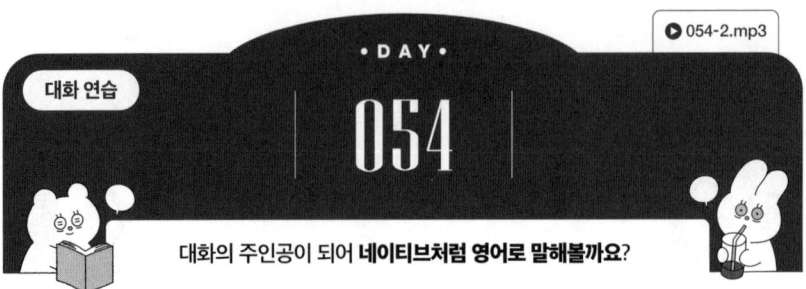

A Did you like that museum?
B Not really. It was a tourist trap.

🗨 관광객만 많지 별로인 관광지에 대해 얘기할 때

A This place isn't in any travel guides.
B That's why I like it—it's off the beaten path.

🗨 잘 알려지진 않았지만 개성이 있는 곳을 소개할 때

A What are you doing this weekend?
B I'm going bargain hunting at the mall.

🗨 싼 물건을 찾아 쇼핑 다닐 거라고 할 때

A I didn't need this, but I got it anyway.
B Impulse buy, huh?

🗨 충동구매에 대해 얘기할 때

A Who do you think is going to win?
B It's a toss-up.

🗨 가능성이 반반이어서 하나를 고르기 힘들 때

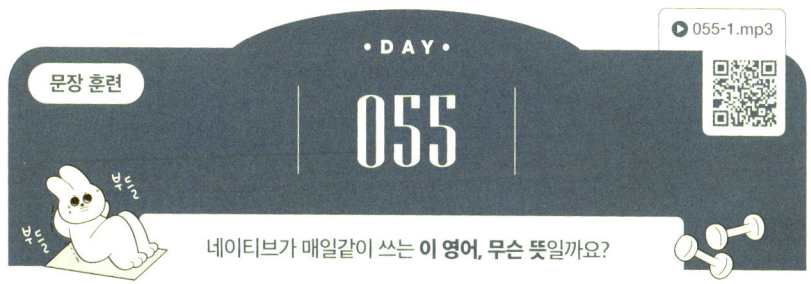

• DAY •
055

문장 훈련

네이티브가 매일같이 쓰는 **이 영어, 무슨 뜻일까요?**

271
We should hit the road soon.

 'Hit the road' means to start a journey or leave a place. Like saying, "Let's get going."

272
Why not get away from it all?

 'Get away from it all' means to escape from daily life, often to relax or destress.

273
She's not pulling her weight.

 'Pull one's weight' means to do your part of the work, not rely on others.

274
Try thinking outside the box.

 This means to think in creative, unconventional ways to solve a problem.

275
I hit the ground running.

 'Hit the ground running' means to start something with lots of energy, ready to go immediately.

DAY 055

문장 훈련

네이티브가 매일같이 쓰는 **이 말, 영어로** 할 수 있나요?

271

우리 빨리 출발해야 해.

hit the road는 '길을 떠나다', '자리를 뜨다'라는 의미입니다. 여행길을 떠날 때도 쓰고, 중간에 쉬다가 다시 길을 떠날 때도 쓰고, 친구랑 만났다가 그만 가봐야 할 시간이 되었을 때도 쓰죠. [syn] We should get going soon.

272

이 모든 것에서 벗어나 좀 쉬는 게 어때?

이따금 일상의 모든 것으로부터 벗어나 아무 생각 없이 평화롭게 쉬고 싶을 때 있죠? 바로 그렇게 하는 것을 get away from it all이라고 합니다. [syn] Why not take a break? (좀 쉬는 게 어때?) / Why not go on a vacation? (휴가 좀 가는 게 어때?)

273

그 여자가 제 몫/역할을 못 하고 있어.

함께 하는 일에서 제 몫을 제대로 해내지 못하는 사람이 있을 때 써보세요. pull one's weight는 '제 몫을 하다'는 의미입니다. [syn] She's not doing her part. / She's not carrying her share of the load.

274

틀에서 벗어나 좀 다르게 생각해봐.

가끔은 고정된 생각에서 벗어나 독창적이고 신선한 아이디어가 필요할 때가 있어요. 이런 상황에서 꼭 알아야 할 표현입니다. think outside the box는 '틀을 벗어나 창의적이고 혁신적으로 생각하다'는 뜻이에요.

275

시작부터 빡세게 일했어. (곧바로 전력을 다했어.)

hit the ground running은 어떤 일을 '시작하자마자 바로 돌입한다, 전력을 다한다'는 의미입니다. 병사들이 차량에서 내리자마자 땅에 발이 닿기 무섭게 바로 달리기 시작하는 모습에서 유래됐죠. [syn] jump right in (바로 뛰어들다)

DAY 055

대화 연습

네이티브가 매일 주고받는 **이 대화**, **영어로** 할 수 있나요?

271
- A 우리 빨리 출발해야 해.
- B 응, 늦어지고 있네.

hint 늦어지다 get late

272
- A 요즘 일이 힘들어.
- B 이 모든 것에서 벗어나 좀 쉬는 게 어때?

hint 힘든 tough

273
- A 그 팀 왜 고전하고 있지?
- B 걔가 요즘 들어 제 역할을 못 하고 있어.

hint 고전하다 struggle | 요즘 들어 lately

274
- A 생각이 꽉 막혔어. (더 이상 생각이 나지 않아.)
- B 틀에서 벗어나 좀 다르게 생각해봐.

hint 생각이 꽉 막히다 be stuck

275
- A 첫날 어땠어?
- B 시작부터 빡세게 일했어.

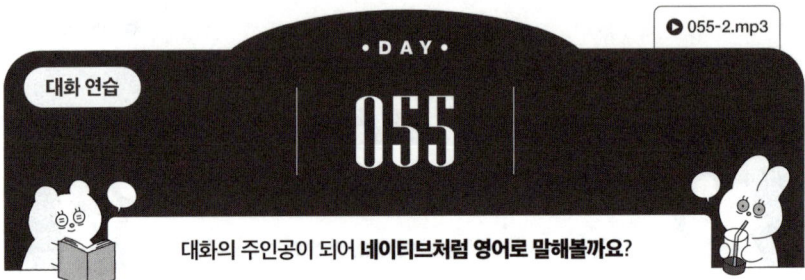

DAY 055

대화의 주인공이 되어 **네이티브처럼 영어로 말해볼까요?**

271
- A We should hit the road soon.
- B Yeah, it's getting late.

　이제 어서 출발해야 한다고 할 때

272
- A Work's been tough.
- B Why not get away from it all?

　일상의 모든 것에서 벗어나 좀 쉬라고 권할 때

273
- A Why is the team struggling?
- B She's not pulling her weight lately.

　누군가가 제 역할을 못하고 있을 때

274
- A I'm stuck.
- B Try thinking outside the box.

　기존의 틀에서 벗어나 다르게 생각해보라고 할 때

275
- A How was your first day?
- B I hit the ground running.

　시작하자마자 바로 에너지를 쏟았다고 할 때

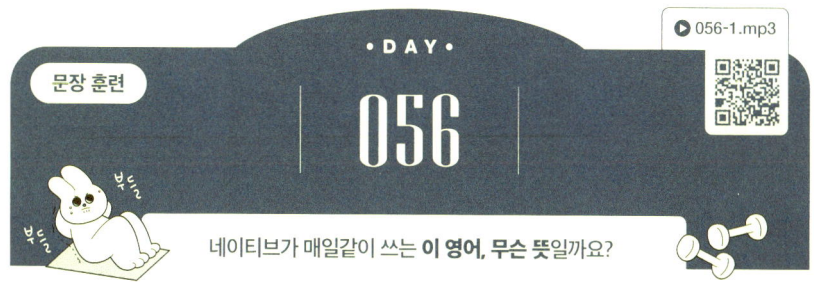

문장 훈련

• DAY •

056

056-1.mp3

네이티브가 매일같이 쓰는 **이 영어, 무슨 뜻일까요?**

276

I'm hitting the books.

This means to begin studying seriously, especially for exams or projects.

277

I passed with flying colors.

This means to pass or achieve something, usually a test, with great success or excellence.

278

Back to the drawing board.

This means to start planning again because the current idea failed.

279

I'm still learning the ropes.

'Learn the ropes' means to learn how to do a job or task properly. It's similar to 'get the hang of it.'

280

I ran out of steam.

It refers to losing motivation or energy, often in the middle of something.

DAY 056

 056-1.mp3

문장 훈련

네이티브가 매일같이 쓰는 **이 말**, 영어로 할 수 있나요?

276

이제 공부 좀 할 거야. / 공부 중이야.

시험이나 중요한 프로젝트를 앞두고 있어서 '이제 열심히 공부해야 한다'고 할 때도, '지금 공부 중이다'라고 할 때도 모두 쓰는 표현이에요. 한국인들은 이럴 때 '책 판다, 책을 파먹는다'고 말하는데 영어에서는 hit the books라고 말하죠.

277

아주 잘해냈어. / 좋은 성적으로 통과했어.

with flying colors는 시험이나 평가를 '아주 우수한 성적으로' 통과했다거나 맡은 일을 '아주 훌륭하게 잘' 해냈을 때 쓰는 표현이죠. [syn] I aced it. (엄청 잘 봤어/했어.) / I nailed it. (아주 잘해냈어.)

278

다시 시작해. 다시 시작해야겠네.

계획이나 아이디어가 잘 안 되었을 때, 처음부터 다시 시작하자는 의미입니다. 칠판에 다시 그리듯, 기획 단계로 돌아가서 새롭게 시작하는 상황에서 사용해요. [syn] We need to start over. / We have to go back to square one. (원점에서 다시 시작해야 해.)

279

아직 일을 배우는 중이에요.

새로운 일을 시작하면 '일을 하는 방법이나 요령, 기본 원리를 배워야' 하죠. 이렇게 초짜가 '일을 배운다'고 할 때 learn the ropes라는 표현을 써요. [syn] get the hang of it (그 일에 익숙해지다, 그 일을 터득하다)

280

힘이 다 빠졌어. 진이 다 빠졌어.

한창 열심히 일하다가 진이 다 빠져버린 상태를 나타내는 말이에요. run out of steam은 '기운이 다 빠지다, 힘이 다 빠지다, 진이 다 빠지다'는 의미죠.

대화 연습

• DAY • 056

▶ 056-2.mp3

네이티브가 매일 주고받는 **이 대화**, **영어로** 할 수 있나요?

276
A 오늘밤에 나갈 거야?
B 아니, 이제 공부 좀 할 거야.
[hint] 바로 코앞의 예정에 대해 얘기할 때는 현재진행형을 사용해 보세요.

277
A 시험 어땠어?
B 아주 잘 봤어.

278
A 프로젝트가 잘 안 됐어.
B 다시 시작해야겠네.
[hint] 잘 안 되다, 잘 안 풀리다 not work

279
A 새 직장은 어때?
B 아직 배우는 중인데 재밌어.

280
A 왜 뛰다 말았어?
B 중간쯤에 힘이 다 빠졌어.
[hint] ~하다 말다 stop -ing | 중간쯤에 halfway through

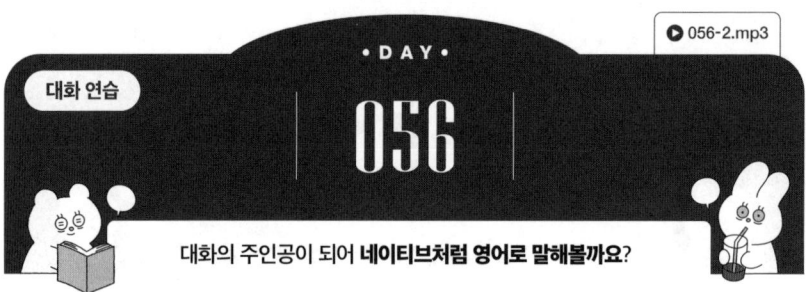

대화 연습

대화의 주인공이 되어 **네이티브처럼 영어로 말해볼까요?**

276
A Are you going out tonight?
B No, I'm hitting the books.

 공부할 거라고 할 때

277
A How was the test?
B I passed with flying colors.

 시험이나 평가 등을 아주 잘 봤다고 할 때

278
A The project didn't work.
B Back to the drawing board.

 계획한 일이 잘 안 됐을 때 처음부터 다시 시작하자며

279
A How's your new job?
B I'm still learning the ropes, but it's fun.

일을 배우고 있는 중일 때

280
A Why did you stop running?
B I ran out of steam halfway through.

 뭔가를 한창 열심히 하다가 진이 다 빠져버렸을 때

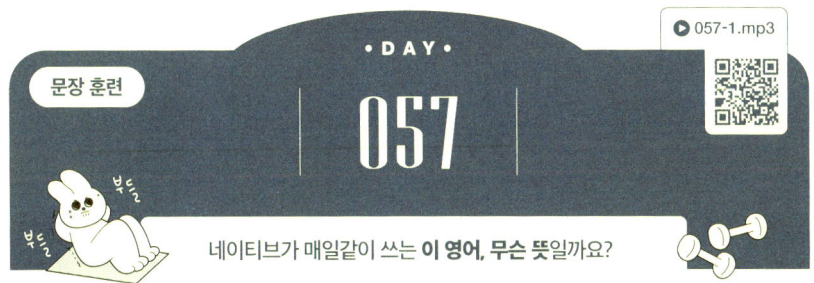

•DAY•
057

문장 훈련

네이티브가 매일같이 쓰는 **이 영어, 무슨 뜻일까요?**

281

We're back on our feet now.

 'Back on one's feet' refers to recovering after a problem, like illness or financial troubles.

282

I'm still living paycheck to paycheck.

 'Live paycheck to paycheck' means earning just enough to cover your bills. No extra money is saved.

283

It'll break the bank.

 It refers to something costing a lot, often more than you can afford.

284

I'm just making ends meet.

 'Make ends meet' means having just enough money to live. Like saying, 'barely covering your costs.'

285

We're ahead of the curve.

 'Ahead of the curve' describes being more advanced or successful than others in a field.

DAY 057

문장 훈련

네이티브가 매일같이 쓰는 **이 말, 영어로** 할 수 있나요?

281

이제 회복했어.

병을 앓다가 회복하거나, 경제적 어려움이나 개인적인 어려움을 극복하고 회복한 상태를 back on one's feet이라고 합니다. 두 발로 다시 일어난 모습에 빗대 표현한 것이죠.
[syn] back to normal (정상화된)

282

여전히 하루 벌어 하루 먹고 살아.

live paycheck to paycheck은 '근근이 먹고 산다'는 뜻이에요. 저축할 여유 없이 급여(paycheck)로 생활비만 겨우 충당하며 산다는 의미죠. [syn] I'm barely getting by. (간신히 버티고 있어.) / I'm just scraping by. (그냥 빠듯하게 살아.)

283

살림 거덜나(겠어).

break the bank, 은행을 거덜낸다는 것은 그만큼 '돈이 많이 든다, 큰 돈이 든다'는 의미이죠. 한국어의 '살림 거덜난다'는 말에 어울리는 표현이에요. [syn] It'll cost a fortune. (돈이 무지 많이 들어.) / It'll cost an arm and a leg. (돈이 무지 많이 들어.)

284

입에 겨우 풀칠해. / 입에 풀칠은 해.

make ends meet는 살림이 쪼들려서 '입에 겨우 풀칠한다'는 부정적인 뉘앙스로도, 살림이 쪼들리긴 하지만 '입에 풀칠은 하고 산다'는 긍정적인 뉘앙스로도 쓸 수 있어요. ⚠ 급여에 관계없이 살림이 쪼들린다는 상황 자체에 초점이 있는 표현이에요.

285

우린 앞서가고 있어.

특정 분야에서 트렌드를 주도하고 앞서나가는 집단이나 사람이 있죠. ahead of the curve(앞서나가는)는 그런 사람이나 집단을 나타낼 때 쓰는 표현이에요. [syn] We're ahead of the game. / We're on the cutting edge. (우린 최첨단을 달리고 있어.)

대화 연습

DAY 057

🔊 057-2.mp3

네이티브가 매일 주고받는 **이 대화**, **영어로** 할 수 있나요?

281
A 너, 사업은 좀 어떻게 되고 있어?
B 이제 회복했어.

282
A 재정 상태가 좀 어때?
B 여전히 하루 벌어 하루 먹고 살아.

[hint] 재정 상태 financial situation

283
A 그 폰 사고 싶어?
B 못 사, 살림 거덜나.

284
A 새 차 살 여유 돼?
B 아니, 입에 겨우 풀칠하고 있어.

[hint] ~을 살 여유가 있다 can afford

285
A 회사는 잘돼?
B 우리는 기술 면에서 앞서가고 있어.

• DAY •

057

대화 연습

대화의 주인공이 되어 **네이티브처럼 영어로 말해볼까요?**

🔊 057-2.mp3

281
A How's your business doing?
B We're back on our feet now.

🔴 병이나 경기가 좋아져서 회복했다고 할 때

282
A How's your financial situation?
B I'm still living paycheck to paycheck.

🔴 번 돈으로 저축할 여유도 없이 근근이 먹고 산다고 할 때

283
A Do you want to buy that phone?
B I can't, it'll break the bank.

🔴 너무 비싸다고 할 때

284
A Can you afford a new car?
B No, I'm just making ends meet.

🔴 살림이 쪼들릴 때

285
A How is your company doing?
B We're ahead of the curve in technology.

🔴 특정 분야에서 앞서가고 있다고 할 때

286
It was ahead of its time.

'Ahead of its time' means something was advanced or too forward-thinking for its era.

287
Everything is state-of-the-art.

'State-of-the-art' describes something using the latest, most advanced technology or design.

288
The ball is in your court.

This means it's your turn to decide. Similar to saying, "Now it's up to you."

289
I'm in the zone right now.

This means you're working at your best with full focus and good results.

290
It's finally a level playing field.

This is a situation where everyone has an equal chance to succeed without any unfair advantages.

문장 훈련

• DAY •
058

네이티브가 매일같이 쓰는 **이 말, 영어로** 할 수 있나요?

286
시대를 앞서갔어.

ahead of its time은 '시대를 앞서간'이란 뜻이에요. 너무 혁신적이고 진보적이어서 그 시대에서는 인정받지 못하는 것을 보고 우리는 '시대를 앞서갔다'고 얘기하죠. [syn] It was too advanced for its time. (시대를 너무 앞서갔어.)

287
모든 게 최첨단이야.

어떤 제품이나 설비가 기술이나 디자인적인 면에서 '최첨단이고 최신식인' 것을 state-of-the-art라고 표현하죠. [syn] cutting-edge / top-of-the-line

---

288
이제 공은 네게로 넘어갔어.
(이제 결정은 네 손에 달렸어.)

공이 네 코트 안에 있다, 즉 공이 너의 코트로 넘어갔으니 '결정권은 너한테 있다'는 의미. 결정권이 누구한테 있느냐에 따라 your 자리는 바꿔서 말하면 되죠. [syn] It's up to you now.

289
지금 초집중 모드야.

어떤 일에 완전히 집중해서 죽죽 잘해나가고 있는 상태를 영어로는 '그 존 안에(in the zone) 있다'는 식으로 표현합니다. 주변의 어떤 소리도 안 들리고 움직임도 안 느껴질 정도로 완전히 집중해 있는 상태를 의미하죠. [syn] I'm on fire. (나 지금 완전 불붙었어.)

290
드디어 공정한 경쟁의 장이 되었어요.

경쟁이나 상황이 공정해졌다는 의미로 쓰는 말이에요. a level playing field는 모든 경쟁자가 공평하게 경쟁하는 상황을 나타냅니다. 원래는 스포츠에서 사용된 표현으로, 특정 상황에서 불평등이 없고 모든 사람이 동등하게 기회를 가진다는 뜻이죠.

DAY 058

대화 연습

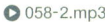

네이티브가 매일 주고받는 **이 대화**, **영어로** 할 수 있나요?

286
- A 그 영화 되게 현대적인 느낌이네.
- B 시대를 앞서갔지.

287
- A 새 사무실 좋아?
- B 응, 모든 게 최첨단이야.

288
- A 우리, 대답을 기다려야 할까요?
- B 이제 공은 그 사람한테 넘어갔어요.

[hint] 대답을 기다리다 wait for an answer

289
- A 그 문제들을 정말 빨리 푸네!
- B 응, 지금 초집중 모드야.

[hint] 문제를 풀다 solve a problem

290
- A 이제 모두가 공평하게 경쟁하고 있나요?
- B 네, 드디어 공정한 경쟁의 장이 되었어요.

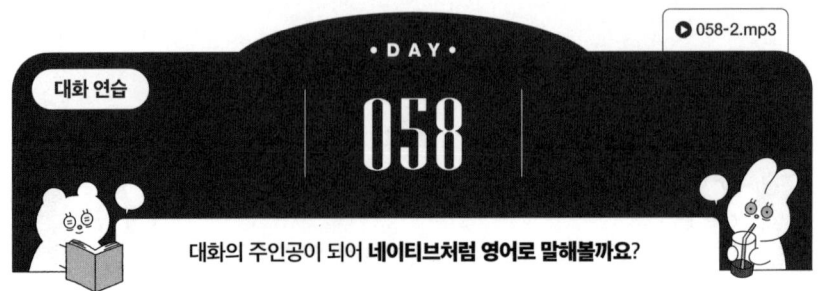

대화의 주인공이 되어 **네이티브처럼 영어로 말해볼까요?**

286
- A That movie feels so modern.
- B It was ahead of its time.

 어떤 것이 시대를 앞서갔다고 할 때

287
- A Is your new office nice?
- B Yes, everything is state-of-the-art.

 기술이나 디자인적인 면에서 최첨단이라고 할 때

288
- A Should we wait for an answer?
- B The ball is in his court now.

 결정권이 누구에게 있다고 할 때

289
- A You're solving those problems so fast!
- B Yeah, I'm in the zone right now.

🟠 몰입해서 뭔가를 하고 있을 때

290
- A Everyone is competing fairly now?
- B Yes, it's finally a level playing field.

🟠 이제야말로 공정한 경쟁이 가능해졌다고 할 때

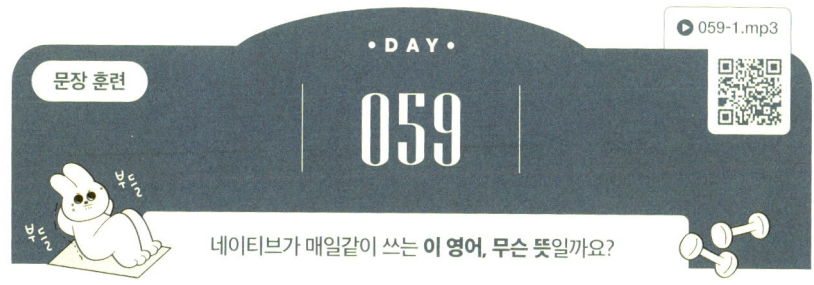

DAY 059

네이티브가 매일같이 쓰는 **이 영어, 무슨 뜻일까요?**

291
I always go the extra mile.

 This means you're doing more than what's required to achieve success or help someone.

292
You need to step up your game.

 This means you need to improve your skills or performance to stay competitive.

293
You're on the right track.

 This means you're making good progress and moving in the correct direction toward your goal.

294
It was off the cuff.

 'Off the cuff' means speaking without preparation or planning, usually spontaneously.

295
Please keep me in the loop.

 This means asking someone to keep you informed about any new updates or information.

DAY 059

문장 훈련

네이티브가 매일같이 쓰는 이 말, 영어로 할 수 있나요?

291

항상 한 발 더 나가. 항상 특별히 더 노력해.

go the extra mile. 원래 가기로 되어 있는 거리보다 특별히 더 간다는 것은 원래 하기로 되어 있는 것보다 '특별히 더 노력한다'는 것을 비유적으로 표현한 거예요. (syn) go above and beyond / give 110% (110% 쏟아붓다)

292

더 열심히 해야겠네. 실력을 키워야겠네.

어떤 일이 뜻대로 잘 안 되거나 결과가 뜻대로 안 나올 때는 두 가지 방법밖에 없습니다. 포기하거나 더 열심히 하거나! 이때 상대가 '좀 더 열심히, 좀 더 박차를 가해 실력을 키우는' 쪽으로 선택하길 바랄 때 이 표현을 써보세요.

293

제대로 잘 가고/하고 있어.

목표를 향해 제대로 잘 나아가고 있다고 상대를 격려할 때 쓸 수 있는 표현이에요. 잘하고 있으니까 계속 그렇게 하면 된다는 의미가 내포되어 있죠.

294

즉흥적으로 한 거야.

off the cuff는 발표, 회의, 연설 등에서 특별한 준비 없이 '즉석에서 자연스럽게, 즉흥적으로' 말을 했다는 캐주얼한 표현이에요. (syn) impromptu (좀 더 formal한 표현. 말뿐 아니라 행사, 연기, 결정 등 더 폭넓게 사용됨)

295

계속 소식 알려줘.

어떤 일이 어떻게 돌아가고 있는지 최신 소식이 업데이트될 때마다 계속 알려달라고 할 때 쓰는 표현이죠. (syn) Keep me updated. / Keep me posted.

DAY 059

대화 연습

059-2.mp3

네이티브가 매일 주고받는 **이 대화**, **영어로** 할 수 있나요?

291
A 어떻게 사장에게 인상을 남겼던 거야?
B 항상 한 발 더 나가서 일해.

hint ~에게 인상을 남기다 impress | 직장에서 in one's work

292
A 성적이 떨어지고 있어.
B 더 열심히 해야겠네.

hint 떨어지다 slip

293
A 내 작품 괜찮아?
B 응, 제대로 잘하고 있어.

hint 작품 work

294
A 말 잘했어! 연습했어?
B 아니, 즉흥적으로 한 거야.

295
A 우리 내일 회의 있어.
B 난 못 가지만 소식은 계속 알려줘.

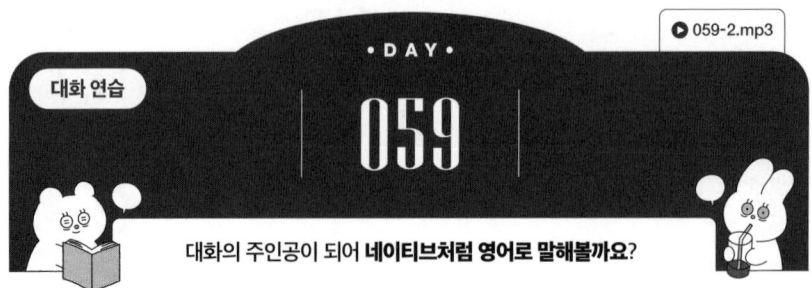

• DAY •
059

대화 연습

대화의 주인공이 되어 **네이티브처럼 영어로 말해볼까요?**

A　How did you impress your boss?
B　I always go the extra mile in my work.

> 한 발 더 나가 노력한다고 할 때

A　My grades are slipping.
B　You need to step up your game.

> 더 열심히 해서 실력을 키우라고 할 때

A　Is my work okay?
B　Yes, you're on the right track.

> 제대로 잘하고 있다고 격려할 때

A　You spoke well! Did you practice?
B　No, it was off the cuff.

> 특별한 준비 없이 즉석에서 그냥 한 거라고 할 때

A　We have a meeting tomorrow.
B　I can't go, but please keep me in the loop.

> 어떻게 돌아가는지 소식 계속 알려달라고 할 때

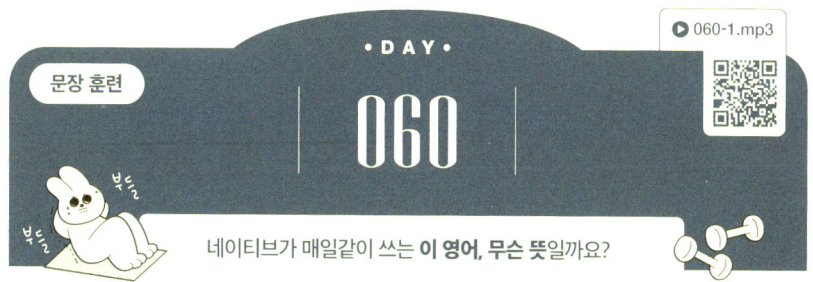

· DAY ·
060

  문장 훈련

네이티브가 매일같이 쓰는 **이 영어, 무슨 뜻일까요?**

296

You're out of the loop.

 'Out of the loop' means being uninformed or unaware of the current situation or updates.

297

You'll pay the price for that.

 This means you will face the consequences or punishment for your actions.

298

They made a killing!

 This means they made a large amount of money, usually quickly or unexpectedly.

299

She always sets the bar high.

 'Set the bar high' means expecting a high level of success or quality from yourself or others.

300

He just turned a blind eye.

 'Turn a blind eye' means intentionally ignoring or avoiding something wrong or unacceptable.

DAY 060

문장 훈련

060-1.mp3

네이티브가 매일같이 쓰는 이 말, 영어로 할 수 있나요?

296

소식을 놓쳤구나. / 소식에 어둡구나.

어떤 정보나 소식을 놓쳐서 그 상황에 대한 최신 정보를 알지 못한다는 의미입니다. 주로 그룹이나 팀 내에서 다른 사람들과 정보를 공유하지 못했을 때 사용돼요. 중요한 소식을 놓쳤을 때, 가벼운 놀림이나 충고의 느낌으로도 쓸 수 있습니다.

297

그에 대한 대가를 치르게 될 거야.

잘못된 결정이나 행동에는 대가가 따르기 마련이죠. 마땅히 해야 할 일을 하지 않은 친구에게 주의를 줄 때 이 표현을 써보세요. pay the price는 '대가를 치르다'는 뜻입니다.
[syn] You'll regret it. (후회하게 될 거야.)

298

그 사람들 대박 났대!

make a killing은 단기간에 또는 예기치 않게 '떼돈을 벌다, 한몫 잡다'는 뜻이에요.
[syn] They hit the jackpot.

299

그 여자는 항상 기준을 높게 잡아.

set the bar high는 '기준을 높게 잡는다'는 의미입니다. 승부욕이 높고 성공에 대한 열망이 강한 사람은 늘 목표를 높게 잡고 움직이죠. [syn] She always holds herself to high standards. (그 여자는 항상 스스로에게 높은 기준을 적용해.)

300

그 사람 그냥 눈감았구만.

잘못된 걸 보고도 못 본 척, 알면서도 모르는 척 외면하고 묵인하는 걸 한국인들도 '눈감다'는 말로 표현하죠. 영어에서도 turn a blind eye라고 같은 식으로 표현해요.

DAY 060

대화 연습

060-2.mp3

네이티브가 매일 주고받는 **이 대화, 영어로** 할 수 있나요?

296
A 계획이 변경된 줄 몰랐어요!
B 소식을 놓친 모양이네요.
[hint] ~었는 줄 몰랐어요 I didn't know S + had p.p. ~

297
A 연습을 건너뛰면 대가를 치르게 될 거야.
B 알아, 안 건너뛸게.
[hint] 연습을 건너뛰다 skip practice

298
A 그 사람들 그 거래로 많이 벌었어?
B 응, 대박 났어.
[hint] 많이 벌다 earn a lot

299
A 새로 온 매니저 어때?
B 그분은 항상 기준을 높게 잡아.

300
A 그 사람은 그 애들이 컨닝하는 걸 봤지만 아무 말도 안 했어.
B 그냥 눈감았구만.
[hint] 컨닝하다 cheat

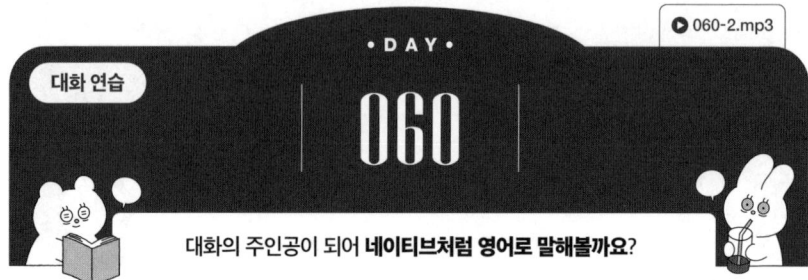

대화 연습

대화의 주인공이 되어 **네이티브처럼 영어로 말해볼까요?**

A I didn't know the plans had changed!
B Sounds like you're out of the loop.

💬 어떤 상황에 대한 최신 소식을 놓친 사람에게

A If you skip practice, you'll pay the price.
B I know, I won't skip it.

💬 잘못된 결정/행동에 대해 대가를 치르게 될 거라고 주의를 줄 때

A Did they earn a lot from that deal?
B Yes, they made a killing.

💬 떼돈을 벌었다고 할 때

A How's the new manager?
B She always sets the bar high.

💬 기준치가 너무 높은 사람에 대해 이야기할 때

A He saw them cheating but said nothing.
B He just turned a blind eye.

💬 잘못된 걸 보고도 모른 척했을 때

Stage 1

망각방지 장치 ❻
DAY 051-060

Fill the Gap!

Choose the right word from the options.
Mistakes help you remember better!

제한시간 2분

01 말도 안 돼!
Get out of _____.
(a) bed (b) town (c) here (d) jail

02 더 열심히 해야겠네.
You need to step up your _____.
(a) game (b) attitude (c) strategy (d) effort

03 소식을 놓쳤구나.
You're out of the _____.
(a) loop (b) game (c) zone (d) picture

04 알겠어. 더 말할 필요 없어.
Say _____.
(a) nothing (b) less (c) everything (d) maybe

05 우린 앞서가고 있어.
We're ahead of the _____.
(a) curve (b) trend (c) class (d) pack

06 드디어 공정한 경쟁의 장이 되었어요.
It's finally a level playing _____.
(a) game (b) point (c) field (d) ground

07 틀에서 벗어나 좀 다르게 생각해봐.
Try thinking outside the _____.
(a) box (b) mind (c) rules (d) zone

정답 01 (b) town 02 (a) game 03 (a) loop 04 (b) less 05 (a) curve 06 (c) field 07 (a) box

08 거짓말. 거짓말이잖아.

That's _____.

(a) a wrap   (b) cap   (c) it   (d) cool

09 힘이 다 빠졌어. 진이 다 빠졌어.

I ran out of _____.

(a) luck   (b) time   (c) energy   (d) steam

10 잘 알려지지 않은 곳이야.

It's off the beaten _____.

(a) track   (b) path   (c) road   (d) route

11 너 선생님한테 완전 찍혔어/찍혔겠다.

You're _____ _____ _____ with the teacher.

(a) in hot water   (b) on thin ice   (c) under the weather
(d) in the clear

12 아주 잘해냈어. / 좋은 성적으로 통과했어.

I passed with flying _____.

(a) carpets   (b) ships   (c) colors   (d) feathers

13 그 여자는 항상 기준을 높게 잡아.

She always sets the _____ high.

(a) tone   (b) bar   (c) goal   (d) example

14 우리 빨리 출발해야 해.

We should _____ the road soon.

(a) hit   (b) take   (c) get   (d) walk

정답   08 (b) cap   09 (d) steam   10 (b) path   11 (b) on thin ice   12 (c) colors   13 (b) bar   14 (a) hit

Stage 2

Write to Win!

망각방지 장치 ❻
DAY 051-060

Fill in the blanks without any hints this time.
Saying it out loud will help it stick!

제한시간 3분

		O	X	복습
01	다시 시작해. Back to the _____.	☐	☐	278
02	그 사람들 대박 났대! They made a _____!	☐	☐	298
03	그냥 최선을 다해. Just give it your _____.	☐	☐	252
04	이제 회복했어. We're back on our _____ now.	☐	☐	281
05	각자 취향이 있는 법이지. To each their _____.	☐	☐	259
06	대충 짐작해봐. 맞춰봐. Take a _____.	☐	☐	257
07	모든 게 최첨단이야. Everything is _____.	☐	☐	287
08	이제 공은 네게로 넘어갔어. The ball is in your _____.	☐	☐	288
09	그에 대한 대가를 치르게 될 거야. You'll _____ the _____ for that.	☐	☐	297
10	그 사람 그냥 눈감았구만. He just turned a _____.	☐	☐	300

정답 01 drawing board 02 killing 03 best shot 04 feet 05 own 06 wild guess
      07 state-of-the-art 08 court 09 pay, price 10 blind eye

		O	X	복습
11 즉흥적으로 한 거야. It was _____ the _____.		☐	☐	294
12 시대를 앞서갔어. It was _____ of its _____.		☐	☐	286
13 거짓말 아냐. 진짜야. No _____.		☐	☐	262
14 들쭉날쭉해. It's hit or _____.		☐	☐	254
15 충동구매했구나? Impulse _____, huh?		☐	☐	269
16 지금 초집중 모드야. I'm _____ the _____ right now.		☐	☐	289
17 혼자 갈 거야. I'm flying _____.		☐	☐	265
18 아직 일을 배우는 중이에요. I'm still learning the _____.		☐	☐	279
19 입에 겨우 풀칠하고 있어. I'm just making ends _____.		☐	☐	284
20 계속 소식 알려줘. Please keep me in the _____.		☐	☐	295

정답 11 off, cuff   12 ahead, time   13 cap   14 miss   15 buy   16 in, zone   17 solo   18 ropes
   19 meet   20 loop

Stage 3

망각방지 장치 ❻
DAY
051-060

Speak to Conquer!
Now it's time to join the conversation.
These expressions are yours now!

제한시간
5분

1 불공평한 업무 진행에 대해   #WorkLife #Teamwork

Look at What to Say

A 리사 얘기 들었어?

B 아니, 무슨 일인데?

A 그 여자가 제 몫을 못하고 있어. 273 모두가 불평 중이야.

B 정말? 진짜야? 258

A 응, 매니저가 우리 보고 더 열심히 해야 한대. 292

B 말도 안 돼. 우린 죽 열심히 하고 있는데.

A 그러니까!

Say It in English

A Did you hear about Lisa?

B No, what happened?

A She's not pulling her weight. 273 Everyone's complaining.

B Seriously? Are you for real? 258

A Yeah, the manager said we need to step up our game. 292

B That's unfair. We've been working hard.

A I know!

Write & Speak English

A 리사 얘기 들었어?
Did you hear about Lisa?

B 아니, 무슨 일인데?
No, what happened?

A 그 여자가 제 몫을 못하고 있어. 273 모두가 불평 중이야.
She's not pulling her weight. Everyone's complaining.

B 정말? 진짜야? 258
Seriously? Are you for real?

A 응, 매니저가 우리 보고 더 열심히 해야 한대. 292
Yeah, the manager said we need to step up our game.

B 말도 안 돼. 우린 죽 열심히 하고 있는데.
That's unfair. We've been working hard.

A 그러니까!
I know!

Chat Buddy
- **That's unfair.** 그건 불공평해. 가당치도 않아. 말도 안 돼.

정답   She's not pulling her weight. 273   Are you for real? 258   we need to step up our game 292

 Test 06-2.mp3

제한시간 5분

2 일만 하는 친구에게 주말 휴식을 권하며 #WeekendVibes #FriendsChat

Look at What to Say

A 주말에 뭐 할 거야?

B 솔직히, 할 일이 너무 많아. **253** 일이 산더미야.

A 어우, 넌 긴장 풀고 좀 편하게 쉴 필요가 있어. **263** 너 요즘 쉬지도 않고 계속 일하잖아!

B 나도 알아, 근데 마감일은 안 기다려 주잖아.

A 그래도 이 모든 것에서 벗어나 좀 쉬는 게 어때? **272** 짧게라도 쉬면 도움될 거야.

B 음, 네 말이 맞을지도. 어디 추천할 데 있어?

A 여기 잘 알려지지 않은 진짜 괜찮은 곳 있어. **267** 엄청 평화로워!

Say It in English

A So, what's the plan for the weekend?

B Honestly, I've got a lot on my plate. **253** Work has been piling up.

A Oh no, you need to let loose. **263** You've been working non-stop!

B I know, but deadlines don't wait.

A Still, why not get away from it all? **272** Even a short break helps.

B Hmm, maybe you're right. Any suggestions?

A There's this cool spot off the beaten path. **267** It's so peaceful!

Write & Speak English

A 주말에 뭐 할 거야?
So, what's the plan for the weekend?

B 솔직히, 할 일이 너무 많아. 253 일이 산더미야.
Honestly, _____. Work has been piling up.

A 어우, 넌 긴장 풀고 좀 편하게 쉴 필요가 있어. 263 너 요즘 쉬지도 않고 계속 일하잖아!
Oh no, _____. You've been working non-stop!

B 나도 알아, 근데 마감일은 안 기다려 주잖아.
I know, but deadlines don't wait.

A 그래도 이 모든 것에서 벗어나 좀 쉬는 게 어때? 272 짧게라도 쉬면 도움될 거야.
Still, _____? Even a short break helps.

B 음, 네 말이 맞을지도. 어디 추천할 데 있어?
Hmm, maybe you're right. Any suggestions?

A 여기 잘 알려지지 않은 진짜 괜찮은 곳 있어. 267 엄청 평화로워!
There's this cool spot _____. It's so peaceful!

Chat Buddy
- non-stop 쉬지 않는
- break 휴식

정답 I've got a lot on my plate 253   you need to let loose 263   why not get away from it all 272   off the beaten path 267

Test 06-3.mp3

제한시간 5분

3 알뜰쇼핑에 대해

#RetailTherapy #ShopSmart

Look at What to Say

A 이 가격표 봤어? 살림 거덜나겠어. 283

B 얼핏 보기에 비싸 보이긴 하네. 하지만 예산 짜고 필요한 것만 사.

A 말이 쉽지. 난 여전히 하루 벌어 하루 먹고 살아. 282

B 나도 마찬가지야. 그래도 야, 난 이번 주말에 싸게 득템하러 다닐 거야. 268

A 멋지다! 나도 같이 갈까? 팁 있어?

B 그럼! 관광객 함정(그냥 관광객만 많은 곳)은 피해야 해. 266 비싸고 과대평가된 곳들이지.

A 일리 있다.

Say It in English

A Did you see this price tag? It'll break the bank. 283

B At a glance it looks expensive but just budget and get what you need.

A Easier said than done. I'm still living paycheck to paycheck. 282

B Same here. But hey, I'm going bargain hunting this weekend. 268

A Nice! Maybe I'll join. Got any tips?

B Sure! Avoid tourist traps. 266 They're overpriced and overrated.

A Makes sense.

Write & Speak English

A 이 가격표 봤어? 살림 거덜나겠어. 283

Did you see this price tag?

B 얼핏 보기에 비싸 보이긴 하네. 하지만 예산 짜고 필요한 것만 사.

At a glance it looks expensive but just budget and get what you need.

A 말이 쉽지. 난 여전히 하루 벌어 하루 먹고 살아. 282

Easier said than done.

B 나도 마찬가지야. 그래도 야, 난 이번 주말에 싸게 득템하러 다닐 거야. 268

Same here. But hey,   .

A 멋지다! 나도 같이 갈까? 팁 있어?

Nice! Maybe I'll join. Got any tips?

B 그럼! 관광객 함정(그냥 관광객만 많은 곳)은 피해야 해. 266 비싸고 과대평가된 곳들이지.

Sure! Avoid   . They're overpriced and overrated.

A 일리 있다.

Makes sense.

Chat Buddy
- **At a glance** 얼핏 보기에 378
- **budget** 예산을 짜다
- **Same here.** 나도 마찬가지야.
- **overpriced** 값이 너무 비싸게 매겨진
- **overrated** 지나치게 과대평가된

정답 It'll break the bank. 283   I'm still living paycheck to paycheck. 282
I'm going bargain hunting this weekend 268   tourist traps 266

Test 06-4.mp3

제한시간 5분

4 시험을 준비할 때

#StudyMode #ExamSeason

Look at What to Say

A 공부는 잘돼?

B 나쁘지 않아. 열심히 공부 중이야. 276

A 바로 그거야! 제대로 잘하고 있어. 293

B 고마워, 지금까지 순조롭긴 한데, 시험 때문에 긴장되긴 해.

A 너무 고민하지 마. 그냥 최선을 다해. 252

B 고마워. 최선을 다할게.

A 그래도 필요하면 잠깐 쉬어. 도움이 될 거야.

B 진짜 그럴까?

A 당연하지. 조금만 더 버텨.

Say It in English

A How's your study session going?

B Not bad. I'm hitting the books hard. 276

A That's the spirit! You're on the right track. 293

B Thanks, so far so good, but I'm nervous about the test.

A Don't overthink it. Just give it your best shot. 252

B Thanks. I'll try my best.

A Take a quick break if you need though. It might help.

B You think so?

A Absolutely. Hang in there.

Write & Speak English

A 공부는 잘 돼?
How's your study session going?

B 나쁘지 않아. 열심히 공부 중이야. 276
Not bad.

A 바로 그거야! 제대로 잘하고 있어. 293
That's the spirit!

B 고마워, 지금까지 순조롭긴 한데, 시험 때문에 긴장되긴 해.
Thanks, so far so good, but I'm nervous about the test.

A 너무 고민하지 마. 그냥 최선을 다해. 252
Don't overthink it.

B 고마워. 최선을 다할게.
Thanks. I'll try my best.

A 그래도 필요하면 잠깐 쉬어. 도움이 될 거야.
Take a quick break if you need though. It might help.

B 진짜 그럴까?
You think so?

A 당연하지. 조금만 더 버텨.
Absolutely. Hang in there.

Chat Buddy
- overthink 지나치게 고민하다
- try one's best 최선을 다하다

정답   I'm hitting the books hard. 276   You're on the right track. 293   Just give it your best shot. 252

5 운동 루틴에 대해

#WorkoutMotivation #HealthJourney

Look at What to Say

A 새로운 운동 루틴은 어때?

B 그런 대로 괜찮아. 살이 빠지고 있어!

A 잘됐다! 계속 열심히 해봐.

B 고마워, 하지만 이제 거의 포기할까 싶어. 너무 힘들어.

A 포기하지 마. 제대로 잘하고 있잖아. 293

B 맞아. 의욕 충만했지. 하지만 진이 다 빠졌어. 280

A 누구에게나 생기는 일이야. 뭔가 새롭게 시도해봐.

B 예를 들면?

A 요가나 춤 같은 걸 섞어봐. 재미있어!

Say It in English

A How's your new workout routine going?

B Can't complain. I'm losing weight!

A Nice! Keep at it.

B Thanks, but I'm almost ready to throw in the towel. It's pretty hard.

A Don't give up. You're on the right track. 293

B True. I had a lot of motivation, but I ran out of steam. 280

A Happens to everyone. Try spicing things up.

B Like how?

A Mix it up with some yoga or dance. It's fun!

Write & Speak English

A 새로운 운동 루틴은 어때?
How's your new workout routine going?

B 그런 대로 괜찮아. 살이 빠지고 있어!
Can't complain. I'm losing weight!

A 잘됐다! 계속 열심히 해봐.
Nice! Keep at it.

B 고마워, 하지만 이제 거의 포기할까 싶어. 너무 힘들어.
Thanks, but I'm almost ready to throw in the towel. It's pretty hard.

A 포기하지 마. 제대로 잘하고 있잖아. 293
Don't give up. _____

B 맞아. 의욕 충만했지. 하지만 진이 다 빠졌어. 280
True. I had a lot of motivation, but _____.

A 누구에게나 생기는 일이야. 뭔가 새롭게 시도해봐.
Happens to everyone. Try spicing things up.

B 예를 들면?
Like how?

A 요가나 춤 같은 걸 섞어봐. 재미있어!
Mix it up with some yoga or dance. It's fun!

Chat Buddy
- lose weight 살이 빠지다 • motivation 동기, 의욕
- spice things up 분위기를 업시키다, 분위기가 업될 뭔가를 하다

정답   You're on the right track. 293   I ran out of steam 280

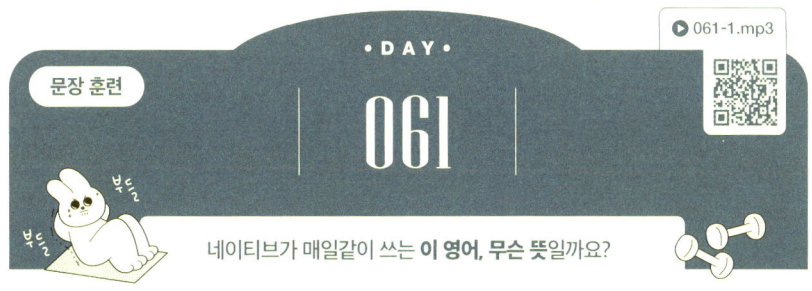

• DAY •

061

네이티브가 매일같이 쓰는 **이 영어**, 무슨 뜻일까요?

301

Let's get the ball rolling.

This means to begin an activity or process, especially to get it moving.

302

Let's call it a day.

This means to finish work or activity for the day and stop.

303

The builder cut corners on the house.

'Cut corners' means doing something the easy way by ignoring quality or safety.

304

Don't jump to conclusions.

This means to avoid making decisions or judgments without knowing all the facts.

305

You missed the boat.

This means failing to take advantage of an opportunity by being too late.

문장 훈련

DAY 061

네이티브가 매일같이 쓰는 **이 말, 영어로** 할 수 있나요?

301

시작합시다.

get the ball rolling은 일이 돌아가게 본격적으로 시작한다는 의미예요. 공을 굴려야 게임이 시작되는 볼링에서 유래된 표현이죠. 뒤에 전치사 on을 붙이고 시작할 일을 구체적으로 붙여줄 수 있어요. [syn] Let's kick things off. / Let's get started.

302

오늘은 여기까지 하자.

오늘 일은 여기까지만 하고 그만 끝내자는 의미입니다. 직장 업무, 학교 과제, 행사 준비 등, 모든 일에 쓸 수 있는 표현이에요. 야간 업무를 마무리한다면 day 대신 night을 쓰세요. [syn] Let's wrap it up. / Let's finish up.

303

건설업자가 편법을 써서 그 집 대충 지었어.

cut corners는 원래 모퉁이를 생략하고 '지름길로 가다'는 뜻인데요. 어떤 일을 할 때 제대로 된 절차나 안전, 품질 등은 무시하고 쉽게 가려고 '편법을 쓰다'는 의미로 발전되어 쓰이고 있어요. [syn] take shortcuts (지름길로 가다, 손쉬운 방법을 쓰다)

304

성급히 판단하지/결론짓지 마.

충분한 정보도 없고 내용도 제대로 모르면서 '성급하게 결론짓고 판단하지 말라'는 의미예요. Don't assume too quickly.(성급하게 생각하지 마라.)와 Wait before deciding.(기다렸다 결정해라.)의 의미를 모두 아우르는 표현이죠.

305

한발 늦으셨네요. 기회를 놓치셨네요.

miss the boat는 발 빠르게 움직이지 못해서 좋은 기회를 놓친다는 의미입니다. 한국어의 '한발 늦었다'에 어울리는 표현이죠. [syn] You missed your chance. (기회를 놓치셨어요.) / You missed out. (기회를 놓치셨어요.)

DAY 061

대화 연습

▶ 061-2.mp3

네이티브가 매일 주고받는 **이 대화**, **영어로** 할 수 있나요?

301
- A 이 프로젝트를 시작합시다.
- B 좋아요. 첫 회의 일정을 잡을게요.

[hint] ~ 일정을 잡다 schedule

302
- A 오늘은 이만하면 됐어.
- B 응, 오늘은 여기까지 하자.

[hint] 이만하면 충분히 했다 have done enough

303
- A 건설업자가 편법을 써서 그 집 대충 지었어.
- B 그거 위험하네!

[hint] 위험한 dangerous

304
- A 그 여자애 거짓말한 것 같은데.
- B 성급하게 판단하지 마. 먼저 그애한테 물어보자.

[hint] 거짓말하다 lie (lie - lied - lied)

305
- A 세일 끝났어요?
- B 네, 한발 늦으셨네요.

[hint] 끝나다 be over

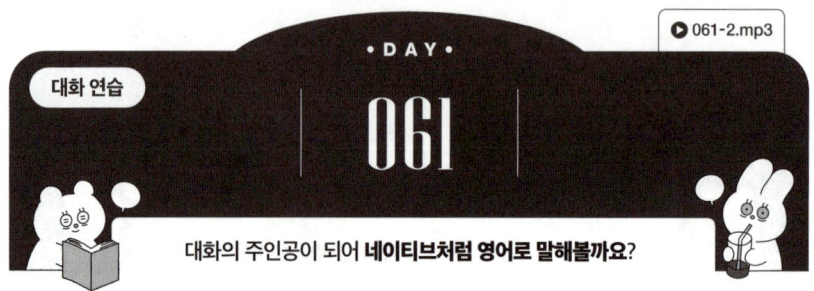

• DAY •
061

대화의 주인공이 되어 **네이티브처럼 영어로** 말해볼까요?

A Let's get the ball rolling on this project.
B Sure. I'll schedule the first meeting.

💬 일이 돌아가게 본격적으로 시작하자고 할 때

A We've done enough for today.
B Yes, let's call it a day.

💬 오늘 일은 그만 끝내자고 할 때

A The builder cut corners on the house.
B That's dangerous!

💬 편법을 써서 일을 대충 했다고 할 때

A I think she lied.
B Don't jump to conclusions. Let's ask her first.

💬 제대로 알지도 못하면서 성급하게 판단하지 말라고 할 때

A Is the sale over?
B Yes, you missed the boat.

💬 발 빠르게 움직이지 못해 좋은 기회를 놓쳤을 때

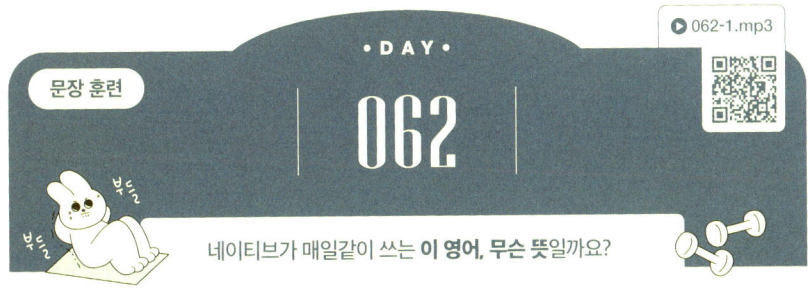

문장 훈련

• DAY •

062

062-1.mp3

네이티브가 매일같이 쓰는 **이 영어, 무슨 뜻**일까요?

I need more hands-on experience.

306

'Hands-on experience' means gaining practical experience by directly participating in an activity or working at a job.

What's the bottom line?

307

'Bottom line' means the most important thing. Like saying, 'the key point,' or 'what matters most.'

It's their cash cow.

308

'Cash cow' means a product or service that continuously generates a lot of income.

It feels like a dead-end job.

309

'Dead-end job' means a job with no growth opportunities. It feels like you're stuck, with no possible promotion or change.

If it fails, I might go broke.

310

'Go broke' means losing all your money, becoming poor, or having nothing left financially.

DAY 062

문장 훈련

네이티브가 매일같이 쓰는 **이 말, 영어로 할 수 있나요?**

306

실무경험이 더 필요해요.

hands-on experience는 어떤 분야에서 실제로 직접 해보면서 터득한 경험, 즉 '실무경험'을 뜻합니다. 이론적으로 배운 게 아니라 실제로 해보면서 배운 경험이죠. [syn] I need more direct experience.

307

요점/핵심/결론이 뭐야?

bottom line은 '핵심 내용', '가장 중요한 내용', '결론'을 의미하는 표현이에요. 재무제표에서 수입과 지출을 죽 계산하면 순수익과 손실이 맨 밑줄에 표시되는데 여기서 유래됐죠. [syn] What's the point? / What's the takeaway?

308

(그 회사/식당/업체) 돈줄이지.

매일 꾸준히 우유를 제공해주는 젖소처럼 작은 투자로 그렇게 꾸준히 안정적으로 수익을 창출해주는 것을 cash cow라고 합니다. 한마디로 '돈줄'이라고 하죠.
[syn] It's their money-maker.

309

비전 없는 일인 거 같아.

dead-end는 '막다른, 길이 막힌'이란 의미인데요. dead-end job이라고 하면 승진할 기회도, 성장할 기미도 안 보이는, 한마디로 '비전이 안 보이는 일/직장'을 의미하죠. ⚠ It feels like ~는 It을 생략하고 Feels like ~로 말하는 경우도 많아요.

310

이 일 실패하면 나 파산할지도 몰라.

broke는 '돈이 한 푼도 없는 빈털터리인' 상태를 의미하는데요. 이 말이 동사 go와 함께 쓰이면 '빈털터리가 되다', 즉 돈을 모두 잃고 '파산하다'는 의미가 됩니다. [syn] run out of money (돈이 바닥나다) / go bankrupt (파산하다)

DAY 062

대화 연습

네이티브가 매일 주고받는 **이 대화**, **영어로** 할 수 있나요?

306
- A 난 실무경험이 더 필요해.
- B 인턴십을 한번 해봐.

[hint] ~하는 것을 한번 (시도)해봐 Try -ing

307
- A 그래서, 결론이 뭐야?
- B 예산을 지켜야 한다는 거지.

[hint] 예산을 지키다, 예산 안에서 지출하다 stay on budget

308
- A 그 제품 잘 팔려.
- B 그 회사 돈줄이지.

[hint] 제품 product

309
- A 네 일은 어때?
- B 비전 없는 일인 거 같아. 성장의 여지가 없어.

[hint] ~의/할 여지가 없다 There's no room for ~

310
- A 새로 시작한 사업은 좀 어때?
- B 이거 실패하면 나 파산할지도 몰라.

[hint] ~은 (좀) 어때? 잘 돌아가고 있어? How's ~ going?

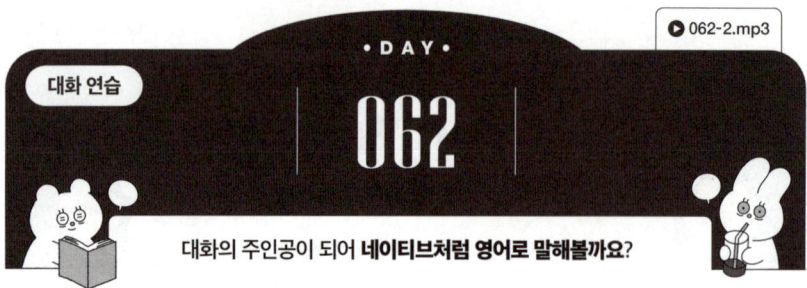

대화 연습

· DAY ·
062

🔊 062-2.mp3

대화의 주인공이 되어 **네이티브처럼 영어로 말해볼까요?**

A I need more hands-on experience.
B Try doing an internship.

💬 실무경험을 더 쌓아야 할 때

A So, what's the bottom line?
B We have to stay on budget.

💬 말하고자 하는 핵심이 뭔지를 물을 때

A That product sells well.
B It's their cash cow.

💬 어떤 제품이 그 기업이나 가게의 돈줄이라고 할 때

A How's your job going?
B Feels like a dead-end job. There's no room for growth.

💬 하고 있는 일에 비전이 안 보일 때

A How's your new business going?
B If it fails, I might go broke.

💬 일이 잘 안 되면 파산할 수도 있다고 할 때

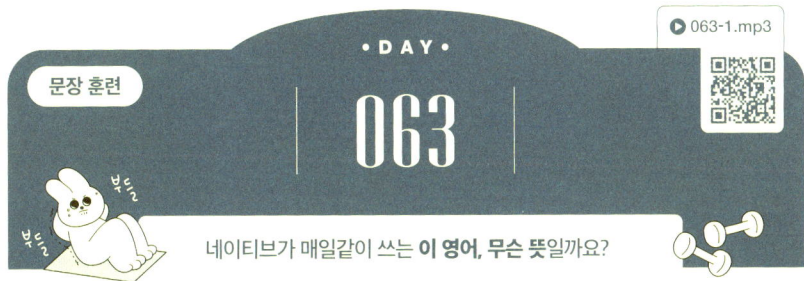

• DAY •

063

 문장 훈련

네이티브가 매일같이 쓰는 **이 영어, 무슨 뜻일까요?**

063-1.mp3

311

Let's sleep on it.

 'Sleep on it' means thinking something over, usually overnight, before making a final decision.

312

It's do or die for me.

 'Do or die' means a situation where you must succeed, or everything will fail. There's no second chance.

313

We need to work out a few kinks.

 'work out the kinks' means solving small problems or making small improvements to ensure everything runs smoothly.

314

I'm sticking to my guns.

 'Stick to one's guns' means staying strong in your beliefs or decisions, even when others disagree.

315

It's still up in the air.

 This means something is undecided or uncertain. We don't know what will happen yet.

DAY 063

문장 훈련

네이티브가 매일같이 쓰는 **이 말, 영어로** 할 수 있나요?

311

밤새 잘 생각해보자.

sleep on it은 it에 대해 결정을 내리기 전에 '밤새 잘/곰곰이 생각해보다'는 의미입니다. '밤새', '생각해보다'에 해당하는 단어가 안 보인다고 의아해하지 말고 통째 기억해 두세요.
[syn] Let's think it over. (곰곰이 잘 생각해보자.)

312

나한텐 사활이 걸린 일이야.

do or die는 한국어의 '사활이 걸린 일'이라는 말에 딱 맞아떨어지는 표현이에요. 성공해내지 못하면 기다리는 건 폭망밖에 없는 상황이란 얘기죠. [syn] all or nothing (전부 아니면 아무것도 아닌) / make or break (성패가 달리다)

313

몇 가지 소소한 문제를 해결해야 해요.

work the kinks는 기계나 시스템이 원활하게 돌아가도록 '소소한 결함이나 문제를 해결하다'는 의미입니다. [syn] iron out the issues (문제를 해결하다) / smooth things out (문제를 잘 처리하다) / fix the bugs (오류를 수정하다)

314

계속 밀어부치고 있어. / 계속 밀어부칠 거야.

stick to one's guns는 어떤 어려움이나 반대에 부딪히더라도 '자신의 생각을 고수하고 밀고 나간다'는 의미입니다. [syn] I'm standing my ground. (내 입장을 고수하고 있어. / 내 입장을 지킬 거야.)

315

아직 미정입니다/불확실합니다.

up in the air는 어떤 사안이 공중에 붕 떠 있는 상태, 즉 '결정된 게 없는 불확실한, 미정인' 상태를 의미합니다. 사안이 하나일 때는 그 사안을 It으로, 여러 개일 때는 They로 받아 말하면 되죠.

DAY 063

대화 연습

▶ 063-2.mp3

네이티브가 매일 주고받는 **이 대화**, **영어로** 할 수 있나요?

311
- A 우리, 제안을 받아들여야 할까?
- B 밤새 잘 생각해보고 내일 결정하자.

  [hint] 제안을 받아들이다 accept the offer

312
- A 내일 오디션 때문에 긴장돼?
- B 응, 나한텐 사활이 걸린 일이니까.

  [hint] ~ 때문에 긴장되다 be nvervous about

313
- A 앱 출시 준비 됐나요?
- B 아직이요, 몇 가지 소소한 문제를 아직 해결해야 해요.

  [hint] 출시 launch

314
- A 아직도 네 계획대로 할 거야?
- B 응, 계속 밀어부칠 거야.

  [hint] 계획대로 해나가다 go with one's plan

315
- A 회의 스케줄 확정됐나요?
- B 아직이요, 아직 미정이에요.

  [hint] 회의 스케줄이 확정되다 the meeting is confirmed

355

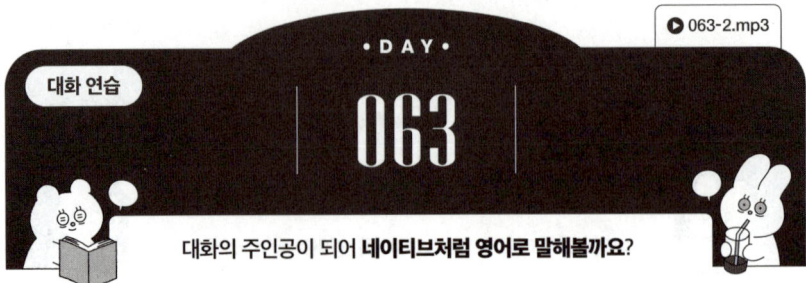

DAY 063

대화 연습

대화의 주인공이 되어 **네이티브처럼 영어로 말해볼까요?**

- A Should we accept the offer?
- B Let's sleep on it and decide tomorrow.

　● 밤새 잘 생각해보고 결정하자고 할 때

- A Are you nervous about your audition tomorrow?
- B Yeah, it's do or die for me.

　● 어떤 일에 사활을 걸고 있을 때

313
- A Is the app ready for launch?
- B Not yet, we still need to work out a few kinks.

　● 기계나 시스템의 소소한 결함이나 문제를 해결해야 할 때

- A Are you still going with your plan?
- B Yes, I'm sticking to my guns.

　● 고집을 꺾지 않고 계속 밀어부치겠다고 할 때

- A Is the meeting confirmed?
- B Not yet, it's still up in the air.

　● 어떤 일이 미정인 상황일 때

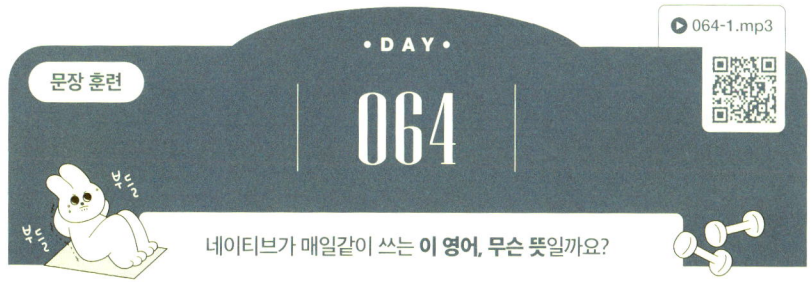

문장 훈련

• DAY •

064

064-1.mp3

네이티브가 매일같이 쓰는 **이 영어, 무슨 뜻**일까요?

Is the offer still on the table?

316

'On the table' means something is available for consideration or discussion, usually an offer or proposal.

It's off the table now.

317

'Off the table' means something is no longer being offered or considered. It's no longer an option.

Let's get down to business.

318

This means to start focusing on the main task or work. It's like saying, "Let's get started."

I started a side hustle.

319

'A side hustle' is a small, extra job for more income, usually done alongside your main work.

Her skill set is perfect for the role.

320

'Skill set' means the specific abilities or expertise someone has, matching a job's needs.

DAY 064

문장 훈련

네이티브가 매일같이 쓰는 **이 말, 영어로** 할 수 있나요?

316
그 제안 아직 유효한가요?

on the table은 어떤 사안이 논의나 고려, 협상의 테이블 위에 올라가 있는 상태, 즉 '상정 중인, 유효한'이란 의미입니다. [syn] Is the offer still available? / Is the deal still open? (그 거래 아직 열려 있나요?)

317
이제 그 얘긴 끝났어요. (이제 유효하지 않아요.)

off the table은 어떤 사안이 더 이상 '논의나 고려, 협상의 대상이 아닌' 상태를 의미합니다. on the table의 반대말이죠. [syn] It's no longer available. (이제 유효하지 않아요.) / It's not an option anymore. (더는 옵션 대상이 아녜요.)

318
본격적으로 시작하죠.

회의나 모임에서 처음부터 바로 본론에 들어가는 일은 잘 없죠. 보통 잡담이나 소개로 분위기를 좀 풀고 나서 본격적인 논의를 시작하곤 합니다. 그럴 때 쓰는 표현이에요. [syn] Let's get to work. (일을 시작해보죠.) / Let's get started. (시작해보죠.)

319
부업을 시작했어.

N잡러들 천지인 세상입니다. N잡러를 꿈꾸는 사람이라면 꼭 알아둬야 할 표현이죠. side hustle은 '부업'을 뜻합니다. [syn] I picked up a side job. (부업을 뛰고 있어.) / I'm doing some freelance work on the side. (부업으로 프리랜서 일을 좀 하고 있어.)

320
그 사람의 기술 능력은 그 직에 완벽해.

one's skill set은 취업 및 경력 관리의 중요한 부분입니다. 특정 직무에 적합한 '기술과 능력의 집합'을 의미하거든요. 하지만 한국어로 말할 땐 굳이 '집합'이란 말은 쓰지 않죠. [syn] qualifications (자격, 자질) / abilities (능력) / expertise (전문 지식/기술)

DAY 064

> 064-2.mp3

대화 연습

네이티브가 매일 주고받는 **이 대화**, **영어로** 할 수 있나요?

316
A 그 제안 아직 유효한가요?
B 네, 여전히 고려 중입니다.

317
A 그 거래 아직 유효한가요?
B 아뇨, 이제 그 얘긴 끝났어요.

318
A 우리 시작할 준비됐나요?
B 물론이죠, 본격적으로 시작해보죠.

319
A 여유 시간에 뭐 해?
B 의류 판매 부업을 시작했어.

hint 여유 시간에 in one's free time

320
A 왜 그 여자가 채용된 거야?
B 그 여자 기술 능력이 그 직에 완벽하니까.

hint 채용되다 get hired

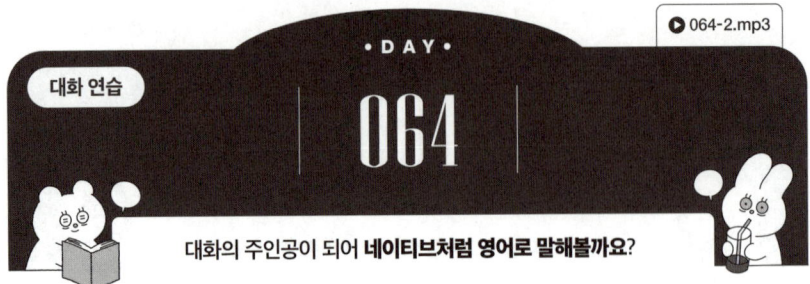

대화 연습

DAY 064

🔊 064-2.mp3

대화의 주인공이 되어 **네이티브처럼 영어로 말해볼까요?**

316
- A Is the offer still on the table?
- B Yes, we're still considering it.

🔵 어떤 사안이 아직 상정 중이거나 유효한지를 확인할 때

317
- A Is the deal still available?
- B No, it's off the table now.

🔵 어떤 사안이 논의나 협상 밖의 일이 되었을 때

318
- A Are we ready to begin?
- B Absolutely, let's get down to business.

🔵 본격적인 논의에 들어가보자고 할 때

319
- A What do you do in your free time?
- B I started a side hustle selling clothes.

🔵 특정 부업을 시작했다고 할 때

320
- A Why did she get hired?
- B Her skill set is perfect for the role.

🔵 어떤 직책이나 역할에 완벽한 기술과 능력을 갖추고 있다고 할 때

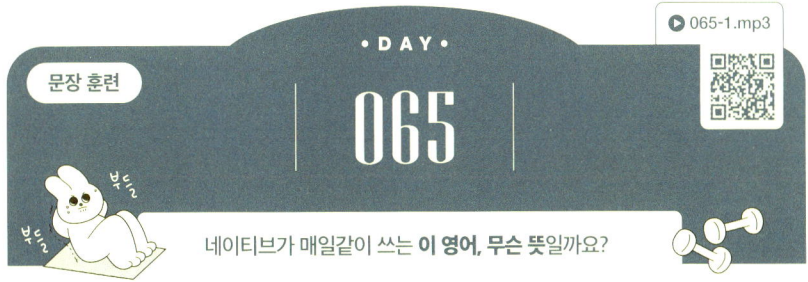

• DAY •
065

문장 훈련

네이티브가 매일같이 쓰는 **이 영어, 무슨 뜻**일까요?

321
We broke even.

 This means you didn't lose or make money. Like "No profit, no loss."

322
They really raised the bar!

 'Raise the bar' means to set higher expectations, requiring better performance or results.

323
It's in the red.

 'In the red' means losing money or having more expenses than income.

324
We should touch base later.

 'Touch base' means to connect or check in with someone to exchange updates briefly.

325
We're on the same page.

 This means we agree or understand each other. Like "We understand the situation the same way."

·DAY·
065

네이티브가 매일같이 쓰는 **이 말, 영어로** 할 수 있나요?

321

손익분기점이었어. 손익분기는 맞췄어.

break even, '이쁘게 깨지다'라니 무슨 의미일까요? 수익도 손실도 없는 상태, 즉 '손익 분기를 맞추다'는 뜻입니다. 최소한 비용 충당은 됐다는 의미이죠. [syn] We covered our costs. (비용은 충당했어.)

322

그들이 기준을 완전 높여놨어!

일을 너무 잘해내거나, 웬만해선 해내지 못할 것 같은 일을 해내고 나면 그 일에 대한 기준치 가 높아지죠. 이럴 때 '기준을 높이다', '기대치를 높이다'라는 뜻으로 raise the bar가 쓰입니 다. [syn] set a higher standard / step up the game (수준을 끌어올리다)

323

적자야.

재정 상태가 수입보다 지출이 더 많을 때 한국에서도 '적자'라는 표현을 쓰잖아요. 영어에서 도 마찬가지입니다. 적색을 뜻하는 red를 써서 in the red라고 하면 '적자인' 상태를 의미하 죠. [syn] operating at a loss (적자 운영 중인, 손실을 보고 있는)

324

나중에 다시 연락/얘기합시다.

프로젝트를 하나 진행하면 관련 조직과 사람이 여럿일 때가 많습니다. 그래서 일의 진행 상황 을 확인하기 위해 계속 연락하고 체크해야 하죠. touch base는 이럴 때 전화나 이메일 등으 로 연락하여 진행 상황이나 정보를 지속적으로 확인하고 공유한다는 의미이죠.

325

우린 같은 생각을 하고 있어. 의견이 일치해.

어떤 사안이나 상황에 대한 생각과 견해가 같다고 할 때 be on the same page라는 식으로 표현할 수 있습니다. [syn] We see eye to eye.

대화 연습

DAY 065

🔊 065-2.mp3

네이티브가 매일 주고받는 **이 대화**, **영어로** 할 수 있나요?

321
- A 그 행사 돈 벌었어?
- B 아니, 하지만 손익분기는 맞췄어.

322
- A 작년에 팀이 정말 잘했어.
- B 모두에게 기준을 완전 높여놨지!

323
- A 가게는 돈을 좀 벌었어?
- B 아니, 적자야.

[hint] (의문문에서) (얼마라도) 돈을 좀 벌다 make any money

324
- A 나중에 다시 얘기합시다.
- B 좋아요, 오후에 전화드릴게요.

325
- A 그들과의 의견 차이는 해결됐어?
- B 응, 이제 우린 의견이 일치해.

[hint] 의견 차이 disagreement

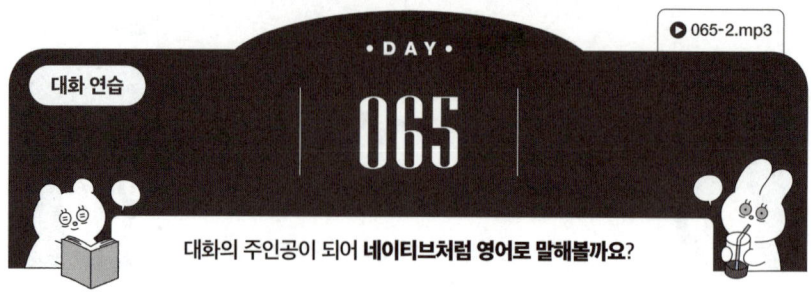

DAY 065

🎧 065-2.mp3

대화 연습

대화의 주인공이 되어 **네이티브처럼 영어로 말해볼까요?**

321
A Did the event make money?
B No, but we broke even.

💬 손익분기를 맞췄다고 할 때

322
A The team did well last year.
B They really raised the bar for everyone!

💬 기준치를 완전 높여놨다고 할 때

323
A Did the store make any money?
B No, it's in the red.

💬 적자 상태이거나 적자로 돌아가고 있다고 할 때

324
A We should touch base later.
B Sure, I'll call you this afternoon.

💬 전화나 이메일로 진행 상황/정보를 공유하자고 할 때

325
A Did you solve your disagreement with them?
B Yes, we're on the same page now.

💬 어떤 사안/상황에 대한 생각/견해가 같다고 할 때

문장 훈련

네이티브가 매일같이 쓰는 **이 영어, 무슨 뜻**일까요?

326

Let's move forward.

 'Move forward' means to continue to progress or take the next step in a process.

327

Is the project on track?

 Being on track means progressing as planned or staying on schedule toward a goal.

328

Is the project off track?

 Being off track means not progressing as expected or falling behind on a goal.

329

Think big!

 This means to have ambitious goals and look at the bigger picture when planning something important.

330

Heads up!

 This means to give someone a warning or a quick notice. Like saying, "Watch out," or "Be aware."

DAY 066

문장 훈련

네이티브가 매일같이 쓰는 **이 말, 영어**로 할 수 있나요?

326

다음 단계로 넘어갑시다. 계속 나아갑시다.

회의를 할 때나 프로젝트를 진행할 때, 일에는 항상 순서가 있습니다. 각 단계를 밟아가는 과정에서 한 단계가 끝나면 '다음 단계로 넘어가'고, 이렇게 '앞을 향해 계속 진행한다'는 의미로 move forward를 사용합니다.

327

프로젝트는 계획대로 진행 중인가요?

on track, 궤도 상에 있다는 것은 어떤 일이 궤도에 올라 '계획한 대로 목표를 향해 잘 진행되고' 있다는 의미입니다. [syn] on schedule (일정대로) / on target (목표대로) / going as planned (계획대로 진행 중인)

328

프로젝트에 차질이 있나요?

off track은 궤도에서 벗어난, 즉 어떤 일이 '계획대로 착착 진행이 안 되는, 차질이 있는' 상태를 의미합니다. on track의 반대말이죠. [syn] off course / behind schedule (일정이 뒤처진) / not going as planned (계획대로 진행이 안 되는)

329

크게 생각해!

목표를 높이 잡고 큰 그림을 그리라는 뜻입니다. 겁먹지 말고 가능성을 크게 봐야 할 때 쓰면 좋죠. 자신감을 주며 격려하는 말이에요. [syn] Dream big! (꿈을 크게 꿔!) / Aim high! (목표를 높이 세워!) / Shoot for the stars! (별을 향해 도전해!)

330

조심해!

위험한 상황에서 조심하라고 경고할 때 쓰는 표현이에요. ⚠ 일정이나 변경된 계획 등을 미리 알고 있으라고 할 때도 Heads up, the meeting got moved to 2 PM.(미리 알려주는데, 회의를 오후 2시로 옮겼어.)처럼 쓸 수 있죠.

DAY 066

대화 연습

▶ 066-2.mp3

네이티브가 매일 주고받는 **이 대화, 영어로** 할 수 있나요?

326
A 우리, 드디어 영화대본을 다 썼구나.
B 좋아! 다음 단계로 넘어가자.
> [hint] 영화대본 movie script

327
A 프로젝트는 계획대로 진행 중인가요?
B 네, 딱 일정대로 가고 있어요.
> [hint] 딱 일정대로 가고 있는 right on schedule

328
A 프로젝트에 차질이 있나요?
B 네, 일정이 뒤처졌어요.

329
A 나, 새 사업 아이디어는 어떻게 하면 좋을까?
B 크게 생각해! 스스로 한계를 두지 마.
> [hint] ~는 어떻게 하면 좋을까? What should I do with ~? | 한계를 두다 limit

330
A 조심해! 바닥에 물 있어.
B 고마워! 미끄러질 뻔했네.
> [hint] ~할 뻔했다 almost + 과거동사 | 미끄러지다 slip

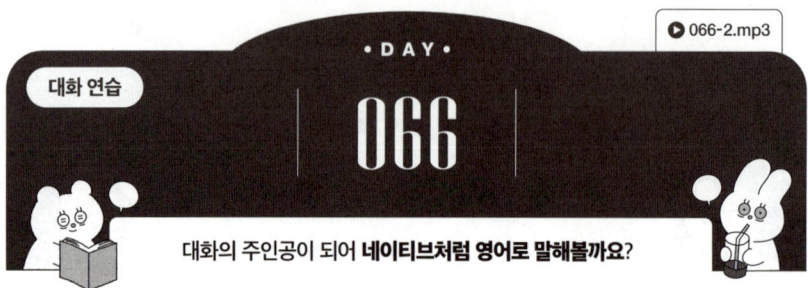

· D A Y ·

066

대화 연습

대화의 주인공이 되어 **네이티브처럼 영어로 말해볼까요?**

066-2.mp3

A We've finally finished the movie script.
B Good! Let's move forward.

💬 일의 한 단계를 마친 후 다음 단계로 넘어가자고 할 때

A Is the project on track?
B Yes, we're right on schedule.

💬 계획대로 잘 진행되고 있는지 확인할 때

A Is the project off track?
B Yes, we're behind schedule.

💬 일 진행에 차질이 있는지 확인할 때

A What should I do with my new business idea?
B Think big! Don't limit yourself.

💬 가능성을 크게 보고 생각하라고 격려할 때

A Heads up! There's water on the floor.
B Thanks! I almost slipped.

💬 위험한 상황에서 조심하라고 경고할 때

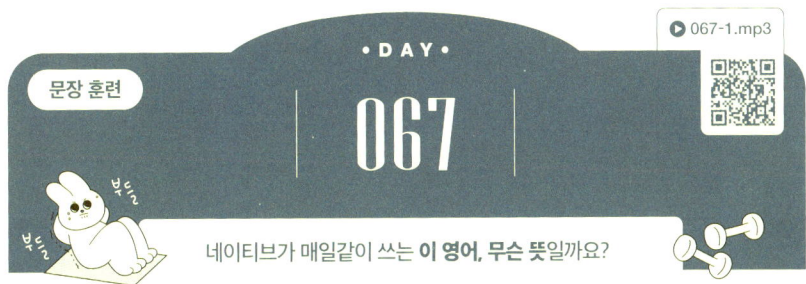

DAY 067

문장 훈련

네이티브가 매일같이 쓰는 **이 영어, 무슨 뜻일까요?**

331

I cut it close this time.

'Cut it close' means to barely have enough time for something, almost missing the deadline or event.

332

Mind your own business.

This is used to tell someone to not get involved in something that doesn't concern them.

333

Just sit tight.

This means to wait and stay calm, usually while waiting for something to happen or be resolved.

334

Can you bring me up to speed?

It's used when you need someone to update you on missed progress, developments, or important details.

335

Have you done your due diligence on it?

'Do one's due diligence' means doing careful research and checking details before making important decisions or investments.

DAY 067

문장 훈련

네이티브가 매일같이 쓰는 **이 말**, **영어로** 할 수 있나요?

331

이번엔 정말 아슬아슬했어. (아슬아슬하게 맞췄어.)

'아슬아슬하게 겨우 시간에 맞춰 해냈다'는 의미. cut it close는 정해진 시간 안에 무언가를 하기에 '시간이 너무 촉박하다, 아슬아슬하다'는 의미예요. [syn] I barely made it this time. (이번엔 겨우 맞췄어.)

332

(남의 일에) 신경 꺼. 네 일이나 신경 써.

간섭받고 싶지 않거나 공유하고 싶지 않은 사적인 문제에 대해 자꾸 캐묻거나 관여하려 드는 친구에게 '남의 일에 신경 끄고 네 일이나 잘하라'는 의미로 하는 말이에요. ⚠ 무례하게 들릴 수도 있는 말이므로 잘 가려 쓰세요.

333

가만히 기다려.

자리를 지키면서 차분하게 기다리라고 할 때 쓰는 표현이에요. 기다리면 결과를 곧 알게 될 거다, 기다리면 그 사람이 올 거다, 기다리면 무슨 일이 일어나는지 알게 될 거다 등과 같은 상황에서 쓰이죠. [syn] Just wait patiently. (참고 기다려.) / Hang tight.

334

(최신) 상황 좀 알려줄래요?

일의 진척 상황이나 중요한 세부사항 등을 놓치고 있는 게 없는지 업데이트된 소식을 알려달라고 할 때 쓰는 표현이에요. [syn] Can you catch me up? / Can you fill me in?

335

면밀하게 알아는 봤어?

do one's due diligence는 다소 formal한 표현으로, 중요한 결정을 내리기 전에 세부사항을 면밀하고도 신중하게 조사하는 것을 말합니다. 투자나 계약 등을 할 때 꼭 거쳐야 하는 일이기도 하죠. [syn] do one's homework (충분히 알아보고 준비하다)

DAY 067

대화 연습

네이티브가 매일 주고받는 **이 대화**, **영어로** 할 수 있나요?

▶ 067-2.mp3

331
A 너 비행기 놓칠 뻔했어!
B 응, 이번엔 정말 아슬아슬했어.

332
A 뭐 해?
B 신경 꺼.

333
A 결과 때문에 (결과가 어떻게 나올지) 너무 초조해.
B 가만히 기다려. 곧 알게 될 테니까.

hint 알게 되다 find out

334
A 프로젝트 상황 좀 알려줄래요?
B 물론이죠, 여기가 놓친 부분이세요.

hint 놓치다 miss

335
A 내일 집을 살 거야.
B 면밀하게 알아는 봤어?

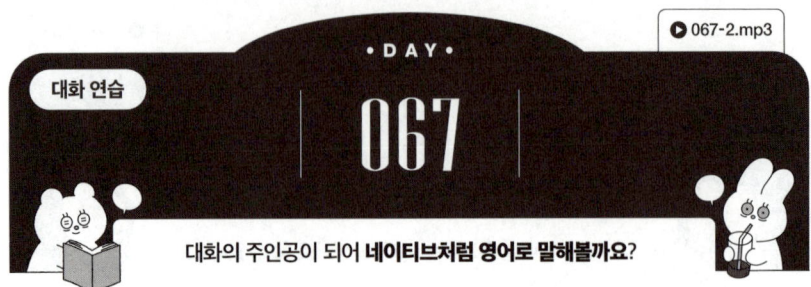

 331
- A You almost missed the flight!
- B Yeah, I cut it close this time.

　　💬 아슬아슬하게 겨우 시간을 맞췄을 때

 332
- A What are you doing?
- B Mind your own business.

　　💬 내 일에 신경 끄라고 차단할 때

 333
- A I'm nervous about the results.
- B Just sit tight. We'll find out soon.

　　💬 안달떨지 말고 차분히 기다려보라고 할 때

334
- A Can you bring me up to speed on the project?
- B Sure, here's what you missed.

　　💬 놓친 부분이 없는지 상황을 알려달라고 할 때

 335
- A I'm buying a house tomorrow.
- B Have you done your due diligence on it?

　　💬 잘 알아보고 투자나 계약을 하려는 거냐고 확인할 때

네이티브가 매일같이 쓰는 **이 영어, 무슨 뜻**일까요?

336

Beats me.

This means "I don't know." You can say it when you're unsure about something.

337

Your guess is as good as mine.

This means you don't know the answer, just like the other person. Like saying, "I have no idea either."

338

We veered off topic.

'Veer off' means to suddenly leave a path, plan, or topic and go in a different direction.

339

The movie was heart-wrenching.

'heart-wrenching' means something is extremely sad or emotionally painful, making you feel deep sorrow or sympathy.

340

They welcomed me with open arms.

'With open arms' means to welcome someone warmly. You use it when people are kind and friendly to others.

DAY 068

문장 훈련

 068-1.mp3

네이티브가 매일같이 쓰는 **이 말, 영어로** 할 수 있나요?

336
몰라.
친구나 편한 사이에 캐주얼하게 쓰는 표현이에요. 살짝 무심한 뉘앙스가 깔려 있기 때문에 진지한 대화를 할 때나 공적인 자리에서는 자칫 성의 없어 보일 수 있습니다. 그럴 때는 I'm not sure.나 I don't know.를 쓰세요.

337
나도 모르겠어.
상대방이 물어볼 때 '나도 모른다'는 의미로 대답하는 말이에요. 내가 추측하는 게 네가 추측하는 거랑 매한가지라는 뜻이죠. '네가 모르는 걸 내가 어떻게 알겠니?'라는 어감이에요.
[syn] I have no idea. (몰라.) / Who knows? (누군들 알겠어?)

338
주제가 옆길로 샜어. 주제를 벗어났어.
veer off는 원래의 길이나 계획, 주제 등에서 벗어나다는 의미입니다. 가려던 길에서 벗어날 때는 veer off the road라고 쓰고, 주제에서 벗어날 때는 veer off topic이라고 쓰죠.
[syn] We got sidetracked. (옆길로 샜어.)

339
영화가 정말 가슴 아팠어.
heart-wrenching은 '가슴을 쥐어짜는 것처럼, 가슴이 미어지는 것처럼 아픈' 감정을 나타내는 표현이에요. 타인의 슬픔이나 비극에 깊이 공감할 때 자주 쓰죠. [syn] heartbreaking (가슴 아픈) / devastating (참담한)

340
사람들이 따뜻하게 맞아줬어.
with open arms는 '마음을 다해, 따뜻하게' 사람을 맞이한다고 할 때 곧잘 쓰는 표현입니다. 두 팔 벌려 환대한다는 이미지이죠. 그래서 welcome/greet someone with open arms의 형태로 자주 쓰여요. [syn] They greeted me warmly.

DAY 068

  대화 연습

네이티브가 매일 주고받는 **이 대화, 영어로** 할 수 있나요?

336
- A 오늘 왜 이렇게 조용해?
- B 몰라.

337
- A 오늘 그 가게 왜 문을 안 열었지?
- B 나도 몰라.

[hint] (가게가) 문을 안 열다 be closed

338
- A 회의 중에 주제가 옆길로 샜어요.
- B 다음엔 주제에 더 집중하도록 하죠.

[hint] 계획된 안건[주제]에 더 집중하다 stay more on track

339
- A 영화가 정말 가슴 아팠어.
- B 난 엔딩 장면에서 너무 많이 울었어.

[hint] 엔딩 장면에서 during the ending

340
- A 출근 첫날에 긴장했어?
- B 조금, 근데 사람들이 따뜻하게 맞아줬어.

[hint] 출근 첫날에(첫날 근무하는 동안에) during one's first day of work

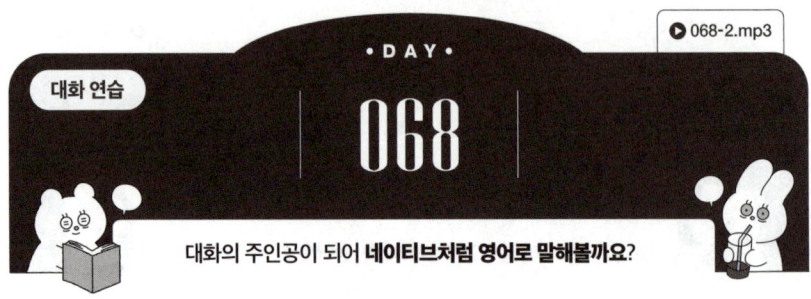

DAY 068

대화의 주인공이 되어 **네이티브처럼 영어로 말해볼까요?**

336

A Why is it so quiet today?
B Beats me.

💬 편하게 모른다고 대답할 때

337

A Why is the store closed today?
B Your guess is as good as mine.

💬 너랑 마찬가지로 나도 모른다고 할 때

338

A We veered off topic during the meeting.
B Let's try to stay more on track next time.

💬 논의 중에 주제가 옆길로 샜을 때

339

A The movie was heart-wrenching.
B I cried so much during the ending.

💬 영화 내용이 가슴이 미어지는 것처럼 아플 때

340

A Were you nervous during your first day of work?
B A little, but they welcomed me with open arms.

💬 낯선 곳에서 사람들이 따뜻하게 맞아줬다고 할 때

네이티브가 매일같이 쓰는 **이 영어**, 무슨 뜻일까요?

341
That guy seems pretty shady.

'Shady' describes someone or something suspicious. You can use it when a person or situation feels untrustworthy or strange.

342
That neighborhood seems sketchy.

'Sketchy' means something or someone feels risky or suspicious. It's like saying, 'seems risky,' or 'looks unsafe.'

343
The bar looked pretty seedy.

'Seedy' describes a dirty, unsafe place or situation. You can use it when a place feels dangerous or bad.

344
I was put on the spot!

This means someone asked you something unexpectedly. You use it when you feel unprepared or pressured.

345
I had to think on my feet.

This means to make quick decisions in unexpected situations. You use it when you must react fast.

문장 훈련

• DAY •
069

 069-1.mp3

네이티브가 매일같이 쓰는 **이 말, 영어로** 할 수 있나요?

341

그 사람 꽤 수상쩍어.

뭔가 꿍꿍이가 있는 거 같은 게 신뢰가 안 가서 '수상쩍고 석연찮은' 경우에 shady를 씁니다.
[syn] That guy seems suspicious.

342

그 동네는 위험해 보여.

sketchy는 뭔가 투명하지 않고(dodgy) 안전하지 않아(unsafe) 보여서 '미심쩍은' 경우에 써요. 왠지 위험해 보이는 곳이나, 꿍꿍이가 있어 보이는 계획을 묘사할 때 자주 쓰죠.
[syn] That neighborhood feels unsafe. / That neighborhood seems a bit dodgy.

343

그 바는 되게 음침해 보였어.

seedy는 낡고 허름하고(run-down) 더럽고 음침해서 마치 비윤리적이거나 불법적인 일이 일어날 것 같아(dodgy) 보이는, 그래서 미심쩍고 위험해 보이는 곳을 묘사할 때 자주 쓰이죠. [syn] The bar looked really run-down. / The bar seemed quite dodgy.

344

너무 갑작스러워서 얼어버렸어!

미처 생각지도 못한 요청을 갑자기 받아서 당황하거나 곤혹스러워 그 자리에서 얼어버렸을 때 be put on the spot이라고 해요.

345

그 자리에서/신속하게 바로바로 대처해야 했어.

think on one's feet은 예기치 않은 상황에서 '신속하게 판단하고 즉각 대응한다'는 의미입니다. 차분히 앉아서 생각할 틈도 없이 서서 바로바로 생각해서 바로바로 대처하는 모습을 상상해 보세요.

대화 연습

• DAY •
069

069-2.mp3

네이티브가 매일 주고받는 **이 대화**, **영어로** 할 수 있나요?

341
- A 그 사람 꽤 수상쩍어.
- B 맞아, 믿으면 안 되겠어.

hint ~하면 안 되겠어 I wouldn't ~

342
- A 그 동네는 위험해 보여.
- B 응, 거기 가지 말자.

343
- A 그 바는 꽤 음침해 보였어.
- B 다른 놀 장소를 찾아보자.

hint 놀 장소 place to hang out

344
- A 왜 사장님한테 노래 안 불러드렸어?
- B 너무 갑작스러워서 얼어버렸지 뭐야!

hint ~에게(를 위해) 노래를 불러주다 sing for someone

345
- A 그 어려운 질문을 어떻게 감당했어?
- B 그 자리에서 바로바로 대처해야 했지 뭐!

hint 어려운/까다로운 질문 tough question

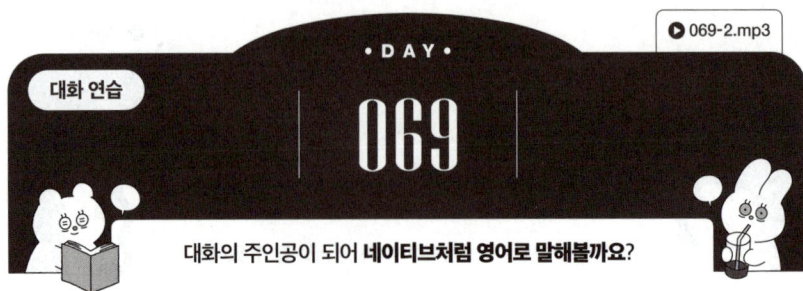

DAY 069

대화 연습

🔊 069-2.mp3

대화의 주인공이 되어 **네이티브처럼 영어로 말해볼까요?**

341

A That guy seems pretty shady.

B Yeah, I wouldn't trust him.

💬 뭔가 꿍꿍이가 있는 거 같고 신뢰가 안 가는 사람에 대해

342

A That neighborhood seems sketchy.

B Yeah, let's not go there.

💬 뭔가 허술하고 안전하지 않아서 미심쩍어 보일 때

343

A The bar looked pretty seedy.

B Let's find another place to hang out.

💬 어떤 장소가 낡고 더럽고 음침한 것이 위험해 보일 때

344

A Why didn't you sing for the boss?

B I was put on the spot!

💬 갑작스러운 요청에 당황해서 어쩔 바를 몰랐다고 할 때

345

A How'd you handle that tough question? (How'd는 How did의 축약형)

B I had to think on my feet!

💬 바로바로 생각해서 바로바로 대처했다고 할 때

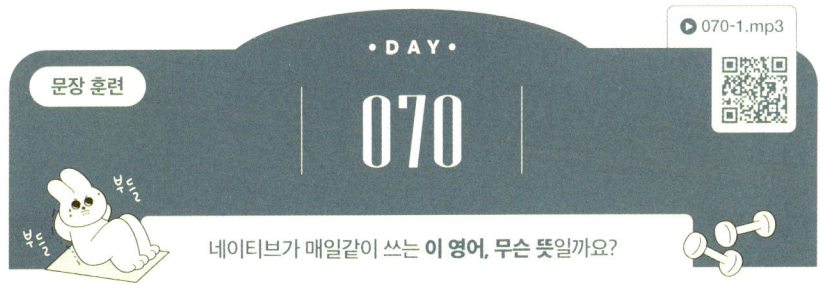

• DAY •

070

문장 훈련

네이티브가 매일같이 쓰는 **이 영어**, 무슨 뜻일까요?

346

Keep me posted.

This means to keep someone updated on progress or changes. You use it when asking for updates.

347

Stay tuned!

This means keep waiting for more information. It's like saying, "Keep watching" or "More news coming."

348

Sarah's calling the shots.

'Call the shots' means to make important decisions. You use it when someone has the power or authority to decide.

349

They're up for grabs.

'Up for grabs' means something is available for anyone to take. You use it when something is open to anyone.

350

I'm still on the fence.

'On the fence' means to be undecided or unsure about something. It implies hesitation and a lack of a clear preference.

DAY 070

문장 훈련

네이티브가 매일같이 쓰는 **이 말, 영어로** 할 수 있나요?

346

소식/진행상황 계속 알려줘.

일을 진행하면서 생기는 새로운 소식이나 변동사항, 진행상황 등을 계속 업데이트해달라고 할 때 자주 쓰는 표현 중 하나예요. [syn] Keep me updated.

347

계속 지켜봐 주세요! 채널 고정!

이어지는 방송을 계속 주목해 달라는 의미로 방송 말미에 자주 등장하는 표현이죠. 방송뿐 아니라 프레젠테이션, 회의, SNS 등, 소식이 계속될 테니까 지켜봐달라는 의미로 다양한 상황에서 쓸 수 있어요.

348

새러가 결정권자예요/총괄하고 있어요.

call the shots는 '중요한 결정을 내린다'는 의미예요. 아무나 그러는 게 아니라 권한을 가진 사람이 중요한 결정을 내린다는 거죠. 따라서 누가 '결정권자이다, 총괄한다'라고 할 때 흔히 쓰여요.

349

잡는 게 임자야.

up for grabs는 '누구에게나 열려 있는' 기회여서 한마디로 '잡는 사람이 임자인' 경우를 의미합니다. 이런 기본 개념을 바탕으로 한국어는 상황에 맞게 여러 가지로 표현할 수 있어요. [syn] It's available to anyone. (누구에게나 열려 있어.)

350

아직 망설이고 있어. 아직 고민 중이야.

on the fence는 이렇게 할지 저렇게 할지 '갈팡질팡하며 결정하지 못하고 망설이는' 모습을 나타내는 표현이에요. [syn] I'm undecided. (결정 못했어.) / I haven't made my mind up. (아직 마음을 못 정했어.)

DAY 070

대화 연습

070-2.mp3

네이티브가 매일 주고받는 **이 대화**, **영어로** 할 수 있나요?

346
- A 나중에 전화드릴까요?
- B 그럼요, 소식 계속 알려줘요.

> hint 나중에 later

347
- A 행사에 대한 최신 소식이라도 있나요?
- B 네, 내일 새로운 소식 있을 테니까 지켜봐 주세요.

> hint 새로운 소식 있을 테니까(새로운 소식에 대해) for an update

348
- A 프로젝트 담당자가 누구예요?
- B 새러가 총괄하고 있어요.

> hint ~를 담당하다 be in charge of

349
- A 그 티켓들 공짜예요?
- B 네, 가져가는 사람이 임자예요. (가져가셔도 돼요.)

350
- A 파티에 갈 거야?
- B 아직 고민 중이야.

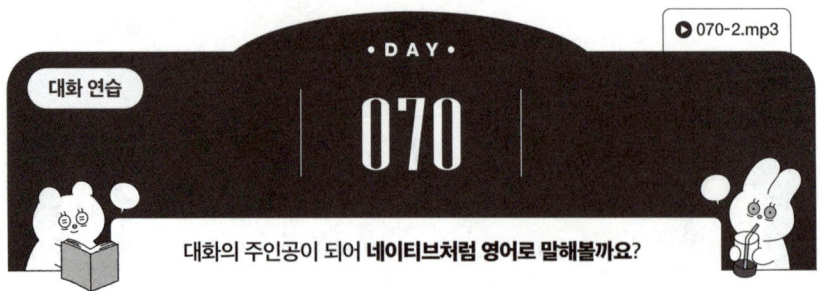

대화 연습

• DAY •
070

070-2.mp3

대화의 주인공이 되어 **네이티브처럼 영어로 말해볼까요?**

346

A Should I call you later?
B Sure, keep me posted.

💬 소식 계속 업데이트해달라고 할 때

347

A Are there any updates about the event?
B Yes, stay tuned for an update tomorrow.

💬 신경 끄지 말고 계속 주목해 달라고 할 때

348

A Who's in charge of the project?
B Sarah's calling the shots.

💬 결정권자/총괄 담당자가 누구라고 할 때

349

A Are those tickets free?
B Yes, they're up for grabs.

💬 누구나 이용할 수 있는 것이라고 할 때

350

A Are you going to the party?
B I'm still on the fence.

💬 아직 결정을 내리지 못하고 고민 중일 때

Stage 1

망각방지 장치 ❼
DAY
061-070

Fill the Gap!

Choose the right word from the options.
Mistakes help you remember better!

제한시간
2분

			복습
	O	X	

01 손익분기는 맞췄어.
We _____ even.
(a) broke (b) made (c) walked (d) earned
321

02 그 동네는 위험해 보여.
That neighborhood seems _____.
(a) fancy (b) sketchy (c) quiet (d) lively
342

03 계속 밀어부치고 있어. / 계속 밀어부칠 거야.
I'm sticking to my _____.
(a) coffee (b) pencils (c) guns (d) dreams
314

04 프로젝트에 차질이 있나요?
Is the project _____ track?
(a) in (b) on (c) out (d) off
328

05 이제 그 얘긴 끝났어요. (이제 유효하지 않아요.)
It's off the _____ now.
(a) radar (b) bridge (c) table (d) scenes
317

06 그들이 기준을 완전 높여놨어!
They really _____ the bar!
(a) raised (b) lowered (c) removed (d) flipped
322

07 건설업자가 편법을 써서 그 집 대충 지었어.
The builder _____ on the house.
(a) cut corners (b) cut ties (c) built bridges
(d) went the extra mile
303

정답 01 (a) broke 02 (b) sketchy 03 (c) guns 04 (d) off 05 (c) table 06 (a) raised 07 (a) cut corners

08 부업을 시작했어.

I started a _____ hustle.

(a) side (b) main (c) tiny (d) musical

09 아직 망설이고 있어. 아직 고민 중이야.

I'm still on the _____.

(a) road (b) line (c) list (d) fence

10 그 사람의 기술 능력은 그 직에 완벽해.

Her _____ set is perfect for the role.

(a) tool (b) skill (c) sun (d) match

11 본격적으로 시작하죠.

Let's get down to _____.

(a) business (b) bedrock (c) dancing (d) vacation

12 나중에 다시 연락/얘기합시다.

We should _____ base later.

(a) jump (b) throw (c) touch (d) hit

13 사람들이 따뜻하게 맞아줬어.

They welcomed me with _____ arms.

(a) warm (b) strong (c) open (d) heavy

14 면밀하게 알아는 봤어?

Have you done your _____ _____ on it?

(a) background research (b) necessary work
(c) careful review (d) due diligence

정답 08 (a) side 09 (d) fence 10 (b) skill 11 (a) business 12 (c) touch 13 (c) open
14 (d) due diligence

Stage 2

Write to Win!

Fill in the blanks without any hints this time.
Saying it out loud will help it stick!

망각방지 장치 ❼
DAY 061-070

제한시간 3분

			O	X	복습
01	가만히 기다려.	Just sit _____ .			333
02	계속 지켜봐 주세요! 채널 고정!	Stay _____ !			347
03	밤새 잘 생각해보자.	Let's _____ on it.			311
04	우린 의견이 일치해.	We're on the _____ .			325
05	아직 미정입니다.	It's still _____ in the _____ .			315
06	(남의 일에) 신경 꺼.	_____ your own business.			332
07	성급히 판단하지/결론짓지 마.	Don't jump to _____ .			304
08	잡는 게 임자야.	They're up for _____ .			349
09	(최신) 상황 좀 알려줄래요?	Can you bring me up to _____ ?			334
10	주제가 옆길로 샜어.	We _____ topic.			338

정답 01 tight 02 tuned 03 sleep 04 same page 05 up, air 06 Mind 07 conclusions 08 grabs
      09 speed 10 veered off

				○	×	복습
11	그 사람 꽤 수상쩍어. That guy seems pretty _____.			□	□	341
12	한발 늦으셨네요. 기회를 놓치셨네요. You _____ the _____.			□	□	305
13	그 바는 되게 음침해 보였어. The bar looked pretty _____.			□	□	343
14	프로젝트는 계획대로 진행 중인가요? Is the project _____ _____?			□	□	327
15	이번엔 정말 아슬아슬하게 (시간) 맞췄어. I _____ it close this time.			□	□	331
16	너무 갑작스러워서 얼어버렸어! I was put _____ the _____!			□	□	344
17	새러가 결정권자예요/총괄하고 있어요. Sarah's calling the _____.			□	□	348
18	나한텐 사활이 걸린 일이야. It's _____ or _____ for me.			□	□	312
19	그 자리에서 바로바로 대처해야 했어. I had to think _____ my _____.			□	□	345
20	나도 모르겠어. Your _____ is as _____ as mine.			□	□	337

정답 11 shady 12 missed, boat 13 seedy 14 on track 15 cut 16 on, spot 17 shots 18 do, die
19 on, feet 20 guess, good

Stage 3

DAY 061-070

Speak to Conquer!
Now it's time to join the conversation.
These expressions are yours now!

제한시간 5분

1 재정 상황이 어려울 때

#MoneyTalks #ToughTimes

Look at What to Say

A 이번 분기 재정이 적자야. `323`

B 이런. 우리 큰 거래라도 (기회를) 놓쳤던가? `305`

A 아마도. 하지만 어디서 잘못됐는지 정확히 모르겠어.

B 알아보자. 여기서 핵심은 뭐야? `307`

A 이 일 실패하면 우리 파산할지도 몰라. `310`

B 함께 잘 헤쳐나가보자. 우린 해결해낼 거야.

A 고마워. 나도 계속 밀어부치면서 끝까지 버텨볼게. `314`

Say It in English

A Our finances are in the red this quarter. `323`

B Oh no. Did we miss the boat on any major deals? `305`

A Maybe. But it's hard to pinpoint what went wrong.

B Let's figure it out. What's the bottom line here? `307`

A If it fails, we might go broke. `310`

B Let's try to get through it together. We'll figure it out.

A Thanks. I'll stick to my guns and see this through. `314`

Write & Speak English

A 이번 분기 재정이 적자야. `323`

Our finances _____ this quarter.

B 이런. 우리 큰 거래라도 (기회를) 놓쳤던가? `305`

Oh no. _____ on any major deals?

A 아마도. 하지만 어디서 잘못됐는지 정확히 모르겠어.

Maybe. But it's hard to pinpoint what went wrong.

B 알아보자. 여기서 핵심은 뭐야? `307`

Let's figure it out. _____

A 이 일 실패하면 우리 파산할지도 몰라. `310`

_____

B 함께 잘 헤쳐나가보자. 우린 해결해낼 거야.

Let's try to get through it together. We'll figure it out.

A 고마워. 나도 계속 밀어부치면서 끝까지 버텨볼게. `314`

Thanks. I'll _____ and see this through.

Chat Buddy
- finance 재정, 재정 상황
- quarter 분기
- pinpoint (원인이나 본질 등을) 정확히 지적하다, 정확히 설명하다
- figure out 알아내다, 해결하다
- see something through (계획 등을) 끝까지 해내다, (괴로운 사태 등을) 버텨내다

정답 are in the red `323`   Did we miss the boat `305`   What's the bottom line here? `307`
If it fails, we might go broke. `310`   stick to my guns `314`

2 새로운 프로젝트를 시작하며

#Teamwork #FreshStart

Look at What to Say

A 자, 팀원들! 시작합시다. `301`

B 좋아요. 그런데 이번 프로젝트의 핵심이 뭐죠? `307`

A 이번 달 말까지 완수하는 데 집중해야 해요.

B 알았어요. 그런데 먼저, 몇 가지 소소한 문제를 해결해야 해요. `313`

A 동의해요. 일정을 확정하면 나중에 다시 이야기합시다. `324`

B 좋아요. 우선순위에 대해선 우리 의견이 일치하네요. `325`

A 좋아요! 계속 나아가서 성공적으로 끝냅시다. `326`

Say It in English

A Hey, team! Let's get the ball rolling. `301`

B Absolutely. So, what's the bottom line for this project? `307`

A We need to focus on delivering it by the end of the month.

B Got it. But first, we need to work out a few kinks. `313`

A Agreed. Let's touch base later once we finalize the schedule. `324`

B Sounds good. We're on the same page about the priorities. `325`

A Great! Let's move forward and make this a success. `326`

Write & Speak English

A 자, 팀원들! 시작합시다. 301

Hey, team!

B 좋아요. 그런데 이번 프로젝트의 핵심이 뭐죠? 307

Absolutely. So, _____ for this project?

A 이번 달 말까지 마치는 데 집중해야 해요.

We need to focus on delivering it by the end of the month.

B 알았어요. 그런데 먼저, 몇 가지 소소한 문제를 해결해야 해요. 313

Got it. _____

A 동의해요. 일정을 확정하면 나중에 다시 이야기합시다. 324

Agreed. Let's _____ once we finalize the schedule.

B 좋아요. 우선순위에 대해선 우리 의견이 일치하네요. 325

Sounds good. _____ about the priorities.

A 좋아요! 계속 나아가서 성공적으로 끝냅시다. 326

Great! _____ and make this a success.

Chat Buddy
- **deliver** 성취하다, 달성하다
- **finalize** 확정하다
- **priority** 우선 사항

정답 Let's get the ball rolling. 301   what's the bottom line 307   But first, we need to work out a few kinks. 313   touch base later 324   We're on the same page 325   Let's move forward 326

3 일자리 제안을 받고

#CareerChoices #BigMoves

Look at What to Say

A 그 새 일자리 제안을 받아들일지 아직 고민 중이야. 350

B 그 제안 아직 유효해? 316

A 응, 그런데 나한텐 비전이 없는 일인 거 같아. 309

B 성급히 결론짓지 마. 304 너한테 좋은 일이 될 수도 있잖아.

A 네 말이 맞을지도 모르겠네. 난 실무 경험이 더 필요해. 306 좋을 수도 있겠다.

B 맞아. 밤새 잘 생각해보고 내일 다시 이야기하자. 311

A 조언 고마워. 다 잘되면 좋겠다. 행운을 빌어줘!

Say It in English

A I'm still on the fence about taking that new job offer. 350

B Is the offer still on the table? 316

A Yes, but it feels like a dead-end job to me. 309

B Don't jump to conclusions. 304 It might be good for you.

A Maybe you're right. I need more hands-on experience. 306 This could be good.

B True. Let's sleep on it and revisit this tomorrow. 311

A Thanks for the advice. Hope it all works out. Fingers crossed!

Write & Speak English

A 그 새 일자리 제안을 받아들일지 아직 고민 중이야. 350

_____ about taking that new job offer.

B 그 제안 아직 유효해? 316

_____

A 응, 그런데 나한텐 비전이 없는 일인 거 같아. 309

Yes, but _____ to me.

B 성급히 결론짓지 마. 304 너한테 좋은 일이 될 수도 있잖아.

_____ It might be good for you.

A 네 말이 맞을지도 모르겠네. 난 실무 경험이 더 필요해. 306 좋을 수도 있겠다.

Maybe you're right. _____ This could be good.

B 맞아. 밤새 잘 생각해보고 내일 다시 이야기하자. 311

True. _____ and revisit this tomorrow.

A 조언 고마워. 다 잘되면 좋겠다. 행운을 빌어줘!

Thanks for the advice. Hope it all works out. Fingers crossed!

Chat Buddy
- **revisit** (문제 등을) 다시 짚어보다, 재검토하다
- **work out** (일이) 잘 풀리다, 잘되다

정답 I'm still on the fence 350   Is the offer still on the table? 316   it feels like a dead-end job 309
Don't jump to conclusions. 304   I need more hands-on experience. 306   Let's sleep on it 311

4 부업에 도전할 때

#BusinessChallenges #HighStakes

Look at What to Say

A 이 부업을 시작하는 게 위험한 느낌이야. 319

B 크게 생각해! 329 언젠가 돈줄이 될 수도 있잖아. 308

A 맞아, 그런데 지금 당장은 모든 게 너무 불확실한 느낌이야. 315

B 이해해, 하지만 초반에는 어려움이 당연한 거야.

A 네 말이 맞아. 계속 집중해서 잘 해내볼게.

B 바로 그 자세야! 시작해보자. 301

A 응원 고마워. 진척 상황은 계속 알려줄게. 346

Say It in English

A Starting this side hustle feels risky. 319

B Think big! 329 It could become a cash cow someday. 308

A True, but right now, everything feels so up in the air. 315

B I hear you, but challenges are normal in the beginning.

A You're right. I'll stay focused and make it happen.

B That's the spirit! Let's get the ball rolling. 301

A Thanks for the pep talk. I'll keep you posted on the progress. 346

Write & Speak English

A 이 부업을 시작하는 게 위험한 느낌이야. 319
   Starting this side hustle feels risky.

B 크게 생각해! 329 언젠가 돈줄이 될 수도 있잖아. 308
   Think big! It could become a cash cow someday.

A 맞아, 그런데 지금 당장은 모든 게 너무 불확실한 느낌이야. 315
   True, but right now, everything feels so up in the air.

B 이해해, 하지만 초반에는 어려움이 당연한 거야.
   I hear you, but challenges are normal in the beginning.

A 네 말이 맞아. 계속 집중해서 잘 해내볼게.
   You're right. I'll stay focused and make it happen.

B 바로 그 자세야! 시작해보자. 301
   That's the spirit! Let's get the ball rolling.

A 응원 고마워. 진척 상황은 계속 알려줄게. 346
   Thanks for the pep talk. I'll keep you posted on the progress.

Chat Buddy
- risky 위험한
- someday (미래의) 언젠가
- pep talk 응원의 말, 격려의 말

정답 Starting this side hustle 319   Think big! 329   cash cow 308   up in the air 315
      Let's get the ball rolling. 301   I'll keep you posted 346

5 영화를 보고 나서

#MovieBuffs #LateNightChats

Look at What to Say

A 그 영화 정말 가슴 아팠어. 339

B 그러게 말야. 그리고 마지막의 반전에 입이 떡 벌어졌어.

A 이 영화를 좋아하지 않는 사람들이 있다는 게 믿어져?

B 말도 안 돼! 어떻게 이 영화를 안 좋아할 수가 있어?

A 몰라. 336 그냥 안목이 안 좋은 사람도 있으니까.

B 딱 맞는 말이야. 그냥 훌륭한 예술품을 알아보지 못하는 사람도 있으니까.

Say It in English

A That movie was heart-wrenching. 339

B I know, and the twist at the end was jaw-dropping.

A Can you believe some people didn't like it?

B Get out of town! How could you dislike this movie?

A Beats me. 336 Some people just have bad taste.

B You hit the nail on the head. Some people just can't appreciate good art.

Write & Speak English

A 그 영화 정말 가슴 아팠어. 339
That movie was heart-wrenching.

B 그러게 말야, 그리고 마지막의 반전에 입이 떡 벌어졌어.
I know, and the twist at the end was jaw-dropping.

A 이 영화를 좋아하지 않는 사람들이 있다는 게 믿어져?
Can you believe some people didn't like it?

B 말도 안 돼! 어떻게 이 영화를 안 좋아할 수가 있어?
Get out of town! How could you dislike this movie?

A 몰라. 336 그냥 안목이 안 좋은 사람도 있으니까.
Beats me. Some people just have bad taste.

B 딱 맞는 말이야. 그냥 훌륭한 예술품을 알아보지 못하는 사람도 있으니까.
You hit the nail on the head. Some people just can't appreciate good art.

Chat Buddy
- **twist** 비틀기 (여기서는 이야기의 '반전'을 의미)
- **jaw-dropping** 입이 떡 벌어지는 441
- **have bad taste** 취향이 나쁘다, 안목이 안 좋다
- **appreciate** 진가를 알다

정답 That movie was heart-wrenching. 339 Beats me. 336

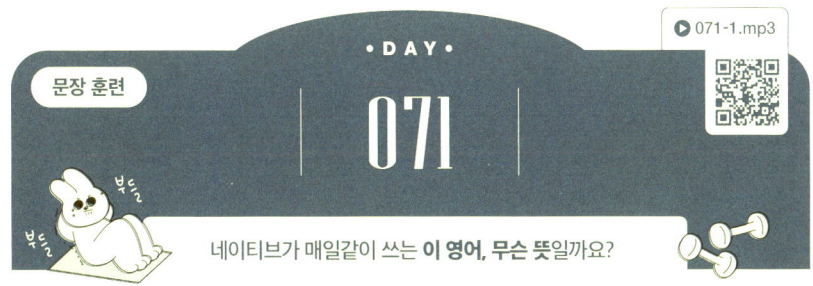

• DAY •
071

문장 훈련

네이티브가 매일같이 쓰는 **이 영어, 무슨 뜻일까요?**

That shirt really suits you.
351

 'Suit' means to be appropriate, fitting, or compatible with someone or something.

I'd rather play it safe.
352

 This means avoiding risks or danger. We usually say it when choosing a safer option.

Try to keep your cool.
353

 'Keep one's cool' means to stay calm when things are stressful. It's like saying, "Don't get angry or nervous."

Cut him some slack.
354

 'Cut someone some slack' means to be lenient or understanding. We say it when someone deserves a break or extra patience.

Give it a rest.
355

 We use this to tell someone to stop talking about something or stop a behavior, especially when it's annoying us.

문장 훈련

DAY 071

네이티브가 매일같이 쓰는 **이 말, 영어로** 할 수 있나요?

351

그 셔츠 (너한테) 정말 잘 어울린다.

상대의 옷이나 스타일을 칭찬하는 말이에요. suit는 '어울리다, 잘 맞다'는 뜻으로, 옷이나 스타일이 그 사람에게 잘 맞아보일 때 유용하게 쓸 수 있는 표현이죠. [syn] That shirt looks good on you.

352

안전하게 하는 게 좋을 거 같아.

이익은 크지 않더라도 모험을 하기보다 안전한 방법을 택하는 게 좋겠다고 할 때 쓰는 표현이에요. 투자뿐 아니라 모험을 요하는 일상 상황에서 두루 쓸 수 있어요. [syn] Better safe than sorry. (나중에 후회하는 것보다 안전한 게 낫지.)

353

침착함을 유지하도록 해.

냉정함과 침착함을 유지하라는 뜻의 표현이에요. 긴장이나 압박이 될 만한 상황, 화가 나는 상황 등 스트레스가 많고 어려운 상황에서 흔들리지 말고 자제력을 유지하라는 의미로 쓰죠. [syn] Keep a cool head.

354

그 사람 좀 봐줘라.

실수나 잘못을 한 사람에게 다 사정이 있겠거니, 혹은 그럴 만했다며 너그러이 받아들이고 '봐준다'고 할 때 cut someone some slack을 쓰죠.

355

이제 좀 쉬지. 이제 그만하지.

귀에 피 날 정도로 불평이나 잔소리를 계속 늘어놓는다거나 재미도 없는 농담을 주구장창 해 대는 친구에게 '이제 좀 쉬지. 그만하지. 좀 쉬었다 하지.' 정도의 뉘앙스로 부드럽게 주의를 주는 캐주얼한 표현이에요. 물론 그만했음 싶은 행동에 대해서도 쓸 수 있죠.

DAY 071

대화 연습

071-2.mp3

네이티브가 매일 주고받는 **이 대화, 영어로** 할 수 있나요?

351
A 그 셔츠 너한테 정말 잘 어울린다!
B 고마워! 어제 샀어.

352
A 우리 그 새 식당 가볼까?
B 안전하게 평소 가던 데 가는 게 좋을 거 같아.
hint 평소 가던 데 가다 go to one's usual spot

353
A 협상 중에 침착함을 유지하도록 해.
B 차분하게 있도록 최선을 다할게.
hint 차분하게 있다 stay calm

354
A 그 사람 또 늦었네!
B 좀 봐줘. 와이프가 출산한 지 얼마 안 됐잖아.
hint 출산한 지 얼마 안 됐다 have just had a baby

355
A 너 하루 종일 불평이네. 이제 좀 쉬지.
B 네 말이 맞아, 그만해야겠다.
hint 그만해야겠다(그만할 필요가 있다) need to stop

대화 연습

• DAY •
071

🎧 071-2.mp3

대화의 주인공이 되어 **네이티브처럼 영어로 말해볼까요?**

351
A That shirt really suits you!
B Thanks! I bought it yesterday.
💬 옷이나 스타일이 잘 어울린다고 칭찬할 때

352
A Should we try that new restaurant?
B I'd rather play it safe and go to our usual spot.
💬 안전한 쪽으로 하는 게 좋겠다고 할 때

353
A Try to keep your cool during the negotiation.
B I'll do my best to stay calm.
💬 긴장 및 압박 상황에서 침착함을 유지하라고 할 때

354
A He's late again!
B Cut him some slack. His wife's just had a baby.
💬 누구의 실수나 잘못을 좀 봐주라고 할 때

355
A You've been complaining all day. Give it a rest.
B You're right, I need to stop.
💬 이제 그만하라고 부드럽게 주의를 줄 때

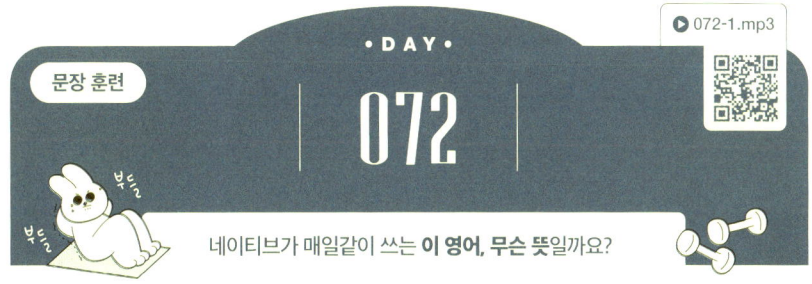

· DAY ·

072

네이티브가 매일같이 쓰는 **이 영어**, 무슨 뜻일까요?

356

Just to be on the safe side.

 It means to take extra precautions. Like saying, "I'll be careful just in case something bad happens."

357

Let's roll with the punches.

 'Roll with the punches' means to handle problems by adapting. Like saying, 'go with the flow when things get tough.'

358

Off the top of my head, …

 This means saying something without checking or thinking deeply. We use it when giving an estimate or quick answer.

359

It left a bad taste in my mouth.

 This means something made you feel uncomfortable or unhappy. We say it after a negative experience.

360

Last but not least, …

 This means the last thing mentioned is not less important. We use it when ending a list of important points.

문장 훈련

DAY 072

네이티브가 매일같이 쓰는 **이 말, 영어로** 할 수 있나요?

356

그래도 혹시 모르니까 안전하게.

모든 일에는 만일이라는 게 있으니까 안전한 쪽으로 하자고 할 때 쓰는 표현이에요. 굳이 안 그래도 될지 모르지만 덤으로 좀 더 주의하고 미리 예방하자는 차원에서 하는 말이죠.
[syn] Better safe than sorry. (나중에 후회하는 것보다 안전한 게 낫지.)

357

유연하게 대처하자. 상황에 맞춰 대처하자.

뜻밖의 난관에 맞닥뜨렸을 때 상황에 맞춰 유연하게 대처하자는 의미입니다. roll with the punches는 상대의 펀치를 피하거나 타격을 최소화하려고 몸을 요리조리 움직이는 권투에서 유래됐죠. [syn] go with the flow (흐름을 따르다)

358

생각나는 대로 말하면, 당장 떠오르는 건, …

깊이 생각하거나 사실 확인 없이 그냥 언뜻 생각나는 대로 바로 말할 때 쓰는 표현이에요.
[syn] Without thinking too much, …

359

불쾌했어. 기분이 더러웠어/찜찜했어.

상한 음식을 먹고 나면 입안에 찜찜하고 불쾌한 맛이 계속 감돌죠. leave a bad taste in one's mouth는 여기에서 비롯된 표현으로, 어떤 일을 보고, 듣고, 겪은 후 기분이 불쾌하고 찜찜하며 뒷맛이 안 좋다는 의미입니다.

360

끝으로, …

수상소감에서 감사한 사람들의 이름을 죽 나열한 다음 어김없이 등장하는 표현입니다. 연설 등을 마무리할 때 유용하죠. '끝으로 언급하지만 그 중요도는 앞서 언급한 것들과 조금도 다르지 않다'는 어감입니다. [syn] And lastly, … / And finally, …

DAY 072

대화 연습

네이티브가 매일 주고받는 **이 대화**, **영어로** 할 수 있나요?

356
- A 우산을 가져가야 할까?
- B 응, 그래도 혹시 모르니까 안전하게.

357
- A 레스토랑이 우리의 예약을 빼먹었어.
- B 상황에 맞춰 대처하자, 다른 곳을 찾자.

358
- A 거기에 가는 제일 빠른 방법이 뭐야?
- B 당장 떠오르는 건 지하철이라고 할 수 있겠네.

[hint] ~라고 할 수 있겠네 I'd say ~

359
- A 회의 어땠어?
- B 불쾌했어. 사장이 무례하더라고.

[hint] 무례한 rude

360
- A 존, 리사, 그리고 끝으로 새러에게 감사합시다.
- B 네, 그 사람들 모두 진짜 잘해냈어요!

[hint] (일을) 진짜 잘하다 do great

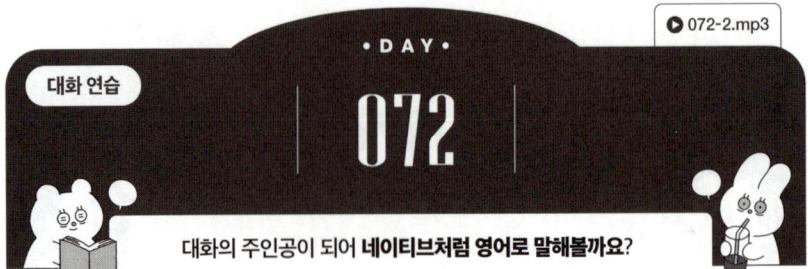

DAY 072

대화의 주인공이 되어 **네이티브처럼 영어로** 말해볼까요?

356
A Should we bring an umbrella?
B Yeah, just to be on the safe side.
　🔵 만일의 상황에 대비해 안전한 쪽으로 하자고 할 때

357
A The restaurant lost our reservation.
B Let's roll with the punches and find another place.
　🔵 뜻밖의 난관 앞에서 상황에 맞춰 유연하게 대처하자고 할 때

358
A What's the fastest way to get there?
B Off the top of my head, I'd say the subway.
　🔵 당장 떠오르는 대로 바로 대답할 때

359
A How was the meeting?
B It left a bad taste in my mouth. The boss was rude.
　🔵 어떤 일(It)로 기분이 불쾌했다고 할 때

360
A Let's thank John, Lisa, and last but not least, Sarah.
B Yes, they all did great!
　🔵 연설이나 감사인사를 마무리할 때

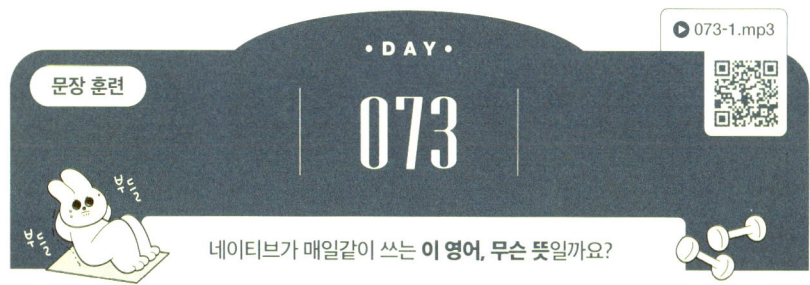

• DAY •
073

문장 훈련

네이티브가 매일같이 쓰는 **이 영어, 무슨 뜻**일까요?

Don't add fuel to the fire.

361

This means avoiding making a bad situation worse. We say it to stop things from escalating.

I'll make it happen.

362

This means ensuring that something gets done or succeeds. It's often used to show determination or promise action.

I'll get back to you.

363

It means you'll respond later after checking something. We say it when we don't have an answer yet.

Point taken.

364

It means understanding someone's point or argument. We use it to show we've listened and agree.

It arrived safe and sound.

365

'Safe and sound' means someone or something is safe and unharmed. We say it after a risky or dangerous situation.

DAY 073

문장 훈련

073-1.mp3

네이티브가 매일같이 쓰는 **이 말, 영어로** 할 수 있나요?

361

불난 데 기름 붓지 마.

안 그래도 안 좋은데 상황을 더 악화시키는 말이나 행동을 하는 경우가 있죠. 그럴 때 영어에서는 add fuel to the fire와 같이 '불난 데 기름 붓는다'는 식으로 말합니다. [syn] Don't make it worse. (상황을 악화시키지 마.)

362

제가 잘해내겠습니다.

make it happen은 it이 일어나게 만든다, 즉 어떤 일이 있어도 '해낸다, 이뤄낸다'는 의미입니다. [syn] get it done (끝내다) / make it work (어려움 속에서도 '잘해내다') / pull it off (어려움 속에서도 '잘해내다')

363

(나중에) 다시 알려드릴게요.

질문이나 문의를 받았는데 확인이 좀 필요한 사항일 때 '나중에 다시 알려주겠다, 다시 연락 주겠다'는 의미로 할 수 있는 말입니다. 뒤에 구체적으로 '언제' 연락을 줄지까지 친절하게 덧붙이면 더 좋죠. [syn] I'll follow up. (후속 연락드릴게요.)

364

알겠습니다. 접수했습니다.

상대방의 이유 있는 충고나 비판을 들었을 때 쿨하게 인정하며 할 수 있는 대답 표현이에요. '오케이, 접수했어. 알아들었어.'라는 어감으로, 순순히 상대의 의견을 받아들이고 시정하도록 하겠다는 의미이죠. [syn] I get your point.

365

무사히 잘 도착했어.

여행을 떠나는 이에겐 늘 별탈없이 안전하게 '무사히 잘' 다녀오기를 바라는 마음이 듭니다. 택배를 보내거나 받을 때도 마찬가지이죠. 이럴 때 '무사히 잘'에 해당되는 표현이 바로 safe and sound입니다.

DAY 073

대화 연습

> 073-2.mp3

네이티브가 매일 주고받는 **이 대화**, **영어로** 할 수 있나요?

361
A 그 문제를 다시 꺼낼까?
B 불난 데 기름 붓지 마.

[hint] (문제 등을) 제기하다, 이야기 꺼내다 bring up

362
A 이 프로젝트 맡을 수 있겠어요?
B 제가 잘해내겠습니다.

363
A 회의 시간 재확인해줄 수 있어요?
B 확인 후에 다시 알려드릴게요.

[hint] (예약이나 시간 등을) 재확인하다 confirm

364
A 다음번엔 일을 재차 확인하도록 하세요.
B 알겠습니다. 더 조심할게요.

[hint] 재차 확인하다 double-check

365
A 물건 배송됐어?
B 응, 무사히 잘 도착했어.

[hint] 배송되다 be delivered

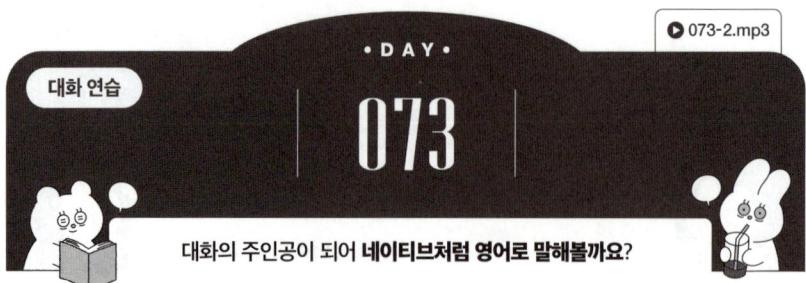

대화 연습

DAY 073

대화의 주인공이 되어 **네이티브처럼 영어로 말해볼까요?**

361
- A Should I bring up the issue again?
- B Don't add fuel to the fire.

🔵 안 그래도 안 좋은데 상황 더 악화시키지 말라고 할 때

362
- A Can you handle this project?
- B I'll make it happen.

🔵 어떤 일이 있어도 잘해내겠다고 할 때

363
- A Can you confirm the meeting time?
- B I'll get back to you after checking.

🔵 확인 후에 다시 알려주겠다고 할 때

364
- A You should double-check your work next time.
- B Point taken. I'll be more careful.

🔵 상대의 충고/비판/지시 등을 순순히 받아들일 때

365
- A Is the package delivered?
- B Yes, it arrived safe and sound.

🔵 무사히 잘 도착했을 때

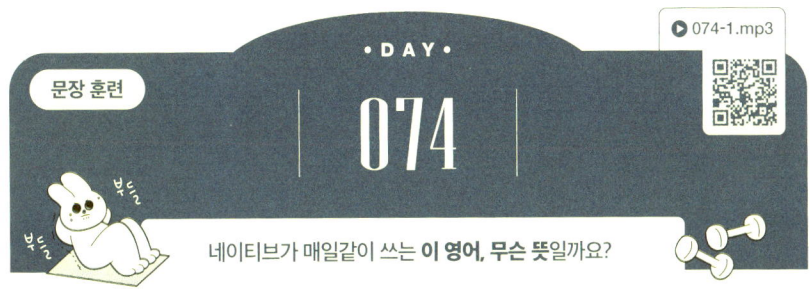

네이티브가 매일같이 쓰는 **이 영어, 무슨 뜻**일까요?

366

It's under control.

 'Under control' means things are being managed well and are not chaotic. We use it to calm others.

367

It's a deal.

 This means we agree on something. It's like saying, "Let's do it" or "We've decided."

368

Don't mention it.

 This means you don't need to thank me for a small favor. It's like saying, "No problem" or "You're welcome."

369

We're all set.

 This means everything is ready. It's like saying, "We're good to go" or "We're prepared."

370

I'm on it.

 This means the speaker will handle a task right away, assuring it will be taken care of.

문장 훈련

DAY 074

 074-1.mp3

네이티브가 매일같이 쓰는 **이 말, 영어로** 할 수 있나요?

366 잘 돌아가고 있어요.

잘 관리되고 있어서 순조롭게 진행되고 있다, 잘 돌아가고 있다는 의미로 하는 말이에요. 상황을 걱정하거나 점검하는 사람을 안심시키기에 좋은 한마디죠. [syn] Everything's fine. (다 괜찮아요. 다 순조로워요.)

---

367 좋아. 거래 성립.

상대가 제안하는 조건에 동의한다는 뜻이에요. 이로써 양쪽의 동의 하에 거래가 성립되었음을 나타내는 거죠. 기업간의 그럴 듯한 거래뿐 아니라 장터에서 물건을 사고팔 때, 일상에서 사소하게 주고받는 조건부 제안에 대해 두루두루 쓸 수 있는 표현이에요.

---

368 별말씀을요. 천만에요.

감사인사를 받았을 때 하는 대답 표현이죠. 그렇게 감사인사를 받을 만큼 대단한 일이 아니라며 자신을 낮추는 겸손한 어감의 표현입니다. [syn] No problem. / No worries.

---

369 준비 완료. 다 준비됐어요.

여행 준비, 회의 준비, 자료 준비 등등, 일을 하나 제대로 진행하려면 이것저것 준비할 게 많습니다. 그럴 때 준비가 완벽하게 되었다고 확인해주는 말이죠. [syn] We're good to go. (준비 다 됐어요, 시작하면 됩니다.) / Everything's ready.

---

370 제가 바로 할게요.

어떤 일을 '내가 지금 바로 하겠다'는 의미로 쓰는 표현입니다. 이렇게 자발적으로 선뜻 나서서 일을 맡아주면 정말 안심이 되고 고맙지요. [syn] I'll handle it. (제가 맡을게요.) / I'll get it done. (제가 끝낼게요.)

DAY 074

대화 연습

▶ 074-2.mp3

네이티브가 매일 주고받는 **이 대화**, **영어로** 할 수 있나요?

366
A 프로젝트는 순조롭게 진행되고 있나요?
B 네, 잘 돌아가고 있어요.

[hint] 순조롭게 진행되다 go smoothly

367
A 그 값으로 50달러 줄게.
B 좋아.

368
A 오늘 도움 주셔서 감사합니다.
B 별말씀을요. 도울 수 있어서 기뻤습니다.

369
A 가방들 다 쌌어?
B 응, 다 준비됐어.

370
A 오늘 안으로 보고서를 마무리해야 해요.
B 알았어요, 제가 바로 할게요.

[hint] 마무리하다 finalize | 늦어도 오늘 안에 by today

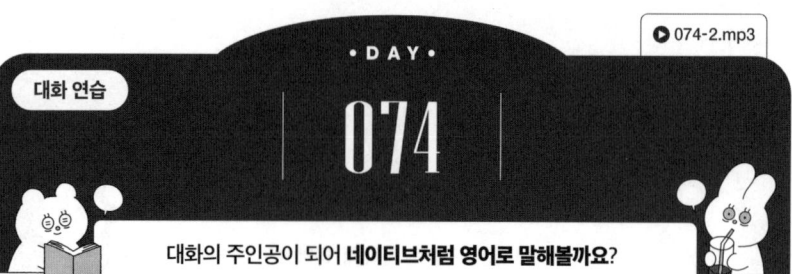

• DAY •
074

대화 연습

대화의 주인공이 되어 **네이티브처럼 영어로 말해볼까요?**

🔊 074-2.mp3

366
A Is the project going smoothly?
B Yes, it's under control.

💬 다 잘 돌아가고 있다고 할 때

367
A I'll give you $50 for that.
B It's a deal.

💬 상대가 제안하는 조건에 동의할 때

368
A Thank you for your help today.
B Don't mention it. I was happy to help.

💬 감사인사를 받았을 때

369
A Are the bags packed?
B Yes, we're all set.

💬 준비가 다 됐다고 확인해줄 때

370
A We need to finalize the report by today.
B Alright, I'm on it.

💬 바로 일을 맡겠다고 자발적으로 나설 때

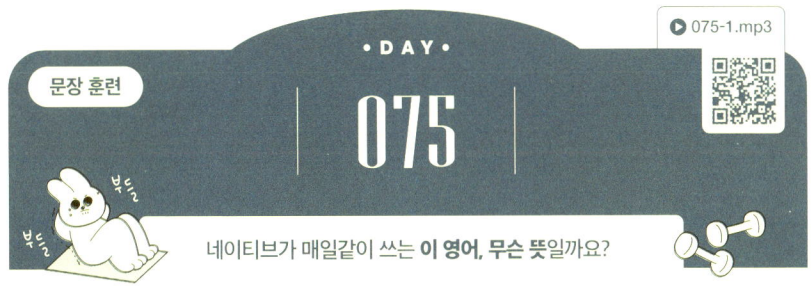

· DAY ·

075

문장 훈련

네이티브가 매일같이 쓰는 **이 영어, 무슨 뜻일까요?**

371

Noted.

It means you acknowledge or understand something said. Often used in formal or work settings.

372

I'm with you.

It shows agreement or support for someone's opinion. Used when you agree with what's being said.

373

I got your back.

It means you're offering support or protection to someone, often during challenges or tough times.

374

On second thought, …

This shows that you've reconsidered something and changed your opinion or decision after thinking about it.

375

On top of that, …

This phrase adds another point to a list, emphasizing an extra concern or responsibility that needs attention.

DAY 075

문장 훈련

 075-1.mp3

네이티브가 매일같이 쓰는 이 말, 영어로 할 수 있나요?

371

알겠습니다. 기억할게요.

알아들었고 기억해두겠다는 뜻이에요. 직장이나 격식을 차려야 하는 상황에서 자주 쓰지만, 일상에서도 요청이나 지시를 받을 때 자주 쓰이는 표현이죠. [syn] 보다 캐주얼하게는 Got it. / Understood. / Copy that. 등이 쓰여요.

372

동의해요.

직역하면 '당신과 함께한다', 즉 '당신과 뜻을 같이한다'는 말로 상대방의 의견에 동의하고 지지한다는 의미예요. [syn] I agree. / You're right. (당신 말이 맞아요.)

373

내가 있잖아. 내가 도와줄게.

'내가 네 등 뒤에 있어서 너를 지지하고 필요할 땐 언제든 도와줄 수 있으니 나한테 의지하라'는 어감의 표현이에요. [syn] I'm here for you. (내가 있잖아.) / I'll back you up. (내가 백업할게. 내가 도와줄게.)

374

다시 생각해보니, …

처음엔 이렇게 결정하고 선택했는데, 다시 생각해보니 마음이 바뀌는 경우들 제법 있죠. 그럴 때 유용한 표현입니다. [syn] Actually, … (사실, …) / Now that I think about it, … (이제 생각해보니까, …)

375

게다가, … 설상가상으로, …

On top of that은 '게다가, 설상가상으로'라는 의미예요. 할 일이 태산인데 거기에 일이 또 보태지거나, 상황이 안 좋은데 안 좋은 일이 또 보태질 때 쓰는 표현이죠. [syn] Moreover, … (게다가, …) / And to make matters worse, … (설상가상으로, …)

DAY 075

대화 연습

075-2.mp3

네이티브가 매일 주고받는 **이 대화, 영어로** 할 수 있나요?

371
A 감자칩 잊지 마!
B 알겠어!

> [hint] (미국) 감자칩 the chips (= the potato chips)

372
A 변경사항을 즉시 시행합시다.
B 동의해요.

> [hint] 변경사항을 시행하다 implement the changes

373
A 발표 때문에 긴장돼.
B 걱정하지 마, 내가 있잖아.

> [hint] ~ 때문에 긴장되다 be nervous about

374
A 정말 디저트 안 먹을 거야?
B 다시 생각해보니, 케이크 좀 먹을래.

> [hint] 정말 ~ 안 먹을 거야/먹고 싶어? Are you sure you don't want ~?

375
A 오늘 길 엄청 막혔어.
B 그지? 게다가, 비까지 오기 시작했지.

> [hint] (교통) 길이 엄청 막히다 the traffic is terrible

417

DAY 075

대화 연습

대화의 주인공이 되어 **네이티브처럼 영어로 말해볼까요?**

371
A Don't forget the chips!
B Noted!
> 알아들었고 기억하겠다고 답할 때

372
A Let's implement the changes immediately.
B I'm with you.
> 상대의 의견에 동의할 때

373
A I'm nervous about the presentation.
B Don't worry, I got your back.
> 내가 있으니까 걱정 말고 나한테 의지하라고 할 때

374
A Are you sure you don't want dessert?
B On second thought, I'll have some cake.
> 다시 생각해보니 마음이 바뀌었을 때

375
A The traffic was terrible today.
B Right? On top of that, it started raining.
> 안 좋은 상황에 안 좋은 일이 더 보태질 때

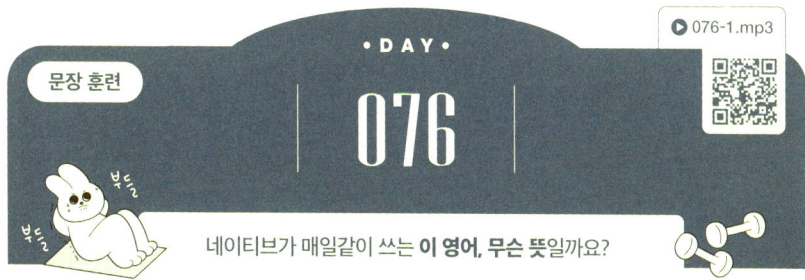

How about a walk for a change?

376

'For a change' suggests doing something different to break routine or monotony.

Just checking, ...

377

It's used when you want to make sure something is correct or true, often casually.

At a glance, ...

378

'At a glance' means quickly or with a brief look, without going into details.

Let's get a move on!

379

'Get a move on' tells someone to move faster or do something quickly, often in a slightly urgent tone.

Sooner or later, ...

380

It expresses that something is bound to happen, though the exact timing is unclear.

DAY 076

문장 훈련

네이티브가 매일같이 쓰는 **이 말, 영어로** 할 수 있나요?

376
기분 전환삼아 산책 어때?

늘 같은 패턴으로 돌아가는 일이나 일상이 지겨울 때면 기분 전환삼아 뭔가 평소와는 다른 것을 찾게 되죠. for a change는 바로 이런 상황에서 쓰는 표현으로 '기분 전환삼아'라는 뜻이에요.

377
그냥 확인 차 물어보는 건데, …

확실하게 하기 위해서 재차 사실 확인이나 상황 파악을 할 때가 있잖아요. 그럴 때 쓸 수 있는 표현이에요. 이 말 뒤에 확인하고 싶은 내용을 질문해도 되고, 질문을 먼저 하고 상대가 대답을 하면 그냥 확인 차 물어본 거라며 단독으로 써도 되죠.

378
한눈에 보기엔, … 얼핏 보기에, …

무언가를 깊이 들여다보지 않고 얼핏 본 첫 인상을 표현할 때 쓰입니다. 복잡한 분석 없이 대충 보고 드는 느낌을 말할 때 유용하죠. 빠르게 평가하거나 간단히 설명할 때 자연스럽게 쓸 수 있습니다.

379
서두르자!

어떤 일을 빨리 시작하거나 속도를 내야 할 때 사용하는 표현입니다. 약간의 긴박함을 전달하면서 재촉하는 어감이죠. 특히 지각할 상황이나 시간이 촉박할 때 자주 쓰입니다.
[syn] Hurry up! (일반적으로 널리 쓰이는 표현으로 중립적인 어감)

380
결국 언젠가는, 때가 되면, 조만간, …

언제가 될진 확실치 않지만 결국 언젠가는 그렇게 될 거라고 할 때 쓸 수 있는 표현이에요. 이 기본 개념을 바탕으로 대화의 맥락에 따라 '결국 언젠가는, 결국에는', '때가 되면', '조만간' 등의 의미로 해석되죠.

대화 연습

· DAY ·
076

🔊 076-2.mp3

네이티브가 매일 주고받는 **이 대화, 영어로** 할 수 있나요?

376
- A 또 TV 볼래?
- B 기분 전환삼아 산책 어때?

[hint] ~할래? ~하고 싶어? Do you want to do ~?

377
- A 그냥 확인차 물어보는 건데, 이메일 보냈어요?
- B 네, 오늘 아침에 보냈어요.

[hint] 이메일을 보내다 send the email

378
- A 새 웹사이트 디자인은 어때요?
- B 한눈에 보기엔, 훨씬 더 사용자 친화적인 것 같아요.

[hint] 사용자 친화적인 user-friendly

379
- A 우리 늦었어!
- B 알겠어, 서두르자!

380
- A 우리 제안서에 대한 답이 올까요?
- B 조만간 답해줄 거예요.

[hint] ~에 대한 답(변)을 받다 get a reply to ~ | (업체 they가) 답(변)하다 respond

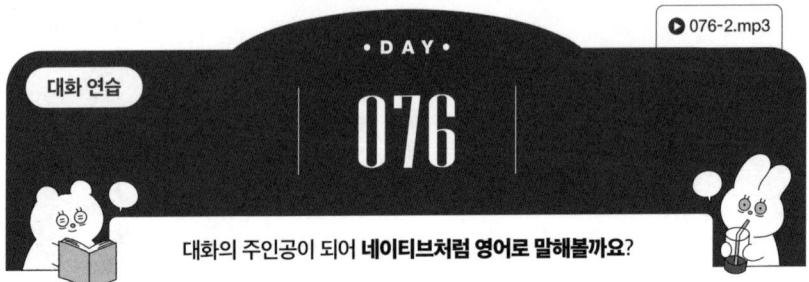

· DAY ·
076

076-2.mp3

대화 연습

대화의 주인공이 되어 **네이티브처럼 영어로 말해볼까요?**

376
A Do you want to watch TV again?
B How about a walk for a change?
> 기분 전환삼아 뭔가를 하자고 제안할 때

377
A Just checking, did you send the email?
B Yes, I sent it this morning.
> 확실하게 하기 위해 재차 상황을 파악할 때

378
A How's the new website design?
B At a glance, it seems much more user-friendly.
> 얼핏 보고 느낀 인상을 말할 때

379
A We're late!
B Okay, let's get a move on!
> 지각할 상황이나 시간이 촉박할 때

380
A Will we get a reply to our proposal?
B Sooner or later, they will respond.
> 언제가 될진 모르지만 결국 그렇게 될 거라고 할 때

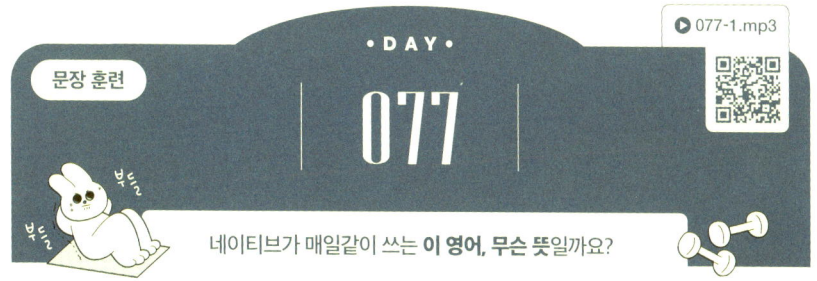

· DAY ·
077

네이티브가 매일같이 쓰는 **이 영어, 무슨 뜻일까요?**

381

Don't take her for granted.

'Take someone for granted' means assuming they'll always help without appreciating them, often overlooking their efforts or kindness.

382

No strings attached.

It means there are no hidden conditions, and you don't owe anything extra in return.

383

Play it cool.

It means to remain calm and composed, especially in stressful situations or when reacting to something.

384

That'll do.

It means something is sufficient or acceptable for what is needed. It's often used for completion.

385

It just came out of nowhere.

'Out of nowhere' means something appeared or happened suddenly without any prior signs or warnings.

• DAY • 077

 077-1.mp3

문장 훈련

네이티브가 매일같이 쓰는 **이 말, 영어로** 할 수 있나요?

381

걔의 친절/호의/수고를 당연하게 여기지 마.

누군가의 호의나 도움, 수고에 익숙해져 자칫 감사함을 잊지 않도록 조언할 때 사용하는 표현이에요. take someone for granted는 '누군가의 친절/호의/노고를 당연히 여기다'의 의미입니다. (syn) Don't overlook her kindness. (걔의 친절을 간과하지 마.)

382

아무 조건 없어.

어떤 거래나 제안이 '무조건적이고, 숨겨진 조건이 없다'는 점을 강조할 때 사용합니다. 특히 상대가 의심하거나 망설일 때, 조건 없이 주겠다고 안심시키는 맥락에서 많이 쓰여요.
(syn) No catch. (아무 꿍꿍이/속셈 없어.)

383

침착하게 해.

내정함과 침착함을 유지하라는 뜻의 표현이에요. 긴장하거나 흥분하지 말고 차분히 행동하라는 조언을 할 때 사용하는 표현입니다. (syn) Keep your cool. / Stay calm. (일반적으로 쓰는 '진정해. 침착해.')

384

그거면 충분해. 딱 그 정도면 돼.

딱 그 정도면 충분하다는 의미로, 어떤 것이 충분하거나 괜찮다고 확인할 때 쓰는 표현이에요. 보통 만족감을 드러내며 쓰기 때문에 가벼운 칭찬의 뉘앙스도 포함될 수 있어요.
(syn) That's enough. / That works. (그거면 돼.) / That's fine. (그 정도면 괜찮아.)

385

갑자기 불쑥 나타났어.

예기치 못한 상황이 갑자기 발생했을 때 쓰는 표현이에요. 깜짝 놀란 심정이 담겨 있죠. out of nowhere는 '난데없이, 갑자기'라는 의미예요. (syn) all of a sudden (갑자기) / unexpectedly (예기치 않게) / out of the blue (예기치 않게 갑자기)

대화 연습

• DAY •
077

077-2.mp3

네이티브가 매일 주고받는 **이 대화, 영어로** 할 수 있나요?

381
A 걔는 항상 내 숙제를 도와줘.
B 좋네. 걔의 친절을 당연하게 여기지 마.

[hint] ~의 숙제를 도와주다 help someone with someone's homework

382
A 이 선물 정말 공짜야?
B 응, 아무 조건 없어!

383
A 면접 때문에 너무 긴장돼.
B 그냥 침착하게 하면 잘할 거야.

384
A 케이크에 이 정도 설탕이면 될까?
B 딱 그 정도면 돼.

[hint] ~에 이 정도 설탕이면 될까? Is this enough sugar for ~?

385
A 너 폭풍우에 휘말렸다면서?
B 응, 갑자기 불쑥 나타났어.

[hint] 폭풍우에 휘말리다 get caught in the strom

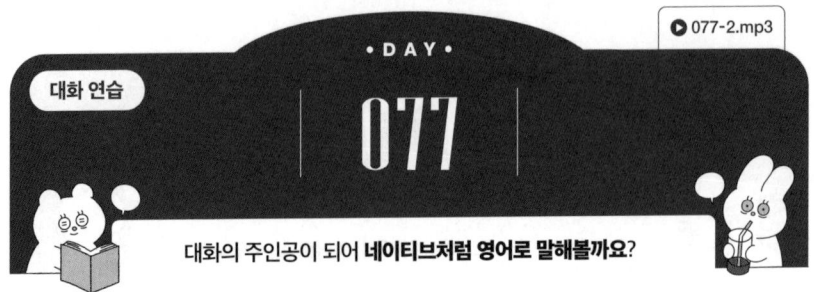

DAY 077

대화 연습

대화의 주인공이 되어 **네이티브처럼 영어로 말해볼까요?**

- A She always helps me with my homework.
- B That's great. Don't take her for granted.

💬 누군가의 친절/호의/수고에 대해 감사할 줄 알아야 한다고 할 때

- A Is this gift really free?
- B Yes, no strings attached!

💬 아무 조건이나 제약 없이 주는 거라고 할 때

- A I'm so nervous about the interview.
- B Just play it cool and you'll do great.

💬 긴장하거나 흥분하지 말고 차분히 행동하라고 할 때

- A Is this enough sugar for the cake?
- B That'll do.

💬 그 정도면 충분하다고 만족감을 드러낼 때

- A I heard you got caught in the storm.
- B Yeah, it just came out of nowhere.

💬 예기치 못한 상황이 갑자기 발생했을 때

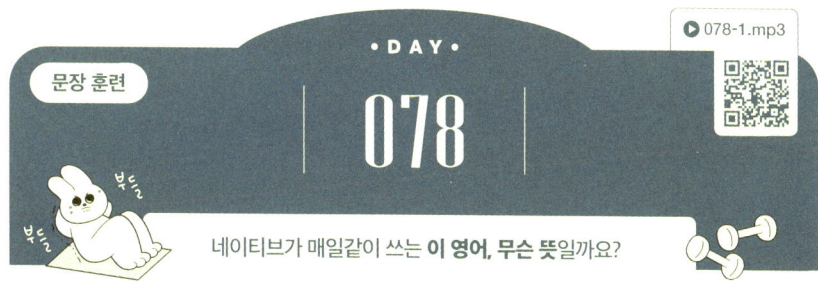

• DAY •
078

네이티브가 매일같이 쓰는 **이 영어, 무슨 뜻**일까요?

386

Mark my words, …

It means "Remember what I'm saying now." Like "I'm serious" or "I'm sure this will happen."

387

That's a given.

It means something is certain or obvious, often assumed to be true without needing to say it.

388

It's about time!

It's used when something finally happens after a long wait or delay, implying that it should have happened sooner.

389

At 5 PM on the dot.

'On the dot' is used to describe something happening at exactly the scheduled or agreed time.

390

Way to go!

It's used to congratulate or praise someone for doing something well or achieving success.

• DAY •
078

네이티브가 매일같이 쓰는 **이 말, 영어로** 할 수 있나요?

386

내 말 명심해, …

앞으로 일어날 일을 자신 있게 예측하면서 상대방에게 내 말을 기억해두라고 할 때 쓰는 표현이에요. '내가 분명히 말하는데 내 말 명심해', '내가 장담하는데 내 말 명심해'라는 어감이죠. 중요한 조언이나 경고를 줄 때 자주 사용돼요.

387

당연하지.

상대의 말에 대해 '말해 뭐해, 당연한 걸'이란 의미로 대구하는 표현이에요. 누가 봐도 뻔하고 당연한 사실이어서 말할 필요도 없다는 뉘앙스죠. [syn] Obviously. (당연하지. 뻔하지.) / Of course. (물론이지.) / That goes without saying. (말해 뭐해.)

388

이제야!

진작에 됐어야 할 일이 '이제서야 됐다'고 할 때 쓰는 표현입니다. 오래 걸린 일에 대해 말할 때 자주 쓰이죠. [syn] Finally. / Long overdue.

389

오후 5시 정각에.

on the dot은 시간과 함께 쓰여 '정각에'라는 뜻을 나타냅니다. 보통 <at + 시간 + on the dot>의 형태로 쓰이죠. [syn] At exactly 5 PM. / At 5 PM sharp.

390

잘했어!

어떤 일을 '잘했다'고 축하하거나 칭찬할 때 아주 간편하게 쓸 수 있는 표현이에요.
[syn] Good job! / Well done! / Nice work!

대화 연습

• DAY •
078

🔊 078-2.mp3

네이티브가 매일 주고받는 **이 대화**, **영어로** 할 수 있나요?

386
A 이번 투자 잘될까?
B 내 말 명심해, 잘될 거야.

hint (일이) 잘 풀리다, 잘되다 work out

387
A 회의에 제시간에 참석하는 게 중요해.
B 그건 당연한 거지.

hint 제시간에 가 있다 be on time

388
A 드디어, 소포가 왔어.
B 이제야!

hint (여기) 오다 be here

389
A 우리, 언제 출발해야 해?
B 오후 3시 정각에 가자.

390
A 우리가 경기에서 이겼어!
B 잘했어!

DAY 078

대화 연습

🔊 078-2.mp3

대화의 주인공이 되어 **네이티브처럼 영어로 말해볼까요?**

386
A Will this investment work out?
B Mark my words, it will.
💬 자신 있게 앞일을 예측하며 조언이나 경고를 할 때

387
A It's important to be on time for meetings.
B That's a given.
💬 상대의 말에 너무 당연한 얘기라고 대구할 때

388
A Finally, the package is here.
B It's about time!
💬 진작에 됐어야 할 일이 드디어 되었을 때

389
A When should we leave?
B Let's go at 3 PM on the dot.
💬 어떤 일이 일어나는 정확한 시간을 말할 때

390
A We won the game!
B Way to go!
💬 잘한 일에 대해 축하하거나 칭찬할 때

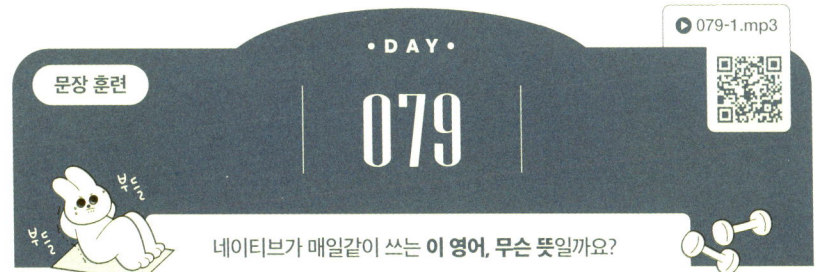

• DAY •
079

문장 훈련

네이티브가 매일같이 쓰는 **이 영어, 무슨 뜻**일까요?

391

Just my luck!

This means something unlucky happened to you. People say this when things go wrong unexpectedly.

392

Take note.

It means to pay attention or remember something important. Like saying, "Make sure you pay attention."

393

Count me in.

It means you want to join or participate in something. Like saying, "I want to be part of this!"

394

It's up to you.

It means "You decide" or "The decision is yours."

395

Let's catch up.

This means to meet and share updates after not seeing someone for a while. It's usually used among friends.

문장 훈련

· DAY ·
079

079-1.mp3

네이티브가 매일같이 쓰는 **이 말, 영어로** 할 수 있나요?

391

내 운이 그렇지 뭐!

참 운이 없다 싶게 자꾸 안 좋은 일이 생기거나 일이 뜻대로 안 풀릴 때 체념하는 투로 불만을 토로할 때 쓰는 말이에요. [syn] Story of my life! (내 인생이 그렇지 뭐!)

392

(꼭) 기억해 두세요.

중요한 정보를 꼭 기억하거나 주의 깊게 듣도록 요청할 때 쓰는 표현이에요. 상대방에게 무언가를 꼭 알아두라는 의미로 간결하게 전달할 수 있죠. 주로 지시나 공지를 할 때 쓰면 좋습니다.

393

나도 끼워줘.

어떤 활동이나 모임에 자신을 끼워달라고 할 때 사용하는 표현이에요. 참여 의사를 밝히며 친근하게 사용되죠. 친구나 동료에게 함께하고 싶다는 마음을 전할 때 활용해 보세요.
[syn] I'm in. (나도 할래.) / I'm down. (나도 할게.)

394

네가 결정해. 네 맘대로.

결정을 상대방에게 맡길 때 쓰는 표현이에요. 가벼운 상황에서 주로 사용되죠. 결정을 양보하거나 상황을 맡기고 싶을 때 자연스럽게 써보세요. [syn] Your call. / You decide. / Whatever you want. (네가 원하는 대로.)

395

만나서 밀린 얘기나 좀 나누자.

오랜만에 만나서 서로의 소식을 나누자는 뜻이에요. 주로 바빴던 사람들과 다시 만나기를 제안할 때 씁니다. [syn] Let's meet up. (만나서 놀자. 만나서 얘기나 나누자.) / Let's get together. (만나자. 한번 뭉치자.)

DAY 079

대화 연습

079-2.mp3

네이티브가 매일 주고받는 **이 대화**, **영어로** 할 수 있나요?

391
- A 버스가 막 떠났어.
- B 내 운이 그렇지 뭐!

392
- A 일정에 변경사항이 있어요. 기억해 두세요.
- B 알겠어요.

393
- A 이번 주말에 우리 등산 갈 거야.
- B 나도 끼워줘.

hint 등산 가다 go hiking (암벽등반이 아닌 일반적인 등산)

394
- A 나갈까 아니면 집에 있을까?
- B 네 맘대로.

hint 집에 있다 stay in

395
- A 다음 주말에 만나서 밀린 얘기나 좀 나누자.
- B 좋아!

hint 다음 주말에 next weekend

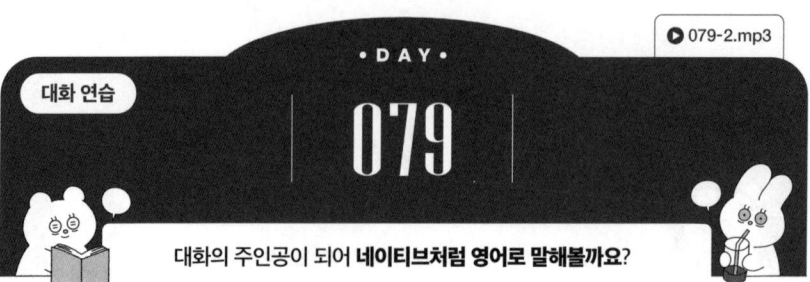

대화 연습

대화의 주인공이 되어 **네이티브처럼 영어로 말해볼까요?**

391
- A The bus just left.
- B Just my luck!

💬 일이 뜻대로 안 풀릴 때 한탄하며

392
- A There are some changes to the schedule. Take note.
- B Will do.

💬 중요한 정보를 전달하며 꼭 알아두라고 할 때

393
- A We're going hiking this weekend.
- B Count me in.

💬 어떤 일에 나도 함께하고 싶을 때

394
- A Should we go out or stay in?
- B It's up to you.

💬 결정을 상대방에게 맡길 때

395
- A Let's catch up next weekend.
- B Sounds great!

💬 통 못 본 친구에게 한번 보자고 할 때

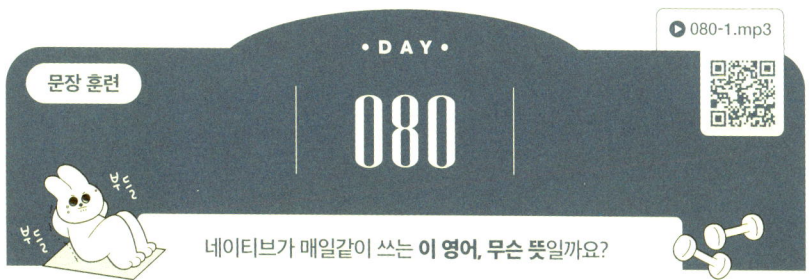

· DAY ·

080

080-1.mp3

 문장 훈련

네이티브가 매일같이 쓰는 **이 영어**, 무슨 뜻일까요?

Do you have a minute?

396

 It means you're asking if someone has time to talk. Like saying, "Can I talk to you for a bit?"

Hold on a second.

397

 It means asking someone to wait briefly. Like saying, "Wait just a moment."

Let's move on.

398

 It means to move forward or change topics. People say it when switching focus to something else.

It's worth a try.

399

 This means something is worth trying. People say it when there's a chance something might work.

I hear you loud and clear.

400

 It means you understand someone very well. Like saying, "I completely get what you're saying."

• DAY •

080

 080-1.mp3

문장 훈련

네이티브가 매일같이 쓰는 **이 말, 영어로** 할 수 있나요?

396
잠깐 시간 있어? 시간 좀 있어?
상대방에게 잠시 시간을 내줄 수 있는지 물어볼 때 쓰는 표현이에요. 간단한 도움이나 대화를 요청할 때 자연스럽게 사용되죠. 상대의 상황을 고려해 예의 있게 말을 건넬 때 좋아요.
[syn] Got a second? (잠깐 시간 돼?)

397
잠깐만 기다려.
잠시 기다려 달라고 할 때 쓰는 표현이에요. 전화통화나 일시적인 중단이 필요할 때 자주 사용됩니다. 상대방에게 잠깐의 여유를 요청하는 의미로 부드럽게 전달돼요.
[syn] Wait a minute. / Hang on.

398
다음으로 넘어가자.
현재 주제를 마무리하고 다음 단계로 넘어가자는 뜻이에요. 회의나 대화에서 중요한 논의가 끝났을 때 자주 씁니다. 새로운 주제로 자연스럽게 전환하고 싶을 때 쓰기 좋죠.
[syn] Let's move forward.

399
시도해볼 만해. 한번 해볼 만해.
성공할지 확신은 없지만, 시도해볼 가치가 있을 때 사용하는 표현이에요. 결과가 불확실하더라도 가능성이 있으니까 도전해보라고 격려할 때 자주 쓰죠. [syn] Give it a shot. (시도해봐.) / Worth a go. (한번 해볼 만해.)

400
알겠어, 확실히 들었어. 확실히 알아들었어.
상대방의 말을 분명하게 이해했다는 뜻. 특히 강하게 전달된 요구나 지시를 확실히 알아들었다며 명심하겠다고 할 때 써요. 상대방의 의사를 충분히 수용하는 모습을 나타냅니다.
[syn] Got it. (알겠어.) / Understood. (이해했어.)

대화 연습

• DAY •
080

네이티브가 매일 주고받는 **이 대화**, **영어로** 할 수 있나요?

396
A 시간 좀 있어? 도움이 좀 필요한데.
B 물론이지, 무슨 일이야?

hint 무슨 일이야? What's up?

397
A 금방 돌아올게. 잠깐만 기다려.
B 알겠어!

398
A 충분히 논의했어. 다음으로 넘어가자.
B 동의해.

hint 동의해. Agreed.

399
A 나 그 일자리에 지원해볼까?
B 물론이지, 시도해볼 만해.

hint ~에 지원하다 apply for

400
A 우리, 오늘 이거 끝내야 해.
B 알겠어, 확실히 들었어.

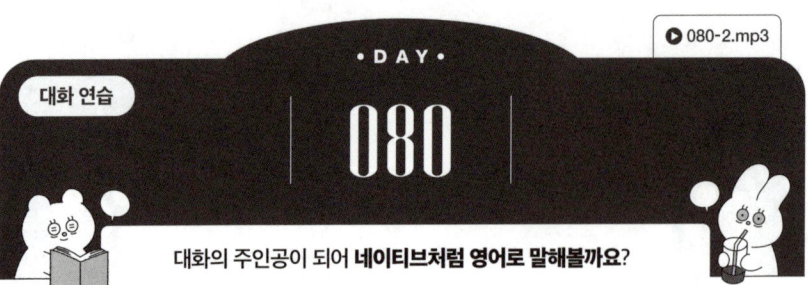

대화 연습

대화의 주인공이 되어 **네이티브처럼 영어로 말해볼까요?**

396
A Do you have a minute? I need help.
B Sure, what's up?

💬 도움이나 대화를 요청하기 위해 상대의 상황을 살필 때

397
A I'll be right back. Hold on a second.
B Okay!

💬 전화통화/대화/하던 일을 잠시 중단해야 할 때

398
A We've discussed enough. Let's move on.
B Agreed.

💬 다음 주제로 넘어가자고 할 때

399
A Should I apply for the job?
B Absolutely, it's worth a try.

💬 도전해보라고 격려할 때

400
A We need to finish this today.
B I hear you loud and clear.

💬 확실히 알아들었다며 명심하겠다고 할 때

Stage 1

망각방지 장치 ⑧
DAY 071-080

Fill the Gap!

Choose the right word from the options.
Mistakes help you remember better!

제한시간 2분

01 별말씀을요. 천만에요.
Don't _____ it.
(a) remember   (b) mention   (c) forget   (d) recall

02 그 셔츠 (너한테) 정말 잘 어울린다.
That shirt really _____ you.
(a) looks   (b) feels   (c) suits   (d) jumps

03 그 사람 좀 봐줘라.
Cut him some _____.
(a) paper   (b) slack   (c) luck   (d) jokes

04 동의해요.
I'm _____ you.
(a) for   (b) on   (c) with   (d) at

05 불난 데 기름 붓지 마.
Don't add _____ to the fire.
(a) salt   (b) air   (c) water   (d) fuel

06 유연하게 대처하자. 상황에 맞춰 대처하자.
Let's roll with the _____.
(a) punches   (b) waves   (c) rocks   (d) cheers

07 불쾌했어. 기분이 더러웠어/찜찜했어.
It left a bad _____ in my mouth.
(a) vibe   (b) color   (c) smell   (d) taste

정답   01 (b) mention   02 (c) suits   03 (b) slack   04 (c) with   05 (d) fuel   06 (a) punches   07 (d) taste

08 확실히 알아들었어.

I hear you loud and _____.

(a) sharp   (b) far   (c) high   (d) clear

09 무사히 잘 도착했어.

It arrived safe and _____.

(a) sound   (b) steady   (c) light   (d) soft

10 게다가, 비까지 오기 시작했지.

On _____ of that, it started raining.

(a) edge   (b) front   (c) top   (d) side

11 (나중에) 다시 알려드릴게요.

I'll _____ _____ to you.

(a) send out   (b) get back   (c) reach up   (d) turn over

12 이제 좀 쉬지. 이제 그만하지.

Give it a _____.

(a) rest   (b) shot   (c) break   (d) fly

13 잘 돌아가고 있어요.

It's under _____.

(a) the table   (b) control   (c) attack   (d) water

14 존, 리사, 그리고 끝으로 새러에게 감사합시다.

Let's thank John, Lisa, and last but not _____, Sarah.

(a) least   (b) most   (c) first   (d) great

정답   08 (d) clear   09 (a) sound   10 (c) top   11 (b) get back   12 (a) rest   13 (b) control   14 (a) least

Stage 2

Write to Win!

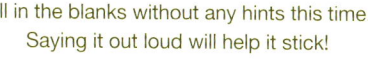
Fill in the blanks without any hints this time.
Saying it out loud will help it stick!

망각방지 장치 ⑧
DAY 071-080

제한시간 3분

| | | O X 복습 |

01 네가 결정해. 네 맘대로. It's _____ to you. □ □ 394

02 제가 바로 할게요. I'm _____ it. □ □ 370

03 다음으로 넘어가자. Let's _____ . □ □ 398

04 갑자기 불쑥 나타났어. It just came out of _____ . □ □ 385

05 안전하게 하는 게 좋을 거 같아.
I'd rather _____ it _____ . □ □ 352

06 만나서 밀린 얘기나 좀 나누자. Let's _____ . □ □ 395

07 그거면 충분해. 딱 그 정도면 돼. That'll _____ . □ □ 384

08 서두르자! Let's get _____ on! □ □ 379

09 걔의 친절을 당연하게 여기지 마.
Don't _____ her for _____ . □ □ 381

10 나도 끼워줘. _____ me _____ . □ □ 393

정답 01 up 02 on 03 move on 04 nowhere 05 play, safe 06 catch up 07 do 08 a move
09 take, granted 10 Count, in

			O	X	복습
11	아무 조건 없어.	No strings ▓▓▓.	☐	☐	382
12	좋아. 거래 성립.	It's a ▓▓▓.	☐	☐	367
13	내가 있잖아. 내가 도와줄게.	I got your ▓▓▓.	☐	☐	373
14	당연하지.	That's a ▓▓▓.	☐	☐	387
15	잘했어!	Way to ▓▓▓!	☐	☐	390
16	이제야!	It's ▓▓▓ ▓▓▓!	☐	☐	388
17	한번 해볼 만해.	It's worth a ▓▓▓.	☐	☐	399
18	제가 잘해내겠습니다.	I'll make it ▓▓▓.	☐	☐	362
19	침착하게 해.	Play it ▓▓▓.	☐	☐	383
20	(꼭) 기억해 두세요.	Take ▓▓▓.	☐	☐	392

정답 11 attached 12 deal 13 back 14 given 15 go 16 about time 17 try 18 happen 19 cool
20 note

Stage 3

Speak to Conquer!
Now it's time to join the conversation.
These expressions are yours now!

● Test 08-1.mp3

DAY 071-080

망각방지 장치 ⑧

제한시간 5분

1 오랜만에 친구를 만났을 때
#FriendshipGoals #ChillEvening

Look at What to Say

A 야, 오랜만이다! 저녁 먹으면서 밀린 얘기나 좀 나누자. 395
   [hint] 저녁 먹으면서 over dinner

B 좋아! 장소 고를 시간 좀 있어? 396

A 물론이지. 새로 생긴 이탈리안 레스토랑 가보는 게 어때?

B 좋네. 근데 다시 생각해보니까, 좀 가벼운 게 나을 것 같아. 374

A 음, 그럼 스시는?

B 완벽해! 그나저나 그 셔츠 너한테 정말 잘 어울린다. 351

A 고마워!

Say It in English

A Hey, it's been ages! Let's catch up over dinner. 395

B Sure thing! Do you have a minute to pick a place? 396

A Of course. How about trying that new Italian restaurant?

B Sounds great. On second thought, maybe something less heavy? 374

A Hmm, sushi, then?

B Perfect! By the way, that shirt really suits you. 351

A Thanks!

Write & Speak English

A 야, 오랜만이다! 저녁 먹으면서 밀린 얘기나 좀 나누자. 395
  Hey, it's been ages! _____

B 좋아! 장소 고를 시간 좀 있어? 396
  Sure thing! _____ to pick a place?

A 물론이지. 새로 생긴 이탈리안 레스토랑 가보는 게 어때?
  Of course. How about trying that new Italian restaurant?

B 좋네. 근데 다시 생각해보니까, 좀 가벼운 게 나을 것 같아. 374
  Sounds great. _____ maybe something less heavy?

A 음, 그럼 스시는?
  Hmm, sushi, then?

B 완벽해! 그나저나 그 셔츠 너한테 정말 잘 어울린다. 351
  Perfect! By the way, _____ .

A 고마워!
  Thanks!

Chat Buddy
- It's been ages! (오랜만에 만난 친구에게 하는 인사) 오랜만이야!
- try 시도해보다 (음식을 처음 먹어볼 때, 옷가게에서 옷을 입어볼 때, 식당을 처음 가볼 때, 어떤 일을 처음 시도해볼 때 등, 다양한 상황에서 쓰임)

정답 Let's catch up over dinner. 395 Do you have a minute 396 On second thought, 374 that shirt really suits you 351

2 컴퓨터 문서 파일이 사라졌을 때

#StayCool #ProblemSolved

Look at What to Say

A 발표 파일이 그냥 사라졌어! 나 이제 큰일났다.

B 잠깐만 기다려. **397** 백업 확인해볼게.

A 내 운이 그렇지 뭐! **391** 왜 하필 오늘이야?

B 침착함을 유지하도록 해. **353** 우린 해결할 거야.

A 고맙긴 한데, 파일이 영 사라졌으면 어떡해?

B 걱정 마. 내가 있잖아. **373**

A 고마워. 회의 시작하기 전에 서두르자. **379**

B 클라우드 저장소에서 찾았어! 우리, 잘했어! **390**

Say It in English

A The presentation file just disappeared! I'm in hot water now.

B Hold on a second. **397** Let me check the backup.

A Just my luck! **391** Why today of all days?

B Try to keep your cool. **353** We'll figure it out.

A I appreciate that, but what if it's gone for good?

B Don't worry. I got your back. **373**

A Thanks. Let's get a move on before the meeting starts. **379**

B Found it in the cloud storage! Way to go, us! **390**

Write & Speak English

A 발표 파일이 그냥 사라졌어! 나 이제 큰일났다.
The presentation file just disappeared! I'm in hot water now.

B 잠깐만 기다려. **397** 백업 확인해볼게.
_____ Let me check the backup.

A 내 운이 그렇지 뭐! **391** 왜 하필 오늘이야?
_____ Why today of all days?

B 침착함을 유지하도록 해. **353** 우린 해결할 거야.
_____ We'll figure it out.

A 고맙긴 한데, 파일이 영 사라졌으면 어떡해?
I appreciate that, but what if it's gone for good?

B 걱정 마. 내가 있잖아. **373**
Don't worry. _____

A 고마워. 회의 시작하기 전에 서두르자. **379**
Thanks. _____ before the meeting starts.

B 클라우드 저장소에서 찾았어! 우리, 잘했어! **390**
Found it in the cloud storage! _____, us!

Chat Buddy
- **appreciate** ~에 대해 고맙다
- **for good** 영원히, 영영

정답 Hold on a second. **397**   Just my luck! **391**   Try to keep your cool. **353**   I got your back. **373**
Let's get a move on **379**   Way to go **390**

3 비 오는 날 뭘 할지에 대해

#RainyWeather #UnexpectedPlans

> **Look at What to Say**

A 하루 종일 비가 쏟아질 것 같아. 우리 뭘 할까?

B 상황에 맞춰 유연하게 하자. 357 아이디어 있어?

A 당장 떠오르는 건, 영화를 보거나 뭔가 요리를 해봐도 될 것 같아. 358

B 기분 전환 삼아 산책은 어때? 376 우산 쓰고 신선한 공기를 즐기는 거지.

A 그거 해볼 만하지, 399 하지만 난 안전하게 집에 있는 게 좋을 거 같아. 352

B 좋아. 뭐를 하든 비 때문에 하루를 망치진 말자.

> **Say It in English**

A It might rain a lot today. What do we do?

B Let's roll with the punches and stay flexible. 357 Any ideas?

A Off the top of my head, we could watch a movie or cook something. 358

B How about a walk for a change? 376 We can bring umbrellas and enjoy the fresh air.

A That's worth a try, 399 but I'd rather play it safe and stay indoors. 352

B Fair enough. Whatever we do, let's not let this rain ruin the day.

Write & Speak English

A 하루 종일 비가 쏟아질 것 같아. 우리 뭐 할까?
It might rain a lot today. What do we do?

B 상황에 맞춰 유연하게 하자. 357 아이디어 있어?
_____ and stay flexible. Any ideas?

A 당장 떠오르는 건, 영화를 보거나 뭔가 요리를 해봐도 될 것 같아. 358
_____ we could watch a movie or cook something.

B 기분 전환 삼아 산책은 어때? 376 우산 쓰고 신선한 공기를 즐기는 거지.
_____ We can bring umbrellas and enjoy the fresh air.

A 그거 해볼 만하지, 399 하지만 난 안전하게 집에 있는 게 좋을 거 같아. 352
_____, but _____ and stay indoors.

B 좋아. 뭐를 하든 비 때문에 하루를 망치진 말자.
Fair enough. Whatever we do, let's not let this rain ruin the day.

Chat Buddy
- flexible 유연한
- stay indoors 실내에 머무르다, 집안에 있다
- ruin 망치다

정답 Let's roll with the punches 357   Off the top of my head, 358   How about a walk for a change? 376
That's worth a try 399   I'd rather play it safe 352

4 로드트립을 준비하며

#TravelVibes #SpontaneousAdventure

Look at What to Say

A 이번 로드트립 완전 기대돼! 우리 다 챙겼지?

B 얼핏 보기엔, 문제없어 보여. **378** 간식, 물, 지도, 확인 완료.

A 좋아. 그래도 혹시 모르니까 안전하게 차도 확실하게 준비할게. **356**

B 좋아. 오후 5시 정각에 출발하도록 해보자. **389**

A 기억할게. **371** 아, 내 말 명심해, 이번 여행 진짜 잊지 못할 거야! **386**

B 전적으로 동의해! 멋진 추억 많이 만들자.

Say It in English

A I'm pumped for this road trip! Do we have everything?

B At a glance, it seems like we're good to go. **378** Snacks, water, and maps—check.

A Great. I'll make sure the car is ready, just to be on the safe side. **356**

B Awesome. Let's try to leave at 5 PM on the dot. **389**

A Noted. **371** Oh, mark my words, this trip is going to be unforgettable! **386**

B I couldn't agree more! Let's make some amazing memories.

Write & Speak English

A 이번 로드트립 완전 기대돼! 우리 다 챙겼지?
I'm pumped for this road trip! Do we have everything?

B 얼핏 보기엔, 문제없어 보여. 378 간식, 물, 지도, 확인 완료.
_____ it seems like we're good to go. Snacks, water, and maps—check.

A 좋아. 그래도 혹시 모르니까 안전하게 차도 확실하게 준비할게. 356
Great. I'll make sure the car is ready, _____.

B 좋아. 오후 5시 정각에 출발하도록 해보자. 389
Awesome. Let's try to leave _____.

A 기억할게. 371 아, 내 말 명심해, 이번 여행 진짜 잊지 못할 거야! 386
_____ Oh, _____ this trip is going to be unforgettable!

B 전적으로 동의해! 멋진 추억 많이 만들자.
I couldn't agree more! Let's make some amazing memories.

Chat Buddy
- **good to go** (계속 진행하기에) 문제없는, 준비 다 된
- **unforgettable** 잊을 수 없는, 잊지 못할

정답 At a glance, 378 just to be on the safe side 356 at 5 PM on the dot 389 Noted. 371 mark my words, 386

5 프레젠테이션을 앞두고

#WorkChallenges #StayCalm

Look at What to Say

A 고객 프레젠테이션이 내일인데 너무 긴장돼.

B 걱정 마. 우리 잘 준비했잖아.

A 그래도 뭔가 잊어버린 것 같은 기분이 들어.

B 그냥 확인 차 물어보는 건데, 슬라이드를 마지막으로 한 번 더 검토했어? 377

A 응, 그런데도 아직 불안해. 도입부를 조금 더 수정할까 봐.

B 진정해. 너무 고민 안 해도 돼. 긴장 풀고 좀 쉬어.

A 알겠어. 364 지금 그대로 둘게.

B 잘 생각했어! 결국엔 곧 자신감이 생길 거야. 380

A 격려 고마워. 잘해낼게! 362

Say It in English

A The client presentation is tomorrow, and I'm so nervous.

B Don't worry. We've prepared for this.

A I still feel like I'm forgetting something.

B Just checking, have you reviewed the slides one last time? 377

A Yes, but I'm still anxious. Maybe I'll tweak the introduction a bit more.

B Take a chill pill. No need to overthink this. Just relax.

A Point taken. 364 I'll leave it as it is.

B Great choice! Sooner or later, your confidence will kick in. 380

A Thanks for the pep talk. I'll make it happen! 362

451

Write & Speak English

A 고객 프레젠테이션이 내일인데 너무 긴장돼.
The client presentation is tomorrow, and I'm so nervous.

B 걱정 마. 우리 잘 준비했잖아.
Don't worry. We've prepared for this.

A 그래도 뭔가 잊어버린 것 같은 기분이 들어.
I still feel like I'm forgetting something.

B 그냥 확인 차 물어보는 건데, 슬라이드를 마지막으로 한 번 더 검토했어? 377
_____ have you reviewed the slides one last time?

A 응, 그런데도 아직 불안해. 도입부를 조금 더 수정할까 봐.
Yes, but I'm still anxious. Maybe I'll tweak the introduction a bit more.

B 진정해. 너무 고민 안 해도 돼. 긴장 풀고 좀 쉬어.
Take a chill pill. No need to overthink this. Just relax.

A 알겠어. 364 지금 그대로 둘게.
_____ I'll leave it as it is.

B 잘 생각했어! 결국엔 곧 자신감이 생길 거야. 380
Great choice! _____ your confidence will kick in.

A 격려 고마워. 잘해낼게! 362
Thanks for the pep talk. _____

Chat Buddy
· one last time 마지막으로 한 번(만) 더 · tweak 수정하다 · kick in (어떤 감정이나 본능이) 솟아나다, 생기다

정답 Just checking, 377 Point taken. 364 Sooner or later, 380 I'll make it happen! 362

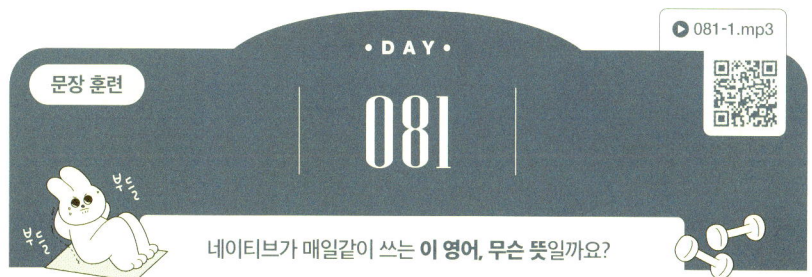

· D A Y ·

081

문장 훈련

네이티브가 매일같이 쓰는 **이 영어, 무슨 뜻일까요?**

081-1.mp3

401

I'll stay on my toes.

'Stay on one's toes' means to stay aware and be prepared. We often say this when something might happen suddenly.

402

Don't get me wrong.

This phrase is used to avoid misunderstanding. We say it to clarify what we really mean.

403

for the time being

This means 'for now' and is used to describe something temporary. We often use it until a change happens.

404

Give it your all!

This phrase means to try your hardest and do your best. We use it for encouraging effort.

405

You better make the most of it.

'Make the most of it' means to take full advantage of something or make the best of a situation. Often used for opportunities.

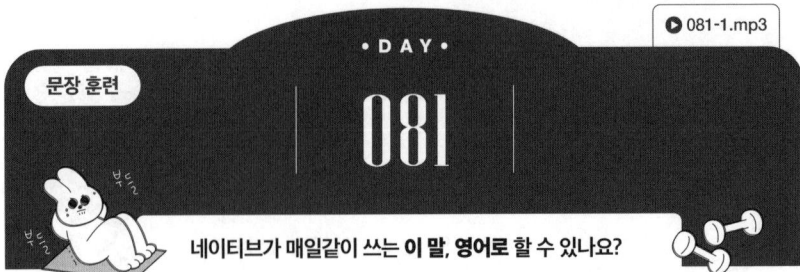

• DAY •
081

네이티브가 매일같이 쓰는 이 말, 영어로 할 수 있나요?

401

긴장을 늦추지 말아야겠군. 방심하지 않을게.

stay on one's toes는 갑작스럽게 닥친 일에 잘 대처할 수 있게 '긴장을 늦추지 않고 준비 태세를 갖춘다'는 의미예요. (syn) I'll be on my guard. / I'll stay sharp.

402

오해하지 마.

내가 하는 말을 오해하지 말라는 의미입니다. 자칫 오해의 소지가 있긴 하지만 나쁜 의도는 없다는 것을 분명히 하고자 할 때 갖다붙이는 말이죠. (syn) Don't take it the wrong way.

403

당분간은

추후 변화의 여지는 있지만 어쨌든 '지금 당장은' 어떤 상황이 계속될 거라고 할 때 쓰는 표현이에요. 당분간 계속될 상황에 대해서는 이 표현 뒤에 언급해도 좋고 앞에 언급해도 좋아요. (syn) for now / temporarily (일시적으로)

404

최선을 다해!

'너의 모든 것을 그것에 주라'는 말은 '그 일에 최선을 다하라'는 의미입니다. 노력해보라고 상대를 북돋을 때 쓰기 좋은 표현이죠. (syn) Do your best! / Go all out! / Don't hold back! (망설이지 말고 힘껏 해봐!)

405

최대한 잘 활용해봐.

기회가 제한적이니 최대한 활용하라는 의미예요. make the most of it은 그 기회나 상황(it)을 최대한 활용해 잘 즐기거나 잘 보내거나 잘해본다고 할 때 쓰죠.

DAY 081

대화 연습

081-2.mp3

네이티브가 매일 주고받는 **이 대화, 영어로** 할 수 있나요?

401
A 러시아워엔 정신없어.
B 그럼, 방심하지 말아야겠다.
> hint 상황이 정신없다 things get hectic

402
A 오해하지 마, 나도 그 아이디어 좋아해. 그런데 손봐야 할 부분이 좀 있어.
B 알았어, 이해해.
> hint 손봐야 할 부분이 좀 있다 need some work

403
A 어디서 지낼 거야?
B 당분간은 부모님이랑 같이(부모님 집에 있을 거야).

404
A 나 이번 주말에 마라톤 뛴다.
B 최선을 다해! 넌 잘할 수 있어.
> hint 넌 잘할 수 있어. You've got this.

405
A 나 여기서 일주일밖에 못 있어?
B 최대한 잘 활용해봐.

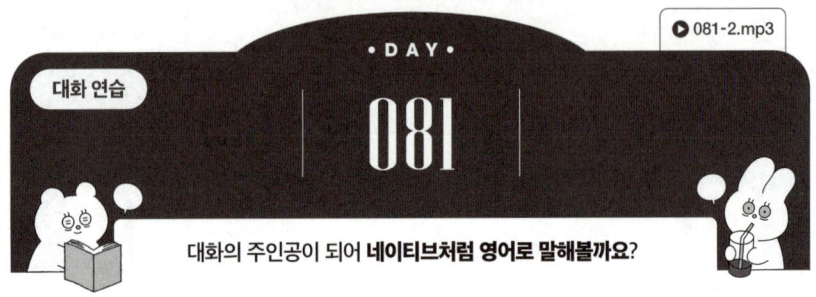

DAY 081

대화 연습

📀 081-2.mp3

대화의 주인공이 되어 **네이티브처럼 영어로 말해볼까요?**

401
A Things get hectic during rush hour.
B I'll stay on my toes, then.
💬 갑작스런 상황에도 잘 대처할 수 있게 방심하지 않겠다고 할 때

402
A Don't get me wrong, I like the idea, but it needs some work.
B Sure, I get it.
💬 나쁜 의도는 없으니까 내 말의 진의를 오해하지 말라고 할 때

403
A Where will you stay?
B With my parents for the time being.
💬 당분간 계속될 상황에 대해 얘기할 때

404
A I'm running a marathon this weekend.
B Give it your all! You've got this.
💬 최선을 다해보라고 상대를 북돋을 때

405
A I'm only here for a week?
B You better make the most of it.
💬 주어진 시간이나 기회를 최대한 잘 활용하라고 조언할 때

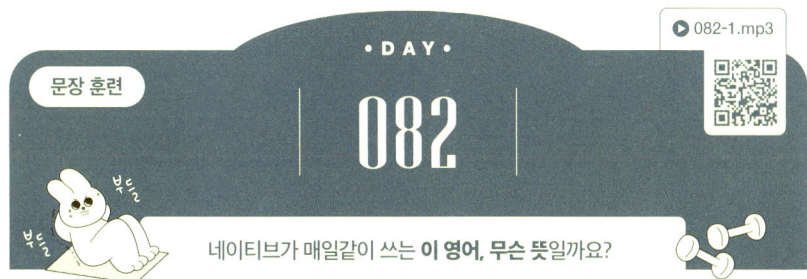

· DAY ·
082

문장 훈련

네이티브가 매일같이 쓰는 **이 영어, 무슨 뜻일까요?**

082-1.mp3

406
Steer clear of it.

It means to avoid or stay away from something. Often used to warn about a possible problem or risk.

407
No harm done.

This means "It's okay, no problem." It's often used to reassure someone after a mistake or accident.

408
Over my dead body!

It means "I won't let it happen." It's a strong way to say you don't allow or support something.

409
You can say that again!

This phrase means you strongly agree with someone. It's usually said in response to a shared feeling or observation.

410
Then we'll call it off.

'Call it off' means to cancel or end something, like a plan or event. Used when we decide not to continue.

DAY 082

문장 훈련

네이티브가 매일같이 쓰는 **이 말, 영어로** 할 수 있나요?

---

406 피하는 게 좋아. 멀리하는 게 좋아.

낌새가 이상하다, 뭐 좀 위험해 보인다 싶으면 피하는 게 상책이죠. steer clear of something/someone은 '무엇을/누구를 멀리하다, 가까이하지 않다, 피하다'는 의미랍니다. [syn] avoid (피하다)

---

407 괜찮아. 별일 아니야.

상대가 실수를 하거나 사고를 쳤을 때 아무 피해도 손상도 없으니까 '괜찮다, 별일 아니다'며 안심시킬 때 유용한 표현입니다. [syn] No problem. (별일 아냐.) / It's all good. (괜찮아.) / No worries. (걱정 마. 신경 쓰지 마.)

---

408 절대 안 돼! (내 눈에 흙이 들어가기 전엔 어림도 없어!)

하려고 하는 일에 아주 강하게 반대할 때나 부탁을 아주 강하게 거절할 때 쓰는 표현이에요. [syn] Absolutely not! / No way! / Not a chance! (어림도 없어!)

---

409 정말 그래! 두말하면 잔소리지!

'두말하면 입 아프지', '두말하면 잔소리지'라는 어감으로 상대의 말에 전적으로 동의할 때 쓰는 표현이에요. [syn] Exactly. (정말 그래.) / I totally agree. (완전 동의해.) / That's for sure. (맞아. 그건 확실해.)

---

410 그럼 취소할 거야.

상황이 여의치 않으면 계획을 취소할 거라고 할 때 간편하게 쓸 수 있는 표현이에요. call off는 '~을 취소하다'는 뜻이죠. [syn] cancel (formal한 상황과 informal한 상황 모두에서 쓰이는 일반적인 의미의 '취소하다.' call off보다 formal한 뉘앙스를 가지는 경우가 많음)

대화 연습

DAY 082

▶ 082-2.mp3

네이티브가 매일 주고받는 **이 대화**, **영어로** 할 수 있나요?

406
A 이 길이 완전 지름길이야.
B 맞아, 그래도 밤에는 피하는 게 좋아.
[hint] 완전 지름길, 좋은 지름길 great shortcut

407
A 실수로 커피를 테이블에 쏟았어.
B 괜찮아, 별일 아니야.
[hint] 실수로, 우연찮게 accidentally | 쏟다 spill

408
A 네 차를 빌릴 수 있을까?
B 절대 안 돼!

409
A 그 콘서트 정말 대단했어.
B 두말하면 잔소리지!

410
A 소풍 도중에 비가 오면 어떡하지?
B 그럼 취소할 거야.
[hint] ~하면 어떡하지? What if ~?

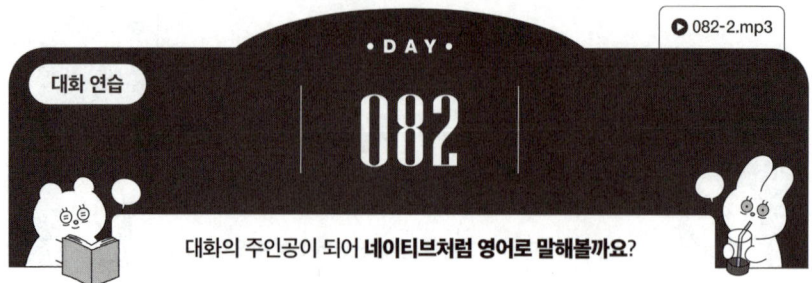

대화 연습

대화의 주인공이 되어 **네이티브처럼 영어로 말해볼까요?**

- A This is a great shortcut.
- B Yeah, but steer clear of it at night.

💬 위험해 보이니까 가까이 하지 말라고 할 때

- A I accidentally spilled coffee on the table.
- B It's okay, no harm done.

💬 상대의 실수나 잘못에 대해 괜찮다고 할 때

- A Can I borrow your car?
- B Over my dead body!

💬 부탁을 아주 강하게 거절할 때

- A The concert was incredible.
- B You can say that again!

💬 상대의 말에 전적으로 동의할 때

- A What if it starts raining during the picnic?
- B Then we'll call it off.

💬 상황이 여의치 않으면 취소할 거라고 할 때

네이티브가 매일같이 쓰는 **이 영어, 무슨 뜻일까요?**

411
We see eye to eye on this.

'See eye to eye' is used when two people agree completely or share the same opinion.

412
Don't put the cart before the horse.

This means you're doing things in the wrong order. Like "Don't rush ahead" or "Be patient."

413
Don't bend over backwards.

It means don't go to excessive effort to please or help others, especially if it's unnecessary.

414
Every little bit helps!

It's a way of saying every small contribution makes a difference.

415
Give it a go.

This is used to encourage someone to try or attempt something, often new or challenging.

DAY 083

문장 훈련

 083-1.mp3

네이티브가 매일같이 쓰는 **이 말**, 영어로 할 수 있나요?

411

이 점에 대해 우린 의견이 일치해.

둘 다 같은 생각을 한다는 의미로, 동의하거나 의견이 맞는 경우에 써요. 의견 일치를 강조하고 싶을 때 유용하죠. [syn] We're on the same page about this. (이 점에 대해 우린 생각이 같아.)

412

본말을 전도하지 마.

일의 순서를 거꾸로 하거나 잘못된 순서로 일을 처리하지 말라는 의미입니다. 괜히 성급하게 굴거나 논리적으로 맞지 않게 일 처리를 하지 말라고 권고하는 거죠. [syn] Don't jump the gun. (성급하게 굴지 마.) / One thing at a time. (한 번에 하나씩 해.)

413

너무 무리하진 마.

다른 사람을 돕거나 기쁘게 해주려고 필요 이상으로 애쓰지는 말라고 할 때 쓰는 표현이에요. bend over backwards는 호의를 갖고 '무진 애쓰다, 안간힘을 쓰다'는 의미예요.
[syn] go the extra mile (기대 이상으로 더 노력하다)

414

조금씩이라도 다 도움이 돼!

작은 것이라도 모이면 도움이 된다는 의미예요. 작은 기여도 감사하다는 뜻을 전달하죠.
[syn] Every little bit counts. (작은 것 하나하나가 모두 중요해.)

415

한번 해봐.

뭔가를 시도해보라고 용기를 줄 때 쓰는 표현이에요. 도전할 만한 상황에서 격려의 말로 좋아요. [syn] Give it a shot. / Try it out. / Give it a try.

대화 연습

• DAY •
083

083-2.mp3

네이티브가 매일 주고받는 **이 대화, 영어로** 할 수 있나요?

411
- A 예산 인상을 지지해?
- B 응, 이 점에 대해 우리 의견이 일치하네.

hint 지지하다 support

412
- A 새 일 찾기 전에 일 그만둘까?
- B 본말을 전도하지 마.

413
- A 배고파? 뭐 좀 만들어줄까?
- B 응, 그냥 간단한 걸로. 너무 무리하지 말고.

hint (내가 해주면 좋겠냐?는 어감으로) ~해줄까? Should I ~?

414
- A 나는 작은 금액밖에 기부 못하는데.
- B 괜찮아. 조금씩이라도 다 도움이 돼!

hint ~밖에 기부 못하다, ~만 기부할 수 있다 can only donate

415
- A 나 유튜브 채널 시작해보는 게 좋을 것 같아?
- B 왜 안 되겠어? 한번 해봐.

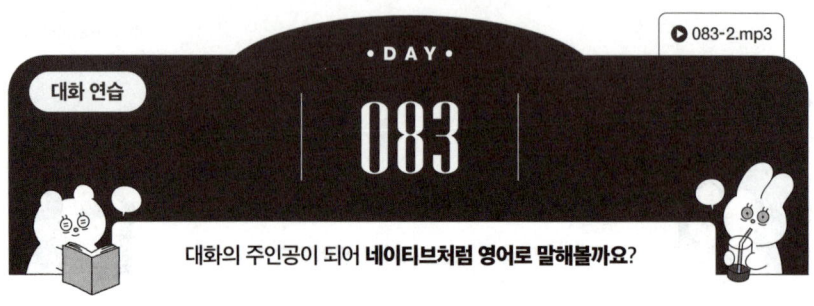

411

A Do you support the budget increase?
B Yes, we see eye to eye on this.

💧 서로 의견이 맞을 때

412

A Should I quit my job before I find a new one?
B Don't put the cart before the horse.

💧 성급하게 굴지 말고 이치에 맞게 일을 순서대로 처리하라고 할 때

413

A Are you hungry? Should I make something for you?
B Sure, just something simple. Don't bend over backwards.

💧 무리하지 말고 적당히 하라고 할 때

414

A I can only donate a small amount.
B That's fine. Every little bit helps!

💧 작은 도움 하나하나가 다 소중하고 도움이 된다고 할 때

415

A Do you think I should start a Youtube channel?
B Why not? Give it a go.

💧 뭔가를 시도해보라고 용기를 줄 때

Need a hand?

416

This is used to offer help to someone who might need assistance.

Without a doubt!

417

This means you're very sure. It's like saying, "Definitely" or "For sure."

Be my guest.

418

This is used to give someone permission to do something they're interested in.

Better safe than sorry.

419

This is used to encourage someone to choose the safer, less risky option.

It caught me off guard.

420

This is used when something unexpected or surprising happens suddenly.

• DAY • 084

 084-1.mp3

문장 훈련

네이티브가 매일같이 쓰는 **이 말, 영어로** 할 수 있나요?

416

도와줄까?

누군가가 도움을 필요로 하는 것 같을 때 쓰는 표현입니다. 직접적으로 도울 의사를 전달할 때 유용하죠. [syn] Want some help?

417

의심의 여지없어!

'틀림없어. 확실해.'라는 의미의 또 다른 표현입니다. 강하게 동의하거나 확신을 가지고 긍정적인 대답을 할 때 쓰죠. [syn] Definitely. (틀림없어. 물론이지.) / Absolutely. (틀림없어. 물론이지.) / For sure. (확실해. 물론이지.)

418

그러세요. 얼마든지요.

상대의 부탁을 공손하게 흔쾌히 들어줄 때 쓰는 표현이에요. 무엇을 해도 되냐는 말에 '얼마든지 편하게 하세요', 무엇을 써도 되냐는 말에 '얼마든지 편하게 쓰세요'라는 의미죠. [syn] Go ahead. / Feel free. / By all means.

419

안전한 게 낫지.

나중에 가서 문제가 발생해 안타까워하거나 후회하는 것보다 좀 번거롭더라도 지금 미리 준비하고 예방하는 게 더 좋다는 의미를 아주 간편하게 나타낼 수 있는 표현이죠. [syn] Safety first. (안전이 먼저지.)

420

너무 갑작스러웠어. 불시에 당황했어.

딱히 예상하지도, 준비하지도 않은 상황에서 갑작스럽게 어떤 소식이나 일을 맞닥뜨렸을 때의 놀람과 당황스러움을 나타내는 말이죠. off guard는 무방비 상태, 방심한 상태를 나타냅니다. [syn] It took me by surprise. (깜짝 놀랐어.)

DAY 084

대화 연습

🔊 084-2.mp3

네이티브가 매일 주고받는 **이 대화**, **영어로** 할 수 있나요?

416
A 이 선반에 손이 안 닿아.
B 도와줄까?

hint ~에 손이 닿다 reach

417
A 그들이 이길 것 같아?
B 의심의 여지없어!

418
A 여기 앉아도 될까요?
B 얼마든지요.

419
A 우산을 가져가는 게 좋을까?
B 응, 안전한 게 낫지.

420
A 갑작스러운 사임 소식 들었어?
B 응, 너무 갑작스러웠어.

hint 사임 resignation

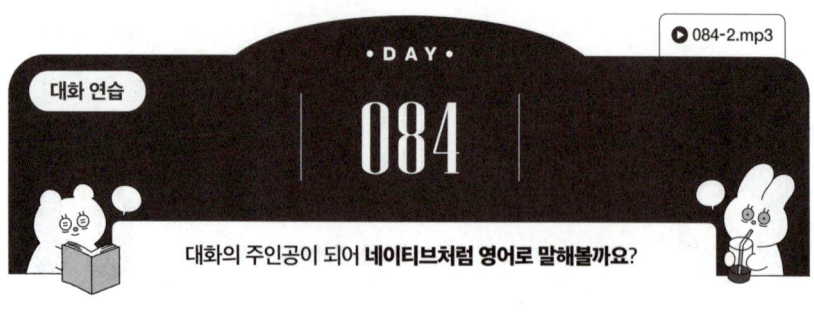

• DAY •
084

대화 연습

▶ 084-2.mp3

대화의 주인공이 되어 **네이티브처럼 영어로 말해볼까요?**

416
- A I can't reach this shelf.
- B Need a hand?

💬 도움의 손길을 내밀 때

417
- A Do you think they'll win?
- B Without a doubt!

💬 강하게 동의하거나 긍정적인 대답을 할 때

418
- A May I sit here?
- B Be my guest.

💬 상대의 부탁을 공손하게 흔쾌히 들어줄 때

419
- A Should I bring an umbrella?
- B Yes, better safe than sorry.

💬 좀 번거롭더라도 안전하게 문제를 예방하는 쪽이 낫다고 할 때

420
- A Did you hear about the sudden resignation?
- B Yes, it caught me off guard.

💬 갑작스러운 소식에 놀라고 당황했을 때

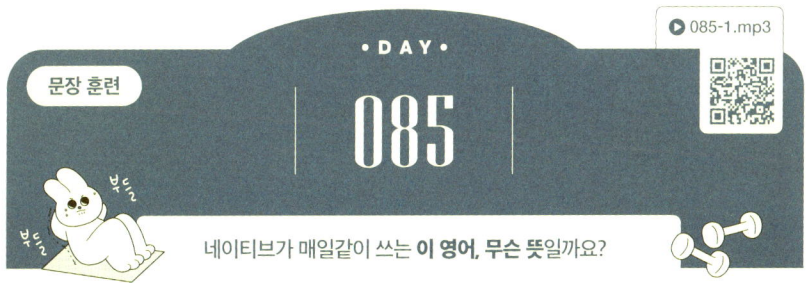

문장 훈련

• DAY •
085

네이티브가 매일같이 쓰는 **이 영어, 무슨 뜻일까요?**

421

Knock on wood.

We say it to avoid jinxing or causing bad luck after mentioning good news or hopeful situations.

422

I had a change of heart.

Used when someone has a new perspective, often changing from a negative to a positive feeling.

423

I just get a kick out of it.

We use 'get a kick out of' when someone finds joy, amusement, or excitement in something simple or funny.

424

I made the cut!

We say 'make the cut' when someone qualifies or succeeds in passing a test or selection.

425

Put your best foot forward.

This is used to encourage someone to try hard and make a good first impression in a situation.

DAY 085

네이티브가 매일같이 쓰는 **이 말, 영어로** 할 수 있나요?

421
부정 타지 않길. 행운이 계속 함께하길.

좋은 소식을 전할 때 그렇게 좋은 일이 부정 타지 않고 계속되길 바란다, 희망하는 일을 말할 때도 부정 타지 않고 꼭 그렇게 되길 바란다는 의미로 하는 말이죠. (syn) Fingers crossed. (행운을 빌어.) / Let's not jinx it. (부정 타지 않길.)

422
마음/생각이 바뀌었어.

어떤 것을 바라보는 시각이 바뀌었을 때 사용되는 표현이에요. 주로 어떤 것에 대한 부정적인 시선이 긍정적으로 바뀌었을 때 많이 쓰죠. (syn) I changed my mind. (직설적인 표현으로, 일반적으로 흔히 사용)

423
그냥 재미있어.

어떤 활동이나 취미가 '즐겁고 신나고 유쾌하고 재미있다'고 할 때 써요. 즐거운 이유가 특별하지 않아도 되는 상황에 적합한 표현이죠. (syn) I get a thrill out of it. (스릴이 느껴지는 짜릿한 즐거움을 말할 때) / I really enjoy it. (일반적인 표현)

424
통과했어! 선발됐어!

선발 과정에서 합격하거나 기준을 충족했다는 의미예요. 예를 들어, 스포츠 팀 선발 테스트를 통과해 선수로 선발됐거나, 프로젝트 팀 선발에 합격했을 때 그 기쁨을 담아 할 수 있는 말이죠. (syn) I got in. (선발됐어.) / I made it. (해냈어.)

425
최선을 다해 좋은 인상을 남겨.

취업면접 등, 새로운 상황에 처한 사람을 격려할 때 곧잘 쓰는 표현이에요. '앞을 향해 최선의 발을 내딛으라'는 얘기는 '좋은 첫인상을 남기도록 있는 힘을 다하라'는 의미이죠.

대화 연습

DAY 085

085-2.mp3

네이티브가 매일 주고받는 **이 대화**, **영어로** 할 수 있나요?

421
A 올해 내내 아픈 적이 없어.
B 부정 타지 않길.

[hint] 올해 내내 all year

422
A 초밥 싫어하는 줄 알았는데.
B 그랬지, 하지만 생각이 바뀌었어.

[hint] ~하는 줄 알았어 I thought (that) S + 과거동사

423
A 왜 그 바보 같은 쇼를 봐?
B 그냥 재미있어.

[hint] 바보 같은 silly

424
A 팀에 합류했어?
B 응, 통과했어!

[hint] 팀에 합류하다/들어가다 make the team

425
A (면접을 앞두고) 그들이 나를 좋아하지 않으면 어쩌지?
B 최선을 다해 좋은 인상을 남겨, 그러면 좋아할 거야.

DAY 085

▶ 085-2.mp3

대화 연습

대화의 주인공이 되어 **네이티브처럼 영어로 말해볼까요?**

- A I haven't been sick all year.
- B Knock on wood.

💬 좋은 일에 부정 타지 않고 계속 행운이 함께하길 바란다고 할 때

- A I thought you hated sushi.
- B I did, but I had a change of heart.

💬 어떤 것에 대한 시선이 바뀌었을 때

- A Why do you watch that silly show?
- B I just get a kick out of it.

💬 그냥 재미있고 유쾌하고 즐겁다고 할 때

- A Did you make the team?
- B Yes, I made the cut!

💬 팀 선발에 합격했다고 할 때

- A What if they don't like me?
- B Put your best foot forward, and they will.

💬 좋은 첫인상을 남기도록 있는 힘을 다하라고 할 때

문장 훈련

네이티브가 매일같이 쓰는 **이 영어, 무슨 뜻**일까요?

426

That comment was out of line.

 'Out of line' describes behavior that is disrespectful, inappropriate, or crosses accepted social boundaries.

427

At the risk of sounding rude, …

 We say this before a comment that might be taken as rude or offensive, softening our tone.

428

Let's start from scratch.

 This is used when we want to discard all progress and start a task from the very beginning.

429

Any day now.

 This is used when expecting something to happen very soon, often within a few days.

430

They need to be held accountable.

 'Be held accountable' is used when someone has to accept responsibility for their actions or decisions.

DAY 086

문장 훈련

네이티브가 매일같이 쓰는 **이 말, 영어로** 할 수 있나요?

426

그 말은 선을 넘었어.

상식선을 벗어나 무례하거나 부적절하게 행동하고 말하는 사람을 볼 때 한국인들도 '선 넘다'는 식으로 말하잖아요. 영어도 마찬가지입니다. 그럴 때 be out of line이라고 하죠.
(syn) cross the line / go too far (너무 가다)

427

무례하게 들릴 수도 있겠지만, …

하려는 말이 상대의 감정을 상하게 할 수도 있겠다 싶을 때 이 말로 말문을 떼면 어감이 다소 부드러워질 거예요. (syn) No offense, but… (기분 상하게 하려는 말은 아닌데요, …) / Can I honest? (솔직하게 말해도 될까요?)

428

처음부터 다시 시작하자.

지금까지 했던 거 다 엎고 원점으로 돌아가 맨 처음부터 다시 시작하자고 할 때 쓰는 표현이죠. from scratch는 '아무것도 없이 맨 처음부터 새로'라는 의미예요. (syn) Let's go back to square one. (원점으로 다시 돌아가자.)

429

오늘내일 해. 이제 곧이야.

가까운 미래에 어떤 일이 일어날 거라는 뜻이에요. 딱 꼬집어 언제라고 말할 수는 없지만 기한이 정말로 임박해 '오늘내일 할 정도로 이제 곧'이라는 어감이죠. (syn) Any moment now. (지금 당장이라도. 이제 곧이야.)

430

그들이 책임을 져야 해요.

be held accountable은 어떤 일의 결과에 대한 '책임을 지다'는 의미예요. 이때의 책임은 외부에서 요구하고 지어주는 책임을 말합니다. (syn) take responsibility (외부의 요구와 관계없이 자발적으로 책임지다)

• DAY •

086

대화 연습

○ 086-2.mp3

네이티브가 매일 주고받는 **이 대화**, **영어로** 할 수 있나요?

426
A 그 말은 선을 넘었어.
B 미안, 내가 너무 갔어.

427
A 무례하게 들릴 수도 있겠지만, 그건 안 좋은 생각인 것 같아요.
B 솔직하게 말해줘서 고마워요.

hint ~을 고마워하다 appreciate

428
A 이 프로젝트는 엉망이야.
B 처음부터 다시 시작하자.

hint 엉망 mess

429
A 출산 예정일이 언제야?
B 이제 곧이야.

hint 출산 예정일 baby due

430
A 자기 잘못은 자기들이 책임져야 해요.
B 네, 그래야 공평하죠.

hint 그래야 공평하다 that's only fair

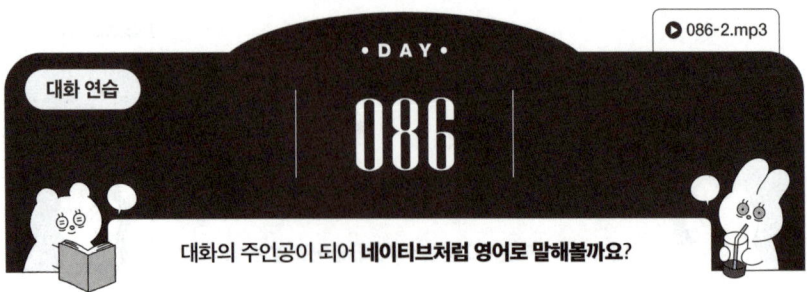

대화 연습

대화의 주인공이 되어 **네이티브처럼 영어로 말해볼까요?**

426
A That comment was out of line.
B Sorry, I went too far.
🔵 무례하게 말하는 사람에게

427
A At the risk of sounding rude, I think it's a bad idea.
B I appreciate your honesty.
🔵 상대의 감정을 상하게 할 수도 있을 만한 말을 꺼낼 때

428
A This project is a mess.
B Let's start from scratch.
🔵 원점으로 돌아가 다시 시작하자고 할 때

429
A When's the baby due?
B Any day now.
🔵 어떤 일이 임박해 오늘내일 한다고 할 때

430
A They need to be held accountable for their mistakes.
B Yes, that's only fair.
🔵 실수 등, 어떤 일의 결과에 대한 책임 소재를 따질 때

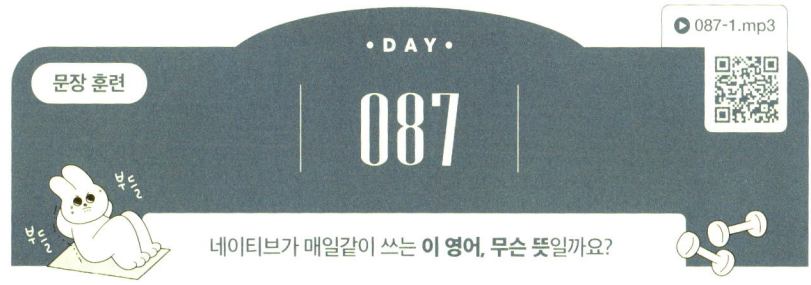

문장 훈련

• DAY •
087

네이티브가 매일같이 쓰는 **이 영어**, 무슨 뜻일까요?

431

Let's figure out a way.

 This means finding a solution to a problem. We say it when we need to solve something difficult.

432

It might take some time.

 This is used when something needs extra time. It's used when something isn't quick or easy.

433

If nothing else, ...

 It means that even if there are no other benefits, at least one positive aspect exists as a silver lining.

434

If it weren't for you, ...

 It means that without your help or influence, something wouldn't have happened. Like saying, "Thanks to you, this was possible."

435

In regards to ..., ~

 This expression means 'about' or 'concerning.' We use it to address specific topics or issues.

· D A Y ·

087

 087-1.mp3

문장 훈련

네이티브가 매일같이 쓰는 **이 말, 영어로** 할 수 있나요?

방법을 찾아보자.

431

figure out a way는 문제에 대한 '해결법을 찾다'는 뜻. 기존 방법으로 해결되지 않아 새로운 방법이 필요할 때 쓰는 표현이죠. [syn] Let's find a solution. (해결책을 찾아보자.) / Let's come up with a plan. (계획을 강구해보자.)

아마 시간 좀 걸릴 걸.

432

take some time은 당장 되는 일이 아니고 '시간이 좀 걸린다'고 할 때 쓰는 표현이죠. [syn] It'll take a while. (시간 좀 걸려.) / This won't be quick. (그렇게 빨리 되진 않아.) / It won't happen overnight. (하루아침에 되는 일이 아냐.)

적어도, … 다른 건 몰라도, …

433

다른 이득이 아무것도 없더라도 적어도 긍정적인 면 하나는 있다는 얘기를 할 때 쓸 수 있는 표현이에요. 이때의 If는 Even if의 뜻입니다. [syn] at the very least (적어도, 하다못해)

네가 없었으면, …

434

상대방의 도움이 아니었다면 일이 잘 안 풀렸을 거라는 뜻으로, 감사를 표할 때 쓰는 표현이에요. 특히 상대방의 도움 덕분에 성과를 얻었음을 강조할 때 사용하죠. [syn] Thanks to you (네 덕분에) / Without your help (네 도움이 없었다면)

…에 대해/관해서, ~

435

공식적으로 어떤 주제나 사안에 대해 언급하거나 정보를 전달할 때 사용하는 표현이에요. 주로 전문적이거나 형식적인 상황에서 쓰이죠. [syn] regarding (공식적이거나 일반적인 상황에 모두 사용 가능) / about (더 일상적이고 폭넓게 사용)

DAY 087

대화 연습

▶ 087-2.mp3

네이티브가 매일 주고받는 **이 대화**, **영어로** 할 수 있나요?

431
A 우리, 어떻게 매출을 향상시킬 수 있을까요?
B 방법을 찾아보죠.

[hint] 매출을 향상시키다 improve sales

432
A 기타 배우는 데 얼마나 걸릴까?
B 아마 시간 좀 걸릴 걸.

[hint] ~하는 데 (시간이) 얼마나 걸릴까? How long does it take to do ~?

433
A 이 식당은 정말 멀어.
B 적어도, 운동은 됐잖아.

[hint] 운동이 되다 get some exercise

434
A 대회에서 정말 잘했어!
B 네가 없었으면, 못했을 거야.

[hint] 대회 competition

435
A 행사에 관해서, 시작 시간이 몇 시죠?
B 오후 6시에 시작해요.

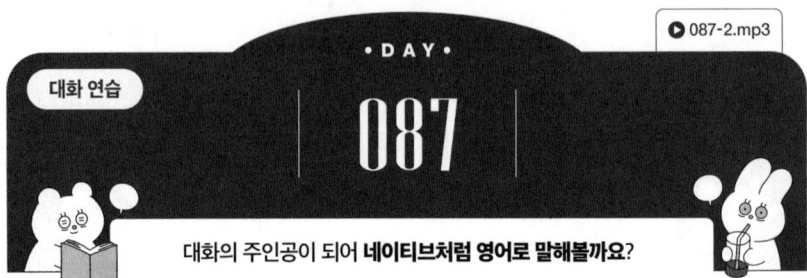

DAY 087

대화의 주인공이 되어 **네이티브처럼 영어로 말해볼까요?**

- A How can we improve sales?
- B Let's figure out a way.

💬 문제에 대한 새로운 해결책이 필요할 때

- A How long does it take to learn the guitar?
- B It might take some time.

💬 시간이 좀 걸리는 일일 거라고 말할 때

- A This restaurant is really far.
- B If nothing else, we got some exercise.

💬 다른 건 몰라도 이거 하나는 좋은 점이라고 언급할 때

- A You did great in the competition!
- B If it weren't for you, I wouldn't have.

💬 상대방 덕분이었다고 고마운 마음을 전할 때

- A In regards to the event, what time does it start?
- B It starts at 6 PM.

💬 공식적으로 특정 주제나 사안에 대해 언급할 때

• DAY •
088

 문장 훈련

네이티브가 매일같이 쓰는 **이 영어, 무슨 뜻일까요?**

436

I became aware of it recently.

 This means you found out or noticed something not long ago. Used when sharing recent discoveries.

437

I'll show you a thing or two.

 This phrase means teaching or sharing something useful. Used when showing someone your skills or knowledge.

438

It's universally recognized.

 This phrase means something is widely accepted or known.

439

It reached its peak last year.

 'Reach its peak' means something has reached its best or highest point. Like saying, "It's downhill from here."

440

We had a major breakthrough!

 We typically say it when discussing a significant discovery, innovation, or solution that makes substantial progress or change.

• DAY •

088

문장 훈련

네이티브가 매일같이 쓰는 **이 말, 영어로 할 수 있나요?**

436

최근에 알게 됐어.

become aware of는 '~을 인지/인식하게 되다, 깨닫게 되다'는 의미입니다. (syn) I just found out. (막 알게 됐어.) / I recently learned. (최근에 배워서 알게 됐어.) / I recently came across it. (최근에 우연히 알게 됐어.)

437

내가 좀 알려줄게.

상대가 잘 모르는 것에 대해 도움을 주거나 능숙하게 설명해줄 때 쓰는 표현이에요. 자신 있게 가르쳐주겠다는 의미도 담겨 있어서, 친근하게 조언해줄 때도 사용하면 좋죠. 단, 자칫 잘난 척하는 느낌을 줄 수도 있으니 분위기 봐가며 사용하세요.

438

어디서나 인정되는/인정받는 사실이에요.

사람마다, 문화마다 다르게 생각할 수 있지만, 모두가 긍정적으로 받아들이는 사실을 말할 때 쓰입니다. (syn) That's widely accepted. (널리 받아들여진 사실이에요.) / That's common knowledge. (보편적으로 알려진 사실이에요.)

439

작년에 절정에 달했지.

reach its peak는 어떤 일이 '절정에 달하다, 정점을 찍다'는 의미입니다. 이보다 더 잘나갈 수 없을 정도로 최고조로 잘나간다는 말이죠. (syn) at its highest point (최고조로)

440

획기적인 진전이/성과가 있었어!

breakthrough는 판도를 바꿀 만큼의 '획기적인 진전, 성과, 발전, 발견'을 뜻해요. 주로 과학, 기술, 의학 같은 분야에서 큰 발전을 이룰 때 쓰이며, 개인적으로 차원이 다른 성과를 이뤘을 때도 사용할 수 있죠.

DAY 088

대화 연습

네이티브가 매일 주고받는 **이 대화**, **영어로** 할 수 있나요?

088-2.mp3

436
A 새 정책이 있다는 거 알았어?
B 응, 최근에 알게 됐어.

hint 정책 policy

437
A 이 기계 너무 헷갈려.
B 내가 (그거에 대해) 좀 알려줄게.

hint 헷갈리게 하는 confusing

438
A 재활용이 좋은 거야?
B 응, 어디서나 긍정적으로 인정받는 사실이야.

hint 긍정적으로, 긍정적인 것으로 as positive

439
A 그 쇼 아직 인기 많아?
B 작년에 절정에 달했지.

440
A 연구는 어때?
B 획기적인 진전이 있었어!

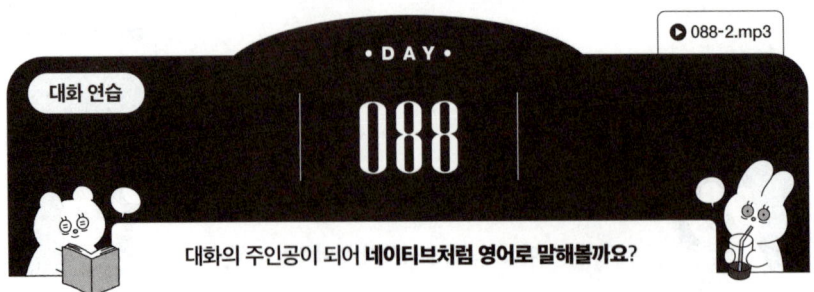

A Did you know there's a new policy?
B Yes, I became aware of it recently.

💬 최근에 알게 된 사실이라고 할 때

A This machine is confusing.
B I'll show you a thing or two about it.

💬 상대가 잘 몰라서 헤맬 때

A Is recycling good?
B Yes, it's universally recognized as positive.

💬 널리 인정받는 사실이라고 할 때

A Is the show still popular?
B It reached its peak last year.

💬 어떤 일이 최고조로 잘나갔다고 할 때

A How's the research?
B We had a major breakthrough!

💬 판도를 바꿀 만큼 획기적인 발전이 있었을 때

DAY 089

089-1.mp3

문장 훈련

네이티브가 매일같이 쓰는 **이 영어, 무슨 뜻**일까요?

441

It was jaw-dropping!

This expression describes something astonishing or shocking. It's used for really impressive moments.

442

In reality, …

This expression shows what is true or real, not imagined or expected.

443

The secret to a happy life is …

This phrase is used to introduce an important factor or principle that contributes to happiness.

444

Everything is at my fingertips.

'At one's fingertips' means having something easily available or close at hand for quick use.

445

It's right around the corner.

This expression means something will happen very soon or is very close.

DAY 089

089-1.mp3

문장 훈련

네이티브가 매일같이 쓰는 **이 말, 영어로** 할 수 있나요?

441

입이 떡 벌어졌어! (정말 입이 떡 벌어지게 놀라웠어!)

jaw-dropping은 '입이 떡 벌어질 정도로 깜짝 놀랄 만한' 것이라는 의미로, 놀라움을 강조하는 표현이죠. [syn] mind-blowing (놀랄 만한) / astonishing (놀라운) / breathtaking (숨이 멎을 만큼 놀라운)

442

실제로는 (말이야), …

예상과 다른 실제 상황이나 사실을 설명할 때 쓰이는 표현이에요. 상상과는 다른 실제 상황을 말하고 싶을 때 사용하죠. [syn] Actually (사실은) / In fact (사실은) / In truth (사실은)

443

행복한 삶의 비결은 …지

행복한 삶을 살려면 뭐가 중요한지 그 비결에 대해 얘기할 때 쓰는 표현이에요. the secret to A는 'A에 도달하기 위한 비결'이란 의미로, the secret to success(성공의 비결)로도 많이 쓰이죠. [syn] The trick to a happy life is … / The key to a happy life is …

444

모든 게 내 손 닿는 곳에 있어.

필요한 자료나 정보에 쉽게 접근할 수 있을 때 쓰는 표현이에요. at one's fingertips는 손가락만 뻗으면 닿을 만큼 가까운 위치에 있다는 뜻으로, '즉시 사용 가능한' 상태를 나타냅니다. [syn] Everything's within reach.

445

바로 코앞이야.

특정 행사일이나 계절, 주말, 생일, 명절, 크리스마스 등과 같은 특정 날이 바로 코앞까지 다가왔다고 할 때 자주 쓰이는 표현이에요. 물론 글자 그대로 어떤 곳이 '모퉁이를 돌면 바로 있다'는 의미로도 쓸 수 있죠.

대화 연습

• DAY •
089

089-2.mp3

네이티브가 매일 주고받는 **이 대화, 영어로** 할 수 있나요?

441
A 정상에서 경치 봤어?
B 응, 진짜 입이 떡 벌어지더라!

[hint] 정상에서 (보이는) 경치 the view from the top

442
A 그 영화 재미있어 보였는데.
B 실제로는 지루했어.

[hint] 재미있는, 흥미로운 exciting | (무엇이) 지루한 boring

443
A 행복한 삶의 비결은 균형이야.
B 전적으로 동의해.

444
A 공부 자료 다 있어?
B 응, 모든 게 손 닿는 곳에 있어.

445
A 크리스마스 연휴 시즌이 언제야?
B 바로 코앞이야!

[hint] 크리스마스 연휴 시즌 the holiday season

대화 연습

대화의 주인공이 되어 **네이티브처럼 영어로 말해볼까요?**

- A Did you see the view from the top?
- B Yes, it was jaw-dropping!

💬 믿기 힘들 만큼 놀라운 상황이나 광경을 봤을 때

- A The movie seemed exciting.
- B In reality, it was boring.

💬 예상이나 상상과는 다른 실제 사실을 말할 때

- A The secret to a happy life is balance.
- B I agree completely.

💬 행복한 삶의 비결에 대해 얘기할 때

- A Do you have all the study materials?
- B Yes, everything is at my fingertips.

💬 필요한 자료나 정보에 쉽게 접근할 수 있을 때

- A When's the holiday season?
- B It's right around the corner!

💬 특정 날이 바로 코앞까지 다가왔다고 할 때

• DAY •

090

문장 훈련

090-1.mp3

네이티브가 매일같이 쓰는 **이 영어, 무슨 뜻**일까요?

446

You'll get the hang of it.

This expression encourages someone that they'll improve or understand something over time.

447

He stole the show.

'Steal the show' describes someone or something that captures all the attention in a group setting.

448

You're the boss.

This expression shows that the other person is in charge and makes the final choice.

449

I'm just pulling your leg!

'Pull one's leg' means to trick or tease someone in a playful way.

450

Let's zero in on the main issue.

'Zero in on something' means to pay special attention to or concentrate on a specific thing.

문장 훈련

DAY 090

네이티브가 매일같이 쓰는 **이 말, 영어로** 할 수 있나요?

446

요령을 익히게 될 거야. 익숙해질 거야.

처음에는 어렵지만 반복하다 보면 익숙해질 거라는 격려의 표현이에요. get the hang of it 은 '점차 요령을 익히고 익숙해진다'는 의미죠. (syn) You'll get used to it. (익숙해질 거야.) / You'll catch on. (터득하게 될 거야.)

447

그 사람이 모든 눈길을 사로잡았어.
그 사람이 무대의 주인공이었어.

stole the show는 주목을 끌고 인기를 독차지했다는 의미예요. (syn) He was the star of the show. / He took the spotlight. (그 사람이 집중 조명을 받았어.)

448

보스 맘이죠. 뜻대로 하세요.

네가 보스니까 네 맘대로 해라, 네가 결정해라, 난 따르겠다는 어감의 표현이에요. (syn) It's up to you. (결정하세요. 당신한테 달렸어요.) / It's your call. (결정하세요. 당신 선택이에요.)

449

그냥 농담이야! 장난이야!

장난이나 농담삼아 재미로 한 말인데 상대가 너무 진지하게 받아들일 때 쓰는 표현이에요. pull one's leg는 '누구를 살짝 놀리다'라는 뜻의 관용표현이죠. (syn) I'm just messing with you. / I'm just kidding around.

450

주요 문제에 집중하자.

여러 문제 중 가장 중요한 부분에 초점을 맞추자고 할 때 사용하는 표현이에요. zero in on 은 원래 총의 조준을 맞추다는 뜻으로, 일상에서는 특정 부분에 '집중하다'라는 의미로 자주 쓰입니다. (syn) Let's focus on the main point.

• DAY •
090

▶ 090-2.mp3

대화 연습

네이티브가 매일 주고받는 **이 대화**, **영어로** 할 수 있나요?

446
A 이 새 소프트웨어 때문에 생고생하고 있어.
B 곧 익숙해질 거야.

[hint] ~ 때문에 생고생하고 있다 be struggling with

447
A 어젯밤 마지막 코미디언 웃겼어?
B 완전 주인공이었지. 다들 소리 내 웃더라고.

[hint] 웃기는 funny | 소리 내 웃다 laugh

448
A 프리미엄 패키지로 갈까 봐요.
B 뜻대로 하시죠.

[hint] ~로 가다/하다 go with

449
A 너 진짜 UFO 봤어?
B 아니, 그냥 농담이지롱!

450
A 먼저 뭘 집중해서 봐야 할까?
B 주요 문제에 집중하자.

[hint] ~를 집중해서 보다 focus on

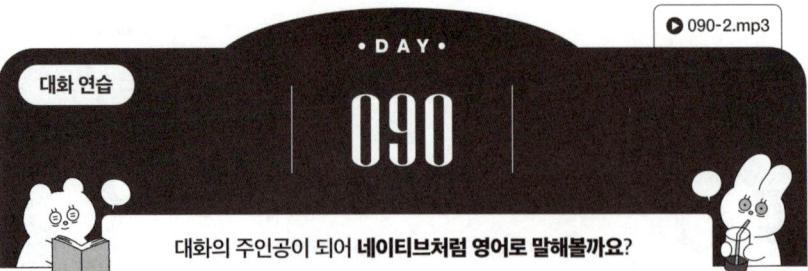

DAY 090

대화 연습

대화의 주인공이 되어 **네이티브처럼 영어로 말해볼까요?**

446
- A I'm struggling with this new software.
- B You'll get the hang of it soon.

🔵 점차 요령이 익고 익숙해질 거라고 할 때

447
- A Was the final comedian funny last night?
- B He stole the show. Everyone was laughing.

🔵 어떤 사람이 집중 주목을 받았다고 할 때

448
- A I think I'll go with the premium package.
- B You're the boss.

🔵 당신이 보스니까 뜻대로 결정하라고 선택을 맡길 때

449
- A Did you really see a UFO?
- B No, I'm just pulling your leg!

🔵 장난/농담삼아 재미로 한 말이라고 할 때

450
- A What should we focus on first?
- B Let's zero in on the main issue.

🔵 주요 문제에 집중해 신경 쓰자고 할 때

Stage 1

망각방지 장치 ❾
DAY 081-090

Fill the Gap!
Choose the right word from the options.
Mistakes help you remember better!

제한시간 2분

O X 복습

01 긴장을 늦추지 말아야겠군. 방심하지 않을게. ☐ ☐ `401`

I'll _____ on my toes.

(a) dance (b) step (c) jump (d) stay

---

02 최선을 다해! ☐ ☐ `404`

_____ it your all!

(a) Put (b) Give (c) Take (d) Do

---

03 그냥 재미있어. ☐ ☐ `423`

I just get _____ out of it.

(a) a laugh (b) a thrill (c) a kick (d) a giggle

---

04 최대한 잘 활용해봐. ☐ ☐ `405`

You better _____ the most of it.

(a) have (b) make (c) take (d) miss

---

05 절대 안 돼! (내 눈에 흙이 들어가기 전엔 어림도 없어!) ☐ ☐ `408`

_____ my dead body!

(a) Over (b) Under (c) Through (d) On

---

06 그들이 책임을 져야 해요. ☐ ☐ `430`

They need to be held _____.

(a) accountable (b) responsible (c) reasonable
(d) agreeable

---

07 본말을 전도하지 마. ☐ ☐ `412`

Don't put the cart before the _____.

(a) wheel (b) road (c) horse (d) chicken

정답 01 (d) stay 02 (b) Give 03 (c) a kick 04 (b) make 05 (a) Over 06 (a) accountable 07 (c) horse

08 정말 그래! 두말하면 잔소리지! 〇 ✕ 복습
You can _____ that again! 409

(a) repeat (b) say (c) shout (d) whisper

09 이 점에 대해 우린 의견이 일치해. 411
We see _____ to _____ on this.

(a) mouth, mouth (b) eyes, mouth (c) eye, eye
(d) eyes, eyes

10 그 말은 선을 넘었어. 426
That comment was out of _____.

(a) time (b) bounds (c) sync (d) line

11 의심의 여지없어! 417
_____ a doubt!

(a) Without (b) About (c) Under (d) Beyond

12 그럼 취소할 거야. 410
Then we'll call it _____.

(a) done (b) off (c) out (d) a day

13 당분간은 간단하게 가자. 403
Let's keep things simple _____ the time being.

(a) for (b) at (c) under (d) by

14 행사에 관해서, 시작 시간이 몇 시죠? 435
In _____ to the event, what time does it start?

(a) respect (b) response (c) relation (d) regards

정답 08 (b) say 09 (c) eye, eye 10 (d) line 11 (a) Without 12 (b) off 13 (a) for 14 (d) regards

494

Stage 2

Write to Win!

Fill in the blanks without any hints this time.
Saying it out loud will help it stick!

망각방지 장치 ❾
DAY 081-090

제한시간 3분

01 입이 떡 벌어졌어! It was _____ ! 441

02 괜찮아. 별일 아니야. No _____ done. 407

03 그 사람이 무대의 주인공이었어. He _____ the show. 447

04 통과했어! 선발됐어! I _____ the _____ ! 424

05 그러세요. 얼마든지요. Be my _____ . 418

06 오해하지 마. _____ get me _____ . 402

07 마음/생각이 바뀌었어. I had a change of _____ . 422

08 모든 게 내 손 닿는 곳에 있어. Everything is at my _____ . 444

09 내가 좀 알려줄게. I'll show you _____ or _____ . 437

10 네가 없었으면, 못했을 거야. If it _____ you, I wouldn't have. 434

정답 01 jaw-dropping 02 harm 03 stole 04 made, cut 05 guest 06 Don't, wrong 07 heart
08 fingertips 09 a thing, two 10 weren't for

			O	X	복습
11	부정 타지 않길. Knock on _____.		☐	☐	421
12	보스 맘이죠. 뜻대로 하세요. You're the _____.		☐	☐	448
13	어디서나 인정받는 사실이에요. It's _____ recognized.		☐	☐	438
14	획기적인 진전이/성과가 있었어! We had a major _____!		☐	☐	440
15	너무 무리하진 마. Don't bend over _____.		☐	☐	413
16	오늘내일 해. 이제 곧이야. Any _____ now.		☐	☐	429
17	그냥 농담이야! 장난이야! I'm just pulling your _____.		☐	☐	449
18	작년에 절정에 달했지. It reached its _____ last year.		☐	☐	439
19	주요 문제에 집중하자. Let's _____ _____ on the main issue.		☐	☐	450
20	행복한 삶의 비결은 균형이야. The _____ _____ a happy life is balance.		☐	☐	443

정답 11 wood 12 boss 13 universally 14 breakthrough 15 backwards 16 day 17 leg 18 peak
19 zero in 20 secret to

Stage 3

Speak to Conquer!
Now it's time to join the conversation.
These expressions are yours now!

1 합병에 대해 논의하며 #DifficultChoices #MovingForward

Look at What to Say

A 내 생각엔 합병을 진행해야 할 것 같아.

B 절대 안 돼, 그러다 큰일나!

A 틀에서 벗어나 좀 다르게 생각해봐! 어쩌면 이 생각이 점점 맘에 들게 될지도 몰라!

B 그 생각을 처음 들었을 땐 정말 너무 갑작스러웠어. `420`

A 이해해. 그래도 솔직히, 이게 우리가 생존할 수 있는 최선의 선택일지도 몰라.

B 흠, 그럼 처음부터 다시 시작해서 장단점을 재평가하자. `428`

Say It in English

A I think we should move forward with the merger.

B No way, that's a recipe for disaster!

A Try thinking outside the box! Maybe the idea will grow on you!

B The idea really caught me off guard when I first heard about it. `420`

A I get that. Honestly though, it might be our best option for survival.

B Hmm, let's start from scratch and reassess the pros and cons. `428`

Write & Speak English

A 내 생각엔 합병을 진행해야 할 것 같아.
I think we should move forward with the merger.

B 절대 안 돼, 그러다 큰일나!
No way, that's a recipe for disaster!

A 틀에서 벗어나 좀 다르게 생각해봐! 어쩌면 이 생각이 점점 맘에 들게 될지도 몰라!
Try thinking outside the box! Maybe the idea will grow on you!

B 그 생각을 처음 들었을 땐 정말 너무 갑작스러웠어. 420
The idea _____ when I first heard about it.

A 이해해. 그래도 솔직히, 이게 우리가 생존할 수 있는 최선의 선택일지도 몰라.
I get that. Honestly though, it might be our best option for survival.

B 흠, 그럼 처음부터 다시 시작해서 장단점을 재평가하자. 428
Hmm, _____ and reassess the pros and cons.

Chat Buddy
- merger 합병
- reassess 재평가하다
- pros and cons 장단점

정답   really caught me off guard 420   let's start from scratch 428

2 투자에 대해 얘기를 나누며

#CautionTalk #LifeLessons

Look at What to Say

A 너 그 새 앱에 투자할 생각 안 하면 좋겠어.

B 무슨 말을 하려는 거야? 거긴 내 친구 회사라고.

A 그냥 피하는 게 좋을 것 같아서. 406
[hint] 그냥 ~하는 게 좋을 것 같다 I just think you should ~

B 왜? 너 내가 모르는 걸 알고 있어?

A 음, 무례하게 들릴 수도 있겠지만, 그 회사의 이전 프로젝트들이 계속 잘 안 됐거든. 427

B 흠, 무슨 말인지 알겠어. 안전한 게 낫지, 그지? 419

A 맞아. 적어도, 우선 조사라도 더 해봐. 433

Say It in English

A I hope you're not planning to invest in that new app.

B What are you getting at? It's my friend's company.

A I just think you should steer clear of it. 406

B Why? Do you know something I don't?

A Well, at the risk of sounding rude, their past projects haven't done well. 427

B Hmm, I see your point. Better safe than sorry, right? 419

A Exactly. If nothing else, just do more research first. 433

Write & Speak English

A 너 그 새 앱에 투자할 생각 안 하면 좋겠어.
I hope you're not planning to invest in that new app.

B 무슨 말을 하려는 거야? 거긴 내 친구 회사라고.
What are you getting at? It's my friend's company.

A 그냥 피하는 게 좋을 것 같아서. 406

B 왜? 너 내가 모르는 걸 알고 있어?
Why? Do you know something I don't?

A 음, 무례하게 들릴 수도 있겠지만, 그 회사의 이전 프로젝트들이 계속 잘 안 됐거든. 427
Well, _____ their past projects haven't done well.

B 흠, 무슨 말인지 알겠어. 안전한 게 낫지, 그지? 419
Hmm, I see your point. _____, right?

A 맞아. 적어도, 우선 조사라도 더 해봐. 433
Exactly. _____ just do more research first.

Chat Buddy
- I see your point. 무슨 말인지 알겠어.
- do research 조사하다

정답 I just think you should steer clear of it. 406   at the risk of sounding rude, 427
Better safe than sorry 419   If nothing else, 433

제한시간 5분

3 팀 프로젝트에 대해 의논하며

#TeamGoals #Collaboration

Look at What to Say

A 이 프로젝트 어마어마하다. 우리가 잘해낼 수 있을까?

B 못 할 이유가 뭐 있어. 난 한번 해볼 준비가 됐어. `415`

A 업무를 공평하게 나눌 방법을 찾아보자. `431`

B 좋은 생각이야. 조금씩이라도 결국 다 도움이 되니까. `414`   [hint] 결국 after all

A 넌 초기 조사부터 할 거지, 그지? 도와줄까? `416`

B 고마워, 근데 내가 알아서 할 수 있을 것 같아. 넌 발표에 집중해.

A 우리 최선을 다하자! `404`   [hint] (우리) ~하자 Let's ~

B 좋아. 본격적으로 시작해보자.

Say It in English

A This project is huge. Do you think we can pull it off?

B I don't see why not. I'm ready to give it a go. `415`

A Let's figure out a way to divide the work fairly. `431`

B Good idea. Every little bit helps, after all. `414`

A You're starting with the initial research, right? Need a hand? `416`

B Thanks, but I think I've got it. You focus on the presentation.

A Let's give it our all! `404`

B Sounds good. Let's get down to business.

Write & Speak English

A 이 프로젝트 어마어마하다. 우리가 잘해낼 수 있을까?
This project is huge. Do you think we can pull it off?

B 못 할 이유가 뭐 있어. 난 한번 해볼 준비가 됐어. 415
I don't see why not. I'm ready to _____.

A 업무를 공평하게 나눌 방법을 찾아보자. 431
_____ to divide the work fairly.

B 좋은 생각이야. 조금씩이라도 결국 다 도움이 되니까. 414
Good idea. _____.

A 넌 초기 조사부터 할 거지, 그지? 도와줄까? 416
You're starting with the initial research, right?
_____

B 고마워, 근데 내가 알아서 할 수 있을 것 같아. 넌 발표에 집중해.
Thanks, but I think I've got it. You focus on the presentation.

A 우리 최선을 다하자! 404
_____

B 좋아. 본격적으로 시작해보자.
Sounds good. Let's get down to business.

Chat Buddy
- pull off (난관을 무릅쓰고) 잘해내다
- divide the work fairly 업무를 공평하게 나누다[분담하다]
- initial research 초기 조사
- I've got it. (내가 알아서) 잘할 수 있어.

정답 give it a go 415 Let's figure out a way 431 Every little bit helps, after all. 414 Need a hand? 416
Let's give it our all! 404

4 마감의 압박 속에서

#WorkLife #Motivation

Look at What to Say

A 마감이 바로 코앞인데, 진짜 지친다. 445

B 조금만 더 버텨. 넌 할 수 있어.

A 알아, 하지만 끝없는 사이클처럼 느껴져.

B 곧 익숙해질 거야. 446 [hint] 곧, 금세 soon

A 고마워. 일을 즐기고는 있는데, 여전히 배우는 중인 것 같아.

B 왜 이 일을 시작했는지를 기억해. 넌 제대로 잘하고 있어!

A 맞아. 포기하지 말고 끝까지 계속할게.

B 그런 태도 좋아! 이거 끝나고 커피 한잔하자. 내가 쏠게.

Say It in English

A The deadline is right around the corner but I'm exhausted. 445

B Hang in there. You got this.

A I know, but it feels like an endless cycle.

B You'll get the hang of it soon. 446

A Thanks. I enjoy the work, but I guess I'm still learning the ropes.

B Remember why you started this job. You're on the right track!

A Right. I'll stick with it to the end.

B That's the attitude! Let's grab coffee after this. My treat.

Write & Speak English

A 마감이 바로 코앞인데, 진짜 지친다. 445
　　　　　　　　　　　　　but I'm exhausted.

B 조금만 더 버텨. 넌 할 수 있어.
　　Hang in there. You got this.

A 알아, 하지만 끝없는 사이클처럼 느껴져.
　　I know, but it feels like an endless cycle.

B 곧 익숙해질 거야. 446

A 고마워. 일을 즐기고는 있는데, 여전히 배우는 중인 것 같아.
　　Thanks. I enjoy the work, but I guess I'm still learning the ropes.

B 왜 이 일을 시작했는지를 기억해. 넌 제대로 잘하고 있어!
　　Remember why you started this job. You're on the right track!

A 맞아. 포기하지 말고 끝까지 계속할게.
　　Right. I'll stick with it to the end.

B 그런 태도 좋아! 이거 끝나고 커피 한잔하자. 내가 쏠게.
　　That's the attitude! Let's grab coffee after this. My treat.

Chat Buddy
- exhausted 녹초가 된, 완전 지친
- to the end 끝까지
- My treat. 내가 (한턱) 쏠게.

정답　The deadline is right around the corner 445　　You'll get the hang of it soon. 446

5 행사를 준비하며

#EventPlanning #Teamwork

Look at What to Say

A 우리 초대 명단은 다시 확인했던가요?

B 제가 바로 할게요. 몇 사람 이름이 빠졌던 것 같아요. 당장 고치죠.

A 좋아요. 그럼 이제 본론으로 들어가서 자리 배치를 선택합시다.

B 알겠어요, 그리고 혹시 모르니까 안전하게 기상 악화 대비 계획도 준비하죠.

A 좋습니다. 이게 시간이 좀 걸릴 수도 있지만, 필요한 일이죠. 432

B 물론이에요. 우리 최선을 다해서 잊지 못할 행사를 만들어 봅시다! 404

Say It in English

A Have we double-checked the guest list?

B I'm on it. It seems we missed a few names. Let's fix that right away.

A Great. Now let's get down to business and choose the seating arrangement.

B Right and let's prepare a back of plan for bad weather, just to be on the safe side.

A Okay. This might take some time, but it needs to be done. 432

B Absolutely. Let's give it our all and make this event unforgettable! 404

Write & Speak English

A 우리 초대 명단은 다시 확인했던가요?
Have we double-checked the guest list?

B 제가 바로 할게요. 몇 사람 이름이 빠졌던 것 같아요. 당장 고치죠.
I'm on it. It seems we missed a few names. Let's fix that right away.

A 좋아요. 그럼 이제 본론으로 들어가서 자리 배치를 선택합시다.
Great. Now let's get down to business and choose the seating arrangement.

B 알겠어요, 그리고 혹시 모르니까 안전하게 기상 악화 대비 계획도 준비하죠.
Right and let's prepare a back of plan for bad weather, just to be on the safe side.

A 좋습니다. 이게 시간이 좀 걸릴 수도 있지만, 필요한 일이죠. 432
Okay. _____, but it needs to be done.

B 물론이에요. 우리 최선을 다해서 잊지 못할 행사를 만들어 봅시다! 404
Absolutely. _____ and make this event unforgettable!

Chat Buddy
- **double-check** 재차 확인하다
- **seating arrangement** 자리[좌석] 배치

정답 This might take some time 432   Let's give it our all 404

506

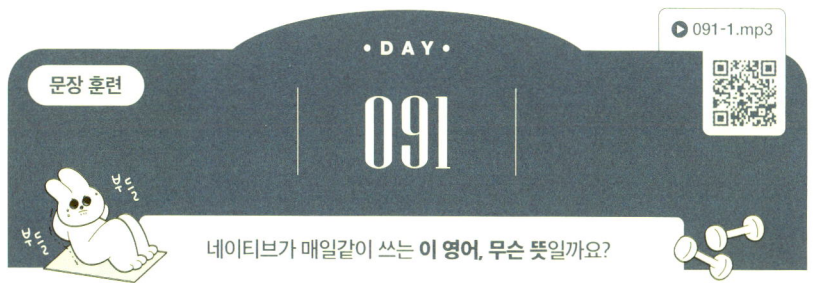

문장 훈련

• DAY •

091

091-1.mp3

네이티브가 매일같이 쓰는 **이 영어, 무슨 뜻**일까요?

451

Let's roll up our sleeves!

It means to prepare for hard work, especially for a challenging task.

452

Let's run with it.

This means to accept something, start to use it, and develop it further.

453

No harm, no foul.

This is used when no one was harmed or offended, so there's no need to worry.

454

They have a deep connection.

'Have a deep connection' describes a close, meaningful relationship with someone, beyond just knowing them.

455

There's a first time for everything.

This phrase means everyone has new experiences at some point. Trying something for the first time is natural.

DAY 091

문장 훈련

 091-1.mp3

네이티브가 매일같이 쓰는 **이 말, 영어로** 할 수 있나요?

451

소매 걷어붙이고 시작해보자!

열심히 한번 준비해보겠다는 마음가짐을 드러내는 표현이죠. roll up one's sleeves는 한국어의 '소매를 걷어붙이다'는 말에 딱 맞아떨어지는 표현입니다. [syn] Let's get down to business! (본격적으로 시작해보자!)

452

한번 해보자. (그대로) 밀고 나가보자.

좋은 기회나 아이디어를 발견했을 때, 이를 기반으로 적극적으로 시도해보자는 뜻이에요. run with it은 처음 얻은 기회를 놓치지 않고 활용한다는 의미로, 도전적이고 긍정적인 뉘앙스입니다. [syn] Go for it. (한번 해봐. 밀고 나가보자.)

453

괜찮아, 문제없어.

피해가 없으니 괜찮다는 의미예요. 잘못이나 실수가 있었더라도 큰 피해가 없을 때 안심시키는 표현으로 씁니다. [syn] No worries. (걱정 마.) / No big deal. (별일 아냐.) / No problem. (문제없어.)

454

걔네는 인연이 깊어.

deep connection은 '깊은 관계, 깊은 인연'을 뜻하는데 have동사와 함께 쓰여 '인연이 깊다, 아주 친밀한 관계이다'라는 의미로 쓰이죠. [syn] be very close (정말 가까운 사이다, 정말 친하다)

455

뭐든/모든 일에는 처음이 있는 법이야.

새로운 경험을 격려할 때 쓰는 표현으로, 누구나 처음 겪는 일이다는 뜻입니다. 무언가를 처음 시도하는 사람을 응원할 때 사용해요. [syn] There's always a first time. (항상 처음이 있는 법이야.)

DAY 091

대화 연습

네이티브가 매일 주고받는 **이 대화, 영어로** 할 수 있나요?

451
A 이번 일은 정말 힘들 거야.
B 그럼 소매 걷어붙이고 시작해보자!

452
A 우리 광고가 밈으로 변했어요.
B 그대로 밀고나가서 또 하나 만들어보죠.
[hint] 밈으로 변하다 turn into a meme

453
A 실수로 파일을 삭제했어.
B 괜찮아, 문제없어. 백업이 있잖아.
[hint] 실수로 accidentally

454
A 그 애들은 정말 가까워 보여.
B 맞아, 걔네는 인연이 깊어.

455
A 이제껏 혼자 여행해 본 적이 없어.
B 음, 뭐든 처음이 있는 법이야.
[hint] 이제껏 ~한 적이 없다 I've never + p.p. ~ before

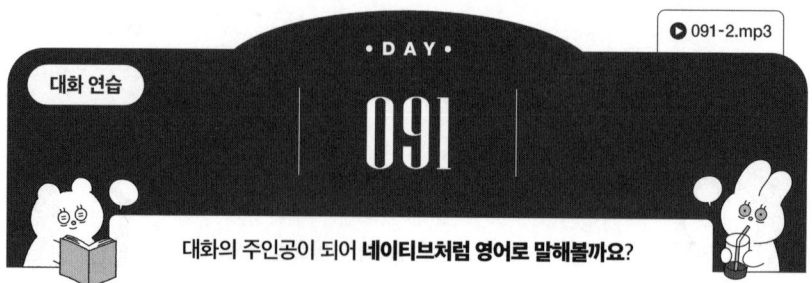

DAY 091

대화 연습

091-2.mp3

대화의 주인공이 되어 **네이티브처럼 영어로 말해볼까요?**

451
A This job will be tough.
B Then let's roll up our sleeves!

💬 본격적으로 한번 열심히 해보자고 할 때

452
A Our advertisement turned into a meme.
B Let's run with it and make another one.

💬 좋은 기회를 기반으로 밀고나가보자고 할 때

453
A I accidentally deleted the file.
B No harm, no foul. We have a backup.

💬 아무 피해 없으니까 괜찮다며 안심시킬 때

454
A They seem very close.
B Yes, they have a deep connection.

💬 사이가 아주 친하고 관계가 깊다고 할 때

455
A I've never traveled alone before.
B Well, there's a first time for everything.

💬 무언가를 처음 시도하는 사람을 격려하고 응원할 때

• DAY •

092

문장 훈련

네이티브가 매일같이 쓰는 **이 영어, 무슨 뜻일까요?**

092-1.mp3

456

As you can imagine, …

This phrase sets up a situation that the listener might relate to or easily picture.

457

That's great to hear!

You can use it when hearing positive news from someone.

458

It's on demand.

'On demand' is used when something is instantly available whenever someone wants it.

459

It's thought-provoking.

'Thought-provoking' describes something that encourages deep or reflective thinking about a topic.

460

It's the cornerstone of society.

'Cornerstone' refers to something fundamental that supports or shapes other things around it.

DAY 092

네이티브가 매일같이 쓰는 **이 말, 영어로** 할 수 있나요?

456

짐작할 수 있듯이, …

쉽게 예상되거나 뻔한 상황에 대해 이야기할 때 쓰는 표현이에요. 상대의 공감을 이끌며 자연스럽게 이야기를 시작하기에 좋죠. (syn) As expected (예상대로, 기대대로)

457

와, 정말 좋은 소식이다!

좋은 일이 생겨서 그 소식을 들었을 때 함께 기뻐하며 해주는 표현이에요. (syn) I'm glad to hear that. / That's wonderful news.

458

원하는 때에 바로 가능해.

on demand는 '요구하는 즉시', 즉 '필요하거나 원할 때에 바로 이용할 수 있는' 것을 나타낼 때 쓰는 표현이에요. (syn) available anytime (언제든 바로 가능한)

459

생각할 거리를 던져줘.

무언가가 생각할 거리를 던져줘서 생각이 깊어질 때 쓸 수 있는 표현이에요. thought-provoking은 '생각하게 하는'이란 의미이죠. (syn) It makes you think. (생각하게 만들지.)

460

그게 사회의 초석이죠.

어떤 일의 가장 기본이 되면서도 가장 중요한 것을 cornerstone이라고 해요. A is the cornerstone of B(A는 B의 초석이죠) / A is our cornerstone(A가 우리의 초석이에요)과 같이 활용하죠. (syn) foundation (기초, 토대) / building block (초석)

DAY 092

대화 연습

▶ 092-2.mp3

네이티브가 매일 주고받는 **이 대화**, **영어로** 할 수 있나요?

456
A 콘서트 어땠어?
B 짐작할 수 있듯이, 꽉 찼더라.

[hint] 꽉 차다 be packed

457
A 우리 아기가 생겼어.
B 와, 정말 좋은 소식이다!

[hint] 아기가 생기다, 임신 중이다 be expecting a baby

458
A 오늘밤에 영화 볼 수 있어?
B 응, 원하는 때에 바로 볼 수 있어.

[hint] 영화를 보다 watch the movie

459
A 그 영화 진짜 생각하게 만들더라.
B 생각할 거리를 던져주지, 안 그래?

[hint] ~를 생각하게 만들다 make someone think

460
A 교육은 정말 중요해요.
B 그게 사회의 초석이죠.

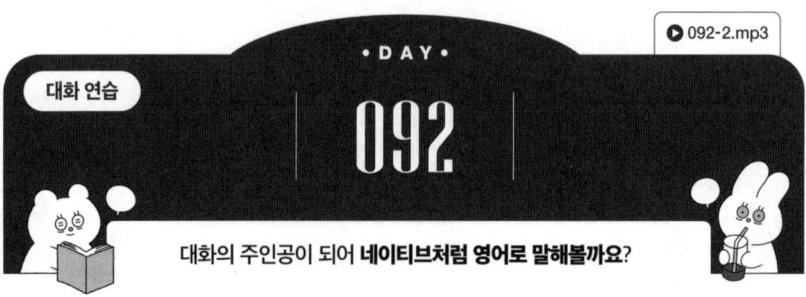

A How was the concert?
B As you can imagine, it was packed.

🔵 쉽게 예상되거나 뻔한 상황에 대해 이야기할 때

A We're expecting a baby.
B That's great to hear!

🔵 좋은 일이 생겼다는 소식을 들었을 때

A Can we watch the movie tonight?
B Yes, it's on demand.

🔵 언제든 원하는 때 바로 가능하다고 할 때

A The movie really made me think.
B It's thought-provoking, isn't it?

🔵 무언가가 생각할 거리를 던져준다고 할 때

A Education is so important.
B It's the cornerstone of society.

🔵 사회의 가장 기본이자 중요한 것이라고 말할 때

• DAY •

093

문장 훈련

093-1.mp3

네이티브가 매일같이 쓰는 **이 영어, 무슨 뜻**일까요?

461

I'm keeping her at arm's length.

This means to keep some distance from someone, often because you don't fully trust them.

462

We have no choice but to accept it.

This phrase means there's only one option left. We use it when forced to do something.

463

You're off the hook.

This means you're free from blame or responsibility.

464

Not particularly.

This phrase shows a lack of strong feeling. It's used when something isn't very special or impressive.

465

There's been a change of plans.

This means that the original plan has been changed. It's usually used when unexpected changes happen.

DAY 093

문장 훈련

 093-1.mp3

네이티브가 매일같이 쓰는 **이 말, 영어로** 할 수 있나요?

461

걔랑 적당히 거리를 두고 있어.

아예 멀리하기도 애매하고 가까이하기엔 믿음이 안 간다거나 불편한 그런 사람 있죠. 그런 사람과는 보통 적당히 거리를 두게 되는데요. 바로 그런 상황을 말하는 표현입니다. [syn] I'm keeping my distance from her. (걔랑 거리를 두고 있어.)

462

받아들일 수밖에 없어.

상황이 여의치 않아 다른 선택지가 없을 때 사용하는 표현이에요. 받아들이기 어려운 조건이나 상황을 인정할 때 자주 쓰죠. have no choice but to do는 '~할 수밖에 없다'는 의미입니다.

463

네 책임 아니야. 책임에서 벗어났어.

어떤 의무나 부담에서 벗어나 자유로워졌을 때 쓰는 표현이에요. off the hook은 옭아매고 있던 것에서 벗어나 더 이상 책임이나 문제가 없다는 의미를 전달하죠. [syn] You're in the clear. (넌 책임 없어.)

464

특별히 그렇지는 않아.

어떤 것에 대한 감정을 콕 집어 묻는 말에 '뭐 괜찮긴 하지만, 그렇다고 특별히 그런 감정이 드는 건 아니라'는 뜻으로 간편하게 답할 수 있는 표현이죠. [cf] I'm not particularly fond of it. (그걸 특별히 좋아하지는 않아.)

465

계획에 변동이 생겼어.

기존의 계획이 달라져 상대방에게 알릴 때 사용하는 표현이에요. 변동 사항을 전달하고 새 계획을 이야기할 때 유용합니다. [syn] There's been a change of schedule. (일정에 변동이 생겼어.)

DAY 093

대화 연습

▶ 093-2.mp3

 네이티브가 매일 주고받는 **이 대화**, **영어로** 할 수 있나요?

461
A 왜 그 애에게 만나자고 하지 않는 거야?
B 걔랑 적당히 거리를 두고 있어.

[hint] (데이트나 어떤 활동을 권하며) ~에게 만나자고 하다 invite someone out

462
A 우리 더 좋은 거래를 기다려도 되나요?
B 받아들일 수밖에 없어요.

[hint] 우리 ~해도 되나요? Can we ~?

463
A 여전히 내가 요금을 내야 해?
B 아니, 네 책임 아니야.

[hint] 요금을 내다 pay the fee

464
A 초밥 좋아해?
B 특별히 그렇지는 않아.

465
A 우리 5시에 만나는 거 여전해?
B 사실, 계획에 변동이 생겼어.

[hint] 우리 ~하는 거 여전해? Are we still ~?

517

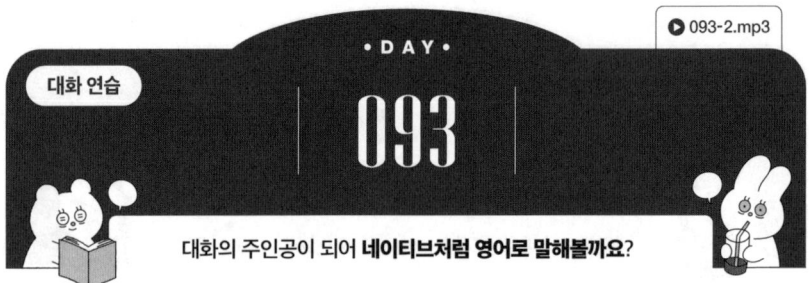

DAY 093

대화의 주인공이 되어 **네이티브처럼 영어로 말해볼까요?**

A Why don't you invite her out?

B I'm keeping her at arm's length.

🔵 누구랑 적당히 거리를 두고 있다고 할 때

A Can we wait for a better deal?

B We have no choice but to accept it.

🔵 다른 선택의 여지가 없다고 할 때

A Do I still need to pay the fee?

B No, you're off the hook.

🔵 옭아매고 있던 의무나 책임에서 벗어났다고 말해줄 때

A Do you like sushi?

B Not particularly.

🔵 뭐 괜찮긴 하지만 딱히 그런 건 아니라고 할 때

A Are we still meeting at 5?

B Actually, there's been a change of plans.

🔵 기존 계획이 바뀌어 상대에게 알릴 때

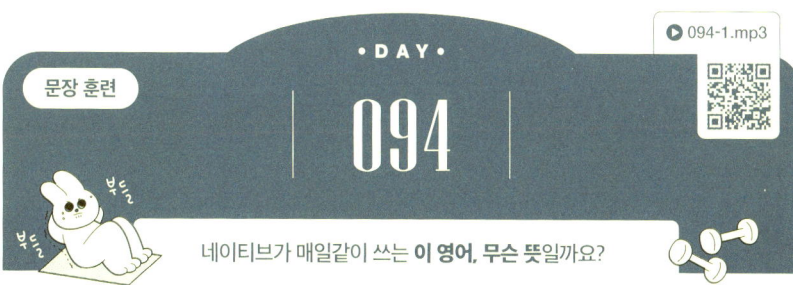

• DAY •

094

문장 훈련

네이티브가 매일같이 쓰는 **이 영어, 무슨 뜻**일까요?

466

I'm willing to give it a try.

 Saying 'I'm willing to' shows you're ready or able to do something. It's often used when offering help.

467

He was nice enough to do that.

 'Nice enough to do' describes someone's kindness in doing something for others. It's usually used to show appreciation.

468

It's no secret.

 This expression is used for something that's widely known and not hidden from anyone.

469

She didn't budge.

 This phrase shows that someone remained firm or didn't move. It's often used for stubbornness.

470

I almost forgot to tell you the news.

 This phrase is used when you remember to share news at the last moment. It indicates urgency or excitement.

· DAY ·

094

문장 훈련

네이티브가 매일같이 쓰는 **이 말, 영어로** 할 수 있나요?

466
시도해볼 용의가 있어.

새로운 것을 시도해 보고자 할 때 자신의 의지를 나타내는 표현이에요. I'm willing to do는 어떤 일을 기꺼이 할 용의가 있다고 할 때 자주 쓰는 표현이고, give it a try는 '시도해보다, 한번 해보다'는 의미예요. [syn] I'm open to trying.

467
그 사람은 정말 친절하게도 그렇게 해줬어.

누군가가 베푼 호의에 감사하며 말할 때 쓰는 표현. nice enough to do는 '~할 정도로 아주 친절한'이란 의미로 친절함을 강조하는 말이죠. [syn] kind enough to do / generous enough to do (~할 정도로 아주 너그러운)

468
그건 비밀도 아냐. 공공연한 사실이야.

누구나 알고 있는 사실임을 강조할 때 사용하는 표현이에요. 이미 알려진 사실이나 공공연한 정보를 말할 때 자주 쓰이죠. [syn] Everyone knows. (모두가 알아.) / It's well-known. (잘 알려진 사실이야.)

469
그 여자 꿈쩍도 안 했어.

어떤 압박이나 설득에도 자신의 입장이나 의견을 전혀 바꾸지 않는 사람을 보고 "그 사람 꿈쩍도 안 해."라는 식으로 말하잖아요. not budge는 바로 그럴 때 쓸 수 있는 표현이에요. [syn] She stayed firm.

470
그 소식 전하는 걸 깜빡할 뻔했네.

다른 얘기만 실컷 나누고 정작 중요한 소식 전하는 걸 깜빡하고 있다가 막판에 떠올랐을 때 튀어나오는 말이에요. [syn] I forgot to mention. (말하는 걸 깜빡했어.)

DAY 094

대화 연습

네이티브가 매일 주고받는 **이 대화, 영어로** 할 수 있나요?

▶ 094-2.mp3

466
A 한국 음식 먹어본 적 있어?
B 아니, 하지만 시도해볼 용의는 있어.

hint ~ 먹어본 적 있어? Have you ever tried ~?

467
A 그 사람이 집까지 태워줬어?
B 응, 정말 친절하게도 그렇게 해줬어.

hint ~를 차로 집까지 태워주다 drive someone home

468
A 그 사람 노래를 잘한다는 거 알아?
B 물론이지. 그건 비밀도 아냐.

hint 노래를 잘하다 be a great singer

469
A 그들은 그 여자를 설득하려 했지만, 꿈쩍도 안 했어.
B 그 여자 정말 단호하지.

hint 단호한 determined

470
A 샘한테서 소식 들었어?
B 아, 소식 전하는 걸 깜빡할 뻔했네!

hint ~한테서 소식을 듣다 hear from

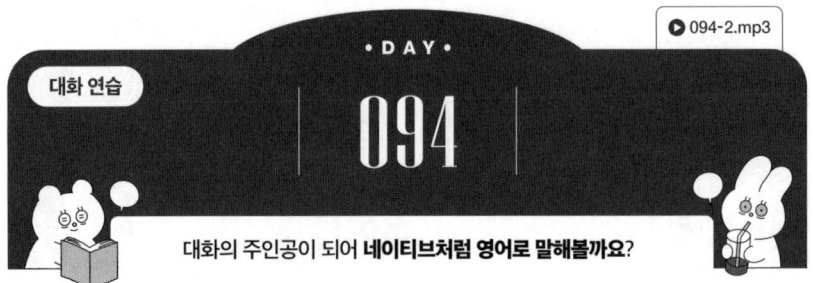

DAY 094

대화의 주인공이 되어 네이티브처럼 영어로 말해볼까요?

466

A Have you ever tried Korean food?
B No, but I'm willing to give it a try.

💬 기꺼이 해볼 용의가 있다고 할 때

467

A He drove you home?
B Yes, he was nice enough to do that.

💬 누군가가 베푼 호의에 감사하며 말할 때

468

A Did you know he's a great singer?
B Of course. It's no secret.

💬 누구나 알고 있는 사실이라고 강조할 때

469

A They tried to convince her, but she didn't budge.
B She's very determined.

💬 전혀 흔들림 없이 자신의 입장을 고수하는 사람을 보고

470

A Did you hear from Sam?
B Oh, I almost forgot to tell you the news!

💬 소식 전하는 걸 깜빡하고 있다가 막판에 떠올랐을 때

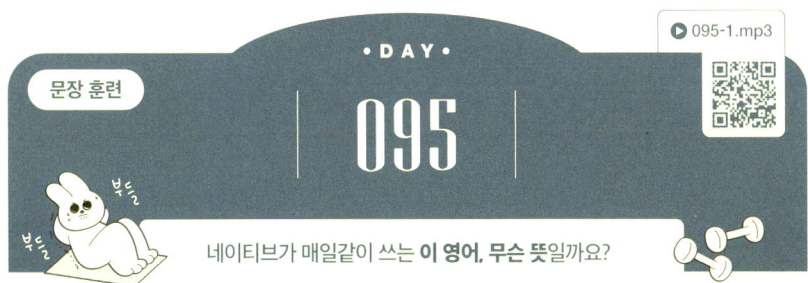

• DAY •

095

  문장 훈련

네이티브가 매일같이 쓰는 **이 영어, 무슨 뜻**일까요?

I'm not surprised.

471

 This shows that something isn't surprising. You expected it to happen or knew it already.

It's written all over your face.

472

 This means your emotions are obvious. We say it when someone's feelings are easy to read.

Don't put yourself in danger.

473

 This means to stay safe and avoid any risks that could harm you or be dangerous.

By the grace of God.

474

 This shows that something happened because of God's help, often for good or lucky outcomes.

This is a nightmare.

475

 We say this when something feels terrible or extremely hard, like a very bad dream.

523

DAY 095

문장 훈련

네이티브가 매일같이 쓰는 **이 말, 영어로** 할 수 있나요?

471
놀랍지도 않아. 그럴 줄 알았어.

늘상 있는 일이거나 돌아가는 정황상 충분히 예상이 됐던 일이라 '놀랍지도 새롭지도 않다, 그럴 줄 알았다'는 의미로 하는 말이에요. [syn] I saw it coming. (그럴 줄 알았어.) / I'm not shocked. (놀랍지도 않아.)

472
네 얼굴에 다 써 있어.

감정이나 생각이 얼굴 표정에서 너무나 명확하게 드러난다는 의미이죠. [syn] I can tell just by looking at you. (얼굴만 봐도 알겠어.) / Your face says it all.

473
괜히 위험한 짓 하지 마.

위험할 수 있는 상황에 발들이지 말라고 상대방에게 주의를 줄 때 쓰는 표현이에요. 특히 신체적으로 위험한 일에 대해 경고할 때 유용합니다. [syn] Don't take unnecessary risks. (불필요한 위험을 감수하지 마.)

474
신의 은총이지.

사람의 힘으로는 일어나기 힘들지 싶을 정도로 어려운 상황이 해결되었거나 좋은 일이 생겼을 때 쓸 수 있는 표현이에요. 신이 도와서, 혹은 운이 좋아서 그렇게 됐다는 의미로 감사한 마음이 담겨 있죠. [syn] Thank God. (아, 다행이다.)

475
완전 악몽이네.

일이 꼬일 대로 꼬인다든가, 나쁜 일이 속수무책으로 일어날 때 쓰는 표현이죠. 남의 얘기에 공감할 때도, 내 얘기를 할 때도 모두 쓸 수 있어요. [syn] This is terrible. (정말 끔찍해.) / This is a disaster. (완전 재앙이야.)

DAY 095

대화 연습

▶ 095-2.mp3

네이티브가 매일 주고받는 **이 대화**, **영어로** 할 수 있나요?

471
- A 그 사람 또 늦었어.
- B 놀랍지도 않아. 항상 늦잖아.

472
- A 너 화났구나. 얼굴에 다 써 있어.
- B 그렇게 티나?

[hint] 너 ~구나 You must be ~ | 뻔한, 티나는 obvious

473
- A 전기 배선을 내가 직접 고쳐볼까?
- B 아니야, 괜히 위험한 짓 하지 마.

[hint] 전기 배선 electrical wiring

474
- A 그 사람 사고에서 살아남았어?
- B 응, 신의 은총이지.

[hint] ~에서 살아남다 survive

475
- A 하루에만 시험이 3개나 있어.
- B 완전 악몽이네.

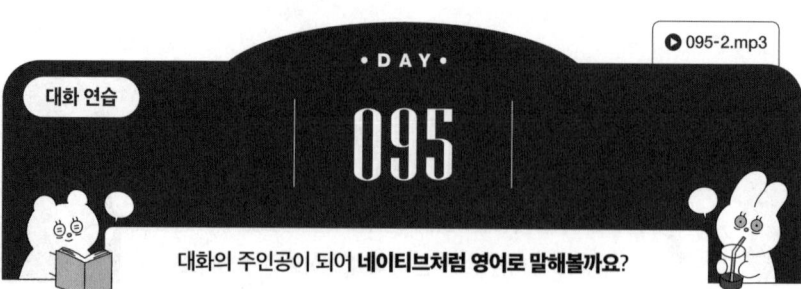

471
A He's late again.
B I'm not surprised. He's always late.
> 충분히 예상됐던 일이라 놀랍지도 않을 때

472
A You must be upset. It's written all over your face.
B Is it that obvious?
> 얼굴 표정만 봐도 상대의 감정이나 생각이 다 읽힐 때

473
A Should I try to fix the electrical wiring myself?
B No, don't put yourself in danger.
> 괜히 위험한 짓 하지 말라고 주의를 줄 때

474
A Did he survive the accident?
B Yes, by the grace of God.
> 신의 은총이다 싶게 운이 좋았을 때

475
A I have three exams in one day.
B This is a nightmare.
> 마치 악몽처럼 안 좋은 일이라고 할 때

DAY 096

096-1.mp3

네이티브가 매일같이 쓰는 **이 영어, 무슨 뜻**일까요?

476
Stay focused.

This means to concentrate on your work and avoid distractions, maintaining your focus.

477
Get off my back!

We say this to tell someone to stop bothering or pressuring us with advice or demands.

478
I'm looking to travel next year.

'I'm looking to do' means you're interested in trying or planning to do something specific, like an activity or goal.

479
If you can't beat 'em, join 'em.

This means if you can't fight or compete with someone or a situation, work together or join them instead.

480
I'm having a hard time adjusting.

'I'm having a hard time …' means you're struggling or experiencing difficulties with a task or in life.

문장 훈련

DAY 096

 096-1.mp3

네이티브가 매일같이 쓰는 **이 말, 영어로** 할 수 있나요?

476

(계속) 집중해.

목표 달성을 위해 흐트러지지 않도록 격려할 때 사용하는 표현이에요. 상대가 지치거나 산만해질 때 주의를 환기시키기 위해 쓰입니다. [syn] Don't lose focus. (집중력을 잃지 마.) / Keep your eyes on the prize. (목표에 집중해.)

477

잔소리 좀 그만해! 그만 좀 갈궈!

상대방의 잦은 간섭이나 잔소리에 지쳤을 때 쓰는 표현이에요. 상대의 말에 불만을 표현하면서 거리를 두고 싶을 때 사용합니다. [syn] Leave me alone. (나 좀 내버려둬.) / Quit nagging me. (잔소리 좀 그만해.)

478

내년에 여행을 가려고 해.

미래의 계획을 공유할 때 사용하는 표현이에요. 특정 목표나 계획이 있을 때 be looking to do를 통해 의도를 나타낼 수 있죠. [syn] I'm planning to do ~ (~할 계획이야) / I'm aiming to do ~ (~하려고 해, ~하는 걸 목표로 하고 있어)

479

어차피 못 이길 거면 그냥 동참해.

변화에 적응하고자 할 때, 혹은 피할 수 없는 상황을 수용할 때 쓰는 표현이에요. 대세를 거스를 수 없을 때 포기하고 따라가라는 의미입니다. [syn] Go with the flow. (대세를 따라.) / Adapt to the situation. (상황에 적응해.)

480

적응하느라 힘들어.

뭔가 새로운 일에 도전하면 적응하는 데 한동안 어려움이 따르죠. 그런 상황을 표현하는 말이에요. have a hard time -ing는 '~하는 데 어려움을 겪다'는 의미죠. [syn] I'm struggling to adjust. (적응하느라 애먹고 있어.)

DAY 096

대화 연습

네이티브가 매일 주고받는 **이 대화**, **영어로** 할 수 있나요?

096-2.mp3

476
A 이 프로젝트에 질려가고 있어.
B 집중해, 거의 다 했어!

hint ~에 질리게 되다 get tired of

477
A 지금 당장 방 청소해야지.
B 윽, 잔소리 좀 그만해!

478
A 왜 돈을 모으고 있어?
B 내년에 여행을 가려고 해.

hint 돈을 모으다 save money

479
A 요즘 다들 그 앱 쓰더라.
B 어차피 못 이길 거면 그냥 동참해.

480
A 새 직장 생활은 어때?
B 적응하느라 힘들어.

hint 적응하다 adjust

DAY 096

대화 연습

대화의 주인공이 되어 **네이티브처럼 영어로 말해볼까요?**

A I'm getting tired of this project.
B Stay focused; you're almost done!

🗨 정신 흐트러지지 말고 집중하라고 북돋을 때

A You need to clean your room right now.
B Ugh, get off my back!

🗨 상대의 잦은 간섭이나 잔소리에 지쳤을 때

A Why are you saving money?
B I'm looking to travel next year.

🗨 미래의 목표나 계획에 대해 말할 때

A Everyone is using that app now.
B If you can't beat 'em, join 'em.

🗨 거스를 수 없다면 그냥 따라가라고 할 때

A How are you doing at your new job?
B I'm having a hard time adjusting.

🗨 새로운 일에 적응하느라 고군분투할 때

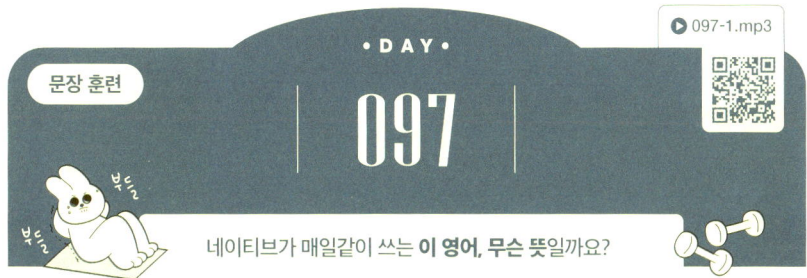

· DAY ·
097

문장 훈련

097-1.mp3

네이티브가 매일같이 쓰는 **이 영어, 무슨 뜻**일까요?

481
Today's the day!

This means "Today's a special day!" It's the big moment we've been looking forward to.

482
It's a once-in-a-lifetime chance.

It means a special chance you don't get often, maybe only once ever.

483
I'm game.

It shows you're open to the plan and willing to join in.

484
It was a real wake-up call for us.

This means that it was a big eye-opener for us, a moment of realization or a needed warning.

485
I want to do things on my terms.

'On my terms' means doing something under your own conditions or preferences.

DAY 097

문장 훈련

네이티브가 매일같이 쓰는 **이 말, 영어로** 할 수 있나요?

481

오늘이 바로 그날이야! 결전의 날이야!

아주 중요한 일이나 기대하던 일이 바로 오늘 있을 때 긴장, 흥분, 설렘, 각오를 담아 이런 표현 종종 하죠. [syn] Today's the big day!

482

일생일대의 기회야.
평생 한 번 있을까 말까 한 기회야.

흔치 않은 기회이니까 놓치지 말아야겠다는 의지가 돋보이는 표현이죠. once-in-a-lifetime은 '평생 한 번 있을까 말까 한' 기회나 경험을 마주했을 때 써요.

483

나도 할래. 콜.

상대의 제안에 함께하겠다고 적극적으로 답할 때 쓰는 표현이에요. 이때 game은 형용사로 '기꺼이 무언가에 뛰어들 의지나 용기가 있는' 상태를 의미하죠. [syn] I'm in. (나도 할래.) / Count me in. (나도 끼워줘.)

484

경각심을 제대로 일깨워준 일이었어.

어떤 충격적인 사건을 겪고 나서, 중요한 것이 무엇인지, 주의해야 할 것이 무엇인지 새삼 깨닫게 될 때 쓸 수 있는 표현이에요. wake-up call은 '충격과 함께 경각심을 일깨워준 사건'을 뜻해요. [cf] wake-up call은 '모닝콜'의 의미로도 쓰이죠.

485

내 방식대로 하고 싶어.

내 방식대로, 내 생각대로 하고 싶다는 의지를 피력할 때 훌륭한 표현이죠. 어떻게 할 거냐고 묻는 상대의 질문에 심플하게 On my terms.(내 방식대로.)라고만 대답해도 좋습니다. [syn] I want to do it my way.

대화 연습

• DAY •

097

▶ 097-2.mp3

네이티브가 매일 주고받는 **이 대화**, **영어로** 할 수 있나요?

481
- A 우리 발표가 오늘이야!
- B 그렇지, 결전의 날이야!

482
- A 우리 그 콘서트 보러 갈까?
- B 당연하지! 평생 한 번 있을까 말까 한 기회인데.

  [hint] 콘서트를 보러 가다 go see the concert

483
- A 스카이다이빙 해볼래?
- B 그럼! 나도 할래.

  [hint] (캐주얼하게) ~해볼래? Want to do ~?

484
- A 사고가 심각했어.
- B 경각심을 제대로 일깨워준 일이었지.

485
- A 그들의 계획을 따를 거야?
- B 아니, 난 내 방식대로 하고 싶어.

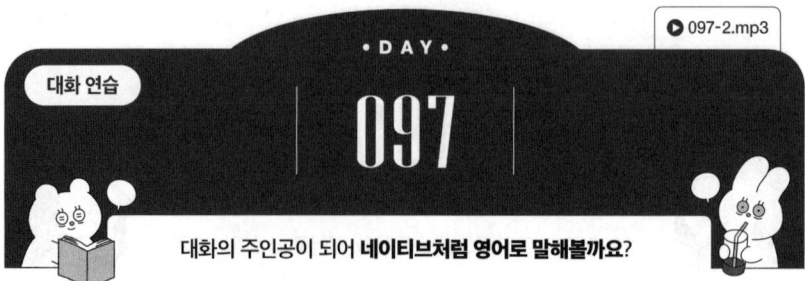

DAY 097

대화 연습

대화의 주인공이 되어 **네이티브처럼 영어로 말해볼까요?**

A Our presentation is today!
B That's right; today's the day!

💬 오늘이 결정적으로 중요한 날이라고 할 때

A Should we go see the concert?
B Definitely! It's a once-in-a-lifetime chance.

💬 흔치 않은 기회니까 놓치지 않겠다는 의지로

A Want to try skydiving?
B Sure! I'm game.

💬 제안에 함께하겠다고 적극적으로 답할 때

A The accident was serious.
B It was a real wake-up call for us.

💬 충격적인 사건에 새삼 경각심이 들었을 때

A Will you follow their plan?
B No, I want to do things on my terms.

💬 내 방식대로 하겠다고 할 때

• DAY •

098

문장 훈련

098-1.mp3

네이티브가 매일같이 쓰는 **이 영어, 무슨 뜻일까요?**

486
From here on out, …

 This means "starting now." It's like saying, 'From now on.'

487
Worst comes to worst, …

 "Worst comes to worst" means if things go badly, there's still a backup plan or alternative solution for the worst-case.

488
I followed it to a tee.

 We use 'to a tee' when something matches perfectly or is done exactly as expected.

489
You don't wanna do that.

 A casual way to tell someone that doing something is not a good idea or could lead to a negative outcome.

490
It won't happen overnight.

 We use this to say something will take time to happen; it won't happen quickly.

• DAY • 098

문장 훈련

네이티브가 매일같이 쓰는 **이 말, 영어로** 할 수 있나요?

098-1.mp3

486

지금부터는, …

From here on out, 바로 여기서부터 계속 죽 나간다는 의미예요. 새로운 결심이나 결정, 방침이 지금부터 지속된다고 할 때 사용할 수 있어요. [syn] From now on (이제부터) / Going forward (앞으로)

487

최악의 상황이 오더라도, 최악의 경우, …

'최악의 상황이 오더라도' 대처할 방법이 있다고 할 때 쓸 수 있는 표현이에요. 그래서 뒤에는 보통 can이나 will 동사가 쓰인 문장이 오죠. [syn] In the worst-case scenario (최악의 시나리오에서도)

488

완벽하게 따라 했어요.

어떤 활동의 의도대로 정확히, 완벽하게 따라 했다고 할 때 쓸 수 있는 표현이에요. to a tee는 골프 샷을 잘 치기 위해 티(tee)에 정확히 공을 얹듯이 '정확히, 완벽하게, 딱 맞아떨어지게'라는 의미랍니다.

489

안 그러는 게 좋을 걸. (후회할 텐데.)

안 하는 게 좋을 것 같은 일을 하려고 하는 상대를 말릴 때 쓰는 표현이에요. 안 그러는 게 좋을 거라고 그러면 후회할 거라는 뉘앙스가 담겨 있죠.

490

하루아침에 되는 일이 아냐.

당장 되는 일이 아니고 '시간이 좀 걸리는 일'이라는 걸 비유적으로 표현한 말이죠. [syn] It'll take a while. (시간 좀 걸려.) / This won't be quick. (그렇게 빨리 되진 않아.) / It might take some time. (아마 시간 좀 걸릴 걸.)

DAY 098

대화 연습

098-2.mp3

네이티브가 매일 주고받는 **이 대화**, **영어로** 할 수 있나요?

486
- A 난 좀 더 건강하게 먹을 필요가 있어.
- B 지금부터는 인스턴트 식품은 그만 먹어.

[hint] 인스턴트 식품 junk food

487
- A 계획이 실패하면 어쩌지?
- B 최악의 상황이 오더라도, 우리는 항상 다시 시작할 수 있어.

[hint] ~하면 어쩌지? What if ~? | 다시 시작하다 start over

488
- A 운동 루틴은 어땠어?
- B 하나도 빠짐없이 그대로 따라 했더니 효과가 좋았어.

[hint] 효과가 좋았다, 아주 좋은 결과를 봤다 saw great results

489
- A 혼자서 피자 한 판 주문해도 괜찮을까?
- B 안 그러는 게 좋을 걸. 배탈 날 거야.

[hint] 배탈 나다 get a stomachache

490
- A 기타를 더 잘 치면 좋을 텐데!
- B 하루아침에 되는 일이 아냐. 계속 연습해.

[hint] ~을 더 잘하다 be better at

537

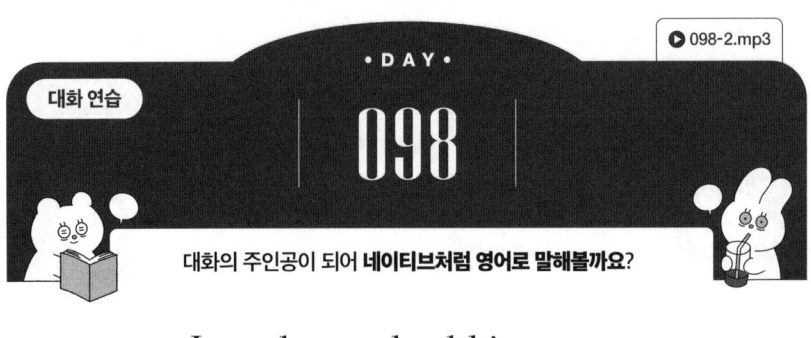

· DAY ·
098

대화 연습

대화의 주인공이 되어 **네이티브처럼 영어로 말해볼까요?**

098-2.mp3

486
A I need to eat healthier.
B From here on out, no more junk food.
💬 지금 바로 이 순간부터 앞으로 죽 나아갈 방향에 대해 얘기할 때

487
A What if the plan fails?
B Worst comes to worst, we can always start over.
💬 최악의 상황이 와도 대처할 방법이 있다고 할 때

488
A How was the workout routine?
B I followed it to a tee and saw great results.
💬 의도대로 완벽하게 따라 했다고 할 때

489
A Should I just order a whole pizza for myself?
B You don't wanna do that. You'll get a stomachache.
💬 안 하는 게 좋을 거라고 상대를 말릴 때

490
A I wish I were better at guitar!
B It won't happen overnight. Keep practicing.
💬 시간이 필요한 일이라고 할 때

• DAY •
099

네이티브가 매일같이 쓰는 **이 영어, 무슨 뜻**일까요?

I couldn't believe my eyes.

491

 This is a way to express surprise or astonishment when seeing something unexpected or incredible.

It's a steal!

492

 This phrase is used to say something is being sold at a very low price, making it an excellent deal.

Don't sell yourself short.

493

 This phrase is used to encourage someone not to underestimate their own abilities or value.

I've had it!

494

 This phrase is used to express frustration or that you've reached your limit with a situation or person.

It's now or never.

495

 This means you must act immediately because there may not be another chance.

• DAY •
099

문장 훈련

네이티브가 매일같이 쓰는 **이 말, 영어로** 할 수 있나요?

491

내 눈을 믿을 수가 없었어.

눈을 의심할 정도로 놀랍거나 믿기 힘든 일을 마주했을 때 쓰는 표현입니다. 너무 충격적이거나 예상 밖일 때 자연스럽게 나오는 감탄사처럼 쓰이죠. 좋은 일과 나쁜 일에 모두 쓸 수 있어요. (syn) It was unbelievable. (믿을 수가 없었어.)

492

완전 거저야!

이 표현은 가격이 믿기 힘들 정도로 싸거나 좋은 조건일 때 쓰여요. '이건 놓치면 후회할 가격이다'라는 뜻으로 주로 쇼핑할 때 자주 사용되죠. (syn) It's a great deal! (정말 괜찮은 가격이야!)

493

너 자신을 과소평가하지 마.

자신을 지나치게 낮추거나 자신의 실력을 무시하는 사람에게 쓰는 말이에요. 자신의 가치를 인정하고 자신감을 가지라는 응원의 한마디죠. (syn) Give yourself more credit. (너 자신을 좀 더 인정해줘.)

494

더는 못 참아!

한계에 도달했을 때 쓰는 표현으로, 무언가 참을 수 없는 상황에 대하여 지쳤거나 화가 났을 때 말해요. 문제를 해결하려는 결단을 내릴 때 자주 쓰이죠. (syn) I can't take it anymore.

495

지금 아니면 안 돼. 다음이란 없어.

중요한 순간에 용기를 내라고 할 때 쓰는 표현입니다. '지금이 유일한 기회다'라는 의미로, 결정이 필요한 때나 중요한 선택 앞에서 사용돼요. (syn) It's do or die. (지금 못하면 끝이야.)

• DAY •

099

대화 연습

네이티브가 매일 주고받는 **이 대화**, **영어로** 할 수 있나요?

491
- A 개 새 차 봤어?
- B 응, 내 눈을 믿을 수가 없었어. 너무 예쁘더라!

492
- A 이 스마트폰 원래 가격의 절반에 세일 중이야!
- B 완전 거저네! 너 꼭 사야 해.

[hint] 원래 가격의 절반에 for half its orginal price

493
- A 난 이 승진을 할 자격이 없어.
- B 너 자신을 과소평가하지 마. 정말 열심히 일했잖아.

[hint] ~할 자격이 있다 deserve + 명사

494
- A 프린터가 또 계속 종이가 걸리네.
- B 더는 못 참아! 이제 기술지원팀에 전화할 거야.

[hint] 종이가 걸리다 jam | 기술지원팀 tech support

495
- A 이 주식에 투자해야 할지 고민이야.
- B 지금 아니면 안 돼. 가격이 오르고 있어.

[hint] ~해야 할지 고민이다[잘 모르겠다] I'm not sure if I should ~

DAY 099

대화의 주인공이 되어 **네이티브처럼 영어로 말해볼까요?**

491
A Did you see her new car?
B Yes, I couldn't believe my eyes. It's beautiful!

● 눈을 의심할 정도로 놀라운 일을 마주했을 때

492
A This smartphone is on sale for half its original price!
B It's a steal! You should definitely buy it.

● 물건값이 아주 싸거나 좋은 조건일 때

493
A I don't deserve this promotion.
B Don't sell yourself short. You've worked really hard for it.

● 자기자신을 지나치게 과소평가하는 사람에게

494
A The printer keeps jamming again.
B I've had it! I'm going to call tech support.

● 계속되는 나쁜 상황에 지쳐 결단을 내릴 때

495
A I'm not sure if I should invest in this stock.
B It's now or never. The price is going up.

● 지금 아니면 다음 기회는 없다고 선택을 복돋을 때

· DAY ·

100

문장 훈련

네이티브가 매일같이 쓰는 **이 영어, 무슨 뜻일까요?**

You're wasting your breath.

496

This is used to express frustration that someone isn't listening or won't understand, making your efforts pointless.

You made my day!

497

A phrase used to tell someone that they have made you very happy or brightened your day.

It's the least I can do.

498

A phrase used to convey that you are offering a small gesture of help or kindness out of goodwill.

First thing's first.

499

This is used to say, "Prioritize the most important task before others."

You name it!

500

This is used to indicate a wide variety of things or to emphasize that many options are available.

543

DAY 100

문장 훈련

100-1.mp3

네이티브가 매일같이 쓰는 **이 말, 영어로** 할 수 있나요?

496

말해봤자 네 입만 아파.

마치 소귀에 경읽기인 것 같은 상황 있죠. 아무리 말해봤자 상대가 듣지 않는 경우 말예요. 이런 상황에서 쓰이는 표현입니다. 아무리 애써봤자 소용없으니 힘 빼지 말라는 어감이 담겨 있죠.

497

덕분에 정말 기분 좋네/좋았어!

누군가의 작은 호의나 따뜻한 말 한마디로 기분이 좋아졌을 때 사용하는 표현이에요. 상대방에게 고마움을 전할 때 자연스럽게 쓸 수 있죠. [syn] That made my day! (You가 한 행동에 초점을 맞춘 표현)

498

이 정도쯤이야 당연히 해줘야지.

상대에게 작은 도움을 주고 당연하다고 느낄 때 쓰는 표현입니다. 별일 아니니 편히 받아들이라는 뜻으로, 감사의 말에 답할 때 자주 사용되죠. [syn] It's nothing, really. (정말 별거 아냐.)

499

중요한 것부터 하자.

일의 순서를 정하고 우선순위가 있는 일부터 시작하자는 뜻이에요. 중요한 일부터 차근차근 해내자는 의미로, 계획이나 업무를 할 때 자주 사용됩니다.

500

뭐든 말만 해!

상대가 원하는 것이 무엇이든 할 수 있다는 뜻으로, 다양한 선택지에 대해 말할 때 쓰는 표현이에요. 상대방의 요청을 흔쾌히 들어주고자 할 때 사용됩니다. [syn] Whatever you say! (네가 말하는 건 뭐든!)

대화 연습

• DAY •
100

네이티브가 매일 주고받는 **이 대화, 영어로** 할 수 있나요?

496
A 우리랑 같이하자고 그 사람들 설득 중이야.
B 말해봤자 네 입만 아파. 관심 없어 하더라고.

hint ~하자고 A를 설득하다 convince A to do

497
A 우리 둘 다 마실 커피 사왔어.
B 덕분에 정말 기분 좋네! 정말 사려 깊다.

hint 우리 둘 다 마실, 우리 둘 다를 위한 for both of us

498
A 교대근무를 대신해줘서 정말 고마워.
B 이 정도쯤이야 당연히 해줘야지. 또 필요한 일 있으면 알려줘.

hint ~의 교대근무를 대신해주다 cover someone's shift

499
A 집 청소도 해야 하고, 보고서도 마쳐야 해.
B 중요한 것부터 하자. 보고서부터 끝내.

500
A 주말에 즐기는 활동이 뭐야?
B 뭐든 말만 해! 등산도 좋아하고, 책 읽는 것도 좋아하고, 그냥 쉬기도 해.

hint 주말에 on weekends | 등산 hiking

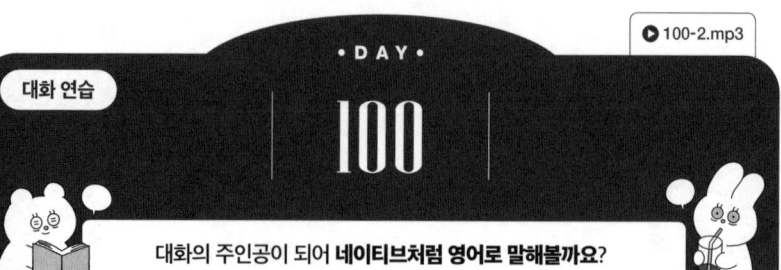

DAY 100

대화 연습

🎧 100-2.mp3

대화의 주인공이 되어 **네이티브처럼 영어로 말해볼까요?**

496
A I'm trying to convince them to join us.
B You're wasting your breath. They're not interested.
💬 아무리 애써 말해봤자 헛수고니 힘빼지 말라고 할 때

497
A I bought coffee for both of us.
B You made my day! That's so thoughtful.
💬 누군가의 작은 호의나 말 한마디로 기분이 좋아졌을 때

498
A I really appreciate you covering my shift.
B It's the least I can do. Let me know if you need anything else.
💬 감사인사에 별일 아니라고 답할 때

499
A I need to clean the house and finish my report.
B First thing's first. Finish the report first.
💬 중요한 일부터 차근차근 하자고 할 때

500
A What activities do you enjoy on weekends?
B You name it! I love hiking, reading, or just relaxing.
💬 뭐든 상대가 원하는 것을 할 수 있다고 할 때

Stage 1

Fill the Gap!
Choose the right word from the options.
Mistakes help you remember better!

망각방지 장치 ⑩
DAY 091-100

제한시간 2분

01 걔네는 인연이 깊어. 454
They have a deep _____ .
(a) understanding (b) sympathy (c) trust (d) connection

02 내 방식대로 하고 싶어. 485
I want to do things on my _____ .
(a) way (b) rules (c) terms (d) decisions

03 괜히 위험한 짓 하지 마. 473
Don't put yourself _____ .
(a) in danger (b) at fault (c) out there (d) under pressure

04 그게 사회의 초석이죠. 460
It's the _____ of society.
(a) edge (b) cornerstone (c) base (d) heart

05 그 사람은 정말 친절하게도 그렇게 해줬어. 467
He was _____ to do that.
(a) nice enough (b) brave enough (c) kind-hearted
(d) eager enough

06 뭐든/모든 일에는 처음이 있는 법이야. 455
There's a _____ time for everything.
(a) last (b) right (c) wrong (d) first

07 걔랑 적당히 거리를 두고 있어. 461
I'm keeping her _____ length.
(a) at eye's (b) in arm's (c) at arm's (d) out of

정답 01 (d) connection 02 (c) terms 03 (a) in danger 04 (b) cornerstone 05 (a) nice enough
06 (d) first 07 (c) at arm's

08 네 얼굴에 다 써 있어.   복습 472

It's _____ all over your _____.

(a) read, mind   (b) written, face   (c) plastered, mind
(d) read, face

09 받아들일 수밖에 없어.   462

We have no _____ but to accept it.

(a) hope   (b) chance   (c) choice   (d) way

10 경각심을 제대로 일깨워준 일이었어.   484

It was a real _____ call for us.

(a) surprise   (b) alarm   (c) wake-up   (d) warning

11 네 책임 아니야. 책임에서 벗어났어.   463

You're off the _____.

(a) leash   (b) hook   (c) grid   (d) roof

12 지금부터는 인스턴트 식품은 그만 먹어.   486

From here on _____, no more junk food.

(a) out   (b) forward   (c) off   (d) beyond

13 시도해볼 용의가 있어.   466

I'm _____ to _____ it a try.

(a) planning, take   (b) thinking, give   (c) ready, take
(d) willing, give

14 짐작할 수 있듯이, 꽉 찼더라.   456

_____ you can imagine, it was packed.

(a) As   (b) Since   (c) Though   (d) When

정답   08 (b) written, face   09 (c) choice   10 (c) wake-up   11 (b) hook   12 (a) out   13 (d) willing, give
14 (a) As

Stage 2

Write to Win!

Fill in the blanks without any hints this time.
Saying it out loud will help it stick!

01 뭐든 말만 해! You _____ it!

02 잔소리 좀 그만해! 그만 좀 갈궈! Get _____ my back!

03 결전의 날이야! Today's the _____ !

04 나도 할래. 콜. I'm _____ .

05 원하는 때에 바로 가능해. It's on _____ .

06 중요한 것부터 하자. First thing's _____ .

07 너 자신을 과소평가하지 마. Don't _____ yourself _____ .

08 생각할 거리를 던져줘. It's _____ .

09 신의 은총이지. By the _____ of God.

10 이 정도쯤이야 당연히 해줘야지. It's the _____ I can do.

정답 01 name   02 off   03 day   04 game   05 demand   06 first   07 sell, short   08 thought-provoking
      09 grace   10 least

	O X 복습
11 놀랍지도 않아. I'm not _____.	471
12 하루아침에 되는 일이 아냐. It won't happen _____.	490
13 완전 거저야! It's a _____!	492
14 괜찮아, 문제없어. No harm, _____ _____.	453
15 덕분에 정말 기분 좋네/좋았어! You _____ my _____!	497
16 완벽하게 따라 했어요. I followed it to _____ _____.	488
17 내 눈을 믿을 수가 없었어. I _____ _____ my eyes.	491
18 말해봤자 네 입만 아파. You're wasting your _____.	496
19 안 그러는 게 좋을 걸. You don't _____ do that.	489
20 더는 못 참아! I've _____ _____!	494

정답 11 surprised   12 overnight   13 steal   14 no foul   15 made, day   16 a tee   17 couldn't believe
     18 breath   19 wanna   20 had it

Stage 3

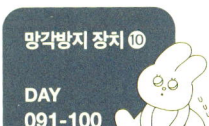

Speak to Conquer!
Now it's time to join the conversation.
These expressions are yours now!

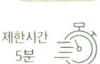

1 프레젠테이션을 준비하며

#CrunchTime #StayFocused

Look at What to Say

A 내일 발표 준비됐어?

B 전혀. 이 새 포맷에 적응하느라 힘들어. `480`

A 걱정 마. 최악의 경우, 그냥 원고만 읽으면 돼. `487`

B 말은 쉽지.

A 이해해. 그래도 있잖아, 집중해. `476` 넌 할 수 있어!

B 망치지만 않으면 좋겠어. 제발 부정 타지 않길!

Say It in English

A Are you ready for tomorrow's presentation?

B Not at all. I'm having a hard time adjusting to this new format. `480`

A Don't worry. Worst comes to worst, just read the notes. `487`

B Easier said than done.

A I get it. But hey, stay focused. `476` You've got this!

B I just hope I don't mess up. Knock on wood!

Write & Speak English

A 내일 발표 준비됐어?
Are you ready for tomorrow's presentation?

B 전혀. 이 새 포맷에 적응하느라 힘들어. 480
Not at all. _____ to this new format.

A 걱정 마. 최악의 경우, 그냥 원고만 읽으면 돼. 487
Don't worry. _____ just read the notes.

B 말은 쉽지.
Easier said than done.

A 이해해. 그래도 있잖아, 집중해. 476 넌 할 수 있어!
I get it. But hey, _____. You've got this!

B 망치지만 않으면 좋겠어. 제발 부정 타지 않길!
I just hope I don't mess up. Knock on wood!

Chat Buddy
- notes (연설이나 발표 등의 내용을) 기록 또는 메모한 것, 원고
- You've got this! 넌 할 수 있어! 잘할 거야! (= You got this!)

정답 I'm having a hard time adjusting 480   Worst comes to worst, 487   stay focused 476

2 다른 지역으로 발령이 났을 때

#LifeDecisions #FreshStart

Look at What to Say

A 들었어? 계획에 변동이 생겼어. 465

B 진짜? 무슨 일이야?

A 나 승진했는데, 다른 도시로 이사해야 할 것 같아.

B 우와! 정말 좋은 소식이다! 457 축하해!

A 고마워, 근데 좀 시원섭섭해.

B 그럴 수 있지. 변화가 힘들 순 있지만 결국엔 적응할 거야.

Say It in English

A Did you hear? There's been a change of plans. 465

B No way. What happened?

A I got promoted, but I'll have to move to another city.

B Wow! That's great to hear! 457 Congratulations!

A Thanks, but it's bittersweet.

B That makes sense. Change can be tough, but sooner or later you'll get used to it.

Write & Speak English

A 들었어? 계획에 변동이 생겼어. `465`
Did you hear?

B 진짜? 무슨 일이야?
No way. What happened?

A 나 승진했는데, 다른 도시로 이사해야 할 것 같아.
I got promoted, but I'll have to move to another city.

B 우와! 정말 좋은 소식이다! `457` 축하해!
Wow! Congratulations!

A 고마워, 근데 좀 시원섭섭해.
Thanks, but it's bittersweet.

B 그럴 수 있지. 변화가 힘들 순 있지만 결국엔 적응할 거야.
That makes sense. Change can be tough, but sooner or later you'll get used to it.

Chat Buddy
- get promoted 승진하다
- bittersweet 시원섭섭한, 좋으면서도 씁쓸한
- get used to ~에 익숙해지다, 적응하다

정답 There's been a change of plans. `465`   That's great to hear! `457`

Test 10-3.mp3

3 우연히 마주친 대학시절 친구에 대해   #OldFriends #SmallWorld

Look at What to Say

A 오늘 쇼핑몰에서 누구를 만났는지 믿기 힘들 걸?

B 누구? 어서 말해봐!

A 대학교 룸메이트. 내가 인사했는데 무시하더라. 나 충격받았잖아!

B 의외다. 너희 둘 사이가 틀어진 거야?

A 특별히 그렇지는 않은데, 거리감이 느껴지더라고. 464

B 그럴 수도 있겠다. 사람은 변하기도 하니까.

A 맞아, 걔가 많은 일을 겪었다는 건 공공연한 사실이야. 468 개인적으로 받아들이지 말아야겠어.

Say It in English

A You won't believe who I ran into at the mall today.

B Who? Spill it!

A My college roommate. She gave me the cold shoulder when I said hi. I was shocked!

B That's surprising. Did you two have a falling out?

A Not particularly, but she seemed distant. 464

B That's fair. Sometimes, people change.

A Yeah, it's no secret that she's been through a lot. 468 I guess I shouldn't take it personally.

Write & Speak English

A 오늘 쇼핑몰에서 누구를 만났는지 믿기 힘들 걸?
You won't believe who I ran into at the mall today.

B 누구? 어서 말해봐!
Who? Spill it!

A 대학교 룸메이트. 내가 인사했는데 무시하더라. 나 충격받았잖아!
My college roommate. She gave me the cold shoulder when I said hi. I was shocked!

B 의외다. 너희 둘 사이가 틀어진 거야?
That's surprising. Did you two have a falling out?

A 특별히 그렇지는 않은데, 거리감이 느껴지더라고. 464
_____, but she seemed distant.

B 그럴 수도 있겠다. 사람은 변하기도 하니까.
That's fair. Sometimes, people change.

A 맞아, 걔가 많은 일을 겪었다는 건 공공연한 사실이야. 468 개인적으로 받아들이지 말아야겠어.
Yeah, _____ that she's been through a lot. I guess I shouldn't take it personally.

Chat Buddy
- run into ~를 우연히 만나다[마주치다]
- Spill it! 어서 말해봐! 털어놔봐!
- have a falling out 사이가 틀어지다
- That's fair. (상대의 말에 공감하며) 맞아. 그럴 수도 있겠다.
- be through a lot 힘든 일을 많이 겪다, 우여곡절이 많다
- not take it personally (상대의 행동이나 말을) 개인적으로 받아들이지 않다

정답 Not particularly 464   it's no secret 468

4 케이크를 만들며

#KitchenFails #Teamwork

Look at What to Say

A 이 케이크 완전 악몽이야. 475 반죽이 너무 묽어.

B 당황하지 마. 소매 걷어붙이고 같이 고쳐보자. 451

A 우리가 이걸 살릴 수 있을까?

B 물론이지!

A 좋아, 이대로 밀고나가서 뭘 할 수 있는지 보자. 452

B 그거지! 최악의 경우, 그냥 쿠키 만들면 돼. 487

A 하하, 맞아. 긍정적이라서 고마워.

Say It in English

A This cake is a nightmare. 475 The batter is too runny.

B Don't panic. Let's roll up our sleeves and fix it together. 451

A You think we can salvage it?

B Of course!

A Okay, let's run with it and see what we can do. 452

B That's the spirit! Worst comes to worst, we'll just make cookies instead. 487

A Haha, true. Thanks for being so positive.

Write & Speak English

A 이 케이크 완전 악몽이야. `475` 반죽이 너무 묽어.
　　　　　　　　　　　　　　　The batter is too runny.

B 당황하지 마. 소매 걷어붙이고 같이 고쳐보자. `451`
　　Don't panic. _____ and fix it together.

A 우리가 이걸 살릴 수 있을까?
　　You think we can salvage it?

B 물론이지!
　　Of course!

A 좋아, 이대로 밀고나가서 뭘 할 수 있는지 보자. `452`
　　Okay, _____ and see what we can do.

B 그거지! 최악의 경우, 그냥 쿠키 만들면 돼. `487`
　　That's the spirit! _____ we'll just make cookies instead.

A 하하, 맞아. 긍정적이라서 고마워.
　　Haha, true. Thanks for being so positive.

Chat Buddy
- batter 반죽
- salvage (손상되거나 망가진 것을) 살려내다
- instead 대신(에)

정답　This cake is a nightmare.`475`　Let's roll up our sleeves`451`　let's run with it`452`
　　　Worst comes to worst,`487`

5 여행 계획에 대해

#SurpriseNews #TravelPlans

> **Look at What to Say**

A 있잖아? 그 소식 전하는 걸 깜빡할 뻔했네! 470

B 오, 궁금하다. 어서 말해봐!

A 내년에 여행을 가려고 해. 478 이미 일정도 짜기 시작했어.

B 와, 정말 좋은 소식이다! 457 어디로 갈 계획이야?

A 주로 유럽. 평생 한 번 있을까 말까 한 기회라 특별하게 만들고 싶어. 482

B 완전 동의해! 팁이 필요하면 말해. 몇 군데 가본 적 있어.

> **Say It in English**

A Guess what? I almost forgot to tell you the news! 470

B Oh, now I'm curious. Spill it!

A I'm looking to travel next year. 478 I've already started planning the itinerary.

B That's great to hear! 457 Where are you planning to go?

A Europe, mainly. It's a once-in-a-lifetime chance, so I want to make it special. 482

B Absolutely! Let me know if you need any tips. I've been to a few places there.

Write & Speak English

A 있잖아? 그 소식 전하는 걸 깜빡할 뻔했네! 470

Guess what?

B 오, 궁금하다. 어서 말해봐!

Oh, now I'm curious. Spill it!

A 내년에 여행을 가려고 해. 478 이미 일정도 짜기 시작했어.

I've already started planning the itinerary.

B 와, 정말 좋은 소식이다! 457 어디로 갈 계획이야?

Where are you planning to go?

A 주로 유럽. 평생 한 번 있을까 말까 한 기회라 특별하게 만들고 싶어. 482

Europe, mainly. _____, so I want to make it special.

B 완전 동의해! 팁이 필요하면 말해. 몇 군데 가본 적 있어.

Absolutely! Let me know if you need any tips. I've been to a few places there.

Chat Buddy
- **Guess what?** (어떤 화제를 꺼내기에 앞서 주의를 끌고자) 있잖아? 저기 있지?
- **itinerary** [aitínərèri] 여행 일정
- **mainly** 주로

정답 I almost forgot to tell you the news! 470 I'm looking to travel next year. 478 That's great to hear! 457
It's a once-in-a-lifetime chance. 482